知识产权疑难问题
专家论证

2015~2016

程永顺◎主编

北京务实知识产权发展中心◎主办

知识产权出版社

全国百佳图书出版单位

图书在版编目（CIP）数据

知识产权疑难问题专家论证. 2015－2016/程永顺主编. —北京：知识产权出版社，
2017.9

ISBN 978－7－5130－5097－5

Ⅰ.①知… Ⅱ.①程… Ⅲ.①知识产权—研究 Ⅳ.①D913.04

中国版本图书馆 CIP 数据核字（2017）第 216841 号

内容提要

本书为系统梳理知识产权领域的典型疑难问题并组织专家对疑难问题进行论证分析
的知识产权实务图书。本书针对具体案例中存在的知识产权典型疑难问题，采用专家论证
的形式，针对提出的问题展开讨论，并出具有价值的可供参考的意见和建议，具有很强的
实践指导意义。

责任编辑：卢海鹰　王玉茂　　　　　　责任校对：谷　洋

封面设计：张　冀　　　　　　　　　　责任出版：刘译文

知识产权疑难问题专家论证（2015～2016）

程永顺　主编

北京务实知识产权发展中心　　主办

出版发行：知识产权出版社有限责任公司	网　　址：http：//www. ipph. cn
社　　址：北京市海淀区气象路 50 号院	邮　　编：100081
责编电话：010－82000860 转 8541	责编邮箱：wangyumao@ cnipr. com
发行电话：010－82000860 转 8101/8102	发行传真：010－82000893/82005070/82000270
印　　刷：北京嘉恒彩色印刷有限责任公司	经　　销：各大网络书店、新华书店及相关专业书店
开　　本：720mm×960mm　1/16	印　　张：23
版　　次：2017 年 9 月第 1 版	印　　次：2017 年 9 月第 1 次印刷
字　　数：425 千字	定　　价：78.00 元

ISBN 978-7-5130-5097-5

序一

　　早年在美国研读知识产权法律，注意到一个有趣的现象，即美国法院的判决书会在必要的时候引证专家学者的观点，以说明相关的法律规则。在这方面，版权法方面的戈德斯坦（Paul Goldstein）、专利法方面的奇森姆（Donald Chisum）和商标与反不正当竞争法方面的麦卡锡（Thomas McCarthy），其观点和看法经常会被法院的判决书所引用。显然，这与我国法院的裁判方式迥然不同。

　　到了2012年5月，中国知识产权法学研究会组织召开了一个由中美两国法官参与的知识产权司法保护大会。其中有一个环节，来自美国联邦巡回上诉法院的7名法官，与来自中国最高人民法院的7名法官，就知识产权司法保护中的一系列问题进行对话。作为对话的主持者之一，我向美国法官提出的问题是，美国法院的判决书会在什么情况下引证专家学者的观点，引证专家学者的观点能够对裁判起到什么作用。我同时也向中国的法官提出问题，我们虽然没有在判决书中引用专家学者观点的做法，但是否在事实上使用过专家学者的观点。

　　根据美国法官的回答，在通常情况下，他们都会引证法典中的相关规定，以及既往判决对于规则的解释，进而做出有关手头案件的裁决。然而在某些特殊情况下，如果法典中的规定不是很明确，此前的判例也没有清晰的解读，他们就有可能将目光转向专家学者的观点和看法。然而，即使是在这种情况下，引证专家学者的观点和看法，目的仍然是厘清相关的法律规则。在这方面，不存在离开法律规定和以往的判例，仅仅依据专家学者的观点和看法进行裁判的问题。对于我的问题，中国法官的回答是，他们在审判活动中，总是以事实为依据，以法律为准绳，做出相应的判决，不存在需要引用或者使用专家学者观点的问题。

　　显然，中国法官的回答似乎更具有策略的意味。以事实为依据，以法律为准绳，有些把法官的裁判活动简单化。即使是从其中的"法律准绳"来看，在有些情况下，尤其是在一些疑难案件和前沿案件中，这个"准绳"却并非那样清晰。在疑难案件和前沿案件中，法官对于"准绳"的理解，将"准绳"适用于特定的案件事实中，都是创造性的劳动。在这个过程中，法官不仅要查清案件的事实，而且要在充分了解双方立场和观点的基础上，创造性地回答相关的法律问题。显然，无论是法官对于"准绳"的理解，还是法官对于"准绳"的适用，都离不开双方当事人、律师和专家学者的帮助。美国法院审判中"法律之友"的意见，中国法院审判中的专家意见，都是帮助法官理解法律规则和创造性地适用法律规则的意见。

在研读美国法院、欧盟法院和日本法院判决的时候，我总是深切地感受到，一个好的判决，一个具有指导意义的判决，至少需要三个要素：一是有一个独特的案件事实，例如疑难案件、前沿案件；二是有优秀的律师提出了具有挑战性的法律问题；三是有睿智的法官在查清事实的基础上，准确而恰当地回答了相关的法律问题。疑难案件和前沿案件常有，但优秀的律师和睿智的法官似乎不常有。律师要想提出挑战性的法律问题，法官要想准确而恰当地回答挑战性的法律问题，又离不开专家学者的帮助。从这个意义上说，以事实为依据，以法律为准绳，就不仅仅是法官的事情，而是凝聚了双方当事人、律师和专家学者意见智慧的事情。

北京务实知识产权发展中心的创立者程永顺先生，曾经长期在北京市高级人民法院和最高人民法院从事审判工作，审理过一系列知识产权方面的疑难案件和前沿案件。那时，他曾经就疑难案件和前沿案件中的法律问题，寻求过郑成思等著名学者和专家的帮助。有感于此，他在退休之后创设北京务实知识产权发展中心，其业务之一就是组织相关的专家学者，讨论知识产权方面的疑难案件和前沿案件，并将由此而产生的专家意见提交给相关法院和政府部门。作为一名从事知识产权法学研究的学者，我也参与了其中一些案件的讨论，包括商标案件、专利案件、商业秘密案件和个别的版权案件。

毋庸讳言，在当今法律服务业比较发达的时代，北京务实知识产权发展中心组织的疑难案件和前沿案件研讨会，大多接受了当事人的委托。这不免让有些法官心存疑虑，是否存在偏向一方的意味。然而就我个人的经验来看，参加每一次的疑难案件研讨会，包括我在内的每一位专家学者，都是秉持中立的立场，依据自己对于法律规则的理解，发表对于案件的看法。据我所知，在接受当事人委托的时候，北京务实知识产权发展中心和程永顺先生都非常慎重，只接受疑难和前沿案件，对于可能的判决结果相对明确的案件，则不予接受。即使是对于那些疑难和前沿案件，他们也从来不设定前提，而是任由专家学者各抒己见。程永顺先生曾经告诉委托人："专家学者我来请，但请来的专家学者发表什么意见，那是他们的事情。"

正是由此之故，每每参加北京务实知识产权发展中心组织的疑难案件研讨会，总像是在享受一次学术盛宴，不仅可以从其他专家学者那里学习和获得很多东西，也可以将自己的点滴看法全盘端出，不必有任何顾虑。显然，由此而产生的专家意见，包括对于相关法律规则的阐释，对于适用相关法律规则的意见和建议，就具有了很高的参考价值。这些意见，不仅帮助律师明确了应当提出的法律问题，而且帮助法官准确而恰当地回答了律师提出的法律问题。一些优秀的司法判决由此产生。

程永顺先生的眼光是独特的。他不仅组织专家学者讨论了一个又一个疑难案件和前沿案件，而且将其中的绝大多数意见汇集起来，出版了《知识产权疑难问题专家论证》系列丛书。这样，相关的专家意见不仅发挥了解决案件的作用，而且通过出版物的广泛传播，让更多的律师、法官和专家学者了解，发挥了更大的作用。时至今日，由北京务实知识产权发展中心汇编的《知识产权疑难问题专家论证》已经出版了七辑。当第八辑汇编完成即将付梓的时候，程永顺先生命我作序，故聊表数语，说一下我对专家意见及其在审判中作用的看法。

期望北京务实知识产权发展中心和程永顺先生，在知识产权疑难案件专家论证的道路上，百尺竿头更进一步，并由此而推动我国知识产权保护事业的发展。

中国社会科学院知识产权中心　主任

李明德

2017 年 6 月于北京

序二

（一）

我在1982年1月从北京师范大学毕业后，根据组织分配进入北京市高级人民法院研究室工作。由于在大学期间学习的是政治经济学专业，对法律一窍不通，在研究室的工作始于为领导、同事抄写、校对各种文稿、书稿。那时，我对身边的领导、同事非常钦佩，在我心目中，他们个个都是法律方面的专家。

1985年初，我从研究室转到经济审判庭，开始了与知识产权相关的审判工作。当时，我国知识产权审判工作才刚刚起步，法官更多的时间是在学习相关法律知识、了解相关信息。遇到新问题，我会虚心地向有关专家求教，并经常寻找机会参加各种培训班，聆听专家、学者讲课。从那时起，我对法律专家的崇拜之情有增无减。

到了20世纪80年代末90年代初，法院受理的专利、商标、技术成果权等知识产权纠纷案件数量开始逐年增加。那时候，每当法院受理了相关案件，不仅法官会十分关注，也会引起社会同行们的关注。在开始审理这些案件时，法官们会非常小心翼翼，反复研究讨论，对于一些有影响的案件，一方面，经常会全庭法官一起讨论，甚至争论；另一方面，合议庭也会广泛听取各方专家意见。汤宗舜、郑成思、郭寿康、段瑞春、高卢麟、赵元果、应明、田力普、刘春田、刘佩智、王学正、董葆霖、邹忭、沈尧曾、沈仁干、尹新天、何山、许超、李明德、李顺德等许多专家、学者都曾是我们反复咨询的对象。在我的脑海中，知识产权审判是离不开专家、学者智慧的。

1996年3月，在总结知识产权审判经验的基础上，北京市高级人民法院在知识产权审判方面推出了三项新的举措：一是聘请一批年轻的知识产权专家、学者（包括张平、郭禾、张玉瑞、周林、杨建兵等）到北京第一、第二中级人民法院担任陪审员，参与知识产权案件的审判，并不断向法官传授相关法律知识；二是聘请中华全国专利代理人协会专家委员会（后改名为北京紫图知识产权司法鉴定中心）作为北京市法院系统知识产权审判技术鉴定单位；三是聘请21名（后又增加了5名）在专利、商标、版权、科技领域的权威专家、学者作为北京法院系统的知识产权咨询顾问。随后几年，聘请专家、学者担任法院知识产权审判顾问的做法被许多法院所效仿。

在做知识产权法官的20多年中（包括1996年3月至1999年1月借调在最高人民法院知识产权庭工作3年，任专利审判组组长），我一直十分重视向知识产权专家、学者沟通、请教，听取他们对案件中涉及的众多法律问题的法律意见，不仅针对具体案件中遇到的问题经常召开专家论证会，还经常到专家家中拜访求教，使许多争议大、影响广的案件最终成为经典判例，如"惰钳式门"发明专利无效案、"优化五笔字型"发明专利侵权案、中国印刷研究所与四通公司等技术成果侵权案、"康乐磁"商标侵权案、"钻孔压浆成桩法"发明专利权归属案、"人参精口服液"知名商品包装、装潢不正当竞争案等。这些案件的成功审判确实离不开众多知识产权专家、学者的指引。

（二）

2005年3月，我提前从法院退休后，有律师找我，希望我能为日本法院、美国法院正在审理中的两件专利侵权案件（其中一件是中国深圳朗科科技有限公司在美国得克萨斯州东区法院诉PNY（Paris and New York）科技公司专利侵权案，另一件是日本东京高等法院审理的打印机墨盒专利侵权案）出具法律意见书。我根据自己的法律知识，应约写了法律意见，据说为案件审理起到了一些关键性作用。

2005年12月，我成立了北京务实知识产权发展中心，这是一家非官方、非营利的民间研究机构。中心的建立旨在为知识产权相关工作的人士提供一个学术研究和信息交流的平台。发挥各方知识产权专家、学者的学术研究专长，接受各级政府、组织、行业协会和企业的专项委托，开展知识产权实务研究工作，发布知识产权保护相关信息。通过高质量的、独立的研究和信息发布，推动全社会对知识产权法的认识和理解，促进我国知识产权保护事业的发展，对社会的经济发展与繁荣做出贡献。中心注重实务方面的研究，着力解决知识产权保护中遇到的实际问题，研究成果为法律、政策的制订和决策者、企业管理者提供决策参考。中心除拥有专门的研究人员外，还聘请了一批长期从事知识产权工作、有丰富知识产权工作经验的官员、学者、律师、代理人及企业管理人员，利用业余时间开展研究工作，发表研究成果，共享相关信息。

北京市民政局为务实中心确定的业务范围很宽泛，组织专家开展知识产权专题论证、针对知识产权保护中遇到的疑难复杂问题出具法律意见书就是其中一项。2006年以来，务实中心接受委托开展的专题论证开始逐年增多，所涉及的法律问题的范围也越来越广泛，通过专家论证会出具的法律意见书也逐年增多。

在从事知识产权保护的研究工作中，我越来越感到，在中国，知识产权法律制度的建立时间并不长，除知识产权纠纷案件本身涉及很多复杂的技术问题外，在审判知识产权案件的司法实践中，还会不断出现新情况、新问题。这些问题不仅涉及法律的完善，更涉及对法律条款的理解。其实，法官办案不仅要追求好的社会效果，也要追求好的法律效果，还希望通过审理案件，完善、推动立法，而要做到这一点，不仅需要法官的勤奋、努力和探索精神，更离不开众多知识产权专家的智慧与指导。

为了使更多的行政执法人员及司法人员了解专家学者对一些知识产权疑难问题的论证信息，我们将一部分由务实中心组织的专家论证会形成的法律意见书分册编辑出版，并将有关部门看到相关法律意见之后作出的判决书、裁定书、行政决定书等一并登出（不论法律意见书的观点是否被采纳），以便同行共享这些专家的学术观点、智慧成果，引发深层次的思考。

（三）

为了使广大读者更好地把握本书专家论证意见的真谛，现作几点说明：

（1）务实中心经常组织参与专家论证的专家、学者有几十人，他们均以知识产权专业见长，同时又有侧重，注重钻研学术、关注司法实务。其中有些是退休或者在任的法官，有些是退休或者在职的政府官员，也有一些是在校的教授、导师或者从事知识产权代理工作的律师、专利商标代理人。他们大多可以被同行称为"老专利""老商标""老版权""老法官"，不仅参加了相关法律的立法、修法工作，而且常年站在知识产权教学、保护第一线。这是一批关心中国知识产权法律变化、掌握相关信息、务实求真、正义执言、敢于讲真话、讲实话的知识产权热心人。

有少部分专家、学者虽然参加了专家研讨，但不愿公开姓名，为稳妥起见，我们尊重了他们的意愿，在相关的法律意见中删去了他们的姓名。

（2）与技术鉴定（司法鉴定）结论不同，法律意见更侧重于专家在法律方面发表的意见及研究成果。法律意见书并非证据，也不需要进行质证。实际上，它是一种供相关人员参考的材料，使相关人员能够了解立法背景，理解法律条文，向其传递相关信息，并作为决策参考。作为专家应当熟悉法律条文，了解立法背景，掌握较多法律实施及实例等信息。法律规定本身比较原则、抽象，实践中，具体问题如何适用原则、抽象的法律，需要专家进行解说，这对于目前知识产权专业法官、行政执法人员普遍年轻、经验不足所造成的缺欠，应当说是一种很好的补充，使他们能了解立法背景，扩大知识面，增加信息量，拓展思考问题的角度和空间。当然，法律意见的质量也有高低，关键是要看专家论证的基本案情是否客观，专家阅读的相关材料是否全面，专家本身是否与专业对口，这些读者们可以凭个人的眼光加以甄别。

在编辑入册的专家意见书中，也有一些论证涉及专业技术问题，但这些法律意见书一定是由技术专家与法律专家共同完成的论证，是在技术专家阐述完技术问题之后，再由法律专家从法律层面就相关问题进行的法律论证。

（3）作为一名知识产权方面的专家，一定只是在某一个领域具有专门知识，而不是具备各个领域专业知识的人，否则，就不能称其为专家。因此，专家们发表的观点、看法也会有局限性，不一定都是正确的。但是，只有认真阅读并研究了专家的观点，才知道这些观点到底对不对，是否真正符合法律本意。即使不对，也应当知道它"错"在哪里。

需要指出的是，参加务实中心组织的论证会的专家绝不是、也不应当是一方当事人（或者委托人）的代理人；会议纪要或者专家意见也不是某一案件中一方当事人的代理词或者辩护词。

另需说明的是，本书中包括了与案件相关的行政机关所作的裁定、决定及法院的裁判文书。为了保证相关文件、特别是裁判文书的真实性，以增强本书的研究价值、参考价值，我们基本上保持了相关文件和裁判文书的原貌。因为，按照法律规定，对法律文书的任何变更，均只能由原审法院依照法定程序，以裁定的方式进行，本书编者无权更改。但对于有的法律文书原件或复印件不清楚，难免出现个别错误，一经发现，我们将在后续出版的辑中予以更正。

我相信，作为从事与知识产权保护工作有关的法官、行政执法官员、律师们，在繁忙的工作中抽出一点时间，认真读一读这些法律意见，一定会有所收获。

程永顺

2016 年 12 月

目　录

专　利　权

计？本案中，"推钮"设计对于侵权判定是否会产生影响？有怎样的影响？

③ 外观设计侵权诉讼中，应当采取怎样的比对方法？

④ 本案中，被诉侵权产品与涉案外观设计是否构成近似？

案例03　关于"喷漆枪"外观设计专利无效行政纠纷专家研讨会法律意见书　75

【论证要点】

① 本案中应当如何界定涉案产品"一般消费者"的范围？

② 产品外观设计的设计空间对评价外观设计专利创造性有何影响？

③ 应当如何界定产品外观设计的设计空间？本案中，专利复审委员会认为"完成相应功能的同时各部分的具体形状仍具有较大的设计空间"是否恰当？

④ 在涉案外观设计与对比设计之间相同点均属于惯常设计的情况下，"涉案外观设计与对比设计之间不同点的集合"对评价涉案外观设计创造性有何影响？

商　标　权

法》第28条的规定是否恰当？

③ 金色希望公司从2005年起连续大量使用"拉菲庄园"商标，经过长期经营，已经形成了稳定的市场秩序，对于"拉菲庄园"商标应当如何评判和考量？

案例06　"易武同庆号"等商标行政系列纠纷专家研讨会法律意见书　162

【论证要点】

① 西双版纳同庆号公司依据受让取得的注册在先的涉案商标对高丽莉在先注册近10年的文字商标以及若干图文商标提出争议和异议的行为是否构成不正当竞争？

② 含有地名的商标如何认定其显著性？

③ 如何把握商标法有关保护在先商业标志权益与维护市场秩序相协调的立法精神、注重维护已经形成的和稳定的市场秩序？

④ 一审法院判决撤销商标评审委员会作出的维持商标注册的裁定所产生的法律效果及其对涉案商标法律效果的影响。

⑤ 鉴于双方之间争议不断，该情形应如何更有效解决？

案例07　"席梦思"系列商标确权行政纠纷专家研讨会法律意见书　188

【论证要点】

① 从"席梦思"商标的历史沿革及其使用和宣传等情况来看，其在申请注册时是否构成床垫的通用名称？

②"席梦思"能否被视为英文商标"Simmons"唯一对应的中文译文？若可以，其权利归属应当如何认定？

③第 12700789 号"席梦思 Simmons 及图"商标与第 12700790 号"Simmons 席梦思"商标是否属于《商标法》第 11 条第 1 款第（1）项所规定的"仅有本商品的通用名称"的情形？商标局及商标评审委员会关于第 12700789 号"席梦思 Simmons 及图"以及第 12700790 号"Simmons 席梦思"商标所含显著识别文字"席梦思"是床垫的通用名称的认定是否恰当？

④"席梦思""Simmons 席梦思"及"席梦思 Simmons 及图"商标是否应当被核准注册？

案例 08　第 3847860 号"康宝 Kangbao"商标争议行政

【论证要点】

①如何把握商标法有关维护市场秩序与保护在先商标权益相协调的立法精神？本案中，争议商标虽然经过宣传和使用形成了一定的消费群体和市场认知，但作为恶意抢注商标，基于商标法中规定的诚实信用等基本原则，法院对争议商标予以维持、保护是否合理？如何看待恶意抢注的商标经过使用形成的消费群体和所获得的市场认知度？

②驰名商标保护可以实现一定条件下的跨类保护，考虑到本案争议商标与引证商标所核定的使用商品并不类似，在本案中有无必要对引证商标是否构成驰名商标进行认定？

【论证要点】

① 外文商标是否具有"不良影响"的判断依据和方法是什么？

②"CLASH OF CLANS"是否具有不良影响？

③如何看待"部落冲突（CLASH OF CLANS）"游戏通过国家新闻出版广电总局和文化部审批与商标局和商标评审委员会认定"CLASH OF CLANS"具有不良影响这两个行政决定之间的冲突问题？

【论证要点】

① 判定商标标识是否近似应考虑哪些因素？被异议商标标识与引证商标标识是否构成近似？

② 判定"商标近似"是否应当考虑消费者的混淆和误认问题？

③ 基于日产自动车株式会社在先注册的第 3066293 号"GT-R"商标与引证商标共存于同一市场，日产自动车株式

会社与佳通公司的关联商标在中国以外国家和地区均已注册
且共存等事实，本案被异议商标与引证商标能否在中国共存？

案例 12　"XAVIER - LOUISVUITTON"商标异议复审行政纠纷
专家研讨会法律意见书　　302

【论证要点】

① 商标权和姓名权保护范围的边界如何划定？姓名权利的限制又与商标权利存在何种关系？

② 即便不认为皮包商品和葡萄酒商品具有密切关联性，是否可以认定商品的关联性已经足以导致"LOUIS VUITTON"商标的淡化？

③ 本案中，被异议商标申请人申请注册"XAVIER - LOUIS-VUITTON"商标的主观意图如何？从商标的基本功能而言，被异议商标的注册是否能起到区分商品来源的目的，消费者能否认识到被异议商标与"LOUIS VUITTON"商标分属于不同的市场主体？

不正当竞争

案例 13　关于泰安磐然测控科技有限公司与泰安德图自动化仪器有限
公司、王君玲等侵犯商业秘密纠纷专家研讨会法律意见书　　323

【论证要点】

① 本案中，在磐然公司已经提供证据证明其主张的客户信息

构成商业秘密，王君玲等自然人曾任职于磐然公司、并接触到上述商业秘密，德图公司与上述客户发生了业务关系，王君玲任职于德图公司的情况下，德图公司、王君玲等是否构成侵犯磐然公司商业秘密的举证责任应当如何分配？

② 二审法院对磐然公司提交的录音证据及李建的证人证言均不予采信是否恰当？

③ 构成商业秘密的"客户名单"与"客户的名单"是什么关系？"公开渠道获得"与"秘密性"两者是否能够同时具备？

④ 德图公司、王君玲等不能提供相反证据证明涉案客户信息的合法来源，在现有证据下能否认定德图公司、王君玲等侵犯了磐然公司的商业秘密？

专 利 权

案例 01

专利无效纠纷中的证据认定及公证认证问题专家研讨会法律意见书

务实（2014）第 001 号

受张敏委托，北京务实知识产权发展中心于 2014 年 3 月 5 日召开了"专利无效纠纷中的证据认定及公证认证问题专家研讨会"。中国社会科学院知识产权中心主任、教授、博士生导师、中国知识产权法学研究会常务副会长李明德，中国社会科学院法学研究所研究员、博士生导师、中国科学院大学法律与知识产权系主任、中国知识产权研究会副会长李顺德，中国人民大学法学院教授、博士生导师、中国人民大学知识产权学院副院长、中国知识产权法学研究会秘书长郭禾，中国人民大学法学院教授、博士生导师、诉讼法专家、中国人民大学纠纷解决研究中心副主任肖建国，原北京市高级人民法院民三庭审判长张冰，中国人民大学法学院副教授、原北京市第一中级人民法院知识产权庭庭长张广良，原最高人民法院法官段立红，北京务实知识产权发展中心主任、原北京市高级人民法院民三庭副庭长程永顺等资深知识产权法律专家、学者参加了研讨。

研讨会由北京务实知识产权发展中心主任程永顺主持。

与会专家在认真审阅委托方提供的与本案有关的材料、了解案件相关背景情况的基础上，围绕中美公证制度存在哪些差异，应如何看待美国公证制度下形成的公证证据；根据我国诉讼法及相关司法解释的有关规定，域外形成的证据是否必须经过公证认证才能得到我国法院的认可，对于不同类型的证据（如出版物）是否存在差异；结合本案的具体情况来看，本案的相关证据是否符合我国公证认证的有关规定，相关证据是否可以得到法院的认可等法律问题进行了深入研讨，并充分发表了各自的意见。

一、背景情况

（一）"含核苷酸类似物的复合物或盐及其合成方法"发明专利及其无效审查的基本情况

1. "含核苷酸类似物的复合物或盐及其合成方法"发明专利的基本情况

1998 年 7 月 23 日，吉联亚科学股份有限公司（以下简称"吉联亚公司"，由吉里德科学公司变更而来）向中国国家知识产权局专利局申请了名称为"含核苷酸类似物的复合物或盐及其合成方法"、申请号为"98807435.4"的发明专利（以下简称"本专利"），优先权日为 1997 年 7 月 25 日，该申请于 2008 年 4 月 23 日授权公告。本专利授权公告时的权利要求书内容如下：

"1. 式（1）的复合物或盐

其中 B 为腺嘌呤 $-9-$ 基，R 独立地为 $-H$ 或 $-CH_2-O-C(O)-O-CH(CH_3)_2$，但至少有一个 R 为 $-CH_2-O-C(O)-O-CH(CH_3)_2$。

2. 权利要求1的复合物或盐，其中两个 R 均为 $-CH_2-O-C(O)-O-CH(CH_3)_2$。

3. 权利要求2的复合物或盐，其中复合物或盐为结晶固体。

4. 权利要求1的复合物或盐，其中含有手性中心碳原子（＊）被拆分的化合物，或者富含其中一个异构体。

5. 权利要求3的复合物或盐，其具有应用 Cu－Ka 照射、以 2θ 度数表示在约 25.0 处的 X－射线粉末衍射图谱峰。

6. 一种药物组合物，它含有权利要求1的复合物或盐和可药用的载体。

7. 权利要求1的复合物或盐在制备用于治疗感染病毒的或者具有这种感染危险性的患者的药物中的用途。

8. 一种制备权利要求2的复合物或盐的方法，它包括把双（POC）PMPA 和富马酸接触。

9. 权利要求8的方法，其中富马酸被溶解在 2－丙醇中。

10. 一种组合物，含有 9－[2－(R)－[[双[[(异丙氧基羰基)氧基]甲氧基]膦酰基]甲氧基]丙基]腺嘌呤·富马酸（1:1）、预胶化淀粉、交联羧甲基纤维素钠、乳糖一水合物和硬脂酸镁。

11. 权利要求10的组合物，其为片剂形式。

12. 权利要求 10 的组合物，其中 9－［2－（R）－［［双［［（异丙氧基羰基）氧基］甲氧基］膦酰基］甲氧基］丙基］腺嘌呤·富马酸（1∶1）为晶体。

13. 权利要求 10 的组合物，其中片剂含有 75mg 9－［2－（R）－［［双［［（异丙氧基羰基）氧基］甲氧基］膦酰基］甲氧基］丙基］腺嘌呤·富马酸（1∶1）、11mg 预胶化淀粉、8.8mg 交联羧甲基纤维素钠、123.6mg 乳糖一水合物和 2.2mg 硬脂酸镁。

14. 一种湿颗粒，它是通过混合含有 9－［2－（R）－［［双［［（异丙氧基羰基）氧基］甲氧基］膦酰基］甲氧基］丙基］腺嘌呤·富马酸（1∶1）的产品，液体和可药用赋形剂制得的。

15. 权利要求 14 的湿颗粒，其中液体为水。

16. 一种干燥颗粒，它是通过干燥权利要求 14 所述的湿颗粒制得的。"

2. 本专利无效审查的基本情况

针对本专利，陶珍珠（下称请求人Ⅰ）于 2012 年 1 月 21 日向国家知识产权局专利复审委员会（以下简称"专利复审委员会"）提出了无效宣告请求，请求宣告本专利权利要求全部无效，同时提交了证据 1～11。其中证据 1 即行政诉讼中所涉及的核心证据 1"（附件 4）。专利复审委员会于 2012 年 2 月 27 日受理了上述无效宣告请求。请求人Ⅰ于 2012 年 2 月 21 日再次提交了意见陈述书和证据 1a（附件 4），并要求以证据 1a 代替原来的证据 1，译文仍使用证据 1 的译文。针对上述无效宣告请求，吉联亚公司于 2012 年 4 月 13 日提交了意见陈述书，同时提交了反证 1～5。2012 年 5 月 14 日，吉联亚公司再次提交了意见陈述书和反证 6～9。2012 年 5 月 18 日和 6 月 28 日，请求人Ⅰ分别提交了意见陈述书。

针对本专利，上海奥锐特实业有限公司（下称请求人Ⅱ）于 2012 年 3 月 19 日向专利复审委员会提出了无效宣告请求，请求宣告本专利权利要求全部无效，同时提交了本专利的公开文本和授权公告文本及证据 1'～8'。其中，证据 4'即行政诉讼中所涉及的核心证据 1"（附件 4）。专利复审委员会于 2012 年 3 月 29 日对此无效宣告请求予以受理。请求人Ⅱ于 2012 年 4 月 1 日再次提交了证据 1'～4'，证据 6'，证据 7'的部分译文。针对上述无效宣告请求，吉联亚公司于 2012 年 5 月 14 日提交了意见陈述书，同时提交了反证 1'～7'。

2012 年 9 月 19 日，口头审理如期举行，各方当事人的代理人均出席了本次口头审理。专利权人当庭提交了修改的权利要求书。请求人Ⅰ和Ⅱ对该修改文本没有异议，合议组明确审理的文本为专利权人当庭提交的权利要求书。

针对本专利，请求人张敏（下称请求人Ⅲ）于2013年3月27日向专利复审委员会提出了无效宣告请求，请求宣告本专利权利要求全部无效，同时提交了证据1"～11"。其中，证据1"即Bischofberger N. et al, Bis（POC）PMPA, an orally bioavailable prodrug of the antiretroviral agent PMPA, Conf Retroviruses Opportunistic Infect 1997 Jan 22－26；4th，相关章节的译文；请求人Ⅲ的无效宣告理由与请求人Ⅰ相同。经形式审查合格，专利复审委员会于2013年4月10日受理了上述无效宣告请求并将无效宣告请求书及证据副本转给了专利权人，同时成立合议组对本案进行审查。

针对上述无效宣告请求，专利权人于2013年5月24日提交了意见陈述书和权利要求书的修改文本，同时提交了反证1"～15"。吉联亚公司提交的权利要求书的修改文本与2012年9月19日口头审理当庭提交的权利要求书相同。

专利复审委员会本案合议组于2013年6月3日向双方当事人发出了口头审理通知书，定于2013年6月27日举行口头审理。

口头审理中，合议组记录了以下事项：

（1）请求人Ⅲ对专利权人提交的权利要求书的修改文本没有异议，合议组明确审理的文本为专利权人于2013年5月24日提交的权利要求书。

（2）专利权人认可证据1"的公证书的程序和形式上的真实性，但不认可公证内容的真实性，认为证据1"的公证书无法证明证据1"的真实性和公开日期，因此不认可证据1"的真实性和公开性；认可证据2"～11"的真实性；认为证据9"的公开时间晚于本专利的优先权日，不能作为证据使用；证据4"的译文应以反证1"的译文为准，对其他证据的译文没有异议。请求人Ⅲ认可以专利权人提交的反证1"的译文作为证据4"的译文。

（3）请求人Ⅲ和专利权人均认可权利要求1与证据1"的区别在于证据1"公开了化合物Bis（POC）PMPA，而权利要求1保护化合物Bis（POC）PMPA的富马酸复合物或盐。

至此，合议组认为本案事实已经清楚，审查决定为：

关于证据和无效宣告理由

本案中，请求人Ⅲ一共提交了11份证据。专利权人认可证据2"～11"的真实性，经核实，合议组对证据2"～11"的真实性予以认可。专利权人对证据4"提交了译文更正页（反证1"），对其他证据的译文准确性没有异议，请求人Ⅲ认可以专利权人提交的反证1"的译文为准，合议组予以接受，在此基础上认可所有译文的准确性。

关于证据1″，请求人Ⅲ提交了证明真实性的公证文件及译文（下称证据1″-2）以及证明公开时间的公证文件及译文（下称证据1″-1）。

证据1″-2包括以下文件：哥伦比亚特区公证人Clara E. Helbringer公证证明申请公证人薛之阳（艾伦薛）关于附件是"1997年1月22～26日在华盛顿哥伦比亚特区举办的第四届逆转录病毒和机会性感染会议的会议流程和摘要"这本书的完整复印件，该书现在公开存放于剑桥、马萨诸塞州哈佛大学图书馆，索书号013171488的声明的公证书；哥伦比亚特区首席公证认证员RICHARD PHIPPS Ⅲ证明Clara E. Helbringer公证资格的声明；美利坚合众国国务院证明所附文件的哥伦比亚特区印章真实有效的声明，该声明同时盖有中华人民共和国驻美国大使馆领事部出具的证明美国国务院印章和签字属实的印章；以及"1997年1月22～26日在华盛顿哥伦比亚特区举办的第四届逆转录病毒和机会性感染会议的会议流程和摘要"一书的复印件。

专利权人认为在公证书中公证员没有核实该书复印件与原件是否一致，因此不认可证据1″的真实性。

合议组认为：从公证书的证词来看，申请公证人薛之阳是一名在哥伦比亚特区合法注册，职业编号为995947的律师，公证人为哥伦比亚特区公证员，对公证书的真实性应予认可；公证书的证词中已明确待证一书为"1997年1月22～26日在华盛顿哥伦比亚特区举办的第四届逆转录病毒和机会性感染会议的会议流程和摘要"，所提交的图书复印件的封面标题与之一致，其后的目录、内容也与之相应，专利权人也没有提供证据证明其主张，因此根据上述公证文件，可以确认请求人Ⅲ所提交的复印件即是特证一书的复印件。基于此，合议组认可证据1″的真实性。

证据1″-1包括以下文件：哥伦比亚特区公证人Clara E. Helbninger公证证明申请公证人薛之阳（艾伦薛）关于附件是其本人于2013年2月7日发给逆转录病毒和机会性感染会议的Marisz Sordyl女士的电子邮件以及2013年02月08日Marisz Sordyl女士回复的电子邮件，上述两封邮件及其所有相关复印件都是真实准确的声明的公证书；哥伦比亚特区首席公证认证员RICHARD PHIPPS Ⅲ证明Clara E. Helbringer公证资格的中华人民共和国国家知识产权局的声明；美利坚合众国国务院证明所附文件的哥伦比亚特区印章真实有效的声明，该声明同时盖有中华人民共和国驻美国大使馆领事部出具的证明美国国务院印章和签字属实的印章；以及薛之阳与Marisz Sordyl于2013年2月7～8日往来电子邮件的网络打印件。

专利权人认可公证程序和形式上的真实性，但对公证内容的真实性不认可，认为证据1"-1只能证明申请公证人薛之阳在公证人面前说了上述内容，但并不能证明邮件内容是否真实。专利权人还认为证据1"-1中的邮件译文的第1页中的"distributed"应译为"分发"而非"发行"，"分发"并不是《专利法》意义上的公开。

合议组认为：从公证书的证词来看，申请公证人薛之阳是一名在哥伦比亚特区合法注册，职业编号为995947的律师，公证人为哥伦比亚特区公证员，对公证书的真实性应予认可：该公证书是由具有公证资质的公证员作出，从所附电子邮件的网络打印件来看，其中详细记载了电子邮件的寄件人、时间、收件人、主题、邮件收发双方的电话、传真、邮箱、网址以及详细住址，并且专利权人也没有提供证据证明其主张，故合议组对电子邮件的真实性予以认可。根据邮件内容可以确认，特证一书在1997年1月22日已被分发。由于没有证据表明该会议是保密性质的，并且召开学术会议的目的就是沟通交流、相互学习，因此该书自分发当日起处于公众可以获知的状态，即构成了《专利法》意义上的公开。

针对专利权人于2013年5月24日提交的权利要求书，本案涉及的无效宣告理由为：（1）权利要求1～15不符合2001年《中华人民共和国专利法》（以下简称《专利法》）第22条第3款的规定；（2）权利要求1～8不符合2002年《中华人民共和国专利法实施细则》（以下简称《专利法实施细则》）第20条第1款的规定；（3）说明书不符合《专利法》第26条第3款的规定。

关于2001年《专利法》第22条第3款

（1）权利要求1

根据无效宣告请求书中的意见，请求人Ⅰ、请求人Ⅱ、请求人Ⅲ主张以证据1"、2"的结合来评述权利要求1的创造性。

证据1"公开了双（异丙氧基羰基氧甲基）PMPA（即Bis（POC）PM-PA），权利要求1与证据1"的区别特征仅在于证据1"公开了化合物本身，而权利要求1保护化合物的富马酸复合物或盐。

证据2给出了与本专利结构相似的核苷酸磷酸酯衍生物与有机酸成盐的启示，并列出了可能与核苷酸磷酸酯衍生物成盐的十几种有机酸，其中就包括富马酸，在此基础上，将Bis（POC）PMPA与富马酸成盐并由此获得成盐化合物通常所具有的性质，是本领域技术人员基于本领域普遍存在的动机作出的常规选择。

因此，权利要求1相对于证据1"和证据2"的结合不具有创造性，不符合2001年《专利法》第22条第3款的规定。

（2）权利要求 2 ~ 15

专利复审委员会经审查，认为权利要求 2 ~ 15 均不具有创造性，不符合 2001 年《专利法》第 22 条第 3 款的规定。

综上所述，基于以上已经得出本专利全部权利要求不具有《专利法》第 22 条第 3 款规定的创造性，应被宣告无效的结论，在此情形下，专利复审委员会对请求人 I、请求人 II、请求人 III 提出的其他证据和无效宣告理由不再予以评述。

基于以上事实和理由，专利复审委员会宣告本专利专利权无效。

（二）一审行政诉讼的基本情况

吉联亚公司不服专利复审委员会作出的第 20990 号无效宣告请求审查决定向北京市第一中级人民法院提起行政诉讼，一审法院于 2013 年 10 月 10 日受理此案。

原告吉联亚公司诉称：

一、被告错误地认定本专利权利要求 1 ~ 15 不符合《专利法》第 22 条第 3 款规定的创造性。（1）被告错误地认定了本专利权利要求 1 相对于证据 1″所实际解决的技术问题。原告认为，本专利权利要求 1 相对于证据 1″所实际解决的技术问题是：将化合物 Bis（POC）PMPA 转化为其富马酸盐形式从而获得极优秀固态化学稳定性及其他适合制备固体口服制剂的优秀理化性质；（2）对于本专利所解决的技术问题，本领域技术人员从证据 2″中不能获得通过该技术手段解决该技术问题的确定预期，同时公知常识又教导本领域技术人员远离富马酸这样的弱酸，因此现有技术不能给出相应的技术启示，被告关于证据 2″的结论是错误的；（3）本发明所取得的预料不到的技术效果不应当被否定。

二、证据 1″的实质真实性存疑，不应当成为认定案件事实的依据。尽管证据 1″的形式上符合公证认证的条件，但公证书仅仅证明这个申请公证人签字属实并由其本人向公证员提交了所述材料。公证员既没有核实申请公证人所提交材料中的现有技术文件内容即证据 1″-1 的真实性，也没有核实该申请公证人提交的关于证据 1″-1 公开时间的个人陈述、申请公证人与 "Marisz Sordyl" 往来电子邮件打印件的真实性以及 "Marisz Sordyl" 的身份（证据 1″-2）。作为最接近的现有技术文件，该证据系本案的关键证据。鉴于该申请公证人所作的陈述和所提交的文件、电子邮件打印件，对于待证事实而言，均系传来证据，并且该申请公证人没有参加本案行政阶段的口头审理、接受当事人双方的质询，被告显然不应当在其真实性未经充分、彻底地质证的情况下就轻易采信证据 1″，并将其作为认定案件事实的依据。

据此，吉联亚公司认为第 20990 号决定认定事实不清，适用法律错误，请求人民法院依法予以撤销。

被告专利复审委员会答辩称：坚持第 20990 号决定的意见，认为该决定认定事实清楚、适用法律正确、审理程序合法，请求人民法院予以维持。

第三人陶珍珠、张敏、奥锐特公司向本院提交书面意见称：第 20990 号决定认定事实清楚、适用法律正确、审理程序合法，请求人民法院予以维持。

一审法院查明的事实与专利复审委员会第 20990 号无效审查决定中认定的事实基本相同。庭审中，原告表示对第 20990 号决定的"案由"部分无异议。

一审法院认为，本案的审理应适用 2000 年 8 月 25 日修正的《专利法》，以及 2002 年 12 月 28 日修正的《专利法实施细则》。对于吉联亚公司以及陶珍珠和张敏在本案诉讼程序中补充提交的证据，一审法院均未予以采纳。

关于本案所涉及的争议焦点问题，即关于证据 1"的真实性、公开日期的问题，一审法院认为：证据 1"是评价本专利创造性的最接近的对比文件，包括公证文件及译文证据 1"-1 和证据 1"-2，其中第三人欲以证据 1"-2 证明证据 1"公开内容的真实性，欲以证据 1"-1 用于证明证据 1"的公开日期，基于谁主张谁举证的基本原则，第三人须提交真实、合法的证据证明其上述主张，否则应承担举证不能的法律后果。

一审法院认为，证据 1"符合公证认证的法定形式要件，但仅能证明：申请公证人在公证员面前做过公证书所记载的声明、申请公证人在公证书上的签字为其本人所签、申请公证人向公证员提交了公证书所记载的材料。

就证据 1"-2 而言，首先，公证书中并没有记载公证员核实并确认了申请公证人的律师身份，且即便申请公证人的律师身份真实，其也是由第三人单方聘请，一般而言，其客观性和公正性存在一定瑕疵；其次，公证书并未记载公证员核实了申请公证人提交的附件确实是"1997 年 1 月 22～26 日在华盛顿哥伦比亚特区举办的第四届逆转录病毒和机会性感染会议的会议流程和摘要"这本书的完整复印件，公证员也并没有核实该书现确实公开存放于剑桥、马萨诸塞州哈佛大学图书馆，索书号为 013171488，如公证员并没有与申请公证人一起来到上述图书馆，找到上述书本并当面进行了复印。仅凭申请公证人在公证员面前做过上述声明，向公证员提交了上述附件，并不能确定该附件是藏于上述图书馆的上述书本的完整的、真实的复印件。

就证据 1"-1 而言，首先，同上所述，公证书中并没有记载公证员核实并确认了申请公证人的律师身份，且即便申请公证人的律师身份真实，其也是由第三人单方聘请，其客观性和公正性一般也需其他证据予以佐证；其次，电子邮件中"Marisz Sordyl"女士的身份仅有申请公证人的陈述予以证明，在没有其他证据予以佐证的情况下，难以确定"Marisz Sordyl"女士的身份，也难以确定其陈述能证明证据1"的公开日期；再次，公证书中并没有记载公证员核实了电子邮件是从计算机等设备中真实、准确、完整地打印出来，也没有记载该计算机等设备是公证员、申请公证人或其他人所有，再考虑到电子数据具有容易修改的特性等因素，仅凭申请公证人的单方声明，难以证明该电子邮件是真实、准确和完整的。

综上所述，证据1"-2 难以证明证据1"公开内容的真实性，证据1"-1 难以证明证据1"的公开日期，因此证据1"的真实性、公开日期等难以确认，无法作为评价本专利创造性的最接近的对比文件。被告的相关认定缺乏事实与法律依据，一审法院依法予以纠正。

此外，关于本专利的创造性问题，一审法院认为，专利复审委员会将证据1"作为最接近的对比文件，评价了本专利的创造性，但一审法院认为证据1"的真实性、公开日期等难以确认，无法作为评价本专利创造性的最接近的对比文件，因此，一审法院对本专利是否具备创造性的问题在此不再进行审理。

由于专利复审委员会作出第 20990 号决定的主要证据不足，一审法院依法予以撤销。吉联亚科学股份有限公司的诉讼理由具有事实和法律依据，其诉讼请求一审法院予以支持。

根据《中华人民共和国行政诉讼法》第 54 条第（2）项第 1 目之规定，一审法院判决：（1）撤销中华人民共和国国家知识产权局专利复审委员会作出的第 20990 号无效宣告请求审查决定；（2）中华人民共和国国家知识产权局专利复审委员会就第 98807435.4 号发明专利权重新作出无效宣告请求审查决定。

目前，本案正处于二审上诉阶段。

（三）华盛顿哥伦比亚特区法典（2012 District of Columbia Code）中关于公证的有关规定

Section 1 – 1210

Certification of certain instruments; depositions; administration of oaths and affirmations; affidavits

Each notary public shall have power to take and to certify the acknowledgment or proof of powers of attorney, mortgages, deeds, and other instruments of writing, to take depositions and to administer oaths and affirmations and also to take affidavits to be used before any court, judge, or officer within the District.

公证人有权公证证明授权书的确认或证明书、抵押书、契约书及其他的书面文件，有权为宣誓作证进行公证，有权管理宣誓、陈述事实行为，有权为在特区内的法庭、法官或者公务人员面前使用的宣誓口供进行公证。

（四）哥伦比亚特区公证手册（DISTRICT OF COLUMBIA NOTARY HANDBOOK）中的有关规定

Notarial Acts

District of Columbia notaries public are authorized to perform the following notarial acts：

- Obtain acknowledgement and proofs
- Administer oaths and affirmations
- Take verifications upon oath or affirmation
- Witness or attest signatures
- Execute protests for foreign and inland bills of exchange
- Perform such acts for use and effect beyond the jurisdiction of the District according to the law of any state or territory of the United State or any foreign government in amity with the United States

哥伦比亚特区公证机构有权实施下述行为：

- 认可与证明的获取
- 宣誓与确认的管理
- 宣誓与确认的见证
- 见证签名
- 拒付国内外票据
- 根据美国各州以及与美国有友好关系之政府法律之规定，为在哥伦比亚特区管辖范围之外发生效力而实施的行为

Restrictions on Role of Notary Public

District of Columbia notary publics do not have authority to certify a public record, a publicly recorded document, a school records or diploma, a professional license, or any other public or private documents or records.

District of Columbia notary may never：

- take his/her own oath, affidavit. Acknowledgement or depositions；
- serve as a witness for his/her own documents and
- notarize his/her own signature.
- Notary Public should not carry out an official act for any matter in which personally involved, either directly or indirectly. Notaries should refrain from performing

official acts for members of their immediate families. Doing so is not against the law; it may result in a conflict of interest and gives the matter an air of impropriety.

哥伦比亚公证机构无权证明公共记录、公开记录文件、学校记录或文凭、执业许可或其他公共或私人的文献或记录。

哥伦比亚公证机构不得：

- 为自己的誓言或认可进行公证
- 见证自己的文件
- 公证自己的签名
- 不得为直接或间接涉及个人的事务进行公证，不得为直系亲属进行公证。这并不违法，但可能会导致利益冲突，使公证受到程序违法的质疑。

二、研讨会依据的材料

1. "含核苷酸类似物的复合物或盐及其合成方法"发明专利（专利号：98807435.4）授权公告文本（含权利要求书、说明书、说明书附图）；

2. 国家知识产权局专利复审委员会第 20990 号无效宣告请求审查决定书；

3. 北京市第一中级人民法院（2013）一中行初字第 3496 号行政判决书；

4. 无效请求人张敏提交的证据 1"，即 Bischofberger N. et al, Bis（POC）PMPA, an orally bioavailable prodrug of the antiretroviral agent PMPA, Conf Retroviruses Opportunistic Infect 1997 Jan 22 – 26；4th，相关章节的译文；

5. 证据 1"-1，即证实证据 1"真实性的公证文件及译文；

6. 证据 1"-2，即证实证据 1"公开时间的公证文件及译文。

三、研讨会的主要议题

1. 中美公证制度存在哪些差异，应如何看待美国公证制度下形成的公证证据？

2. 根据我国诉讼法及相关司法解释的有关规定，域外形成的证据是否必须经过公证认证才能得到我国法院的认可，对于不同类型的证据（如出版物）是否存在差异？

3. 结合本案的具体情况来看，本案的相关证据是否符合我国公证认证的有关规定，相关证据是否可以得到法院的认可？

四、专家意见

与会专家围绕上述问题进行了热烈讨论，充分发表了意见。经过归纳整理，形成以下法律意见。

（一）中美公证制度存在哪些差异，应如何看待美国公证制度下形成的公证证据？

与会专家认为，除采用拉丁公证制度的国家以外，其他国家或地区的公证机构并不对材料所记载内容的真实性、客观性进行审查并予以确认，而是只对其上的签名、印鉴是否属实予以公证。公证通常采用的做法是由当事人宣誓或签署声明书，声明其所要公证的文书的真实性，然后再由公证机构对该签字或声明书予以确认。就电子邮件而言，甚至连签名、印鉴都没有，就更谈不上对材料真实性的审查了。至于认证，则是由我国使领馆对国外公证机构的印章和公证员的签名再予以确认，当然也无法证明公证书记载内容的真实性。不过，这些国家都有较为完备的伪证制裁制度，一旦当事人陈述不实，则由其本人承担严重的法律后果。因此，关于域外证据的公证认证问题，首先应当注意到我国现有的公证制度和其他法域的公证制度之间，特别是以美国为代表的公证制度之间存在着明显的差异。域外的公证制度有其自身的具体规定和特点，不能将美国公证制度下出具的公证文件简单地等同于我国公证机构作出的公证文件。

就我国的公证制度来看，我国的公证制度主要具有以下四方面特点：第一，公证机构代表国家统一行使公证职权，公证机构既要审查公证事项是否符合法定形式又要审查核实内容是否真实，即同时证明公证事项的合法性和真实性；第二，公证事项范围很宽，根据《中华人民共和国公证法》（以下简称《公证法》）第11条的规定，我国公证机构有权办理的公证事项非常广泛；第三，公证的内容详细完整，能够满足法院审理案件认定事实的需要，随着多年公证实践经验的积累，公证机构与司法机关业务不断磨合，目前，在公证过程中，我国公证机构已经能够按照法院审理案件的思路对证据进行细致完整地公证；第四，经公证机构公证证明的证据在法律上有特定的效力，依据《中华人民共和国民事诉讼法》（以下简称《民事诉讼法》）第69条的规定："经过法定程序公证证明的法律事实和文书，人民法院应当作为认定事实的根据，但有相反证据足以推翻公证证明的除外。"

与中国的公证制度相比较，美国的公证制度（因美国各州的具体规定存在差异，为针对性说明问题，以与本案相关的华盛顿哥伦比亚特区的相关规定为例）总体来说具有如下特点：第一，公证人仅对公证事项进行形式审查，证明形式的合法性，公证人无权审查公证事项的内容；第二，对公证人的权限有严格的限制，如《华盛顿哥伦比亚特区法典》明确规定："公证人有权公证证明授权书的确认或证明书、抵押书、契约书及其他的书面文件，有权为宣誓作证进行公证，有权管理宣誓、陈述事实行为，有权为在特区内的法庭、法官或者公务人员面前使用的宣誓口供进行公证。"同时,《哥伦比亚特区公证手册》中规定:"哥伦比亚特区公证机构有权实施下述行为:认可与证明的获取、宣誓与确认的管理、宣誓与确认的见证、见证签名、拒付国内外票据、根据美国各州以及与美国有友好关系之政府法律之规定,为在哥伦比亚特区管辖范围之外发生效力而实施的行为""哥伦比亚公证机构无权证明公共记录、公开记录文件、学校记录或文凭、执业许可或其他公共或私人的文献或记录。"第三,公证证据需要在庭审中完善并且不具有特殊的法律效力。

与会专家认为,结合上述中美公证制度中存在的差异以及各自的特点,我国法院在司法实践中应承认和尊重域外不同公证制度所存在的差异。在公证证据的认定上,应当尊重依照美国公证制度形成的公证证据,而不能以我国公证制度中公证证据形成的程序、形式、证明的内容等来要求美国公证机构作出类似的公证,或者说只有美国公证机构作出类似我国公证机构的公证文书时才予以认可。如果美国公证机构依据中国公证制度作出了符合中国规定的公证文书,其首先违反了当地法律,这种文书本身就不能予以采信,如果此类文书反而能够得到认定,这种观点本身就是自相矛盾的。同时,关于域外公证证据证明力的问题,也不能以我国公证法和有关司法解释评价我国公证机构作出的公证文书的标准衡量美国公证证据的证明力,应当结合域外公证认证中的内容具体加以判断。专利复审委员会和法院在认定域外证据的时候,首先要对这一点有非常明确和清醒的认识,不能把域外的公证证据简单地视同国内的公证证据加以认定。

(二)根据我国诉讼法及相关司法解释的有关规定,域外形成的证据是否必须经过公证认证才能得到我国法院的认可,对于不同类型的证据(如出版物)是否存在差异?

与会专家认为,在我国知识产权司法审判实践中,对域外证据是否进行公证认证,一般不会对证据的合法性产生影响,主要会影响到证据的证明力。而且对于不同种类和性质的证据来说,是否经过公证认证对其证明力产生的影响也不尽相同。

一般来说,对于涉及诉讼主体资格、身份等方面的证据必须经过公证认证才具有证明力。主要因为就当事人而言,如果诉讼主体的资格无法确认,案件的审理将无法进行;就证人而言,证人的身份直接影响其证言的真实性,如果其身份无法确认,其证言无法采信。如关于本案的证据1"-1,与会专家认为,对于电子邮件中"Marisz Sordyl"女士的身份,除申请公证人的陈述外,应当对其具体身份进行公证认证,即就其是否为逆转录病毒和机会性感染会议工作人员进行公证,或提供如逆转录病毒和机会性感染会议工作人员名册或网站公开的相关信息等加以佐证方足以认定她通过电子邮件陈述的有关事实。而本案缺乏证明上述内容的有关证据，因此，一审法院对该份证据的认定及说理并无不当。

而对于域外形成的物证和视听资料，包括公开出版物，根据 2005 年 11 月 21 日原最高人民法院副院长曹建明在全国法院知识产权审判工作座谈会上所作的《加强知识产权司法保护、优化创新环境、构建和谐社会》报告的精神，由于此类证据的真实性一般比较可靠，经过质证，原则上可以直接认定其证据的形式合法性，无须办理公证认证等证明手续。只有当对方当事人提出异议并能够举证证明，而提供该证据的一方又不能有效反驳时，则应当要求办理法定的公证认证等证明手续。

特别是在专利无效宣告审查及后续诉讼中，由于 2008 年修订的《专利法》采用了绝对新颖性的标准，即申请专利的发明创造，在申请日前已经在国内外出版物上公开或者被使用或者以其他形式为公众所知，都丧失新颖性。这一标准适用的范围十分宽泛，这一举措不仅采取了国际通行的做法，同时也是为了提高我国的专利质量。如果对于域外证据都必须达到如判决书中所要求的极为严格的条件，那么《专利法》的这一规定实际上是难以操作的，或者不必要的大大增加举证的成本。

（三）结合本案的具体情况来看，本案的相关证据是否符合我国公证认证的有关规定，相关证据是否可以得到法院的认可？

与会专家认为，应当结合中美公证制度的特点及我国实践中对经过公证认证的域外证据认定的一般原则分别来对待本案的涉案证据。

关于证据 1″-2，大多数与会专家认为，公证书中记载的会议流程和摘要的复印件及图书原本的存放地点等内容为公证申请人艾伦薛（美国哥伦比亚特区注册律师）在公证人面前的陈述，符合美国公证制度下公证机构并不对材料的真实性、客观性进行审查，而是只对其上的签名、印鉴是否属实予以公证的惯例。也经过了华盛顿哥伦比亚特区政府、美国国务院、我国驻美国大使馆的认证，符合我国民事诉讼关于认证的相关规定。

在美国，律师如果违反执业规范作伪证，其不仅将会承担被吊销律师执业资格的风险，还要面临妨害司法公正罪追究刑事责任的风险。本案中的证据 1″-2 是对哥伦比亚特区合法注册职业编号为 995947 的律师艾伦薛所作的律师见证的公证，即律师艾伦薛需要对其陈述内容复印件的真实性、图书的存放信息负责。图书原本公开存放在剑桥、马萨诸塞州哈佛大学图书馆，索书号为 013171488，信息详细且清楚，该陈述内容的真实性很容易得到核实。因此，在没有相反证据足以推翻的情形下，应当确认其真实性。

　　法院认为公证书并未记载公证员核实了申请公证人提交的附件确实是"1997年1月22～26日在华盛顿哥伦比亚特区举办的第四届逆转录病毒和机会性感染会议的会议流程和摘要"这本书的完整复印件，公证员也并没有核实该书现确实公开存放于剑桥、马萨诸塞州哈佛大学图书馆，索书号为013171488，如公证员并没有与申请公证人一起来到上述图书馆，找到上述书本并当面进行了复印。仅凭申请公证人在公证员面前做过上述声明，向公证员提交了上述附件，并不能确定该附件是藏于上述图书馆的上述书本的完整的、真实的复印件。法院的上述观点实际上是在要求美国的公证人依据中国的公证制度进行公证，这种做法超出了美国公证人的权限范围，首先违反了当地的法律，即使据此得到了符合中国公证制度的公证文书，其结论也是不足采信的。

　　少数专家认为，法院认为证据1"符合我国公证认证的形式要件，并在对证明事项的范围做了符合美国华盛顿哥伦比亚特区法律的解释的基础上，认为其仅能证明申请公证人在公证员面前做过公证书所记载的声明、申请公证人在公证书上的签字为其本人所签、申请公证人向公证员提交了公证书所记载的材料。这种观点在承认经过美国的公证认证程序的域外证据的效力的基础上，确认其符合美国公证制度下对有关证明事项范围的证明力，而不是按照中国《公证法》及相关司法解释对公证证据证明力的理解来理解美国公证制度下作出的公证文书，这种理解是正确的。

　　本案值得探讨的问题在于对于证据需要补强的情形，法院是否应当在诉讼中对当事人明示并给予当事人补证的机会，或者依职权对有关事项作适当调查加以查明，还是仅仅根据现有的证据材料简单地作出判决。如在本案中，关于证据1"，法院如果在诉讼中对经公证认证的材料尚缺乏证明力作出示明，给予当事人补充证明的机会，如当事人可以通过我国的图书馆获取相关资料等；或者法院依职权对证据1"证明的事项作适当调查，如通过审查其他请求人提交的相同证据加以参考等，均可以查明证据1"的真实性，在此基础上作出判决更为恰当。而仅根据现有材料简单作出判决，不仅无法解决纠纷实现息讼止争，反而使得当事人之间缠讼不休，造成专利审查、司法审判资源的消耗。

　　此外，与会专家一致认为，无论在我国还是在域外的公证制度下出具的公证文书，一般都是由一方当事人单方委托进行的，这一点和司法鉴定存在根本区别。对于司法鉴定而言，法院可以不采信由一方当事人单方委托进行的司法鉴定，但是公证一定是由当事人单方委托进行的，从美国的公证制度来说，申请公证人无论其身份如何也一定是由一方当事人单方委托的。因此，一审法院在判决书中陈述的因申请公证人由第三人单方聘请，其客观性和公正性存在一定瑕疵的观点难以成立。

结合本案的解决，对于域外证据的认定问题，与会专家建议，对于一方当事人提交的经过公证认证的域外证据，如果对方当事人没有提出异议，那么法院可以直接作出认定；如果对方当事人持有异议，法院可以根据"谁主张，谁举证"的举证责任分配规则解决。法院应当首先审查提出异议一方当事人举证的可能性，如果提出异议一方完全有可能举出反证，则应当由提出主张的当事人就其主张的事实举证证明。

如本案中，对于证据1"的公证，请求人只能做到由公证人公证认证申请公证人关于复印件与原件一致或者公证申请人去到存放图书馆进行复印的陈述，而无法对公开存放与图书馆的图书的存放情况进行公证。根据美国哥伦比亚特区的公证规则，当事人已经尽到了最大的举证责任。同时，提出异议一方当事人也未就其异议的主张举证证明，作为美国的当事人，对于一份存放于美国公共图书馆中的出版物，其举出反证的可能性是很大的，完全具备相应的举证能力，应当由其承担相应的举证责任，进一步举证证明其主张。这一做法也符合我国《民事诉讼法》第64条规定的"谁主张、谁举证"的基本原则。在异议人未提出证据加以证明的前提下，仅用说理的方式加以判断，直接否定证据1"的真实性，显然是缺乏说服力的。如果过分苛求域外证据的证明方式，某种程度上不仅不适当地加重了某一方当事人的举证责任，同时也容易对各国之间的司法协助造成不必要的误会。

以上意见系基于委托方提供的材料、根据专家学者的意见归纳整理作出，仅供参考。

北京务实知识产权发展中心
2014 年 3 月 12 日

附件 01 – 1

国家知识产权局专利复审委员会

第 20990 号无效宣告请求审查决定书

一、案由

本专利的专利号为 98807435.4，最早优先权日为 1997 年 7 月 25 日，申请日为 1998 年 7 月 23 日，授权公告日为 2008 年 4 月 23 日。本专利授权公告时的权利要求书内容如下：

"1. 式（1）的复合物或盐

其中 B 为腺嘌呤 – 9 – 基，R 独立地为 – H 或 – CH_2 – O – C（O）– O – CH（CH_3）$_2$，但至少有一个 R 为 – CH_2 – O – C（O）– O – CH（CH_3）$_2$。

2. 权利要求 1 的复合物或盐，其中两个 R 均为 – CH_2 – O – C（O）– O – CH（CH_3）$_2$。

3. 权利要求 2 的复合物或盐，其中复合物或盐为结晶固体。

4. 权利要求 1 的复合物或盐，其中含有手性中心碳原子（＊）被拆分的化合物，或者富含其中一个异构体。

5. 权利要求 3 的复合物或盐，其具有应用 Cu – Ka 照射、以 2θ 度数表示在约 25.0 处的 X – 射线粉末衍射图谱峰。

6. 一种药物组合物，它含有权利要求 1 的复合物或盐和可药用的载体。

7. 权利要求 1 的复合物或盐在制备用于治疗感染病毒的或者具有这种感染危险性的患者的药物中的用途。

8. 一种制备权利要求 2 的复合物或盐的方法，它包括把双（POC）PMPA 和富马酸接触。

9. 权利要求 8 的方法，其中富马酸被溶解在 2 – 丙醇中。

10. 一种组合物，含有9－［2－（R）－［［双［［（异丙氧基羰基）氧基］甲氧基］膦酰基］甲氧基］丙基］腺嘌呤·富马酸（1:1）、预胶化淀粉、交联羧甲基纤维素钠、乳糖一水合物和硬脂酸镁。

11. 权利要求10的组合物，其为片剂形式。

12. 权利要求10的组合物，其中9－［2－（R）－［［双［［（异丙氧基羰基）氧基］甲氧基］膦酰基］甲氧基］丙基］腺嘌呤·富马酸（1:1）为晶体。

13. 权利要求10的组合物，其中片剂含有75mg 9－［2－（R－［［双［［（异丙氧基羰基）氧基］甲氧基］膦酰基］甲氧基］丙］腺嘌呤·富马酸（1:1）、11mg 预胶化淀粉、8.8mg 交联羧甲基纤维素钠、123.6mg 乳糖一水合物和2.2mg 硬脂酸镁。

14. 一种湿颗粒，它是通过混合含有9－［2－（R）－［［双［［（异丙氧基羰基）氧基］甲氧基］膦酰基］甲氧基］丙基］腺嘌呤·富马酸（1:1）的产品，液体和可药用赋形剂制得的。

15. 权利要求14的湿颗粒，其中液体为水。

16. 一种干燥颗粒，它是通过干燥权利要求14所述的湿颗粒制得的。"

针对上述专利权，陶珍珠（下称请求人Ⅰ）于2012年1月21日向专利复审委员会提出了无效宣告请求，请求宣告本专利权利要求全部无效，同时提交了如下证据：

证据1：Bischofberger N. et. al, Bis（POC）PMFA, an orally bioavailable prodrug of the antiretroviral agent PMPA, Conf Retroviruses Opportunistdic Infect 1997 Jan 22－26; 4th: 104（abstract no. 214）及译文，复印件2页；

证据2：第941091686号中国发明专利申请公开说明书，公开日为1995年8月2日，复印件112页；

证据3：药剂辅料大全，罗明生、高天蕙主编，四川科学技术出版社，1993年，第296－297、418－419、516－519、568－570、627－628、715－716页，复印件22页；

证据4：F. Cespedes et al, New materials for electrochemical sensing I. Rigid conducting compasites, trends in analyical chemistry, vol. 15, no. 7, 1996 及译文，复印件17页；

证据5：化学试剂的变质原因与保管，李学洲，怀化师专学报，第10卷第2期，1991年10月，第98－102页，复印件5页；

证据6：九十年代柠檬酸展望——柠檬酸的未来及其在酸性化饲料中的应用，郑伯霖，湖南化工，1987年第4期，第6－13页，复印件8页；

证据 7：有机酸添加剂的作用机理及其应用，王放银，湖南邵阳工专学报，1993 年第 6 卷，第 4 期，第 345 – 349 页，复印件 5 页；

证据 8：柠檬酸和富马酸的营养作用及其在饲料中的应用，王水明，饲料与畜牧，1994 年第 2 期，第 24 – 25 页，复印件 2 页；

证据 9：泡腾片的常用辅料及制备方法，王淑华、林永强，食品与药品，2006 年第 8 卷第 03A 期，第 70 – 72 页，复印件 3 页；

证据 10：关于手性碳原子，黄小齐、王晓燕，大学化学，1993 年 6 月，第 8 卷第 3 期，第 49 – 50 页，复印件 2 页；

证据 11：药剂学，第三版，奚念朱主编，人民卫生出版社，第 300 – 303 页，复印件 4 页。

请求人 I 认为：

（1）本专利权利要求 1 包含技术方案 A 即 Bis（POC）PMPA 富马酸复合物或盐和技术方案 B 即单（POC）PMPA 富马酸复合物或盐。①对于技术方案 A，证据 1 公开了具有抗病毒活性的 Bis（POC）PMPA，二者区别在于富马酸复合物或盐，本专利解决的技术问题是将 Bis（POC）PMPA 制成富马酸复合物或盐。证据 2 公开了与 Bis（POC）PMPA 结构极为类似的抗病毒活性的核苷酸磷酸酯衍生物，并公开了其可以形成药用盐，列举的盐中包括富马酸盐，在证据 2 的启示下，本领域技术人员容易想到将其引入证据 1 获得技术方案 A，因此技术方案 A 相对于证据 1、2 的结合不具备创造性。关于本专利说明书实施例 3 的对比实验，其只是从证据 2 公开的有限的十几种盐中选了两种有机酸盐作对比，而柠檬酸和富马酸结构差别很大，其形成复合物或盐的性质差别也大，其结果是本领域技术人员可以预料或推理的，并未产生预料不到的技术效果；其次，证据 3 公开了在相对湿度较高时，柠檬酸可吸收大量水分，固态稳定性不好，而富马酸没有这样的吸湿性，固态稳定性优于柠檬酸，证据 4 公开了当复合物表现与其中各单一组分所具有的性质迥异的化学、机械和物理方面的特性时，这些组分仍保持各自的原始性质，结合证据 3 和 4 可知，在相对湿度较高的条件下，富马酸复合物的固态稳定性优于柠檬酸复合物；此外，证据 5～9 公开了柠檬酸易溶于水，在空气中易潮解，富马酸在水中溶解度不好，不吸湿，不受温度变化影响，在空气中稳定，因此必然能够得到在温度和湿度较高的条件下，富马酸复合物的固态稳定性高于柠檬酸复合物。综上所述，实施例 3 的结论是本领域技术人员公知的必然的结果。②对于技术方案 B，证据 1 公开了具有抗病毒活性的 Bis（POC）PMPA，二者区别在于权利要求 1 保护单（POC）PMPA 的富马酸复合物或盐。但单（POC）PMPA 是制备 Bis（POC）PMPA 过程中必然产生的中间体，证据1实际上暗含公开了单（POC）PMPA，因此本专利解决的技术问题是将单（POC）PMPA制成富马酸复合物或盐。基于和技术方案A相同的理由，技术方案B相对于证据1、2的结合不具备创造性。此外，从说明书实施例3的对比数据可看出单（POC）PMPA富马酸复合物或盐的固态化学稳定性远不如Bis（POC）PMPA富马酸复合物或盐，即单（POC）PMIA富马酸复合物或盐未产生预料不到的技术效果。③权利要求2保护的技术方案即权利要求1的技术方案A，同理相对于证据1、2的结合不具备创造性。④权利要求3限定复合物或盐为结晶固态。说明书全文未显示出非晶体形式与晶体形式有何区别，在阐述所声称的优点时，是将非晶体形式与晶体形式相互换的，即晶体形式没有显示更优异的技术效果，因此权利要求3相对于证据1、2的结合不具备创造性。⑤权利要求4限定复合物或盐含有手性中心碳原子被拆分的化合物或富含其中一个异构体。证据10公开了何为手性碳原子，权利要求1的复合物或盐必然含有手性中心碳原子被拆分的化合物或富含其中一个异构体，且说明书没有说明哪种异构体更好，因此权利要求4相对于证据1、2的结合也不具备创造性。⑥与权利要求3同理，权利要求5相对于证据1、2的结合不具备创造性。⑦权利要求6保护药物组合物。说明书未记载添加可药用载体带来何种预料不到的技术效果，因此权利要求6相对于证据1、2的结合不具备创造性。⑧权利要求7保护制药用途。证据1公开了PMPA和双（POC）PMPA的药理活性，因此权利要求7相对于证据1、2的结合不具备创造性。⑨权利要求8、9保护制备复合物或盐的方法。该方法是常规技术手段，且未带来预料不到的技术效果，因此上述权利要求相对于证据1、2的结合不具备创造性。⑩权利要求10～13保护组合物。该组合物的辅料在证据3中公开，将药物组合物制成片剂是本领域常规技术手段，晶体形式没有显示更优异的技术效果，而确定药物用量对本领域技术人员而言是简单的，因此权利要求10～13相对于证据1～3的结合不具备创造性。权利要求14～15保护湿颗粒，其制备方法是本领域常用技术手段，证据11公开了湿法制粒的方法和过程，即公开了权利要求14制备湿颗粒的方法，因此权利要求14、15不具备创造性。权利要求16保护干燥颗粒，其制备方法是本领域公知的方法，如证据11公开了湿颗粒的干燥，因此权利要求16不具备创造性。

（2）权利要求1保护盐，式（1）表示的不属于盐，导致权利要求主题名称与技术内容不相适应，保护范围不清楚，不符合《专利法实施细则》第20条第1款的规定。同理，权利要求2～9不符合《专利法实施细则》第20条第1款的规定。

（3）①说明书中描述了式（1）的复合物或盐，而式（1）的表示并不属于盐，导致说明书没有清楚表达本发明的技术内容。②实施例 3 表头标有"复合物或盐"，表中对应部分仅给出一组数据，本领域技术人员无法得知数据表示的是复合物还是盐的数据，因此说明书不清楚。③实施例 4 中出现 NF 不是本领域常用术语，说明书也未提及 NF 表示什么，导致说明书不清楚。④实施例 4 提到"颗粒内部分"、"颗粒外部分"，而该制剂为片剂而非颗粒剂，导致说明书不清楚。以上均导致本专利不符合《专利法》第 26 条第 3 款的规定。

经形式审查合格，专利复审委员会于 2012 年 2 月 27 日受理了上述无效宣告请求并将无效宣告请求书及证据副本转给了专利权人，同时成立合议组对本案进行审查。

请求人 I 于 2012 年 2 月 21 日再次提交了意见陈述书和如下附件 1（编为证据 1a）：

证据 1a：Biochofberger N. et. al，Bis（POC）PMPA，an orally bioavailable prodrug of the antiretroviral agent PMPA，4th Conference on Retroviruses and Op-portunistic Infections，January 22－26；1997 Washington，DC，第 104 页，摘要号：214，复印件 8 页。

请求人 I 要求以证据 1a 代替原来的证据 1，译文仍使用证据 1 的译文。本案合议组于 2012 年 3 月 29 日将上述意见陈述书及文件副本转给了专利权人。

针对上述无效宣告请求，专利权人吉联亚科学股份有限公司（由吉里德科学公司变更而来）于 2012 年 4 月 13 日提交了意见陈述书，同时提交了如下反证：

反证 1：证据 4 第 1 页第 2 部分第 1 段的译文，复印件 1 页；

反证 2：据称是本专利的审查档案，复印件 18 页；

反证 3：第 200780036564.9 号中国发明专利申请公开说明书，公开日为 2009 年 9 月 2 日，复印件 47 页；

反证 4：美国药典委员会网站截图，复印件 3 页；

反证 5：Hand book of pharmaceutical salts properties，selection and use，封一、封二和第 137 页及部分译文，复印件 5 页；

专利权人认为：

（1）①证据 1 为网站截图，属于一种互联网资料，其公开时间应当是该互联网信息的发布时间，而请求人 I 未提供任何证据证明其发布时间早于本专利的优先权日，因此证据 1 不能作为现有技术评价本专利的创造性。②证据 1 没有认识到 Bis（POC）PMPA 无法被直接制成固体口服制剂的问题，更没有揭示富马酸盐能解决该问题，甚至没有认识到未能提供 Bis（POC）PM-PA 的稳定盐或结晶盐或固体口服制剂是一个问题，证据2没有公开其化合物实际上能够形成稳定的盐或结晶盐，本领域技术人员不能获得技术启示；此外，现有技术也没有给出将核苷酸前药成盐的技术启示。③根据说明书第4页第4段和实施例1、3，本发明的复合物或盐具有好的物化性质，具有显著进步。④"固态化学稳定性"和"吸湿潮解"是不同的概念，请求人Ⅰ未能提供任何证据证明共轭酸的吸湿性将决定对应盐或复合物的固态化学稳定性。证据4涉及传导材料领域，与本专利不具备可比性，且根据专利权人提供的译文（反证1），复合材料具有与各组分显著不同的化学、机械和物理性能。因此请求人Ⅰ结合证据3、5~9认为富马酸盐的固态化学稳定性必然高于柠檬酸盐的结论不成立。此外，在证据3中合成了基本不潮解的柠檬酸盐。综上，权利要求1相对于证据1、2的结合具备创造性。⑤相应地，权利要求2~16具备创造性。

（2）权利要求1中的盐和复合物均代表化学结构式（1）对应的物质，对本领域技术人员而言是清楚的。"复合物或盐"的表述是在审查员的建议下使用的（参见反证2）。因此权利要求1~9符合《专利法实施细则》第20条第1款的规定。

（3）基于与权利要求1相同的理由，说明书中出现的"复合物或盐"，符合《专利法》第26条第3款的规定。NF指美国的国家处方集，其名称为本领域技术人员所熟知。由于乳糖—水合物和交联羧甲基纤维素钠即是制备湿颗粒的两种成分，又是与干燥研磨后的湿颗粒相混合的外部成分，实施例4使用"颗粒内部分""颗粒外部分"来对应表述两个不同步骤中所述成分的分别使用，对本领域技术人员而言是清楚的。

本案合议组于2012年4月26日将上述意见陈述书及文件副本转给了请求人Ⅰ。

2012年5月14日，专利权人再次提交了意见陈述书和如下反证（编号续前）：

反证6：Declaration of Dr. Reza Oliyai under 37 C. F. R. 1. 132 and Exhibits 1-5及译文，复印件16页；

反证7：慢性乙型肝炎防治指南（2010年版），中华肝脏病杂志，2011年1月，第19卷第1期，第13-24页，复印件15页；

反证8：艾滋病诊疗指南（2011年版），中华临床感染病杂志，2011年12月第4卷第6期，第321-330页，复印件10页；

反证9：Antiretroviral therapy for hiv infection in adults and adolescents：Recommendations for a public health approach 2006 revision 及部分译文，复印件 139页。

专利权人除了重申前次意见陈述书的意见，补充意见如下：

（4）证据 1a 属于域外证据，请求人 I 未能提供任何相关证明，不能认可其真实性和合法性。

（5）专利权人经研究发现除了富马酸盐以外的其他所有盐形式都不适于制备固体口服制剂（参见反证 6）。

（6）本专利解决了长期未解决的技术难题，即 HIV、HBV 病毒能迅速产生耐药性（参见反证 7），并获得商业上的成功（参见反证 8、9）。

本案合议组于 2012 年 5 月 24 日将上述意见陈述书及文件副本转给了请求人 I。

2012 年 5 月 18 日，请求人 I 再次提交了意见陈述书，重申了之前的意见，此外针对专利权人提交的反证 1，坚持提出无效宣告请求时提交的译文的正确性，认为反证 2 为审查档案，反证 3 的公开日期晚于本专利的优先权日，均不能用作支持本专利具有专利性的证据，不认可反证 4、5 的真实性和公开时间。

2012 年 6 月 28 日，请求人 I 再次提交了意见陈述书，重申了之前的意见，并认为：反证 6 的公开日期晚于本专利的优先权日，且与本案无关；反证 7 的公开日期晚于本专利的优先权日，不能用来解释本专利的技术效果，反证 8、9 与本案无关且无法证明商业成功是通过将 Bis（POC）PMPA 制成富马酸盐或复合物带来的。

本案合议组于 2012 年 7 月 13 日将上述两次提交的意见陈述书转给了专利权人。

针对上述专利权，上海奥锐特实业有限公司（下称请求人 II）于 2012 年 3 月 19 日向专利复审委员会提出了无效宣告请求，请求宣告本专利权利要求全部无效，同时提交了本专利的公开文本和授权公告文本及如下证据：

证据 1'：欧洲专利 EP206459A2 及部分译文，复印件 30 页；

证据 2'：Antimicrobial Agents and Chemotherapy，February 1993，Vol. 37，No. 2，332 – 338 及部分译文，复印件 15 页；

证据 3'：Science，Vol. 270，No. 5239，17 November 1995，1197 – 1199 及部分译文，复印件 7 页；

证据 4'：Bis（POC）PMPA，an orally bioavailable prodrug of the antiretroviral agent PMPA，4th Conference on Retroviruses and Opportunistic Infections，Washington DC，January 22 – 26；1997，Abstract No. 214 及部分译文，复印件

11 页；

证据 5'：第 941091686 号中国发明专利申请公开说明书，公开日为 1995 年 8 月 2 日，复印件 112 页；

证据 6'：Philip L. Gould，salt selection for basic drugs，International Journal of Pharmaceutics，33，1986，201–217 及部分译文. 复印件 26 页；

证据 7'：Morri et al，An integrated approach to the selection of optimal salt form for a new drug candidate，International Journal of Pharmaceutics，105，1994，209–217 及部分译文，复印件 13 页；

证据 8'：第 97197460.8 号中国发明专利申请公开说明书，授权公告日为 2008 年 4 月 30 日，复印件 71 页。

请求人 II 认为：

（1）①证据 4' 披露了 Bis（POC）PMPA 作为抗病毒剂，权利要求 1 与证据 4' 的区别特征在于前者式（1）复合物或盐中加入了富马酸，具有手性碳原子。证据 5' 明确指出 PMPA 这类核苷酸类似物存在无法口服给药的问题，给出了解决方案可以形成盐如富马酸盐，即给出了第一个区别特征的启示；证据 2' 公开了（S）和（R）对映结构体的不同活性，证据 3' 公开了利用（R）–9–（2–膦酰基甲氧基丙基）腺嘌呤抑制 SIV 病毒，因此证据 2' 或 3' 给出了第二个区别特征的启示。证据 6' 提到任何与正常代谢相关的和存在于食物或饮料中的酸都可成为合适的候选盐，FDA 确认的可用于商业的盐包括富马酸盐，盐的低溶解性与低吸湿性对盐的稳定性是至关重要的。证据 7' 提供了选择备选新药的最佳盐形式的整合方法。本专利权人通过证据 4' 结合证据 5' 的公开与证据 2' 和证据 3' 的披露，容易想到用双（POC）PMPA 进一步设计抗病毒感染药物，再结合证据 6' 和证据 7' 选择盐的方法，容易快捷选择低溶解性与低吸湿性的富马酸盐来制备 Bis（POC）PMPA 富马酸盐，而且本专利权利要求 1 的技术方案没有带来意想不到的效果。因此权利要求 1 相对于证据 2'～5' 的结合不具备创造性。②相应地，权利要求 2～5、7 相对于证据 2'～5' 的结合不具备创造性；权利要求 8、9 相对于证据 2'～7' 的结合不具备创造性。

（2）权利要求 1 没有具体描述"盐"是指哪些盐，说明书仅描述了 Bis（POC）PMPA 富马酸盐，权利要求 1 包含双酯复合物或盐和单酯复合物或盐，说明书仅描述了双酶复合物或盐，因此权利要求 1 得不到说明书的支持，不符合《专利法》第 26 条第 4 款的规定。同理，权利要求 2～5 不符合《专利法》第 26 条第 4 款的规定，此外权利要求 4 没有具体描述"异构体"指哪些，说明书仅描述了 R 构型。对于权利要求 7，说明书没有提供任何实施例和数据，不能证明其用途，因此不符合《专利法》第26条第4款的规定。权利要求8、9未对制备方法的具体条件进行限定，不符合《专利法》第26条第4款的规定。

（3）权利要求1~5、7~9及说明书多处涉及"复合物或盐"的修改超范围，不符合《专利法》第33条的规定。

（4）证据10'的权利要求范围覆盖了本专利权利要求1~5、7，为同样的发明创造，在前专利已获得专利权的情况下，本专利的授权不符合《专利法实施细则》第13条第1款的规定。

（5）权利要求1没有具体描述"盐"是指哪些盐，没有清楚地表述请求保护的范围，不符合2001年《专利法实施细则》第20条第1款的规定。同理，2~5不符合《专利法实施细则》第20条第1款的规定，此外权利要求4没有具体描述"异构体"指哪些。对于权利要求7，没有指出是哪些病毒，以及感染危险性的患者中感染危险性的程度，说明书也没有提供实施例，不能证明其用途，因此权利要求7不符合《专利法实施细则》第20条第1款的规定。权利要求8、9未对制备方法的具体条件进行限定，不符合《专利法实施细则》第20条第1款的规定。

经形式审查合格，专利复审委员会于2012年3月29日受理了上述无效宣告请求并将无效宣告请求书及证据副本转给了专利权人，同时成立合议组对本案进行审查。

请求人Ⅱ于2012年4月1日再次提交了证据1'~4'，6'，7'的部分译文。

本案合议组于2012年5月9日将上述文件副本转给了专利权人。

针对上述无效宣告请求，专利权人于2012年5月14日提交了意见陈述书，同时提交了如下反证：

反证1'：据称是本专利的审查档案，复印件18页；

反证2'：第2007800365649号中国发明专利申请公开说明书，公开日为2009年9月2日，复印件47页；

反证3'：Hand book of pharmaceutical salts properties，selection and use，封一、封二和第137页及部分译文，复印件5页；

反证4'：Declaration of Dr. Reza Oliyai under 37 C. F. R，1. 132 and Exhibits 1-5及中文译文，复印件16页；

反证5'：慢性乙型肝炎防治指南（2010年版），中华肝脏病杂志，2011年1月第19卷第1期，第13-24页，复印件15页；

反证6'：艾滋病诊疗指南（2011年版），中华临床感染病杂志，2011年

12月第4卷第6期，第321－330页，复印件10页；

反证7'：Antiretroviral therapy for hiv infection in adults and adolescents：Recommendations for a public health approach 2006 revision 及部分中文译文，复印件139页。

专利权人认为：

（1）请求人Ⅱ在评价本专利权利要求1、7的创造性时，没有明确指出证据1'、证据6'和证据7'与其他对比文件的结合方式，因此不应当允许将证据1'、证据6'和证据7'与其他对比文件结合评价权利要求1、7的创造性。在评价权利要求8、9的创造性时，没有结合证据2'~4'具体说明无效宣告理由，因此不应当允许使用证据2'~4'评价权利要求8、9的创造性。

（2）①请求人Ⅱ未能证明证据4'的公开日期早于本专利的优先权日，因此证据4'不能作为在先技术评价本专利创造性。②证据4'没有认识到Bis（POC）PMPA无法被直接制成固体口服制剂的问题，也没有认识到未能提供Bis（POC）PMPA的稳定盐或结晶盐或固体口服制剂是一个问题，证据5'没有公开其化合物实际上能够形成稳定的盐或结晶盐，且并非所有的碱都能与任一有机酸或无机酸形成稳定的盐或结晶（参见反证3'），因此本领域技术人员不能获得技术启示，证据6'仅教导本领域技术人员筛选并形成药物盐是一个复杂、困难、半经验的过程，证据7'仅公开了一些测定方法来优化已经形成的结晶盐的一些性质，总之证据1'~7'没有提供任何技术启示。③根据说明书第4页第4段和实施例1、3，本发明的复合物或盐具有好的物化性质，具有显著进步。④化合物形成的酸加成盐的理化性质无法简单通过对应酸的结构和性质来预期，对于高溶度、易吸湿的柠檬酸而言，反证2'就公开了不潮解的柠檬酸盐，因此权利要求1的技术方案取得了意料不到的技术效果。⑤本专利解决了长期未解决的技术难题，即HⅣ、HBV病毒能迅速产生耐药性（参见反证5'），并获得商业上的成功（参见反证6'和反证7'）。⑥相应地，权利要求2~5、7~9具备创造性。

（3）权利要求1~5、7~9符合原《专利法》第26条第4款的规定：权利要求1保护的复合物或盐对应于式（1）结构的化学物质，说明书中清楚记载了式（1）复合物或盐包括单酯复合物或盐；关于权利要求4的"异构体"，说明书第4页第2段有记载；说明书详细描述了复合物或盐的制备用途，公开了其所具有的优良的理化性质组合，详细描述了复合物或盐的制备方法。

（4）修改后的"复合物或盐"均指向化学结构式（1）对应的物质，且是专利权人根据审查员的建议所作的修改。

（5）第ZL971974608号专利的权利要求保护范围均与本专利权利要求保

护范围不同，不构成重复授权。

（6）权利要求 1~4 中的"盐"对应式（1）结构的化学物质，是清楚的。权利要求 4 的异构体定义是清楚的。权利要求 7~9 也是清楚的。

本案合议组于 2012 年 5 月 25 日将上述意见陈述书和文件副本转给了请求人 Ⅱ。

请求人 Ⅱ 于 2012 年 7 月 6 日再次提交了意见陈述书，重申了之前的意见，此外针对专利权人提交的反证，认为反证 2'~7' 的公开日均在本专利优先权日之后，不符合作为证据的规定。

专利复审委员会本案合议组于 2012 年 8 月 9 日向各方当事人发出了口头审理通知书，定于 2012 年 9 月 19 日举行口头审理。

口头审理如期举行，各方当事人的代理人均出席了本次口头审理。在口头审理过程中，合议组就无效宣告请求案的无效宣告理由及证据逐一进行了调查，在此基础上记录了以下事项：

1. 专利权人当庭提交了修改的权利要求书，修改后的权利要求书内容如下：

"1. 式（1）结构的复合物或盐

（1）

其中 B 为腺嘌呤 –9– 基，两个 R 均为 –CH₂–O–C（O）–O–CH(CH₃)₂。

2. 权利要求 1 的复合物或盐，其中复合物或盐为结晶固体。

3. 式（1）结构的复合物或盐

（1）

其中 B 为腺嘌呤 –9– 基，两个 R 均为 –CH₂–O–C（O）–O–CH(CH₃)₂；其中含有手性中心碳原子（*）被拆分的化合物，或者富含其中一个异构体。

4. 权利要求 2 的复合物或盐，其具有应用 Cu–Ka 照射、以 2θ 度数表示在约 25.0 处的 X–射线粉末衍射图谱峰。

5. 一种药物组合物，它含有式（1）结构的复合物或盐和可药用的载体

（1）

其中 B 为腺嘌呤-9-基，两个 R 均为 $-CH_2-O-C$ （O） $-O-CH(CH_3)_2$。

6. 式（1）结构的复合物或盐在制备用于治疗感染病毒的或者具有这种感染危险性的患者的药物中的用途

（1）

其中 B 为腺嘌呤-9-基，两个 R 均为 $-CH_2-O-C$ （O） $-O-CH(CH_3)_2$。

7. 一种制备权利要求 1 的复合物或盐的方法，它包括把 Bis（POC）PMPA 和富马酸接触。

8. 权利要求 7 的方法，其中富马酸被溶解在 2-丙醇中。

9. 一种组合物，含有 9-［2-（R）-［［双［［（异丙氧基羰基）氧基］甲氧基］膦酰基］甲氧基］丙基］腺嘌呤·富马酸（1:1）、预胶化淀粉、交联羧甲基纤维素钠、乳糖—水合物和硬脂酸镁。

10. 权利要求 9 的组合物，其为片剂形式。

11. 权利要求 9 的组合物，其中 9-［2-（R）-［［双［［（异丙氧基羰基）氧基］甲氧基］膦酰基］甲氧基］丙基］腺嘌呤·富马酸（1:1）为晶体。

12. 权利要求 9 的组合物，其中片剂含有 75mg 9-［2-（R）-［［双［［（异丙氧基羰基）氧基］甲氧基］膦酰基］甲氧基］丙基］腺嘌呤·富马酸（1:1）、11mg 预胶化淀粉、8.8mg 交联羧甲基纤维素钠、123.6mg 乳糖—水合物和 2.2mg 硬脂酸镁。

13. 一种湿颗粒，它是通过混合含有 9-［2-（R）-［［双［［（异丙氧基羰基）氧基］甲氧基］膦酰基］氧基］丙基］腺嘌呤·富马酸（1:1）的产品，液体和可药用赋形剂制得的。

14. 权利要求 13 的湿颗粒，其中液体为水。

15. 一种干燥颗粒，它是通过干燥权利要求 14 所述的湿颗粒制得的。"

请求人 I 和 II 对该修改文本没有异议，合议组明确审理的文本为专利权人当庭提交的权利要求书。

2. 请求人 I 当庭提交了新的证据 11：药剂学，第二版，奚念朱主编，人民卫生出版社，封面页、出版信息页、第 302-305 页，复印件 8 页，明确以新的证据 11 代替原证据 11。

针对请求人 I 的无效宣告理由和证据，专利权人当庭提交以下文件的复印件和原件（编号续前）；

反证 10：《中华人民共和国药典》1995 年版二部，封面、版权页、前言、目录、第 163 – 164、1095 – 1096 页以及包含第 163 – 164、1095 – 1096 页的中文索引，复印件 10 页；

反证 11：中华人民共和国药典（2010 年版）二部，封面、版权页、前言、目录、第 165、1131 – 1132 页以及包含第 165、1131 – 1132 页的中文索引，复印件 8 页；

反证 12：美国药典的历史沿革和现状，中国药事，2007 年第 21 卷第 5 期，封面、中英文目录、第 360 – 361 页，复印件 5 页；

反证 13：国家执业药师手册（2004 年 11 月第 1 版），清华大学出版社，封面、版权页、第 578 – 579、960 – 961、1024 – 1025 页，复印件 5 页；

反证 14：国家食品药品监督管理局批准的富马酸替诺福韦二吡酯片的说明书，复印件 28 页；

反证 15：第 94119315.2 号中国专利，复印件 34 页。

3. 合议组当庭将请求人 Ⅱ 于 2012 年 7 月 6 日提交的意见陈述书转给了专利权人。

4. 针对请求人 Ⅱ 的无效宣告理由和证据，专利权人当庭提交以下文件的复印件和原件（编号续前）：

反证 8'：《国家执业药师手册》2004 年 11 月第 1 版，清华大学出版社，封面、版权页、第 578 – 579、960 – 961、1024 – 1025 页，复印件 5 页；

反证 9'：《基础有机化学》上册，第二版。

针对上述专利权，请求人张敏（下称请求人 Ⅲ）于 2013 年 3 月 27 日向专利复审委员会提出了无效宣告请求，请求宣告本专利权利要求全部无效，同时提交了以下证据：

证据 1"：Bischofberger N. et. al, Bis（POC）PMPA, an orally bioavilable prodrug of the aritiretroviral agent PMPA, Conf Retroviruses Opportunistic Infect 1997 Jan 22 – 26；4th，相关章节的译文，证实真实性的公证文件及译文和证实公开时间的公证文件及译文；

证据 2"：第 941091686 号中国发明专利申请公开说明书，公开日为 1995 年 8 月 2 日，复印件 112 页；

证据 3"：药剂辅料大全，罗明生、高天蕙主编，四川科学技术出版社，1993 年，第 296 – 297、418 – 419、516 – 519、568 – 570、627 – 628、715 – 716 页，复印件 22 页；

证据 4"：F, Céspedes et al, New materials for electrochemical sensing I. Rigid conducting composites, trends in analytical chemistry, Vol. 15, no. 7,

1996 及译文，复印件 17 页；

证据 5"：化学试剂的变质原因与保管，李学洲，怀化师专学报，第 10 卷第 2 期，1991 年 10 月，第 98－102 页，复印件 5 页；

证据 6"：九十年代柠檬酸展望——柠檬酸的未来及其在酸性化饲料中的应用，郑伯霖，湖南化工，1987 年第 4 期，第 6－13 页，复印件 8 页；

证据 7"：有机酸添加剂的作用机理及其应用，王放银，湖南邵阳工专学报，1993 年第 6 卷，第 4 期，第 345－349 页，复印件 5 页；

证据 8"：柠檬酸和富马酸的营养作用及其在饲料中的应用，王水明，饲料与畜牧，1994 年第 2 期，第 24－25 页，复印件 2 页；

证据 9"：泡腾片的常用辅料及制备方法，王淑华、林永强，食品与药品，2006 年第 8 卷第 03A 期，第 70－72 页，复印件 3 页；

证据 10"：关于手性碳原子，黄小齐、王晓燕，大学化学，1993 年 6 月，第 8 卷第 3 期，第 49－50 页，复印件 2 页；

证据 11"：药剂学，第三版，奚念朱主编，人民卫生出版社，1980 年 5 月第 1 版，第 300－303 页，复印件 5 页。

请求人Ⅲ的无效宣告理由与请求人Ⅰ相同。

经形式审查合格，专利复审委员会于 2013 年 4 月 10 日受理了上述无效宣告请求并将无效宣告请求书及证据副本转给了专利权人，同时成立合议组对本案进行审查。

针对上述无效宣告请求，专利权人于 2013 年 5 月 24 日提交了意见陈述书，权利要求书的修改文本，同时提交了如下反证：

反证 1"：证据 4"第 1 页第 2 部分第 1 段的译文，复印件 1 页；

反证 2"：据称是本案专利的审查档案，复印件 18 页；

反证 3"：第 200780036564.9 号中国发明专利申请公开说明书，公开日为 2009 年 9 月 2 日，复印件 47 页；

反证 4"：美国药典委员会网站及公证书，复印件 17 页；

反证 5"：Hand book of pharmaceutical salts properties，selection and use，封面、扉页、版权页、目录页和第 137 页及部分译文，复印件 9 页；

反证 6"：Declaration of Dr. Reza Oliyai under 37 C. F. R. 1，132 and Exhibits l－5 及中文译文，复印件 16 页；

反证 7"：慢性乙型肝炎防治指南（2010 年版），中华肝脏病杂志，2011 年 1 月第 19 卷第 1 期，第 13－24 页，复印件 15 页；

反证 8"：艾滋病诊疗指南（2011 年版），中华临床感染病杂志，2011 年 12 月第 4 卷第 6 期，第 321－330 页，复印件 10 页；

反证 9"：Antiretroviral therapy for hiv infection in adults and adolescents：Recommendations for a public health approach 2006 revision 及部分中文译文，复印件 139 页；

反证 10"：《中华人民共和国药典》1995 年版二部，封面、版权页、前言、目录、第 163 - 164、1095 - 1096 页以及包含第 163 - 164、1095 - 1096 页的中文索引，复印件 10 页；

反证 11"：《中华人民共和国药典》2010 年版二部，封面、版权页、前言、目录、第 165、1131 - 1132 页以及包含第 165、1131 - 1132 页的中文索引，复印件 8 页；

反证 12"：美国药典的历史沿革和现状，中国药事，2007 年第 21 卷第 5 期，封面、中英文目录、第 360 - 361 页，复印件 5 页；

反证 13"：《国家职业药师手册》2004 年 11 月第 1 版，清华大学出版社，封面、版权页、第 578 - 579、960 - 961、1024 - 1025 页，复印件 5 页；

反证 14"：国家食品药品监督管理局批准的富马酸替诺福韦二吡酯片的说明书，复印件 28 页；

反证 15"：第 94119315.2 号中国专利，复印件 34 页。

专利权人提交的权利要求书的修改文本与 2012 年 9 月 19 日口头审理当庭提交的权利要求书相同，答复意见与答复请求人 I 的意见相同。

本案合议组于 2013 年 6 月 3 日将上述意见陈述书和文件副本传给了请求人 III。

专利复审委员会本案合议组于 2013 年 6 月 3 日向双方当事人发出了口头审理通知书，定于 2013 年 6 月 27 日举行口头审理。

口头审理如期举行，双方当事人的代理人均出席了本次口头审理。在口头审理过程中，合议组就无效宣告请求案的无效宣告理由及证据逐一进行了调查，在此基础上记录了以下事项：

1. 请求人 III 对专利权人提交的权利要求书的修改文本没有异议，合议组明确审理的文本为专利权人于 2013 年 5 月 24 日提交的权利要求书。

2. 专利权人认可证据 1"的公证书的程序和形式上的真实性，但不认可公正内容的真实性，认为证据 1"的公证书无法证明证据 1"的真实性和公开日期，因此不认可证据 1"的真实性和公开性；认可证据 2"~11"的真实性；认为证据 9"的公开时间晚于本专利的优先权日，不能作为证据使用；证据 4"的译文应以反证 1"的译文为准，对其他证据的译文没有异议。

3. 专利权人明确反证 10"、11"、13"作为公知常识性证据使用，反证 14"是本专利产品的说明书，反证 12"、15"用于解释本专利说明书中的

NF，其中反证12"、14"、15"仅供合议组参考，不作为证据使用。请求人Ⅲ对反证1"～15"的真实性没有异议，认为反证4"及其公证书不能证明其公开时间早于本专利，反证5"～9"、11"、13"的公开日晚于本专利的优先权日，以上证据均不应被接受。

4. 请求人Ⅲ和专利权人均认可权利要求1与证据1"的区别在于证据1"公开了化合物Bis（POC）PMPA，而权利要求1保护化合物Bis（POC）PM-PA的富马酸复合物或盐。

至此，合议组认为本案事实已经清楚，可以作为审查决定。

二、决定的理由

1. 法律适用

根据《施行修改后的专利法的过渡办法》以及《施行修改后的专利法实施细则的过渡办法》，办案应适用2001年修正的《专利法》及《专利法实施细则》进行审理。

2. 审查基础

专利权人于2013年5月24日提交了权利要求书的修改文本（共15项），相对于授权公告文本所作修改为：删除权利要求1并对其他权利要求的编号和引用关系进行适应性修改。上述修改属于权利要求的删除，符合《专利法实施细则》第68条和《审查指南》第4部分第3章4.6节关于无效宣告程序中专利文件修改的规定，合议组对该文本予以接受，作为本案的审查基础。

3. 关于证据和无效宣告理由

本案中，请求人Ⅲ一共提交了11份证据。专利权人认可证据2"～11"的真实性，经核实，合议组对证据2"～11"的真实性予以认可。专利权人对证据4"提交了译文更正页（反证1"），对其他证据的译文准确性没有异议，请求人Ⅲ认可以专利权人提交的反证1"的译文为准，合议组予以接受，在此基础上认可所有译文的准确性。

关于证据1"，请求人Ⅲ提交了证明真实性的公证文件及译文（下称证据1"～2）以及证明公开时间的公证文件及译文（下称证据1"～1）。

证据1"～2包括以下文件：哥伦比亚特区公证人Clara E. Helbringer公证证明申请公证人薛之阳（艾伦薛）关于附件是"1997年1月22～26日在华盛顿哥伦比亚特区举办的第四届逆转录病毒和机会性感染会议的会议流程和摘要"这本书的完整复印件，该书现在公开存放于剑桥、马萨诸塞州哈佛大学图书馆，索书号013171488的声明的公证书；哥伦比亚特区首席公证认证员RICHARD PHIPPS Ⅲ证明Clara E. Helbringer公证资格的声明；美利坚合众国国务院证明所附文件的哥伦比亚特区印章真实有效的声明，该声明同时盖有中华人民共和国驻美国大使馆领事部出具的证明美国国务院印章和签字属实的印章；以及"1997 年 1 月 22～26 日在华盛顿哥伦比亚特区举办的第四届逆转录病毒和机会性感染会议的会议流程和摘要"一书的复印件。

专利权人认为在公证书中公证员没有核实该书复印件与原件是否一致，因此不认可证据 1"的真实性。

合议组认为：从公证书的证词来看，申请公证人薛之阳是一名在哥伦比亚特区合法注册，职业编号为 995947 的律师，公证人为哥伦比亚特区公证员，对公证书的真实性应予认可；公证书的证词中已明确待证一书为"1997 年 1 月 22～26 日在华盛顿哥伦比亚特区举办的第四届逆转录病毒和机会性感染会议的会议流程和摘要"，所提交的图书复印件的封面标题与之一致，其后的目录、内容也与之相应，专利权人也没有提供证据来证明其主张，因此根据上述公证文件，可以确认请求人Ⅲ所提交的复印件即是特证一书的复印件。基于此，合议组认可证据 1"的真实性。

证据 1"~1 包括以下文件：哥伦比亚特区公证人 Clara E. Helbringer 公证证明申请公证人薛之阳（艾伦薛）关于附件是其本人于 2013 年 2 月 7 日发给逆转录病毒和机会性感染会议的 Marisz Sordyl 女士的电子邮件以及 2013 年 2 月 8 日 Marisz Sordyl 女士回复的电子邮件，上述两封邮件及其所有相关复印件都是真实准确的声明的公证书；哥伦比亚特区首席公证认证员 RICHARD PHIPPS III 证明 Clara E. Helbringer 公证资格的声明；美利坚合众国国务院证明所附文件的哥伦比亚特区印章真实有效的声明，该声明同时盖有中华人民共和国驻美国大使馆领事部出具的证明美国国务院印章和签字属实的印章；以及薛之阳与 Marisz Sordyl 于 2013 年 2 月 7～8 日往来电子邮件的网络打印件。

专利权人认可公证程序和形式上的真实性，但对公证内容的真实性不认可，认为证据 1"~1 只能证明申请公证人薛之阳在公证人面前说了上述内容，但并不能证明邮件内容是否真实。专利权人还认为证据 1"~1 中的邮件译文的第 1 页中的"distributed"应译为"分发"而非"发行"，"分发"并不是《专利法》意义上的公开。

合议组认为：从公证书的证词来看，申请公证人薛之阳是一名在哥伦比亚特区合法注册，职业编号为 995947 的律师，公证人为哥伦比亚特区公证员，对公证书的真实性应予认可；该公证书是由具有公证资质的公证员作出，从所附电子邮件的网络打印件来看，其中详细记载了电子邮件的寄件人、时间、收件人、主题，邮件收发双方的电话、传真、邮箱、网址以及详细住址，并且专利权人也没有提供证据证明其主张，故合议组对电子邮件的真实性予以认可。根据邮件内容可以确认，特证一书在1997年1月22日已被分发。由于没有证据表明该会议是保密性质的，并且召开学术会议的目的就是沟通交流、相互学习，因此该书自分发当日起处于公众可以获知的状态，即构成了《专利法》意义上的公开。

证据9"的公开日期晚于本专利的优先权日，不能作为现有技术评价本专利的创造性。

综上，证据1"~8"、10"、11"的公开日期早于本专利的优先权日，可作为现有技术评价本专利的创造性。

专利权人一共提交了15份反证，并确定反证12"、14"、15"仅供合议组参考。

请求人Ⅲ对反证1"~15"的真实性没有异议，认为反证4"~9"、11"、13"的公开日晚于本专利的优先权日，以上证据不应被接受。

对于作为反证使用的反证1"~11"、13"，合议组经核实可上述反证的真实性。对于其中的反证4"~9"、11"、13"，合议组认为：根据专利权人在意见陈述书中的意见，反证4"、5"、6"、11"、13"，均是用于说明本领域的普通知识和行业内的术语，有助于深入理解本发明的技术方案和确定权利要求的保护范围，因此尽管其公开日期晚于本专利的优先权日，合议组对上述反证予以接受；专利权人欲以反证7"~9"证明本发明解决了长期未解决的技术难题并取得了商业上的成功从而证明本专利的创造性，然而反证7"的公开时间晚于本专利的优先权日，不能作为确定本专利创造性的效果依据，而权利要求是否具备创造性应根据《专利法》及其《专利审查指南2010》规定的"审查基准"进行判断，商业上的成功只是判断创造性的辅助因素之一，且如欲在创造性判断时将商业成功纳入考虑范畴，首先要证明这种成功的存在以及这种成功是由发明的技术特征直接导致，反证8"和9"记载了Bis（POC）PMPA富马酸盐在世界卫生组织发布的艾滋病治疗指南和中国艾滋病诊疗指南中均被推荐为一线治疗方案，这一事实并不意味着本发明产品获得了商业上的成功，且专利权人也并未证明这种成功是由发明的技术特征直接导致，因此合议组认为反证7"~9"不能证明本专利具有创造性。

针对专利权人于2013年5月24日提交的权利要求书，本案涉及的无效宣告理由为：（1）权利要求1~15不符合《专利法》第22条第3款的规定；（2）权利要求1~8不符合《专利法实施细则》第20条第1款的规定；（3）说明书不符合《专利法》第26条第3款的规定。

4. 关于《专利法》第26条第3款

《专利法》第26条第3款规定，说明书应当对发明或者实用新型作出清楚、完整的说明，以所属领域的技术人员能够实现为准。

若本领域技术人员根据本领域普通技术知识能够理解说明书中的技术术语，进而在说明书记载内容的基础上足以实现发明的技术方案，解决其技术问题并产生预期的技术效果，则所述技术方案满足充分公开的要求。

本案中，请求人 I 和请求人 III 主张说明书公开不充分的理由包括：①说明书中描述了式（1）的复合物或盐，而式（1）表示并不属于盐，导致说明书没有清楚表达本发明的技术内容。②实施例 3 表头标有"复合物或盐"，表中对应部分仅给出一组数据，本领域技术人员无法得知数据表示的是复合物还是盐的数据，因此说明书不清楚。③实施例 4 中出现 NF 不是本领域常用术语，说明书也未提及 NF 表示什么，导致说明书不清楚。④实施例 4 提到"颗粒内部分"、"颗粒外部分"，而该制剂为片剂而非颗粒剂，导致说明书不清楚。

合议组认为：首先，在药学领域中，对药物的酸加成盐通常也可以使用盐的表述，本申请说明书中"式（1）的复合物或盐"指向的即是式（1）所表示的化学产品，其概念和指代对象都是清楚的，基于同样的理由，实施例 3 的"复合物或盐"即代表式（1）的化学产品，其指代是清楚的；其次，根据反证 4"和反证 13"的记载可知，实施例 4 中的 NF 指美国的国家处方集（National Formulary），这对本领域技术人员而言是清楚的；最后，实施例 4 描述了制剂配方和制剂过程，由于乳糖—水合物和交联羧甲基纤维素钠既是制备湿颗粒的两种成分，又是与干燥研磨后的湿颗粒相混合的外部成分，使用"颗粒内部分"、"颗粒外部分"来对应表述两个不同步骤中所述成分的分别使用，对本领域技术人员而言是清楚的，且实施例 4 的清楚与否并不影响本专利权利要求保护的技术方案已经在说明书中充分公开。综上，请求人 I、III 主张说明书公开不充分的理由不成立。

5. 关于《专利法实施细则》第 20 条第 1 款

《专利法实施细则》第 20 条第 1 款规定，权利要求书应当说明发明或实用新型的技术特征，清楚、简要地表述请求保护的范围。

如果根据权利要求的文字描述以及说明书公开的内容，本领域技术人员能够理解该权利要求的含义，确定其保护范围，则该权利要求的保护范围是清楚的。

对于修改后的权利要求书，请求人 I 和请求人 III 主张权利要求 1~8 不符合 2002 年《专利法实施细则》第 20 条第 1 款规定的理由为：权利要求 1~8 保护式（1）所示的盐，但式（1）表示的不属于盐，导致权利要求主题名称与技术内容不相适应，保护范围不清楚。

合议组认为：在药学领域中，对药物的酸加成盐通常也可以使用盐的表述，本申请说明书中"式（1）的复合物或盐"指向的即是式（1）所表示的化学产品，其概念和指代对象都是清楚的。

对于修改后的权利要求书，请求人Ⅱ主张权利要求1～4、6～8不符合2002年《专利法实施细则》第20条第1款规定的理由包括：① 权利要求1没有具体描述"盐"是指哪些盐，没有清楚地表述请求保护的范围，同理，2～4不符合《专利法实施细则》第20条第1款的规定。② 权利要求3没有具体描述"异构体"指哪些。③ 权利要求6没有指出是哪些病毒，以及感染危险性的患者中感染危险性的程度，说明书也没有提供实施例，不能证明其用途。④ 权利要求7、8未对制备方法的具体条件进行限定。

合议组认为：首先，权利要求1保护的复合物或盐对应于式（1）所示的化学产品，其表述是清楚的；其次，关于异构体，对于式（1）所示的化学产品，其异构体对本领域技术人员而言是清楚的；最后，权利要求6保护化合物的制药用途，其保护范围是清楚的；权利要求7、8的制备方法为常规的化合物成盐方法，在限定了反应物、产物和反应方法的情况下，其保护范围是清楚的。

综上，请求人Ⅰ、Ⅱ、Ⅲ认为本专利权利要求不符合2002年《专利法实施细则》第20条第1款的无效理由不成立。

6. 关于《专利法》第22条第3款

《专利法》第22条第3款规定，创造性，是指同申请日以前已有的技术相比，该发明有突出的实质性特点和显著的进步，该实用新型有实质性特点和进步。

若发明与现有技术的区别技术特征只是本领域的常规选择，且这种选择也未取得任何预料不到的技术效果，则所述发明不具备创造性。

（1）权利要求1

权利要求1要求保护式（1）结构的复合物或盐（参见案由）。

根据无效宣告请求书中的意见，请求人主张以证据1"、2"的结合来评述权利要求1的创造性。

证据1"公开了以下内容："PMPA是一种无环核苷酸类似物，在预防短尾猿SIV感染中已显示显著的作用。此外，以PMPA治疗慢性SIV感染的动物导致SIV RNA水平下降2～3个数量级。为了提高PMPA低的口服生物利用度，评估了大量潜在的前药，并且选择了双（异丙氧基羰基氧甲基）PMPA作为候选药物。Bis（POC）PMPA在很宽的pH范围的溶液中是化学稳定的，且在五天内重复给药相当于每天60毫克/千克的PMPA即可在犬中呈现出

30%的口服生物利用度,且有最小的毒性。通过在组织培养中三磷酸盐衍生物相对于 PMPA 增加了 100 倍的抗病毒活性和细胞内浓度,证实了 Bis（POC）PMPA 显示提高的膜渗透性。当评估鼠肉瘤病毒感染的 SCID 时,口服 Bis（POC）PMPA 导致肿瘤出现显著延迟。Bis（POC）PMPA 是治疗和颈防 HIV 感染的一种有前景的药物"（参见证据 1",摘要 214）。

可见证据 1"公开了双（异丙氧基羰基氧甲基）PMPA（Bis（POC）PM-PA），权利要求 1 与证据 1"的区别特征仅在于证据 1"公开了化合物本身,而权利要求 1 保护化合物的富马酸复合物或盐。

关于 Bis（POC）PMPA 成盐的效果,根据本专利说明书的记载,Bis（POC）PMPA 的富马酸盐相比游离碱和其他盐具有出人意料的最佳理化性质的组合,具有高熔点、不易吸湿,具有良好的固态稳定性,良好的水溶性和水稳定性,这些特性对于制备药物是有用的,并且这些特性使药物在人和动物中具有良好的口服生物利用度（说明书第 4 页第 4 段）。此外说明书提供了 4 个实施例:实施例 1 涉及 Bis（POC）PMPA 富马酸盐的物理性质,测定了 Bis（POC）PMPA 富马酸盐的晶体学参数、熔点、含水量,发现 Bis（POC）PMPA 富马酸盐非常容易溶于本发明方法和实施方案典型应用的极性溶剂,以及当在 92%的相对湿度并在室温保存时,Bis（POC）PMPA 富马酸盐晶体可以在多达 37 天内保持是非吸湿性的;实施例 2 涉及（R）－PMPA 的手性富集;实施例 3 对 Bis（POC）PMPA 富马酸盐晶体和 Bis（POC）PMPA 柠檬酸盐的固态化学稳定性进行比较,其结果表明在温度和相对湿度较高的条件下,Bis（POC）PMPA 富马酸盐晶体出人意料地更稳定;实施例 4 涉及 Bis（POC）PMPA 富马酸盐的制剂。

在化学领域,化学产品是否具有某种特性,在所属领域技术人员根据其掌握的普通知识并结合现有技术无法推知的情况下,通常需要实验数据证明。对于说明书所声称的"Bis（POC）PMPA 的富马酸盐相比游离碱和其他盐具有出人意料的最佳理化性质",仅有实施例 3 将 Bis（POC）PMPA 富马酸盐晶体与 Bis（POC）PMPA 柠檬酸盐的固态化学稳定性进行比较,比较的对象只有柠檬酸盐这一种盐,且根据本专利说明书公开的信息也看不出单单选择柠檬酸盐进行比较的理由,这样的比较由于比较对象的单一,无法得出富马酸盐相比游离碱和其他盐具有出人意料的最佳理化性质的结论;对于说明书所声称的"良好的口服生物利用度",说明书中没有给出任何实施例或实验数据予以证明。综上,由于说明书中没有给出任何数据证明本发明的富马酸盐相对于游离碱或其他盐获得了何种预料不到的技术效果,本领域技术人员通过说明书的记载仅能预料本发明的 Bis（POC）PMPA 富马酸盐具有成盐化合物通常所具有的性质，例如，具有与化合物相同的活性，且相对于化合物具有相对较高的溶解度和稳定性等，也即是说明书实施例 1 所公开的 Bis（POC）PMPA 富马酸盐的性质。因此，权利要求 1 相对于证据 1″所解决的技术问题只是在保持相同活性的情况下，通过将化合物 Bis（POC）PMPA 转化为盐的形式从而获得成盐化合物通常所具有的相对较高的溶解度和稳定性等性质。

根据本领域的普通技术知识，一般而言，化合物的母体结构是化合物生物活性的决定性因素，成盐后的化合物通常会保有与原化合物类似的药理活性，不会导致药理活性的彻底颠覆或灭失。对于有药用价值的化合物而言，在获得该化合物的基础上，进一步研究和制备该化合物的各种盐，从中寻找更适合生产、储存以及实际使用的盐的种类是本领域普遍存在的动机以及随之作出的常规选择。证据 2″涉及具有抗病毒活性的核苷酸磷酸酯衍生物或其

药用盐，具有以下通式：$\underset{X}{\overset{Z}{Y}} Q \underset{}{A} \; CH_2CH_2OCH_2 \overset{O}{\underset{OR^4}{P}} OR^3$，在说明书第 26 页所列的表

格化合物 345 具有以下结构：

$$\begin{array}{c} NH_2 \\ \text{(adenine)} \\ -CH_2CH_2-O-CH_2-\overset{O}{P}-OCH_2CH_2OC(O)C_2H_3 \\ OCH_2CH_2OC(O)C_2H_3 \end{array}$$

，可见证据

2″公开的核苷酸磷酸酯衍生物与本专利化合物 PMPA 结构极为相似，二者均属于核苷酸磷酸酯衍生物，均具有抗病毒活性，证据 2″说明书第 5 页第 3 段进一步公开了"上述通式（I）表示的本发明的核苷酸磷酸酯衍生物可以形成其药用盐。作为这些盐的具体例子，当有酸性基存在时，可以形成锂盐……当存在有碱性基时，可以形成盐酸盐……等无机酸盐、甲磺酸盐、苯磺酸盐、对甲苯磺酸盐、醋酸盐、丙酸盐、酒石酸盐、富马酸盐、马来酸盐、苹果酸盐、草酸盐、丁二酸盐、柠檬酸盐、苯甲酸盐、扁桃酸盐、肉桂酸盐、乳酸盐等有机酸盐"。由此可见，证据 2″给出了与本专利结构相似的核苷酸磷酸酯衍生物与有机酸成盐的启示，并列出了可能与核苷酸磷酸酯衍生物成盐的十几种有机酸，其中就包括富马酸，在此基础上，将 Bis（POC）PMPA 与富马酸成盐并由此获得成盐化合物通常所具有的性质，是本领域技术人员基于本领域普遍存在的动机作出的常规选择。因此权利要求 1 相对于证据 1″和证据 2″的结合不具有创造性，不符合《专利法》第 22 条第 3 款的规定。

专利权人认为：（1）证据 1"没有认识到本发明所要解决的技术问题，证据 2"仅泛泛提到可以将化合物形成各种药用盐，却没有公开任何一个化合物所形成的稳定的盐，本领域技术人员知道并非所有的碱都能够与任一有机酸或者无机酸形成稳定的盐或结晶盐，能否成盐是无法预期的（参见反证 5"和反证 13"），且 Bis（POC）PMPA 能够与富马酸这样的弱酸形成稳定的、能够结晶的盐本身就超出了本领域技术人员预期的想象（参见反证 6"），因此证据 1"和证据 2"以及现有技术均没有给出教导使得本领域技术人员有动机使用富马酸；（2）根据说明书第 4 页第 4 段和实施例 1、3 的记载，权利要求 1 的技术方案具有显著的进步：专利权人尝试过很多盐后发现，除了富马酸盐以外，没有一种盐的性质适用于制备该药物的口服固体制剂，实施例 3 是对本发明的盐所具有的优越的固态化学稳定性的一个验证，并不反映实际筛选的过程，相比于柠檬酸盐，本发明的富马酸盐具有极其出色的化学稳定性，这种化合物成盐后的变化是无法简单通过对应的酸或碱的结构去预测的（参见反证 5"和反证 13"）；（3）本发明解决了长期未解决的技术难题并在商业上获得了成功（参见反证 7"~9"）。

对此，合议组认为：（1）判断权利要求 1 是否具有创造性的关键在于，本领域技术人员在面对权利要求 1 相对于证据 1"实际解决的技术问题时，能否从现有技术中获得启示得到权利要求 1 的技术方案并解决其技术问题，而非证据 1"是否提出该技术问题。如前所述，将现有技术中已知的药物化合物形成盐，寻找更适合生产、运输、使用的目标物质是本领域普遍存在的动机，在证据 2"公开了同为核苷酸磷酸酯衍生物的化合物可与有机酸成盐并列出富马酸的情况下，将 Bis（POC）PMPA 与富马酸成盐是本领域技术人员基于本领域普遍存在的动机作出的常规选择。关于专利权人所提到的反证 5"、6"、13"，首先反证 5"、6"、13"的公开日晚于本专利的优先权日，不能用于说明本专利申请日前的现有技术状况，尤其不能用于在评价创造性时说明现有技术是否给出偏离本专利的教导，其次反证 5"、6"、13"只是论述了化合物成盐的不可预期性，并未给出与本专利技术方案相反的教导；（2）如前所述，根据本专利说明书记载的内容，从本专利说明书无法得出富马酸盐相比游离碱和其他盐具有出人意料的最佳理化性质以及良好的口服生物利用度的结论，本专利相对于现有技术化合物所解决的技术问题只是在保持相同活性的情况下，通过将化合物转化为盐的形式从而获得成盐化合物通常所具有的相对较高的溶解度和稳定性等性质，这些都是本领域技术人员能够预期的；（3）基于之前对证据的论述，反证 7"~9"不能证明本专利具有创造性。

综上，合议组对专利权人的主张不予支持。

（2）权利要求 2～15

根据无效宣告请求书中的意见，请求人主张以证据 1"、2"的结合来评述权利要求 2～8 的创造性，以证据 1"、2"、3"的结合来评述权利要求 9～12 的创造性，以证据 1"、2"、11"来评述权利要求 13～15 的创造性。

权利要求 2 保护晶体形式的 Bis（POC）PMPA 富马酸盐。对于晶体形式，合议组认为，基于晶体形态本身所具有的在制药用途中的技术效果，以结晶形式获得最终化合物是本领域普遍追求的目标。对于本领域技术人员而言，基于对化合物盐溶解性能的认识，制备得到某化合物盐的晶体并不困难。因此，权利要求 2 的创造性取决于这种富马酸盐晶体除了获得晶体形态所通常具有的一般性能以外是否能够取得预料不到的技术效果。然而，无论是根据本专利说明书还是现有技术，均不能得出本专利的 Bis（POC）PMPA 富马酸盐晶体获得了任何预料不到的技术效果的结论，因此，在引用的权利要求 1 不具有创造性的情况下，权利要求 2 不具有创造性，不符合 2001 年《专利法》第 22 条第 3 款的规定。

权利要求 3 保护含有手性中心碳原子（*）被拆分的化合物，或者富含其中一个异构体的 Bis（POC）PMPA 富马酸盐。包含手性碳原子的化合物必然含有手性中心碳原子（*）被拆分的化合物，或者富含其中一个异构体，且本专利说明书也没有说明哪种异构体活性更好，因此权利要求 3 并没有任何实质性特征，不具有创造性，不符合 2001 年《专利法》第 22 条第 3 款的规定。

权利要求 4 进一步限定权利要求 2 的晶体，基于与权利要求 2 相同的理由，其不具有创造性，不符合《专利法》第 22 条第 3 款的规定。

权利要求 5 保护包含 Bis（POC）PMPA 富马酸盐的药物组合物，权利要求 6 保护 Bis（POC）PMPA 富马酸盐的制药用途，证据 1"已经公开了化合物的活性，在此基础上将 Bis（POC）PMPA 富马酸盐制成药物组合物以及用于制药对本领域技术人员而言是显而易见的，因此权利要求 5、6 不具有创造性，不符合 2001 年《专利法》第 22 条第 3 款的规定。

权利要求 7、8 保护 Bis（POC）PMPA 富马酸盐的制备方法，该方法只是简单地将化合物与有机酸相接触来制备它们的盐，是常规的化合物成盐方法，在产品不具有创造性的情况下，权利要求 7、8 不具有创造性，不符合 2001 年《专利法》第 22 条第 3 款的规定。

权利要求 9～12 保护包含 Bis（POC）PMPA 富马酸盐的制剂组合物，证据 3"第 627、418、516 和 715 页分别公开了本专利制剂的各种辅料，将组合物制备成片剂也是本领域的常规技术手段，因此权利要求 9～12 不具备创造性，不符合 2001 年《专利法》第 22 条第 3 款的规定。

权利要求 13～15 保护包含 Bis（POC）PMPA 富马酸盐的湿颗粒和干燥颗粒，证据 11"第 300、301 页公开了湿法制粒和湿颗粒的干燥，其为本领域公知的方法，因此权利要求 13～15 不具有创造性，不符合 2001 年《专利法》第 22 条第 3 款的规定。

综上所述，基于以上已经得出本专利全部权利要求不具有《专利法》第 22 条第 3 款规定的创造性，应被宣告无效的结论，在此情形下，合议组对请求人提出的其他证据和无效宣告理由不再予以评述。

基于以上事实和理由，本案合议组作出如下审查决定。

三、决定

在专利权人 2013 年 5 月 24 日提交的权利要求书修改文本的基础上，宣告第 98807435.4 号发明专利权全部无效。

当事人对本决定不服的，可以根据《专利法》第 46 条第 2 款的规定，自收到本决定之日起 3 个月内向北京市第一中级人民法院起诉。根据该款的规定，一方当事人起诉后，另一方当事人作为第三人参加诉讼。

合议组组长　张家祥

主审员　蔡　雷

参审员　王晓洪

北京市第一中级人民法院行政判决书（摘录）

（2013）一中知行初字第 3496 号

原告：吉联亚科学股份有限公司，住所地××××。

法定代表人：格雷格·阿尔顿，公司和医疗事务部执行副总裁。

委托代理人：田晓东，北京市安伦律师事务所律师。

委托代理人：郭扬，北京市安伦律师事务所律师。

被告：中华人民共和国国家知识产权局专利复审委员会，住所地××××。

法定代表人：张茂于，副主任。

委托代理人：蔡雷，中华人民共和国国家知识产权局专利复审委员会审查员。

委托代理人：程强，中华人民共和国国家知识产权局专利复审委员会审查员。

第三人：陶珍珠，住××××。

委托代理人：曹津燕，北京瑞恒信达知识产权代理事务所（普通合伙）专利代理人。

委托代理人：侯淑红，北京瑞恒信达知识产权代理事务所（普通合伙）专利代理人。

第三人：上海奥锐特实业有限公司，住所地××××。

法定代表人：彭志恩，董事长。

委托代理人：王巍，上海新天专利代理有限公司专利代理人。

委托代理人：褚定军，上海奥锐特实业有限公司副总经理，住××××。

第三人：张敏，住××××。

委托代理人：曹津燕，北京瑞恒信达知识产权代理事务所（普通合伙）专利代理人。

委托代理人：侯淑红，北京瑞恒信达知识产权代理事务所（普通合伙）专利代理人。

原告吉联亚科学股份有限公司（以下简称"吉联亚公司"）因发明专利权无效行政纠纷一案，不服被告中华人民共和国国家知识产权局专利复审委员会（以下简称"专利复审委员会"）于 2013 年 7 月 9 日作出的第 20990 号无效宣告请求审查决定（以下简称"第 20990 号决定"），于法定期限内向本院提起行政诉讼。本院于 2013 年 10 月 10 日受理后，依法组成合议庭，并通知陶珍珠、张敏、上海奥锐特实业有限公司（以下简称"奥锐特公司"）作为本案的第三人参加诉讼，于 2013 年 12 月 5 日公开开庭审理了本案。原告吉联亚公司的委托代理人田晓东、郭扬，被告专利复审委员会的委托代理人蔡雷、程强，第三人张敏、陶珍珠共同委托代理人曹津燕、侯淑红，第三人奥锐特公司的委托代理人王巍、褚定军到庭参加了诉讼。本案现已审理终结。

......

[由于篇幅原因，本文未收录判决证据查明部分，详细内容可根据判决号进行查询]

......

本院认为：

虽然经《全国人民代表大会常务委员会关于修改〈中华人民共和国专利〉的决定》（2008 年 12 月 27 日通过）修正的《中华人民共和国专利法》已于 2009 年 10 月 1 日起施行，但由于本专利的申请日在 2009 年 10 月 1 日之前，故本案的审理仍应适用 2000 年 8 月 25 日修正的《专利法》，同样，本案的审理仍应适用 2002 年 12 月 28 日修正的《专利法实施细则》。

根据当事人的诉辩主张，本案涉及以下几个争议焦点问题

一、关于原告和第三人陶珍珠和张敏在本案诉讼中向本院补充提交的证据是否应予采纳的问题

对于原告补充提交的证据，首先，在案证据不足以证明其为公知常识性证据或与本案具有关联性；其次，其无法定理由未在行政阶段提交，不是被告作出第 20990 号决定的依据；最后，上述证据 3、4 的译文为原告自行翻译，不符合法定要件，且被告和第三人对其真实性不予认可。因此本院对上述证据不予采纳。

对于第三人陶珍珠和张敏补充提交的证据，首先，其无法定理由未在行政阶段提交，不是被告作出第 20990 号决定的依据；其次，该证据的出版日期在本专利申请日之后。因此本院对该证据不予采纳。

二、关于证据1"的真实性、公开日期的问题

证据1"是评价本专利创造性的最接近的对比文件，包括公证文件及译文证据1"-1和证据1"-2，其中第三人欲以证据1"-2证明证据1"公开内容的真实性，欲以证据1"-1用于证明证据1"的公开日期，基于谁主张谁举证的基本原则，第三人须提交真实、合法的证据证明其上述主张，否则应承担举证不能的法律后果。

本院认为，证据1"符合公证认证的法定形式要件，但仅能证明：申请公证人在公证员面前做过公证书所记载的声明、申请公证人在公证书上的签字为其本人所签、申请公证人向公证员提交了公证书所记载的材料。

就证据1"-2而言，首先，公证书中并没有记载公证员核实并确认了申请公证人的律师身份，且即便申请公证人的律师身份真实，其也是由第三人单方聘请，一般而言，其客观性和公正性存在一定瑕疵；其次，公证书并未记载公证员核实了申请公证人提交的附件确实是"1997年1月22～26日在华盛顿哥伦比亚特区举办的第四届逆转录病毒和机会性感染会议的会议流程和摘要"这本书的完整复印件，公证员也并没有核实该书现确实公开存放于剑桥、马萨诸塞州哈佛大学图书馆，索书号为013171488，如公证员并没有与申请公证人一起来到上述图书馆，找到上述书本并当面进行了复印。仅凭申请公证人在公证员面前做过上述声明，向公证员提交了上述附件，并不能确定该附件是藏于上述图书馆的上述书本的完整的、真实的复印件。

就证据1"-1而言，首先，同上，公证书中并没有记载公证员核实并确认了申请公证人的律师身份，且即便申请公证人的律师身份真实，其也是由第三人单方聘请，其客观性和公正性一般也须其他证据予以佐证；其次，电子邮件中"Marisz Sordyl"女士的身份仅有申请公证人的陈述予以证明，在没有其他证据予以佐证的情况下，难以确定"Marisz Sordyl"女士的身份，也难以确定其陈述能证明证据1"公开日期；再次，公证书中并没有记载公证员核实了电子邮件是从计算机等设备中真实、准确、完整地打印出来，也没有记载该计算机等设备是公证员或是申请公证人或是其他人所有，再考虑到电子数据具有容易修改的特性等因素，仅凭申请公证人的单方声明，难以证明该电子邮件是真实、准确和完整的。

综上所述，证据1"-2难以证明证据1"公开内容的真实性，证据1"-1难以证明证据1"的公开日期，因此证据1"的真实性、公开日期等难以确认，无法作为评价本专利创造性的最接近的对比文件。被告的相关认定缺乏事实与法律依据，本院依法予以纠正。

三、关于本专利的创造性问题

被告将证据 1"作为最接近的对比文件，评价了本专利的创造性。如上所述，本院认为证据 1"的真实性、公开日期等难以确认，无法作为评价本专利创造性的最接近的对比文件，因此本院对本专利是否具备创造性的问题在此不再进行审理。

综上，被告作出第 20990 号决定的主要证据不足，本院依法予以撤销。原告的诉讼理由具有事实和法律依据，其诉讼请求本院予以支持。根据《中华人民共和国行政诉讼法》第 54 条第（2）项第 1 目之规定，本院判决如下：

（1）撤销中华人民共和国国家知识产权局专利复审委员会作出的第 20990 号无效宣告请求审查决定；

（2）中华人民共和国国家知识产权局专利复审委员会就第 98807435.4 号发明专利权重新作出无效宣告请求审查决定。

案件受理费人民币 100 元，由被告中华人民共和国国家知识产权局专利复审委员会负担（于本判决生效之日起 7 日内缴纳）。

如不服本判决，原告吉联亚科学股份有限公司可于本判决书送达之日起 30 日内、被告中华人民共和国国家知识产权局专利复审委员会和第三人陶珍珠、上海奥锐特实业有限公司、张敏可于本判决送达之日起 15 日内，向本院递交上诉状及副本，并预交上诉案件受理费人民币 100 元，上诉于中华人民共和国北京市高级人民法院。

审　判　长　侯占恒
代理审判员　董　伟
人民陪审员　仝连飞
2014 年 1 月 16 日
书　记　员　李晓帆

北京市高级人民法院行政裁定书

（2014）高行终字第 2060 号

上诉人（原审被告）：中华人民共和国国家知识产权局专利复审委员会，住所地××××。

法定代表人：张茂于，副主任。

委托代理人：王晓东，中华人民共和国国家知识产权局专利复审委员会审查员。

委托代理人：刘新蕾，中华人民共和国国家知识产权局专利复审委员会审查员。

上诉人（原审第三人）：上海奥锐特实业有限公司，住所地××××。

法定代表人：彭志恩，董事长。

委托代理人：王巍，上海新天专利代理有限公司专利代理人，住××××。

委托代理人：龚敏，上海新天专利代理有限公司专利代理人，住××××。

上诉人（原审第三人）：张敏，住××××。

委托代理人：曹津燕，北京瑞恒信达知识产权代理事务所（普通合伙）专利代理人，住××××。

委托代理人：侯淑红，北京瑞恒信达知识产权代理事务所（普通合伙）专利代理人，住××××。

被上诉人（原审原告）：吉联亚科学股份有限公司，住所地××××。

法定代表人：格雷格·阿尔顿，公司和医疗事务部执行副总裁。

委托代理人：田晓东，北京市安伦律师事务所律师。

委托代理人：郭扬，北京市安伦律师事务所律师。

原审第三人：陶珍珠，住××××。

委托代理人：曹津燕，北京瑞恒信达知识产权代理事务所（普通合伙）专利代理人，住××××。

委托代理人：侯淑红，北京瑞恒信达知识产权代理事务所（普通合伙）专利代理人，住××××。

上诉人中华人民共和国国家知识产权局专利复审委员会（简称专利复审委员会）、上诉人上海奥锐特实业有限公司（简称奥锐特公司）、上诉人张敏因发明专利权无效行政纠纷一案，不服中华人民共和国北京市第一中级人民法院（2013）一中知行初字第3496号行政判决，向本院提出上诉。本院于2014年6月30日受理后，依法组成合议庭公开审理了本案。2014年10月17日，上诉人专利复审委员会的委托代理人王晓东、刘新蕾，上诉人奥锐特公司的委托代理人王巍、龚敏、上诉人张敏与原审第三人陶珍珠共同委托代理人曹津燕、侯淑红，被上诉人吉联亚科学股份有限公司（简称吉联业公司）的委托代理人田晓东、郭杨到庭接受了本院询问。本院现已审理终结。

本院认为，鉴于专利复审委员会对证据认定并无不当，原审判决认定专利复审委员会证据采信错误后，未审查专利的创造性，故本案应发回原审法院重审。依照《中华人民共和国行政诉讼法》第61条第（3）项之规定，裁定如下：

一、撤销中华人民共和国北京市第一中级人民法院（2013）一中知行初字第3496号行政判决；

二、本案发回中华人民共和国北京市第一中级人民法院重审。

审　判　长　张雪松
审　判　员　刘晓军
代理审判员　李燕蓉
2014年12月19日
书　记　员　张见秋

案例 02

关于"手持淋浴喷头"外观设计专利
侵权纠纷专家研讨会法律意见书

务实（2015）第 005 号

受北京万慧达律师事务所委托，北京务实知识产权发展中心于 2015 年 4 月 7 日举行了"关于'手持淋浴喷头'外观设计专利侵权纠纷专家研讨会"。中国社会科学院知识产权中心主任、博士生导师李明德、中国社会科学院法学研究所研究员、博士生导师、中国科学院大学法律与知识产权系主任、中国知识产权研究会副理事长李顺德，北京紫图知识产权司法鉴定中心主任、原北京市司法鉴定协会知识产权专业委员会主任闻秀元，国家知识产权局外观设计审查部二级审查员李志强，中国政法大学知识产权研究所所长、博士研究生导师来小鹏，北京务实知识产权发展中心主任程永顺等资深知识产权法律专家、学者参加了研讨，原国家知识产权局外观设计专利申诉处处长、研究员赵嘉祥出具了书面意见。

研讨会由北京务实知识产权发展中心主任程永顺主持。

与会专家在认真审阅委托方提供的与本案有关的材料、了解案件相关背景情况的基础上，围绕现有设计抗辩证据的认定；涉案外观设计产品中的"推钮"设计是否属于功能性设计；本案中"推钮"设计对于侵权判定是否会产生影响；外观设计侵权诉讼中的比对方法；以及本案中被诉侵权产品与涉案外观设计是否构成近似等与本案相关的法律问题进行了深入研讨，并充分发表了各自的意见。

一、背景情况

（一）专利权人及本专利基本情况

涉案专利权利人高仪股份公司（Grohe AG，以下简称"高仪公司"）成立于 1936 年，总部位于德国杜塞尔多夫，是著名的卫浴产品制造商。高仪公司的花洒等卫浴产品获得过多个奖项。同时，高仪公司的卫浴产品曾被认定为"台州市知名商品"，"高仪"商标在异议程序中被认定为驰名商标。

2009 年 6 月 23 日，高仪公司向中国国家知识产权局专利局申请了名称为"手持淋浴喷头（No. A4284410X2）"的外观设计专利（以下简称"涉案外观设计"），2010 年 5 月 19 日国家知识产权局对该外观设计专利进行授权公告，专利号为 ZL200930193487.X。涉案外观设计的立体图、主视图、后视图、左视图如下：

立体图

主视图　　　　后视图　　　　左视图

（二）涉案侵权产品基本情况

2012 年 9 月，高仪公司发现浙江健龙卫浴有限公司（以下简称"健龙公司"）生产、销售和许诺销售的卫浴产品中，有一款命名为丽雅等系列，型号为 GL062、S8008 等系列的卫浴产品，与高仪公司的涉案外观设计产品相同或近似。涉案外观设计与被诉侵权产品对比图如下：

立体图　　　　　　立体图　　　　　　主视图　　　　　主视图

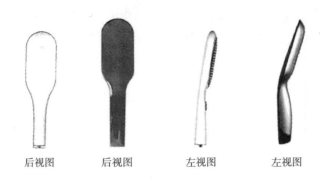

| 后视图 | 后视图 | 左视图 | 左视图 |

（三）一审民事诉讼基本情况

2012 年 12 月 5 日，高仪公司向浙江省台州市中级人民法院提起诉讼，认为前述健龙公司的丽雅系列产品的设计与涉案外观设计构成相同或近似，侵犯了其外观设计专利权，要求健龙公司立即停止生产、销售、许诺销售诉侵权商品、销毁库存的侵权产品及专用于生产侵权产品的模具、赔偿经济损失 20 万元。

台州市中级人民法院一审认定：

1. 被诉侵权产品与涉案外观设计的相同之处：

（1）二者属于同类产品；

（2）从整体上看，二者均是由喷头头部和手柄两个部分组成；

（3）被诉侵权产品头部出水面的形状与涉案外观设计相同，均表现为出水孔呈放射状分布在两端圆、中间长方形的区域内，边缘呈圆弧状。

2. 两者的不同之处：

（1）被诉侵权产品的喷头头部四周为斜面，从背面向出水口倾斜，而从涉案外观设计主视图及左视图中显示喷头头部四周为圆弧；

（2）被诉侵权产品的喷头头部出水面与面板间仅由一根线条分隔，涉案外观设计头部的出水面与面板间由两条线条构成的带状分隔；

（3）被诉侵权产品头部出水面的出水孔分布方式与涉案外观设计略有不同；

（4）涉案外观设计的手柄上有长椭圆形的开关设计，被诉侵权产品没有；

（5）涉案外观设计中头部与手柄的连接虽然有一定的斜角，但角度很小，几乎为直线形连接，被诉侵权产品头部与手柄的连接产生的斜角角度较大；

（6）从涉案外观设计的仰视图看，手柄底部为圆形，被诉侵权产品仰视图的底部为曲面扇形，涉案外观设计手柄下端为圆柱体，向与头部连接处方向逐步收缩压扁呈扁椭圆体，被诉侵权产品的手柄下端为扇面柱体，且向与喷头连接处过渡均为扇面柱体，过渡中的手柄中段有弧度的突起；

（7）被诉侵权产品的手柄底端有一条弧形的装饰线，将手柄底端与产品背面连成一体，涉案外观设计的手柄底端并没有这样的设计；

（8）涉案外观设计头部和手柄的长度比例与被诉侵权产品有所差别，且两者的头部与手柄的连接处弧面亦有差别。

台州市中级人民法院认定被控侵权产品与涉案外观设计不构成近似，主要理由：

涉案外观设计与被控侵权产品虽然在喷头的出水面设计上存在高度近似，但在喷头头部周边设计、喷头头部周边与出水面分割方式、手柄整体形状及细节设计、手柄与头部的连接方式及大小长度比例上都存在差别。高仪公司认为涉案外观设计的头部出水孔呈放射状分布在两端圆、中间长方形的区域内，边缘呈圆弧状的设计为其专利的设计特征部分，被控侵权产品的头部设计与其相同，便应认定构成对其外观设计专利侵害。但是，涉案外观设计特征部分是否为喷头头部出水处的设计并未能在该外观设计的简要说明中予以体现，且根据一般消费者的知识水平和认知能力，淋浴喷头产品应包括头部和手柄两个主要部分，两者各自的设计特征以及两者的连接方式和比例大小，在产品使用时均容易被直接观察到，是构成淋浴喷头产品整体视觉效果的基础，赋予该类产品设计美感。因此，被诉侵权产品与涉案外观设计在整体视觉效果上存在实质性差异。

2013年3月5日，台州市中级人民法院作出一审判决驳回了高仪公司的诉讼请求。

（四）二审民事诉讼情况

高仪公司不服一审判决，于2013年4月3日向浙江省高级人民法院提起上诉，认为被控侵权产品与涉案外观设计构成近似，主要理由：① 被控侵权产品与涉案外观设计整体视觉效果无实质性差异；② 被控侵权产品与涉案专利产品在正常使用时容易被观察到的部位都是喷头头部正面出水部分（一审已经认定二者在喷头的出水面设计上高度近似），对整体视觉效果更具有影响；③ 涉案外观设计专利喷头头部正面出水部分是区别于现有设计的设计特征之一，对整体视觉效果更具有影响。

高仪公司二审提交：① 厦门市中级人民法院民事判决书，用以证明在该案审理过程中涉案外观设计被申请无效，专利复审委员会予以维持，表明涉案外观设计新颖性比较高。（但浙江省高级法院认为涉案外观设计专利权被维持有效，并不能证明涉案外观设计具有当然的新颖性，故未予以认定。）② 4份宁波市中级人民法院民事调解书及厦门市中级人民法院和福建省高级人民法院对高仪公司诉欣宇科技（福建）有限公司（以下简称"欣宇公司"）案作出的民事判决书，用以证明涉案外观设计由于新颖性比较高，屡受花洒生产厂家模仿侵权，在多地法院受到保护。③公开日为2009年1～8月的12份获得外观设计专利权的淋浴喷头视图，用以证明淋浴喷头视图千差万别，设计空间很大（详见附件4）。

浙江省高级人民法院二审认定被诉侵权设计与涉案外观设计构成近似，主要观点：

经比对，虽然一审判决归纳的被诉侵权设计与涉案外观设计的区别点大致存在，但侵权比对并非是区别点的简单罗列和累加，而应当严格秉承"整体观察、综合判断"的比对原则。

1. 本案中，关于涉案外观设计的设计特征，涉案外观设计申请时所适用的专利法并未要求外观设计的授权文本需附有简要说明，一项外观设计所具备的区别于其他外观设计的具有一定识别度的设计要点，即可确定为设计特征，而非以是否在专利的简要说明中予以记载为确定设计特征的前提。就涉案外观设计而言，高仪公司明确其跑道状的出水面为专利的设计特征和视觉要部，而该部分确为涉案专利最具可识别度的设计，且占据了主要的视域面积，并能带来较为独特的设计美感；并且，在本案审理中，法院明确要求健龙公司进一步检索，确认高仪公司的涉案外观设计申请日前，有无喷头出水面为跑道状的现有设计存在，健龙公司未能提供相应现有设计以供比对。因此，涉案外观设计中跑道状的喷头出水面设计，应作为区别于现有设计的设计特征予以重点考量。

2. 被诉侵权设计与涉案外观设计相比，在淋浴喷头的整体轮廓、喷头与把手的长度分割比例等方面非常相似。

3. 被诉侵权设计与涉案外观设计的主要区别在于前者缺乏后者在手柄位置具有的类跑道状推钮设计，推钮固然可以有不同的形状设计，但其在手柄上的设置主要仍系基于功能性的设计，对产品的整体视觉效果并未产生显著影响。一审归纳的其他区别点均较为细微，也不能使被诉侵权设计与涉案外观设计在产品的整体视觉效果上产生实质性差异。

2013年9月27日，浙江省高级人民法院作出判决，撤销台州中级人民法院一审判决，健龙公司停止制造、许诺销售、销售侵害涉案外观设计专利权产品的行为，健龙公司赔偿高仪公司经济损失10万元。

（五）再审基本情况

健龙公司不服二审判决，向最高人民法院申请再审。

健龙公司在再审申请中提出：①涉案外观设计的出水面设计已被第

200630113512.5 号外观设计专利所公开，属于现有设计；② 被控侵权设计的出水面采用弧线设计而非跑道设计状设计，弧线设计是设计行业中常用设计；③ 一审法院概括的 8 个方面的区别足以使一般消费者将涉案外观设计与被控侵权设计区分开来，被诉侵权设计与涉案外观设计不构成近似，同时，淋浴器喷头的整体均是由手柄与喷头出水面构成，手柄长度则是基于一般人手掌宽度而定，而喷头出水面的长宽则建立在手柄的长度之上，二者基本应保持适当的比例以维持基本的美感，二审法院错误地认定二者的整体构成及分割比例为涉案专利的特有设计；④ 手柄上推钮不属于二审法院所认定的功能性设计。

第 200630113512.5 号外观设计出水面　　　　　涉案外观设计出水面

　　高仪公司认为：① 涉案外观设计出水面设计不属于现有设计；② 二审法院认定"涉案专利与被控侵权设计在出水面设计上高度相似"、"被控侵权设计与涉案专利相比，在淋浴喷头的整体轮廓、喷头与把手长度分割比例等方面均非常相似"是正确的；③ 被控侵权设计与涉案外观设计构成近似（具体比对情况见附件 6）；④ 淋浴喷头设计空间很大，判断是否近似的尺度应当放宽。

　　同时，高仪公司提交了国家知识产权局专利检索咨询中心出具的《外观设计检索报告》（详见附件 5），用以证明涉案专利的稳定性，说明现有设计的状况。

　　目前，本案正在再审审理中。

　　（六）其他相关情况

　　涉案外观设计屡受其他厂家模仿，其中，在高仪公司诉欣宇公司侵犯外观设计专利权纠纷中，厦门市中级人民法院一审认定欣宇公司产品与涉案外观设计属于相同外观设计，福建省高级人民法院二审认定二者属于相似外观设计，下图为欣宇公司产品。

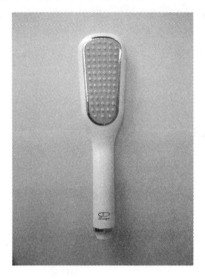
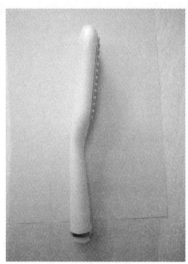

在高仪公司诉欣宇公司侵犯外观设计专利权纠纷审理过程中，欣宇公司就涉案外观设计向专利复审委员会提出无效宣告请求。合议组认为涉案外观设计与无效证据2（申请日：2008年6月13日，公开日：2009年8月19日）属于不相同且不相近似的外观设计，决定维持涉案外观设计专利权有效。

无效证据2立体图

涉案外观设计立体图

二、研讨会依据的材料

北京务实知识产权发展中心接受委托后，将委托方提交的相关材料送交专家阅读，材料包括：

1. 第 200930193487. X 号外观设计专利文件；

2. 浙江省台州市中级人民法院（2012）浙台知民初字第 573 号民事判决书；

3. 浙江省高级人民法院（2013）浙知终字第 255 号民事判决书；

4. 12 份现有设计汇总文件；

5. 第 GW10393 号《外观设计检索报告》；

6. 厦门市中级人民法院（2010）厦民初字第 484 号民事判决书；

7. 福建省高级法院（2012）闽民终字第 360 号民事判决书；

8. 高仪公司再审代理词。

三、研讨会的主要议题

1. 第 200930193486. 3 号外观设计及无效证据 2 能否作为现有设计抗辩证据？

2. 涉案外观设计产品中的"推钮"设计是否属于功能性设计？本案中，"推钮"设计对于侵权判定是否会产生影响？有怎样的影响？

3. 外观设计侵权诉讼中，应当采取怎样的比对方法？

4. 本案中，被诉侵权产品与涉案外观设计是否构成近似？

四、专家意见

与会专家围绕上述问题进行了热烈讨论，充分发表了意见。经过归纳整理，形成以下法律意见：

（一）第 200930193486. 3 号外观设计及无效证据 2 能否作为现有设计抗辩证据？

与会专家认为，从国家知识产权局专利检索咨询中心出具的第 GW10393 号《外观设计检索报告》内容来看，第 200930193486. 3 号外观设计专利（专利权人为高仪公司）的申请日与涉案外观设计相同，同时二者为相同的外观设计，根据《专利法》第 9 条的规定，如果有人依此向专利复审委员会申请宣告涉案外观设计无效，专利权人只能保留其中一项外观设计。但在本案中，根据《专利法》第 23 条第 4 款的规定，现有设计是指外观设计申请日之前为公众所知的外观设计，也就是说，现有设计应当在外观设计申请日以前处于公开状态，而第 200930193486.3 号外观设计的申请日与涉案外观设计相同，即第 200930193486.3 号外观设计在涉案外观设计申请日之前其并未公开，不属于现有设计，因此，不能将其作为现有设计抗辩的证据；无效证据 2 的公开日为 2009 年 8 月 19 日，涉案外观设计的申请日为 2009 年 6 月 23 日，即涉案外观设计申请时无效证据 2 尚未公开，不属于现有设计，因此，无效证据 2 也不能作为现有设计抗辩的证据。

（二）涉案外观设计产品中的"推钮"设计是否属于功能性设计以及"推钮"设计对于侵权判定会产生怎样影响？

与会专家认为，根据《专利法》第 2 条第 3 款的规定，外观设计是指对产品的形状、图案或者其结合以及色彩与形状、图案的结合所作出的富有美感并适用于工业应用的设计，也就是说，外观设计强调的是形状、图案或者二者结合对于产品的装饰作用即美学功能，其色彩不能作为独立的设计要素予以考虑。根据《专利法》中外观设计的定义，一般情况下，单纯的技术功能性设计被排除于外观设计的保护范围之外。但是，外观设计排除技术功能性设计，并不意味着只要某个设计要素具有一定的技术功能，就一定将其排除，而应当根据具体情况来确定是否将某个设计要素纳入外观设计的保护范围。

一般而言，对涉及技术功能性设计的外观设计保护应该区分以下几种情况：第一，所涉及的技术功能性设计为实现某一技术功能所必须采用的唯一选择时，不属于外观设计的保护对象；第二，某一设计具有一定的技术功能同时又有多种设计方案可以选择，这种情况下如果该设计对产品的外观具有一定的装饰作用，可以将其纳入外观设计的保护范围。一般而言，在外观设计侵权判定过程中，对于每个设计要素，需要根据其对外观设计整体视觉效果的影响程度来确定其对外观设计侵权判定的影响，如果其存在与否对外观设计整体的视觉效果几乎没有影响或者仅有细微影响，则在外观设计侵权比对时对这一设计要素不必过多考虑，也就是说，即使这一设计要素属于被诉侵权设计与涉案外观设计的不同之处，也属于局部细微差别。

本案中，手柄上的推钮的作用是控制水流的开关，具有技术功能性，属于技术功能性设计，同时，考虑到改变推钮的形状，比如将其更换为圆形或者长方形等，对于该推钮所要实现的功能不会产生实质性影响，因此，可以将推钮设计纳入涉案外观设计的保护范围。但是，由于推钮设计的有无对涉案外观设计的整体视觉效果影响比较小，因此，在被诉侵权产品与涉案外观设计的侵权比对中，对于这一设计要素不必过多的考量，被诉侵权产品与涉案外观设计相比不具有推钮设计应当属于细微差别，对二者整体视觉上的影响较小。

此外，有的专家认为，从专利法的整个立法体系来看，发明和实用新型专利保护具有技术功能性的发明创造，而外观设计保护富有美感的设计，强调产品外表带给人们的视觉美感，满足人们的美学追求。因此，一般情况下，在外观设计保护中，仅考虑产品的形状、图案或者其结合以及色彩与形状、图案的结合是否符合专利法规定即可，不需要考虑产品的功能，只有在产品的功能导致其设计不能做出改变时，会涉及所谓的排除功能性设计问题。

（三）外观设计侵权诉讼应当采取怎样的比对方法？

与会专家认为，外观设计的侵权比对应当秉持"整体观察、综合判断"原则，从相关产品的一般消费者角度判断，侵权设计与外观设计是否构成相同或者近似。在外观设计侵权判定中，应当首先根据表示在图片或者照片中的产品的外观设计确定外观设计的保护范围，再根据所确定的保护范围进行侵权比对。一般情况下，图片或者照片会反映出外观设计的诸多细节，但是这些细节并不一定都属于外观设计保护的内容，比如纯技术功能性设计要素。同时，这些细节对于外观设计的整体视觉效果的影响程度大小也要加以区别，一般而言，区别于现有设计的部分及产品使用时容易被观察到的部分对外观设计的整体视觉效果影响更大。因此，在外观设计侵权比对时，如果被诉侵权设计与涉案外观设计区别于现有设计的部分和/或外观设计产品使用时容易观察到的部位相同或者近似，对于二者整体视觉上相同或者近似的影响较大。

具体而言，"整体观察"是指根据侵权设计及涉案外观设计的六面视图，对二者的整体形状、结构及各局部的形状、图案的具体情况进行观察、比较。而"综合判断"是指从该外观设计产品的一般消费者，即购买或者可能购买或者使用该外观设计产品的消费者角度，综合二者的整体观察情况、该类产品外观设计的在先设计情况、涉案外观设计与现有设计之间的关联程度或者区别程度三方面因素，判断侵权设计与涉案外观设计视觉效果上是否相同或者近似。但在"整体观察"过程中，并不是只关注侵权设计与涉案外观设计之间的相同或者近似之处，也应当通过观察、比对，找出二者之间的不同之处。需要注意的是，在进行相似性判断，还是要将经过比对找到的不同点与二者之间的相同或者近似之处、现有设计情况、涉案外观设计与现有设计之间的关联或区别程度等综合在一起考虑。有的专家认为，在进行近似性判断时，可以将这些不同点融入外观设计的整体，判断这些不同之处是否会使侵权产品在整体视觉效果上与涉案外观设计产生实质性差异，或者这些不同点融入侵权产品设计整体后，是否使一般消费者认为被诉侵权设计是一件与涉案外观设计基本不同的新设计，如果将被诉侵权设计与外观设计的不同之处融入侵权设计整体后，被相同部分所掩盖，产品的一般消费者在观察时还是认为二者在视觉效果上不存在实质性差异，那么即使被诉侵权设计与外观设计专利存在很多区别点，也不影响二者视觉效果上的相似。与会专家特别强调，外观设计的侵权判定一定要秉持"整体观察、综合判断"原则，不论被诉侵权设计与涉案外观设计之间的相同部分和不同部分的数目是多少，最终都要从整体出发判断二者的视觉效果是否近似，不应当仅因为二者之间的不同部分多于相同部分或者相同部分多于不同部分就认为二者不近似或者近似。

此外，还有与会专家认为，外观设计专利与发明及实用新型专利相比，具有一点明显区别，即外观设计保护的重点是美学表达。从这一角度来看，外观设计的保护客体与版权中的美术作品十分相似，都是将公有领域的美学要素通过一定的方式组合在一起所形成的"作品"作为保护对象。因此，如果被诉侵权设计整体上采用了与涉案外观设计相同的设计方案，为了规避侵权责任而在涉案外观设计的整体设计方案基础上作出细微改变，由于其整体上并没有脱离涉案外观设计的构思，仍然构成侵权。

（四）被诉侵权产品与涉案外观设计是否构成近似？

与会专家认为，从整体上观察，涉案外观设计由喷头头部和手柄两部分构成，二者呈一体式的连接，同时具有一定角度；其中，喷头头部出水面是手持淋浴喷头产品使用时容易观察到的部分，从正面来看，其为中间长方形两端呈圆弧状的跑道形，从侧面来看，呈外凸圆形。从目前已经检索到的现有设计情况来看，涉案外观设计的整体轮廓形状与现有设计相比具有明显区别。喷头头部出水面所采用的中间长方形两端为圆弧状的跑道形设计明显区别于现有设计，是涉案外观设计中最具有视觉冲击力的部分，使涉案外观设计的整体产生了明显区别于现有设计的视觉效果。涉案外观设计的内部出水孔布局是根据出水面的形状变化而确定的，在侵权判定中，出水孔布局不应当作为单独的设计要素予以考虑；推钮设计可以纳入涉案外观设计保护范围，但其对涉案外观设计的整体视觉效果不会产生显著影响，甚至可以认为推钮的有无对涉案外观设计的整体视觉效果几乎没有影响，因此，在侵权判定中，推钮设计也不应当重点考虑。

本案中，被诉侵权产品与涉案外观设计构成近似。其主要理由是：第一，被诉侵权产品与涉案外观设计的整体轮廓十分近似，可以说被诉侵权产品采用了与涉案外观设计基本相同的设计构思，即被诉侵权产品的整体轮廓形状采用了与涉案外观设计相同的喷头头部与手柄呈一体式同时两者之间有一定角度的设计，且喷头及手柄的形状十分近似；第二，在产品使用时容易观察到的出水面部分，被诉侵权产品也采用了与涉案外观设计相同的形状，即中间为长方形两端呈圆弧状的跑道形，同时呈外凸圆形；第三，由于涉案外观设计的跑道形出水面明显区别于现有设计，是涉案外观设计中最具有视觉冲击力的部分，因此，被诉侵权产品在该部分采用与涉案外观设计相同的设计，很容易使一般消费者对其与涉案外观设计产生混淆；第四，二者之间存在的不同之处，比如被诉侵权产品手柄上没有涉案外观设计所具有的推钮、被诉侵权产品的喷头头部与手柄角度较大等，属于局部细微差别，对二者的整体视觉效果没有显著影响。

此外，也有与会专家指出，从目前检索到的现有设计情况看，没有与涉案外观设计相同或者近似的外观设计，涉案外观设计与现有设计之间的差别十分明显，而被诉侵权产品的整体形状明显与涉案外观设计更为接近，因此，从这一角度看，可以进一步证明被诉侵权产品与涉案外观设计构成近似。同时，由于被诉侵权产品与涉案外观设计更为接近，而与已经检索到的现有设计差别较大，因此，如果被诉侵权人进行现有设计抗辩，亦难以成立。

以上意见系基于委托方提供的资料、根据专家学者发言归纳整理作出，仅供参考。

北京务实知识产权发展中心
2015 年 4 月 22 日

浙江省台州市中级人民法院民事判决书（摘录）

（2012）浙台知民初字第 573 号

原告：Grohe AG（高仪股份公司）。

代表人：RainerMues（雷纳·穆厄斯），系该公司财务部高级副总裁。

代表人：Thomas Ziegler（托马斯·齐格勒），系该公司法律和专利部主任。

委托代理人：韩强，北京市万慧达律师事务所律师。

委托代理人：王蕊，北京万慧达知识产权代理有限公司专利代理人。

被告：浙江健龙卫浴有限公司。

法定代表人：蔡贤良。

委托代理人：郑才微，浙江常青藤律师事务所律师。

委托代理人：董亚运，浙江常青藤律师事务所实习律师。

原告 Grohe AG（以下简称"高仪公司"）为与被告浙江健龙卫浴有限公司（以下简称"健龙公司"）侵害外观设计专利权纠纷一案，于 2012 年 12 月 5 日向本院提起诉讼。本院受理后，依法组成合议庭，于 2013 年 1 月 22 日公开开庭进行了审理，原告的委托代理人韩强和王蕊、被告委托代理人郑才微到庭参加了诉讼。在诉讼过程中，根据原告的证据保全申请，本院于 2012 年 12 月 13 日前往被告处保全，对原告指认的涉案产品进行了拍照记录。本案现已审理终结。

......

[由于篇幅原因，本文未收录判决证据查明部分，详细内容可根据判决号进行查询]

......

本院认为：本案一方当事人高仪公司系德意志联邦共和国法人，本案为涉外民事诉讼。根据《中华人民共和国民事诉讼法》第 21 条第 2 款规定"对法人或者其他组织提起的民事诉讼，由被告住所地人民法院管辖"以及第 259

条规定"在中华人民共和国领域内进行涉外民事诉讼，适用本编规定。本编没有规定的，适用本法其他有关规定"。同时，《中华人民共和国民法通则》第146条规定"侵权行为的损害赔偿，适用侵权行为地法律。……"因被告健龙公司在其公司住所地制造并销售被控侵权产品，其住所地在本院管辖范围内，庭审中原、被告也一致同意由本院适用中国法律审理双方的侵权纠纷，故本院享有本案的管辖权，并适用中华人民共和国法律。

原告高仪公司拥有的专利号为ZL200930193487.X的"手持淋浴喷头（No. A4284410X2）"外观设计专利在有效期限内，法律状态稳定，为有效专利，应受法律保护。本案原、被告之间的争议焦点为被告生产、销售及许诺销售的被控侵权产品是否构成与原告拥有的专利号为ZL200930193487.X外观设计专利的近似，有无侵害原告的外观设计专利权。根据《最高人民法院关于审理侵犯专利权纠纷案件应用法律若干问题的解释》第10条的规定"人民法院应当以外观设计专利产品的一般消费者的知识水平和认知能力，判断外观设计是否相同或者近似。"及第11条的规定"人民法院认定外观设计是否相同或者近似时，应当根据授权外观设计、被诉侵权设计的设计特征，以外观设计的整体视觉效果进行综合判断；……"结合庭审的比对结果，原告所有的涉案专利与被告的被控侵权产品间虽然在喷头的出水面设计上存在高度近似，但在喷头头部周边设计、喷头头部周边与出水面的分隔方式、手柄整体形状及细节设计、手柄与头部的连接方式及大小长度比例上都存在差别。原告认为涉案专利的头部出水孔呈放射状分布在两端圆、中间长方形的区域内，边缘呈圆弧状的设计为其专利的设计特征部分，被告被控侵权产品的头部设计与其相同，便应认定构成对其外观设计专利侵害。但是，原告涉案专利的设计特征部分是否为喷头头部出水处的设计并未能在该外观设计的简要说明中予以体现，且根据一般消费者的知识水平和认知能力，淋浴喷头产品应包括头部和手柄两个主要部分，两者各自的设计特征以及两者的连接方式和比例大小，在产品使用时均容易被直接观察到，是构成淋浴喷头产品整体视觉效果的基础，赋予该类产品设计美感。因此，应认定被告被控侵权产品与原告拥有的专利号为ZL200930193487.X外观设计专利在整体视觉效果存在实质性差异，两者并不构成近似。

综上，被告被控侵权产品并不侵害原告拥有的专利号为ZL200930193487.X外观设计专利，原告的诉讼请求不符合法律的相关规定，本院不予支持。依照《最高人民法院关于审理侵犯专利权纠纷案件应用法律若干问题的解释》第10条、第11条之规定，判决如下：

驳回原告高仪股份公司的诉讼请求。

案件受理费人民币 4300 元，由原告高仪股份公司承担。

如不服本判决，原告可在判决书送达之日起 30 日内，被告可在判决书送达之日起 15 日内向本院递交上诉状及副本一份，上诉于浙江省高级人民法院。[上诉案件受理费按照不服一审判决部分的上诉请求数额在提交上诉状时向浙江省高级人民法院预缴。款汇：浙江省财政厅非税收入结算分户，账号：398000101040006575，单位编码：515001，开户行：中国农业银行杭州市西湖支行。上诉期满 7 日后仍未缴纳的，按自动撤回上诉处理]。

审 判 长 葛欠喜

审 判 员 牟 丹

代理审判员 项 炯

2013 年 3 月 5 日

代理书记员 潘月红

附件 02 - 2

浙江省高级人民法院民事判决书（摘录）

（2013）浙知终字第 255 号

上诉人（原审原告）：高仪股份公司（Grohe AG），住所地×××。

诉讼代表人：雷纳·穆厄斯（RainerMues），财务部高级副总裁。

诉讼代表人：托马斯·齐格勒（Thomas Ziegler），法律和专利部主任。

委托代理人（特别授权代理）：韩强，北京市万慧达律师事务所律师。

委托代理人（特别授权代理）：王蕊，北京万慧达知识产权代理有限公司专利代理人。

被上诉人（原审被告）：浙江健龙卫浴有限公司，住所地×××。

法定代表人：蔡贤良，董事长。

委托代理人（特别授权代理）：郑才微，浙江常青藤律师事务所律师。

上诉人高仪股份公司（以下简称"高仪公司"）因侵害外观设计专利权纠纷一案，不服中华人民共和国浙江省台州市中级人民法院（2012）浙台知民初字第 573 号民事判决，向本院提起上诉。本院于 2013 年 4 月 12 日立案受理后，依法组成合议庭，并于同年 5 月 15 日公开开庭进行了审理。上诉人高仪公司的委托代理人韩强、王蕊，被上诉人浙江健龙卫浴有限公司（以下简称"健龙公司"）的委托代理人郑才微到庭参加诉讼。本案现已审理终结。

......

[由于篇幅原因，本文未收录判决证据查明部分，详细内容可根据判决号进行查询]

......

本院认为，《中华人民共和国专利法》（以下简称《专利法》）第 59 条第 2 款规定，外观设计专利权的保护范围以表示在图片或者照片中的该产品的外观设计为准，简要说明可以用于解释图片或者照片所表示的该产品的外观设计。故在外观设计侵权比对中，一般不宜将被诉侵权产品与专利产品实物进行比对，否则实物产品的颜色配置、握持的手感等与比对无关的因素都可能对判断主体产生误导，进而影响侵权与否的判断。即使专利产品的外观系严格按照专利视图制作，仍应以被诉侵权产品实物与涉案专利视图进行比对，以作出侵权与否的最终判断。本案中，经比对，虽然原判归纳的被诉侵权设计与涉案专利设计的区别点大致存在，但侵权比对并非是区别点的简单罗列和累加，而应严格秉承"整体观察、综合判断"的比对原则。对此，《最高人民法院关于审理侵犯专利权纠纷案件应用法律若干问题的解释》第11条规定，人民法院认定外观设计是否相同或者近似时，应当根据授权外观设计、被诉侵权设计的设计特征，以外观设计的整体视觉效果进行综合判断。授权外观设计区别于现有设计的设计特征相对于授权外观设计的其他设计特征，通常对外观设计的整体视觉效果更具有影响。被诉侵权设计与授权外观设计在整体视觉效果上无差异的，人民法院应当认定两者相同；在整体视觉效果上无实质性差异的，应当认定两者近似。本案中，首先关于涉案专利的设计特征。在高仪公司的涉案专利申请之时所适用的专利法并未要求外观设计专利的授权文本需附有简要说明，一项外观设计所具备的区别于其他外观设计的具有一定识别度的设计要点，即可确定为其设计特征，而非以是否在专利的简要说明中予以记载为确定设计特征的前提。就涉案专利而言，高仪公司明确其跑道状的出水面为专利的设计特征和视觉要部，而该部分确为涉案专利最具可识别度的设计，且占据了主要的视域面积，并能带来较为独特的设计美感；况且，本院在审理过程中明确要求健龙公司作进一步检索，确认在高仪公司的涉案专利申请日前，有无喷头出水面为跑道状的现有设计存在，健龙公司未能提供相应的现有设计以供比对。故涉案专利中跑道状的喷头出水面设计，应作为区别于现有设计的设计特征予以重点考量，而被诉侵权设计正是采用了与之高度相似的出水面设计，具备了涉案专利的该设计特征。其次，被诉侵权设计与涉案专利设计相比，在淋浴喷头的整体轮廓、喷头与把手的长度分割比例等方面均非常相似。再者，被诉侵权设计与涉案专利设计的主要区别在于前者缺乏后者在手柄位置具有的一类跑道状推钮设计。推钮固然可有不同的形状设计，但其在手柄上设置主要仍系基于功能性的设计，对产品的整体视觉效果并未产生显著影响。至于原判归纳的其他区别点，如喷头头部的周边设计及与出水面的分隔方式、手柄形状、手柄与头部的连接方式等存在的差别均较为细微，亦未能使被诉侵权设计与涉案专利设计在产品的整体视觉效果上产生实质性差异，故综上，本院认定被诉侵权设计与涉案专利设计构成近似，落入了高仪公司涉案外观设计专利权的保护范围。因健龙公司对其实施了制造、许诺销售、销售被诉侵权产品的行为并无异议，故其应承担相应的侵权责任。

关于侵权责任的确定问题。按照《专利法》第 65 条之规定，因侵权人获益和权利人损害都没有证据证实，亦无合理专利许可使用费可供参照，本案按照法定赔偿方式确定赔偿数额。本院认为，综合考虑到涉案专利为外观设计专利，具有一定的设计美感，并有多次受司法保护记录；健龙公司的注册资本为人民币 585 万元，具有一定的生产规模和营销能力；健龙公司实施了制造、许诺销售、销售被诉侵权产品的行为；高仪公司为制止侵权支出了相应的维权费用等因素，酌情确定赔偿额为人民币 10 万元。健龙公司的库存产品亦应予以销毁，对高仪公司的该项诉请，本院予以支持。但因高仪公司并未证明健龙公司现持有被诉侵权产品的制造模具，故对高仪公司要求销毁健龙公司生产被诉侵权产品专用模具的诉请，本院不予支持。

综上，本院认为，高仪公司的涉案外观设计专利权尚处法定有效期内，应受法律保护。健龙公司未经其许可，以生产经营为目的制造、许诺销售、销售了落入高仪公司涉案外观设计专利权保护范围的涉案产品，应承担停止侵权、赔偿损失等侵权责任。高仪公司的上诉理由部分成立，对其相应的上诉请求本院予以支持。原审判决适用法律不当，依法应予纠正。依照《中华人民共和国民事诉讼法》第 170 条第 1 款第（2）项，《中华人民共和国民法通则》第 118 条，《中华人民共和国专利法》第 11 条第 2 款、第 59 条第 2款、第 65 条之规定，判决如下：

一、撤销中华人民共和国浙江省台州市中级人民法院（2012）浙台知民初字第 573 号民事判决；

二、健龙公司立即停止制造、许诺销售、销售侵害高仪公司ZL200930193487. X 号"手持淋浴喷头（No. A428441012）"外观设计专利权的产品的行为，并于本判决送达之日即时销毁库存的侵权产品；

三、健龙公司赔偿高仪公司经济损失（含高仪公司为制止侵权行为所支出的合理费用）人民币 10 万元，于本判决送达之日起十日内履行完毕；

四、驳回高仪公司的其他诉讼请求。

如果未按本判决指定的期间履行给付金钱义务，应当依照《中华人民共和国民事诉讼法》第 253 条之规定，加倍支付迟延履行期间的债务利息。

一、二审案件受理费各人民币 4300 元，均各由健龙公司负担 3225 元，高仪公司负担 1075 元。

本判决为终审判决。

审　判　长　王亦非

代理审判员　陈　宇

代理审判员　李　臻

2013 年 9 月 27 日

书　记　员　阮　媛

附件 02 - 3

最高人民法院民事判决书（摘录）

（2015）民提字第 23 号

再审申请人（一审被告、二审被上诉人）：浙江健龙卫浴有限公司。住所地××××。

法定代表人：蔡贤良，该公司董事长。

委托代理人：郑才微，浙江常青藤律师事务所律师。

委托代理人：顾王建，北京科亿知识产权代理事务所（普通合伙）专利代理人，住××××。

被申请人（一审原告、二审上诉人）：高仪股份公司（Grohe AG）。住所地××××。

诉讼代表人：雷纳·穆厄斯（Rainer Mues），该公司财务副总裁。

诉讼代表人：托马斯·齐格勒（Thomas Ziegler），该公司法律与专利部主任。

委托代理人：王珂，北京市万慧达律师事务所律师。

委托代理人：王蕊，北京市万慧达知识产权代理有限公司专利代理人，住××××。

再审申请人浙江健龙卫浴有限公司（以下简称"健龙公司"）因与被申请人高仪股份公司（以下简称"高仪公司"）侵害外观设计专利权纠纷一案，不服中华人民共和国浙江省高级人民法院（2013）浙知终字第 255 号民事判决，向本院申请再审。本院于 2014 年 12 月 18 日作出（2014）民申字第 277 号民事裁定，提审本案。提审后，本院依法组成合议庭，于 2015 年 2 月 10 日公开开庭审理本案，健龙公司委托代理人郑才微，高仪公司委托代理人王珂、王蕊到庭参加诉讼。本案现已审理终结。

……

［由于篇幅原因，本文未收录判决证据查明部分，详细内容可根据判决号进行查询］

……

本院认为，本案的争议焦点在于被诉侵权产品外观设计是否落入涉案外观设计专利权的保护范围。

《专利法》第59条第2款规定："外观设计专利权的保护范围以表示在图片或者照片中的该产品的外观设计为准，简要说明可以用于解释图片或者照片所表示的该产品的外观设计。"《专利侵权司法解释》第8条规定："在与外观设计专利产品相同或者相近种类产品上，采用与授权外观设计相同或者近似的外观设计的，人民法院应当认定被诉侵权设计落入专利法第59条第2款规定的外观设计专利权的保护范围"；第10条规定："人民法院应当以外观设计专利产品的一般消费者的知识水平和认知能力，判断外观设计是否相同或者近似。"本案中，被诉侵权产品与涉案外观设计专利产品相同，均为淋浴喷头类产品，因此，本案的关键问题是对于一般消费者而言，被诉侵权产品外观设计与涉案授权外观设计是否相同或者近似，具体涉及以下4个问题：

一、关于涉案授权外观设计的设计特征

本院认为，外观设计专利制度的立法目的在于保护具有美感的创新性工业设计方案，一项外观设计应当具有区别于现有设计的可识别性创新设计才能获得专利授权，该创新设计即是授权外观设计的设计特征。通常情况下，外观设计的设计人都是以现有设计为基础进行创新。对于已有产品，获得专利权的外观设计一般会具有现有设计的部分内容，同时具有与现有设计不相同也不近似的设计内容，正是这部分设计内容使得该授权外观设计具有创新性，从而满足《专利法》第23条所规定的实质性授权条件：不属于现有设计也不存在抵触申请，并且与现有设计或者现有设计特征的组合相比具有明显区别。对于该部分设计内容的描述即构成授权外观设计的设计特征，其体现了授权外观设计不同于现有设计的创新内容，也体现了设计人对现有设计的创造性贡献。由于设计特征的存在，一般消费者容易将授权外观设计，区别于现有设计，因此，其对外观设计产品的整体视觉效果具有显著影响，如果被诉侵权设计未包含授权外观设计区别于现有设计的全部设计特征，一般可以推定被诉侵权设计与授权外观设计不近似。

对于设计特征的认定，一般来说，专利权人可能将设计特征记载在简要说明中，也可能会在专利授权确权或者侵权程序中对设计特征作出相应陈述。根据"谁主张谁举证"的证据规则，专利权人应当对其所主张的设计特征进行举证。另外，授权确权程序的目的在于对外观设计是否具有专利性进行审查，因此，该过程中有关审查文档的相关记载对确定设计特征有着重要的参考意义。理想状态下，对外观设计专利的授权确权，应当是在对整个现有设计检索后的基础上确定对比设计来评判其专利性，但是，由于检索数据库的限制、无效宣告请求人检索能力的局限等原因，授权确权程序中有关审查文档所确定的设计特征可能不是在穷尽整个现有设计的检索基础上得出的，因此，无论是专利权人举证证明的设计特征，还是通过授权确权有关审查文档记载确定的设计特征，如果第三人提出异议，都应当允许其提供反证予以推翻。人民法院在听取各方当事人质证意见的基础上，对证据进行充分审查，依法确定授权外观设计的设计特征。

本案中，专利权人高仪公司主张跑道状的出水面为涉案授权外观设计的设计特征，健龙公司对此不予认可。对此，本院认为，首先，涉案授权外观设计没有简要说明记载其设计特征，高仪公司在二审诉讼中提交了 12 份淋浴喷头产品的外观设计专利文件，其中 7 份记载的公告日早于涉案专利的申请日，其所附图片表示的外观设计均未采用跑道状的出水面。在针对涉案授权外观设计的无效宣告请求审查程序中，专利复审委员会作出第 17086 号决定，认定涉案授权外观设计与最接近的对比设计证据 1 相比："从整体形状上看，与在先公开的设计相比，本专利喷头及其各面过渡的形状、喷头正面出水区域的设计以及喷头宽度与手柄直径的、比例具有较大差别；上述差别均是一般消费者容易关注的设计内容"，即该决定认定喷头出水面形状的设计为涉案授权外观设计的设计特征之一。其次，健龙公司虽然不认可跑道状的出水面为涉案授权外观设计的设计特征，但是在本案一、二审诉讼中其均未提交相应证据证明跑道状的出水面为现有设计。本案再审审查阶段，健龙公司提交第 200630113512.5 号淋浴喷头外观设计专利视图拟证明跑道状的出水面已被现有设计所公开，经审查，该外观设计专利公告日早于涉案授权外观设计申请日，可以作为涉案授权外观设计的现有设计，但是其主视图和使用状态参考图所显示的出水面两端呈矩形而非呈圆弧形，其出水面并非跑道状。因此，对于健龙公司关于跑道状出水面不是涉案授权外观设计的设计特征的再审申请理由，本院不予支持。

二、关于涉案授权外观设计产品正常使用时容易被直接观察到的部位

认定授权外观设计产品正常使用时容易被直接观察到的部位，应当以一般消费者的视角，根据产品用途，综合考虑产品的各种使用状态得出。本案中，首先，涉案授权外观设计是淋浴喷头产品外观设计，淋浴喷头产品由喷头、手柄构成，二者在整个产品结构中所占空间比例相差不大。淋浴喷头产品可以手持，也可以挂于墙上使用，在其正常使用状态下，对于一般消费者而言，喷头、手柄及其连接处均是容易被直接观察到的部位。其次，第 17086 号决定认定在先申请的设计证据 2 与涉案授权外观设计采用了同样的跑道状出水面，但是基于涉案授权外观设计的"喷头与手柄成一体，喷头及其与手

柄连接的各面均为弧面且喷头前倾，此与在先申请的设计相比具有较大的差别，上述差别均是一般消费者容易关注的设计内容"，认定二者属于不相同且不相近似的外观设计。可见，淋浴喷头产品容易被直接观察到的部位并不仅限于其喷头头部出水面，在对淋浴喷头产品外观设计的整体视觉效果进行综合判断时，其喷头、手柄及其连接处均应作为容易被直接观察到的部位予以考虑。

三、关于涉案授权外观设计手柄上的推钮是否为功能性设计特征

本院认为，外观设计的功能性设计特征是指那些在外观设计产品的一般消费者看来，由产品所要实现的特定功能唯一决定而不考虑美学因素的特征。通常情况下，设计人在进行产品外观设计时，会同时考虑功能因素和美学因素。在实现产品功能的前提下，遵循人文规律和法则对产品外观进行改进，即产品必须首先实现其功能，其次还要在视觉上具有美感。具体到一项外观设计的某一特征，大多数情况下均兼具功能性和装饰性，设计者会在能够实现特定功能的多种设计中选择一种其认为最具美感的设计，而仅由特定功能唯一决定的设计只有在少数特殊情况下存在。因此，外观设计的功能性设计特征包括两种：一是实现特定功能的唯一设计；二是实现特定功能的多种设计之一，但是该设计仅由所要实现的特定功能决定而与美学因素的考虑无关。对功能性设计特征的认定，不在于该设计是否因功能或技术条件的限制而不具有可选择性，而在于外观设计产品的一般消费者看来该设计是否仅仅由特定功能所决定，而不需要考虑该设计是否具有美感。一般而言，功能性设计特征对于外观设计的整体视觉效果不具有显著影响；而功能性与装饰性兼具的设计特征对整体视觉效果的影响需要考虑其装饰性的强弱，装饰性越强，对整体视觉效果的影响相对较大，反之则相对较小。

本案中，涉案授权外观设计与被诉侵权产品外观设计的区别之一在于后者缺乏前者在手柄位置上具有的一类跑道状推钮设计。推钮的功能是控制水流开关，是否设置推钮这一部件是由是否需要在淋浴喷头产品上实现控制水流开关的功能所决定的，但是，只要在淋浴喷头手柄位置设置推钮，该推钮的形状就可以有多种设计。当一般消费者看到淋浴喷头手柄上的推钮时，自然会关注其装饰性，考虑该推钮设计是否美观，而不是仅仅考虑该推钮是否能实现控制水流开关的功能。涉案授权外观设计的设计者选择将手柄位置的推钮设计为类跑道状，其目的也在于与其跑道状的出水面相协调，增加产品整体上的美感。因此，二审判决认定涉案授权外观设计中的推钮为功能性设计特征，适用法律错误，本院予以纠正。

四、关于被诉侵权产品外观设计与涉案授权外观设计是否构成相同或者近似

专利侵权司法解释❶第 11 条规定，认定外观设计是否相同或者近似时，应当根据授权外观设计、被诉侵权设计的设计特征，以外观设计的整体视觉效果进行综合判断；对于主要由技术功能决定的设计特征，应当不予考虑。产品正常使用时容易被直接观察到的部位相对于其他部位、授权外观设计区别于现有设计的设计特征相对于授权外观设计的其他设计特征，通常对外观设计的整体视觉效果更具有影响。

本案中，被诉侵权产品外观设计与涉案授权外观设计相比，其出水孔分布在喷头正面跑道状的区域内，虽然出水孔的数量及其在出水面两端的分布与涉案授权外观设计存在些许差别，但是总体上，被诉侵权产品采用了与涉案授权外观设计高度近似的跑道状出水面设计。关于两者的区别设计特征，一审法院归纳了 8 个方面，对此双方当事人均无异议。对于这些区别设计特征，首先，如前所述，第 17086 号决定认定涉案外观设计专利的设计特征有 3 点：一是喷头及其各面过渡的形状，二是喷头出水面形状，三是喷头宽度与手柄直径的比例。除喷头出水面形状这一设计特征之外，喷头及其各面过渡的形状、喷头宽度与手柄直径的比例等设计特征也对产品整体视觉效果产生显著影响。虽然被诉侵权产品外观设计采用了与涉案授权外观设计高度近似的跑道状出水面，但是，在喷头及其各面过渡的形状这一设计特征上，涉案授权外观设计的喷头、手柄及其连接各面均呈圆弧过渡，而被诉侵权产品外观设计的喷头、手柄及其连接各面均为斜面过渡，从而使得二者在整体设计风格上呈现明显差异。另外，对于非设计特征之外的被诉侵权产品外观设计与涉案授权外观设计相比的区别设计特征，只要其足以使两者在整体视觉效果上产生明显差异，也应予以考虑。其次，淋浴喷头产品的喷头、手柄及其连接处均为其正常使用时容易被直接观察到的部位，在对整体视觉效果进行综合判断时，在上述部位上的设计均应予以重点考查。具体而言，涉案授权外观设计的手柄上设置有一类跑道状推钮，而被诉侵权产品无此设计，因该推钮并非功能性设计特征，推钮的有无这一区别设计特征会对产品的整体视觉效果产生影响；涉案授权外观设计的喷头与手柄连接产生的斜角角度较小，而被诉侵权产品的喷头与手柄连接产生的斜角角度较大，从而使得两者在左视图上呈现明显差异。正是由于被诉侵权产品外观设计未包含涉案授权外观设计的全部设计特征，以及被诉侵权产品外观设计与涉案授权外观设计在手柄、喷头与手柄连接处的设计等区别设计特征，使得两者在整体视觉效果上

---

❶ 此处指《最高人民法院关于审理侵犯专利权纠纷案件应用法律若干问题的解释》。——编辑注

呈现明显差异，两者既不相同也不近似，被诉侵权产品外观设计未落入涉案外观设计专利权的保护范围。二审判决仅重点考虑了涉案授权外观设计跑道状出水面的设计特征，而对于涉案授权外观设计的其他设计特征，以及淋浴喷头产品正常使用时其他容易被直接观察到的部位上被诉侵权产品外观设计与涉案授权外观设计专利的区别设计特征未予考虑，认定两者构成近似，适用法律错误，本院予以纠正。

综上，健龙公司生产、许诺销售、销售的被诉侵权产品外观设计与高仪公司所有的涉案授权外观设计既不相同也不近似，未落入涉案外观设计专利权保护范围，健龙公司生产、许诺销售、销售被诉侵权产品的行为不构成对高仪公司涉案专利权的侵害。二审判决适用法律错误，本院依法应予纠正。依照《中华人民共和国专利法》第59条第2款、《最高人民法院关于审理侵犯专利权纠纷案件应用法律若干问题的解释》第8条、第10条、第11条，以及《中华人民共和国民事诉讼法》第207条第1款、第170条第1款第（2）项之规定，判决如下：

一、撤销中华人民共和国浙江省高级人民法院（2013）浙知终字第255号民事判决；

二、维持中华人民共和国浙江省台州市中级人民法院（2012）浙台知民初字第573号民事判决。

一、二审案件受理费各人民币4300元，均由高仪股份公司承担。

本判决为终审判决。

审 判 长 周 翔

代理审判员 吴 蓉

代理审判员 宋淑华

2015 年 8 月 11 日

书 记 员 周睿隽

案例 03

关于"喷漆枪"外观设计专利无效行政纠纷
专家研讨会法律意见书

务实（2015）第 006 号

　　受北京康瑞律师事务所委托，北京务实知识产权发展中心于 2015 年 4 月 28 日举行了"关于'喷漆枪'外观设计专利无效行政纠纷专家研讨会"。原国家知识产权局条法司司长尹新天、中国社会科学院法学研究所研究员、博士生导师、国家知识产权局外观设计专利申诉处处长、研究员赵嘉祥、中国社会科学院知识产权中心主任、博士生导师李明德、原世界知识产权组织发展中国家（PCT）司司长王正发、中国政法大学民商法学院教授、博士生导师冯晓青、北京紫图知识产权司法鉴定中心主任、原北京市司法鉴定协会知识产权专业委员会主任闻秀元、北京务实知识产权发展中心主任程永顺等资深知识产权法律专家、学者参加了研讨。

　　研讨会由北京务实知识产权发展中心主任程永顺主持。

　　与会专家在认真审阅委托方提供的与本案有关的材料、了解案件相关背景情况的基础上，围绕本案中如何界定涉案产品一般消费者的范围、产品外观设计的设计空间对评价外观设计专利创造性有何影响、如何界定产品外观设计的设计空间、本案中专利复审委员会认为"完成相应功能的同时各部分的具体形状仍具有较大的设计空间"是否恰当以及在涉案外观设计与对比设计之间相同点均属于惯常设计的情况下，"涉案外观设计与对比设计之间不同点的集合"对评价涉案外观设计的创造性有何影响等与本案相关的法律问题进行了深入研讨，并充分发表了各自的意见。

一、背景情况

（一）专利权人及涉案外观设计基本情况

1. 专利权人基本情况

萨塔有限两合公司（以下简称"SATA"）创立于1907年，已具有100多年历史，是世界喷涂设备知名企业，在业内具有领导地位。

SATA产品在全球95个国家销售，一直深受涂装行业，尤其是汽车维修涂装企业的喜爱。SATA是诸如奔驰、宝马、奥迪、保时捷、大众等著名汽车公司的生产线和特约售后维修站所采用的喷涂设备品牌，亦是诸如巴斯夫、杜邦、阿克苏诺贝尔、庞贝捷、立邦漆等各大国际著名油漆公司推荐使用的喷涂设备品牌。

1990年，SATA产品进入中国大陆市场；2001年正式委任深圳市美思联科实业有限公司（现更名为"深圳市美施联科科技有限公司"）作为中国市场的独家总代理。

发展至今，SATA业务遍及全国大小城市，拥有160家特约经销商，为客户提供产品、培训及服务。

据非正式统计，SATA在国内各汽车品牌的3S及4S汽修特约站的占有率超过80%，是行业内知名度最高的喷枪品牌。

在由教育部和交通运输部与中国汽车维修行业协会合办的全国职业院校技能大赛中，SATA喷枪连续5届作为喷漆组别中的唯一指定使用产品。

SATA在中国多次获得各种奖项，如多次斩获《汽车维修与保养》杂志社的"20佳"维修工具大奖。

2. 涉案外观设计基本情况

2010年12月29日，SATA向中国国家知识产权局专利局申请第201030702588.8号"喷漆枪"外观设计专利（以下简称"涉案外观设计"），该申请于2011年6月15日授权公告，优先权日为2010年8月12日。涉案外观设计授权公告文件包含8项相似设计，设计1为基本设计，其余设计与设计1仅在喷嘴圆环及手柄下部近似"凵"形颜色识别器设计的色彩方面存在不同，以下仅以设计1为例进行说明，其余设计具体情况见附件1。涉案外观设计简要说明中说明"本外观设计请求保护色彩"。

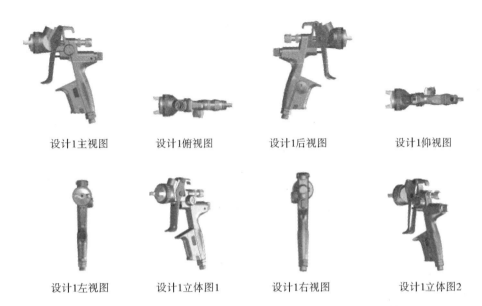

设计1主视图　　　　设计1俯视图　　　　设计1后视图　　　　设计1仰视图

设计1左视图　　　　设计1立体图1　　　　设计1右视图　　　　设计1立体图2

图1　设计1主视图、后视图、左视图、右视图、俯视图、立体图

（二）专利无效审查基本情况

2012年4月1日，浙江奥利达气动工具股份有限公司（以下简称"请求人"）针对涉案外观设计向国家知识产权局专利复审委员会（以下简称"专利复审委员会"）提出无效宣告请求，其理由是涉案外观设计不符合《专利法》第9条和第23条的规定，请求宣告涉案外观设计全部无效，同时提交了如下证据：

证据1：第201030702582.0号中国外观设计专利的电子公告文本打印件，该外观设计专利申请日为2010年12月29日，优先权日为2010年8月12日。

证据2：第200630148697.3号中国外观设计专利的电子公告文本打印件，该外观设计专利申请日为2006年1月28日，授权公告日为2007年7月11日。

证据3：USD552715S美国外观设计专利授权公告文本复印件及其中文译文，该外观设计专利的申请日为2006年1月26日，授权公告日为2007年10月9日。

在口头审理过程中，请求人放弃《专利法》第9条的无效宣告理由和证据1，下文中仅陈述与《专利法》第23条无效理由相关内容。

请求人认为，证据2和证据3所示专利均与涉案专利整体布局设计一致，形状相近似，不同点仅在于局部的细微变化，对整体视觉效果不足以产生显著影响，因此本外观设计不符合《专利法》第 23 条的规定。

专利权人认为，喷枪类产品的判断主体是对喷枪的外观设计状况具有常识性了解的购买者或使用者。该类产品由于受功能使用方面的限制，结构及形状已经形成了一些公认或者固化的惯常设计，如：整体枪身呈倒 L 型，整枪由喷嘴、枪体、上/下壶接口、吊钩、扳机、手柄几部分构成，喷嘴整体形状为圆柱形，设于枪体最前端，喷嘴前端对称设有两风帽角，中间为喷针，吊钩呈弯钩形状，设于枪体上方，扳机约设于枪体中部，斜向下延伸形成弧形的握持部，手柄下半部为握持部，末端有旋钮，以及枪体和手柄的连接部分和后端的旋钮结构等。涉案外观设计与证据 2 和证据 3 所示专利的相同部分均基本为喷枪产品的惯常设计，而在枪体、吊钩、旋钮等方面的形状和色彩设计的区别足以对本领域的一般消费者产生视觉上的冲击力，对整体视觉效果具有显著的影响，因此涉案外观设计符合《专利法》第 23 条的规定。

专利权人同时提交了一份参考材料，最高人民法院（2010）行提字第 3 号行政判决书（复印件），用以说明"常识性了解""整体观察""综合判断"等词的含义。

2012 年 12 月 27 日，专利复审委员会作出第 19888 号无效宣告请求审查决定（以下简称"第 19888 号决定"）认为，根据《专利法》第 23 条第 2 款规定，授予专利权的外观设计与现有设计或者现有设计特征的组合相比，应当具有明显区别。本案中，证据 3 的公开时间（2007 年 10 月 9 日）早于涉案外观设计的优先权日（2010 年 8 月 12 日），其所示的外观设计属于专利法规定的现有设计，可以用来评价涉案专利是否符合《专利法》第 23 条第 2 款的规定。证据 3 所示专利文献的图 8 至图 14 公开了一款喷漆枪的外观设计（以下简称"对比设计"），其与涉案外观设计专利产品用途相同，属于相同种类的产品，具有可比性。

涉案外观设计专利请求保护色彩。其授权公告文本包含 8 项相似设计，设计 1 为基本设计。从视图观察，设计 1 包括六面正投影视图和两幅立体图，其整体为近似倒"L"型枪状，整体色彩为灰色；枪体上端设置较平直的吊钩，吊钩与喷嘴间为上壶接口，右侧末端设有两个平行的旋钮，上方旋钮大体成圆柱形，末端有倒角，下方旋钮大体呈片状；手柄一面设有显示部件，另一面有一圆形设计，手柄下端设置接头和绿色的近似"凵"形设计（颜色识别器），前后两端的侧面布有棱状防滑纹；扳手上端与枪体吊钩相连，向下延伸至手柄中部，末端向喷嘴方向弯曲，扳手与枪体中间有一近似三角形的镂空；喷嘴整体近似圆柱形，前端设有两凸起结构，中间位置有一绿色圆环，柱状外表面布有棱状防滑纹；喷嘴与枪体之间设有半圆形凹陷切面；枪体两侧贯穿棱线，一侧上部设有近似圆柱形调节钮。

对比设计包括六面正投影视图和立体图，其整体近似倒"L"形手枪状，整体显示为灰色；枪体上端设置较圆滑的吊钩，吊钩与喷嘴间为上壶接口，右侧末端设有两个平行的旋钮，上方旋钮大体呈圆锥状，下方旋钮大体呈片状；手柄一面设有显示部件，另一面有一圆形设计，手柄下端设置接头和黑色的垫片，前后两端的侧面布有棱状防滑纹；扳手上端与枪体吊钩相连，向下延伸至手柄中部，末端向喷嘴方向弯曲，扳手与枪体中间有一近似弯月形的镂空；喷嘴整体近似圆柱状，前端设有两凸起结构，中间位置设有一黑色圆环，柱状外表面布有棱状防滑纹；喷嘴与枪体之间设有半圆形凹陷切面；枪体两侧上部对称设有近似圆柱形调节钮。

将对比设计与涉案外观设计的设计 1 相比较可知，二者的相同点主要在于：整体形状基本相同；各部分组成的形状基本相同，相对位置和比例关系基本相同。

二者的不同点主要在于：喷嘴中间圆环处色彩不同；吊钩形状有所不同；扳手与枪体中间的镂空形状不同；枪体末端两个旋钮形状不同；枪体侧面的调节钮和延伸线不同；手柄底端的近似绿色"凵"形设计（颜色识别器）和黑色垫片设计的不同。

对比设计与涉案外观设计的其他设计比较，同设计 1 的比较。

合议组认为，本案的判断主体应是喷涂行业中涉及喷枪或其相似种类产品的普通消费者，其对相应种类的产品外观设计状况具有常识性了解，但不会注意到该外观设计的微小变化。

对于本案涉及的喷枪，虽然其具有的枪体、扳手、喷嘴及手柄等部件是完成其用途的必要部件，但并不意味着其整体形状和各部分的具体形状设计均是不可变化的，即在完成相应功能的同时，各部分的具体形状仍具有较大的设计空间，因此，本案涉及的喷漆枪各部分的具体形状及其形成的整体形状是影响其整体视觉效果的主要因素。涉案外观设计的设计 1 与对比设计在整体造型上极为接近，在整体形状均大致相同的情况下，二者的差别均属于比例很小或者视觉不明显的局部细微差别，均未导致整体外观设计的明显改变，不会对外观设计的整体视觉效果产生显著影响，因此二者不具有明显区别。涉案外观设计的其他设计与对比设计的差别均与前述设计 1 一致，因此结论一致。

专利复审委员会据此宣告第 201030702588.8 号外观设计专利权全部无效。

图2　本外观设计与现有设计的基本情况

（三）一审行政诉讼基本情况

SATA 不服第 19888 号决定，向北京市第一中级人民法院（以下简称"一审法院"）提起行政诉讼。

SATA 认为，涉案外观设计与对比设计之间的区别已经足以使喷漆枪类产品的一般消费者对产品的外观设计的整体视觉效果产生显著的影响，涉案外观设计具有明显区别，符合《专利法》第 23 条第 2 款的规定，请求撤销第 19888 号决定。

SATA 认为第 19888 号决定书对如下事实认定错误：（1）第 19888 号决定中有关涉案外观设计与对比设计之间的主要不同点的认定缺乏相应事实依据，是完全错误的。第 19888 号决定中有关涉案外观设计与对比设计之间的主要不同点认识错误，除基本惯常设计外，两者的各组成部分均完全不同。涉案外观设计中的喷漆枪的各个组成部分，无论枪体、手柄、吊钩、扳机，还是旋钮结构，均与对比设计的喷漆枪各对应组成部分的外形发生了很大的变化，可以说，除了喷漆枪产品的基本外形、各部件的组成及基本形状、位置关系外，两者的各组成部分的形状均完全不同，第 19888 号决定中认定的两者之间存在的 6 处主要不同点显然遗漏了二者之间更为明显的设计不同之处，例如对一般消费者的视觉效果构成显著影响的枪体部分及手柄部分。（2）第19888 号决定对有关喷漆枪产品各组成部分具体形状有较大设计空间的认定错误，喷漆枪产品为实现其喷涂功能及保持其自身被握持的舒适性，其组成结构以及各组成部件的基本形状和设置位置均已经相对固化，并形成惯常设计。（3）第19888 号决定所认定涉案外观设计与对比设计之间的相同部分为喷枪产品公认的惯常设计，因此，其他部分的变化对整体视觉效果更具有显著的影响。（4）第 19888 号决定中有关涉案外观设计与对比设计的区别不会对整体外观视觉效果产生显著影响，两者不具有明显区别认定错误。涉案外观设计与对比设计之间的区别点集合对喷漆枪领域的一般消费者来说已经足以对整体视觉效果产生显著的影响，涉案外观设计相对于对比设计具有明显区别。

一审法院认为：本案焦点是涉案外观设计与对比设计对比是否符合《专利法》第 23 条第 2 款规定。对比设计与涉案外观设计的设计 1 的相同点及不同点认定与专利复审委员会相同。而涉案外观设计相对于对比设计的不同只是细微的不同，一般消费者在施以一般注意力的情况下难以察觉上述区别。涉案外观设计与对比设计在整体造型上已形成相近似的视觉效果，由于涉案外观设计与对比设计之间的差别，均限于喷枪的各个局部且差别较细微，根据整体观察、综合判断的原则，两者的差异对整体视觉效果不具有显著影响，故涉案外观设计与对比设计构成相同或相似的外观设计，专利复审委员会的结论正确。

2013 年 10 月 18 日，一审法院作出（2013）一中知行初字第 2747 号行政判决，维持第 19888 号决定。

（四）二审行政诉讼基本情况

SATA 不服一审判决，向北京市高级人民法院（以下简称"二审法院"）提起上诉，请求撤销一审判决及第 19888 号决定。

SATA 认为，一审判决中有关涉案外观设计与对比设计之间的不同属于局部细微变化，两者不具有明显区别的认定与事实不符，完全错误，应当被依法撤销，主要理由包括：

（1）一审判决未明确界定判断涉案外观设计与对比设计是否具有明显区别的主体范围。

（2）第 19888 号决定及一审判决中有关涉案外观设计与对比设计之间的主要不同点认定不充分，除一审判决中认定的几个不同点外，两者的各组成部分设计均完全不同（一审判决中认定涉案外观设计与对比设计之间的主要不同点与第 19888 号决定中认定的相同），涉案外观设计与对比设计之间不同之处还应具有在枪身整体、枪体部分、手柄部分设计等多处不同。

（3）一审判决中认定的关于涉案外观设计和对比设计之间的相同点属于喷漆枪领域的惯常设计：喷漆枪产品为实现其喷涂功能和用途及保持其自身被握持的舒适性，其组成结构以及各组成部件的基本形状和设置位置均已经相对固化，并形成了行业内公认的惯常设计。涉案外观设计与对比设计之间的相同部分，均已经是喷漆枪类产品的固化或公认的惯常设计，而两者之间的不同点，则均是在这些惯常设计基础上所进行的变化，除了基本惯常设计外，两者均几乎完全不同，且这些不同均在清晰可见的可视范围内，显然，这些不同点将会更多地引起喷漆枪类产品的一般消费者的注意力。

（4）涉案外观设计与对比设计之间不同点的集合对喷枪领域的一般消费者来说已经足以对整体视觉效果产生显著的影响。涉案外观设计与对比设计之间的相同部分均已经是喷漆枪类产品的固化或公认的惯常设计，而两者之间的不同点均是在这些惯常设计基础上进行的变化，除了基本惯常设计外，两者均几乎完全不同。

从整体来看，涉案外观设计不同点的集合已经使得其与对比设计的喷漆枪整体外形发生了很大变化，呈现出完全不同的设计风格：涉案外观设计中，由于喷漆枪水平枪体部分镂空处面积较大，枪体短而用料较少，使得该喷漆枪外形整体相对较为瘦削、轻薄，且呈现纵向方向上枪身被拉伸的视觉效果；而对比设计中的喷漆枪外形整体则较为饱满、粗犷、厚重。

一审判决及审查决定中虽然认定了涉案外观设计与对比设计之间的几点不同，但在进行是否具有明显区别的判断时，却以这些不同均属于局部细微变化而将其预先排除在喷枪的整体外形之外，在此基础上对两者进行整体比较，进而得出两者不具有明显区别的结论。

二审法院对一审法院查明的事实予以确认，对涉案外观设计与对比设计之间的主要不同点的认定与一审法院相同。

2014年6月19日，二审法院作出（2014）京行终字第377号行政判决，认为：一审法院及专利复审委员会认定涉案外观设计与对比设计构成相同或近似的外观设计正确，应予以维持，遂判决驳回上诉，维持原判。

SATA不服二审判决，拟向最高人民法院申请再审。目前，本案尚未正式立案。

（五）其他相关情况

目前，SATA在其他国家和地区的涉案外观设计同族专利注册情况（均有效）为，加拿大1件、德国1件、欧盟8件、中国台湾1件、美国1件、南非2件。

（1）在中国大陆地区，除涉案外观设计外，SATA其他的喷漆枪外观设计专利也存在被无效的情况，例如：第 200630148698.8 号外观设计专利，专利复审委员会认为其与第 200430089149.9 号外观设计相似，不符合《专利法》第 23 条规定，于 2011 年 10 月 25 日宣告该外观设计无效，两审法院均维持了该决定。

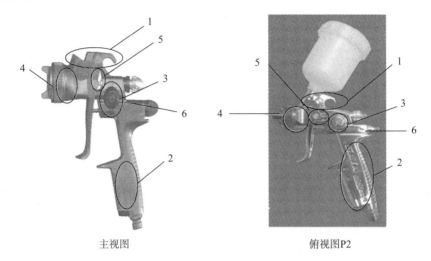

主视图   俯视图 P2

图 3　第 200630148698.8 号外观设计专利与对比设计的对比图

（标记部分为 SATA 认为二者之间的区别）

（2）SATA 在中国台湾地区的行政诉讼情况

2008 年 12 月 18 日，专利复审委员会对第 200630002876.6 号外观设计专利宣告无效，主要理由："根据整体观察、综合判断的原则，上述差别对于其整体而言为局部细微变化，不足以对整体视觉效果产生显著影响。由于二者的整体造型、各组成部分在整体中的相对位置及形状基本相同，已形成了相近似的整体视觉印象，极易引起一般消费者视觉上的混淆、误认，因此，二者属于相近似的外观设计。"

在中国台湾地区"智慧财产局"及"智慧财产法院"先后就 SATA 在台湾地区申请的与大陆地区第 200630002876.6 号外观设计专利相同的外观设计是否具有创作性作出审查决定和行政判决，其所引用的对比设计与专利复审委员会无效宣告决定所引用的对比设计相同。

但是，"智慧财产局"认为该外观设计与对比设计相比具有创作性，主要理由如下：

第一，对比设计之枪体、握持部、扳机、弯钩部、枪口、旋钮、旋动钮等形状均与该外观设计差异明显；

第二，尤其在整体造型视觉效果上，对比设计呈现平直之视觉意象，而该专利呈弯弧之视觉意象，通体观察两者之造型风格互异、整体形状不同，故该外观设计的整体形状为其所属技艺领域中具有通常知识者尚难由对比设计易于思及者。

"智慧财产法院"亦认为上述外观设计与对比设计相比具有创作性，主要理由与"智慧财产局"基本相同。

同时，"智慧财产法院"对专利复审委员会认定第200630002876.6号外观设计与对比构成近似的理由进行了评述，认为"一般喷枪均由枪体、扳手、喷嘴及手柄组成，此乃基本构件，若谓基本构件相同，即认系相似之外观设计，则喷枪即难再有新式样（设计）专利产生，其不当认定甚明。实则，喷枪之各组成部分，其形状和位置的变化，如果足以引起一般消费者特别的注意，即属对整体视觉效果已产生显著影响，不因基本构件相同即谓其丧失新颖性或创造性。""智慧财产法院"同时认为，专利复审委员会宣告第200630002876.6号外观设计无效，就台湾地区的"法律"而言，并非是正确的。

二、研讨会依据的材料

北京务实知识产权发展中心接受委托后，将委托方提交的相关材料送交专家阅读，材料包括：

1. 第201030702588.8号"喷漆枪"外观设计专利授权文件；

2. 美国专利USD552715S授权文件；

3. 第19888号无效宣告请求审查决定书；

4. 北京市第一中级人民法院（2013）一中知行初字第2747号行政判决书；

5. 北京市高级人民法院（2014）高行终字第377号行政判决书；

6. SATA行政上诉状；

7. SATA喷漆枪产品特征文件；

8. SATA喷漆枪和其他品牌喷漆枪比较文件；

9. 喷漆枪产品的现有设计情况。

三、研讨会的主要议题

1. 本案中应当如何界定涉案产品"一般消费者"的范围？

2. 产品外观设计的设计空间对评价外观设计专利创造性有何影响？

3. 应当如何界定产品外观设计的设计空间？本案中，专利复审委员会认为"完成相应功能的同时各部分的具体形状仍具有较大的设计空间"是否恰当?

4. 在涉案外观设计与对比设计之间相同点均属于惯常设计的情况下,"涉案外观设计与对比设计之间不同点的集合"对评价涉案外观设计创造性有何影响?

四、专家意见

与会专家围绕上述问题进行了热烈讨论,充分发表了意见。经过归纳整理,形成以下法律意见。

与会专家认为,外观设计的立法宗旨是保护创新设计,促进产品外观设计发展,为实现这一目的,专利法通过授予创新设计申请人垄断权来鼓励社会公众实施创新,同时,为了保障权利人的垄断利益,禁止他人未经权利人许可实施与其产品外观设计相同或者相似的设计。在实施过程中,主要通过外观设计的无效宣告程序来保证外观设计符合创新性的要求,通过民事诉讼程序来维护权利人的垄断利益。

但实践中,提出外观设计无效申请的人往往是与外观设计权利人存在商业竞争关系或者抄袭权利人外观设计的商业主体,企图通过将权利人外观设计宣告无效获取权利人因创新设计而享有的商业利益。也就是说,实践中商业竞争者往往一方面在市场竞争中模仿或抄袭涉案外观设计产品,另一方面又企图通过无效程序宣告涉案外观设计无效以占有专利权人的合法权益。在这种背景下,外观设计无效宣告程序中更应当审慎判断涉案外观设计是否符合《专利法》相关规定,防止不当处理结果帮助权利人的竞争者获得本应由权利人享有的商业利益,打击社会公众的创新积极性。

(一)关于本案中涉案产品"一般消费者"的范围问题

与会专家认为,不同判断主体的认知能力和认知水平存在差异,其认知能力和认知水平直接影响在观察中的注意程度,进而影响对外观设计相同或者相似的判断。实践中一般消费者的范围很大,认知能力和认知水平相差也比较大。从外观设计的立法本意、制度沿革及国外相关规定来看,由涉案外观设计产品的知情使用者(Informed User)对产品外观设计是否符合《专利法》第 23 条第 2 款进行判断更加客观公正,具体而言:

首先,从外观设计的立法宗旨来看,外观设计立法宗旨是保护设计创新,也就是说,外观设计获得保护的基础是创新设计,因而在确权程序中需要审查的重点是涉案外观设计是否符合《专利法》中对外观设计专利的创新要求,在侵权纠纷中主要判断被诉侵权设计是否使用了涉案外观设计的创新方案。

有能力对某个产品的外观设计创新作出合理评价的应当是对该产品比较了解的人员，而非所有能够接触到产品的人员。

其次，从我国外观设计制度沿革来看，2003 年 3 月 20 日北京市高级人民法院曾向国家知识产权局发出司法建议函，认为 2001 年审查指南规定以一般消费者作为判断外观设计是否相同或者相似的判断主体不妥，建议将判断主体改为"普通专业设计人员"，同年 5 月 8 日，国家知识产权局复函指出，将"普通专业设计人员"作为判断主体的建议，在《专利法》对外观设计只规定了新颖性的情况下不宜适用，只有在增加了创造性规定时才可能考虑。2008 年《专利法》修改中，增加第 23 条第 2 款"授予专利权的外观设计与现有设计或者现有设计特征的组合相比，应当具有明显区别"，也就是说，2008 年以后我国专利法中增加了外观设计的创造性条件。因此，从外观设计制度的沿革来看，更为合理的是由对外观设计产品情况十分熟悉的人员判断涉案外观设计与对比设计是否相同或相近似或者与被诉侵权设计是否属于相同或者相似外观设计。

最后，从国外关于外观设计主体的相关规定来看，欧盟外观设计条例将知情使用者作为判断主体，相对于一般水平消费者及一般水平设计人员来说也更加客观。

具体到本案，与会专家认为，应当将对喷漆枪产品有一定了解的人员作为判断主体，如 4S 店中经常使用喷漆枪的人员，以他们的认知水平和认知能力作为判断喷漆枪外观设计是否符合《专利法》第 23 条第 2 款规定的标准。

同时，从无效审查决定的整个内容来看，虽然其中有将本案判断主体界定为"喷涂行业中涉及喷枪或其相似产品的普通消费者"的表述，但由于涉案外观设计产品属于比较专业的工业产品，在无法保证合议组成员均对喷漆枪相关设计情况熟知，又没有关于对喷漆枪相关设计情况熟知的人员认知能力和认知水平的相关证据的情况下，可以认为第 19888 号决定事实上并没有以其已经界定的主体的认知能力和认知水平对涉案外观设计是否与对比设计构成相同或者相似进行判断，也就无法保证其认定结论客观公正。并且，第 19888 号决定在界定判断主体之后强调判断主体"应该对相同种类外观设计常识有所了解，但不会注意产品的微小变化"，实际上已经为涉案外观设计与对比设计构成相似外观设计的结论打下基础。

与会专家建议，为了使案件的结论更加客观公正，本案再审中，在对涉案外观设计与对比设计是否构成相同或者相似外观设计的判断问题上，应充分考虑对喷漆枪产品有一定了解的人员的意见，比如，可以考虑听取 4S 店中经常使用喷漆枪人员对涉案外观设计与对比设计相比较是否相同或者近似的意见。

此外，有的与会专家认为，目前我国审查指南对一般消费者的界定，包括了产品的购买者、使用者以及设计者等具有不同认知能力和认知水平的人员，从判断外观设计是否符合《专利法》所要求的创新性角度来讲，是含糊不清的。根据《专利法》对外观设计新颖性和创造性的不同要求，将包括产品的使用者和购买者在内的一般消费者作为判断外观设计新颖性的评价主体，将设计人员作为评价外观设计是否符合创造性标准的主体，更加客观公正。因为，在一般情况下，只有专业设计人员才具备衡量外观设计是否具有创造性的能力。

（二）关于产品外观设计的设计空间对评价外观设计专利创造性的影响问题

与会专家认为，我国《专利法》和《专利法实施细则》中没有关于设计空间的相关规定，实践中所使用的设计空间概念来源于 2001 年欧盟《外观设计条例》。该条例第 5 条是关于外观设计新颖性的规定，第 6 条第 2 款关于判断外观设计是否具有创造性的规定中，明确提出判断外观设计是否具备创造性时，设计者空间的自由度应当予以考虑。在随后的实践中，欧盟就外观设计的设计空间形成了一些规则。受欧盟关于外观设计的设计空间概念的影响，我国亦在外观设计复审及无效行政程序实践中引入了设计空间的概念，而对于外观设计侵权纠纷中是否考虑设计空间问题则存在争议。

从司法实践情况及最高人民法院起草的《关于审理侵犯专利权纠纷案件应用法律若干问题的解释（二）（公开征求意见稿）》（以下简称"公开征求意见稿"）来看，产品外观设计的设计空间大小对外观设计的创造性评价具有一定影响。

具体而言，根据公开征求意见稿第 17 条第 2 款规定，"人民法院在认定一般消费者对于外观设计所具有的知识水平和认知能力时，应当考虑授权外观设计的设计空间，即设计者在创作特定产品外观设计时的自由度。设计空间较大的，一般消费者通常不容易注意到不同设计之间的较小区别；设计空间较小的，一般消费者通常更容易注意到不同设计之间的较小区别。"根据该观点，就判断涉案外观设计是否符合《专利法》第 23 条第 2 款，即判断涉案外观设计是否与对比设计存在显著区别而言，如果经过比对，二者之间存在一些比较小的差别，那么这些差别的整体是否对于一般消费者而言是否构成《专利法》中要求的显著区别，可能就取决于设计空间的大小。

如果产品外观设计的设计空间小，一般消费者注意到较小区别的可能性较大，则涉案外观设计与对比设计之间的若干较小差别对外观设计产品的一般消费者而言就可能属于显著区别，因此，涉案外观设计即符合《专利法》第 23 条第 2 款的规定，反之，如果设计空间大，由于一般消费者不容易注意到这些差别，则涉案外观设计与对比设计之间不存在明显差别。

本案中，从 SATA 提供的喷枪产品的现有设计情况来看，其基本构造均包括喷嘴、喷壶、枪体、调节按钮、手柄和扳机各部分，并基本均成倒"L"形，同时，考虑到喷枪产品的设计可能还要受到产品功能、制枪工艺和人体工程学等方面的影响，涉案外观设计可能会受到设计空间的限制。并且，从无效审查决定内容、专利权人在诉讼中的主张等情况来看，可能也需要在对涉案产品外观设计的设计空间大小进行界定的基础上，判断涉案外观设计是否符合《专利法》第 23 条第 2 款的规定。

（三）关于产品外观设计的设计空间界定及本案中专利复审委员会认为"完成相应功能的同时各部分的具体形状仍具有较大的设计空间"是否恰当问题

与会专家认为，应当根据涉案产品外观设计现有设计的实际情况界定其设计空间的大小。在具体案件中，对涉案产品外观设计设计空间大小的界定应当建立在有充分证据证明现有设计情况的基础上，即当事人应当提供证据证明现有设计情况，以支持其关于产品外观设计设计空间大或小的主张，专利复审委员会、法院应当根据当事人提供的证据情况认定设计空间的大小。

本案中，专利复审委员会认为，"完成相应功能的同时各部分的具体形状仍具有较大的设计空间"，因此，在认定涉案外观设计与对比设计之间的差别较小的情况下，进一步认为这些较小差别不会对外观设计的整体视觉效果产生显著影响，也就是说，无效审查决定认定涉案外观设计与对比设计不具有明显差别的基础是认为喷漆枪产品外观设计的设计空间较大。但是，从无效审查决定的具体内容来看，其中没有任何反映现有设计情况的证据，也就是说，第 19888 号决定是在没有全面客观地调查现有设计情况的前提下，认定涉案外观设计的设计空间较大。与会专家认为，本案中专利复审委员会在没有证据支持的情况下认定喷漆枪产品外观设计的设计空间较大的做法，是不恰当的。

对设计空间大小的界定，与会专家认为，实践中，一般会存在以下两种具有代表性的极端情况：第一，产品在市场中存在着各种不同的外观设计方案，百花齐放，这类产品外观设计情况可以被视为热门设计领域；第二，产品的外观设计在相当长的时间内都没有出现显著变化，一般消费者已经对产品的外观设计习以为常。

对于前一种情况，即热门设计领域，一种观点会认为这种情况下的设计空间较大，因为正是由于设计的余地很大，产品还存在着很多可以产生新设计的部位，才会产生各种不同的设计方案。在这种情况下，如果涉案外观设计与对比设计之间仅存在较小的差别，则可能会认为产品的一般消费者不会注意到，因此，行政纠纷中就可能认为涉案外观设计与对比设计属于相似外观设计，而不能被授予专利权，在侵权纠纷中，则可能认为构成侵权。但对于第一种情况下设计空间的大小，也存在不同观点，即认为由于该领域的设计方案已经非常多，现有设计已经涵盖了各个方面，能够进行进一步创新的设计方案已经非常少，因此，这种情况下应当认为设计空间比较小。显然，在这种观点下，根据公开征求意见稿的观点，对涉案外观设计与对比设计或被诉侵权设计是否属于相同或相似外观设计又会得出相反结论。

对于后一种情况，有观点认为，产品的外观设计可能由于受到产品功能的限制等原因，在相当长的一段时间里一直都保持一种状态，很难再产生新的变化，因此，设计空间较小。在这种情况下，即使涉案外观设计与对比设计或被诉侵权设计之间存在的差别较小，但由于一般消费者容易注意到，因此，二者不属于相似外观设计。在外观设计行政纠纷中，涉案外观设计可以获权，而在外观设计侵权纠纷中，被诉侵权设计不构成侵权。但对后一种情况下设计空间的大小也存在另外一种观点，即该产品的外观设计过去没有变化并不能说明以后也不会出现变化，相反，正因为它过去没有太多设计方案，创新的空间反而更大，因此，认为这种情况下设计空间较大。

同时，与会专家指出，设计空间的大小并不是一成不变的。某类产品的外观设计在一段时间内可能由于思路限制等原因没有太大变化，但在之后又会出现有很大变化的设计，比如，过去一段时间内，电风扇都是有扇叶的，但最近又出现了无叶风扇，这种变化从外观设计角度来看应当属于很大的设计创新。但是，对设计空间大小的界定应当尊重外观设计申请时现有设计的实际情况，以产品外观设计的当前状态为准。在专利授权确权纠纷中，涉及设计空间问题，应当以涉案外观设计申请时产品外观设计的现有设计情况为准界定其设计空间的大小。

具体到本案，部分与会专家认为，从 SATA 提供的喷漆枪产品外观设计的现有设计情况来看，为了保证其产品能够实现相应的功能，所有喷漆枪的生产厂家的产品都具有基本相同的组成部分、结构及类似手枪的整体形状，因此，根据目前反映现有设计情况的证据，涉案喷漆枪产品外观设计的设计空间比较小。也有与会专家指出，设计空间大小需要在案件的实际审理中根据双方当事人提供的证据情况进行认定。

（四）关于涉案外观设计与对比设计之间相同点均属于惯常设计的情况下，"涉案外观设计与对比设计之间不同点的集合"对评价涉案外观设计创造性的影响问题

与会专家认为，讨论外观设计相关问题时应当坚持"一看、二分、三慎重"的原则。"一看"是指，外观设计不同于发明专利和实用新型专利，尽管外观设计也保护创新，但是外观设计所保护的是对产品外表装饰的创新，因此，需要通过观察对外观设计是否具有创造性作出评价，这与发明专利和实用新型专利的带有逻辑推理的创造性判断存在本质上的区别。因此，不论判断主体是一般消费者还是欧洲规定的知情使用者，抑或是美国法中的普通观察者，在讨论外观设计的相关问题时都强调观察。"二分"即指区分，是指在仔细观察的基础上对涉案外观设计与对比设计或者被诉侵权设计进行区分。"三慎重"是指不能完全照搬、适用发明专利和实用新型专利的法律规定，由于外观设计制度本身的特性，判断其是否具有新颖性、创造性及其他相关问题时，都应当注意观察、慎重判断。

就本案而言，判断涉案外观设计与对比设计之间是否具有明显区别，是否符合《专利法》第 23 条第 2 款规定的重点应当坚持上述原则，即通过对二者的仔细观察、对比、区分得出二者是否具有明显区别的结论。通过对涉案外观设计及对比设计六面视图的观察，二者均由喷头、手柄、扳机、旋钮、挂钩、枪身 6 个部分构成，各部分的位置相同，但是，二者上述部分的具体形状有所不同，其中二者枪身部分的区别十分明显。并且，从现有设计情况看，为了保证喷漆枪功能的实现，以上 6 个部分的位置基本不可变化。在此基础上，通过对涉案外观设计与对比设计进行区分，可以说二者之间存在显著不同，即涉案外观设计比较瘦削、轻薄，而对比设计比较厚重。

同时，有的与会专家指出，《专利法》的立法宗旨是保护创新，以此为出发点，在外观设计专利无效宣告中，应当主要通过观察判断涉案外观设计是否在现有设计之上进行了设计创新，添附了新的设计价值，具体而言就是通过仔细观察、对比判断二者之间是否存在明显区别。如果经过观察、对比，发现涉案外观设计与对比设计之间存在明显区别，就应当维持涉案外观设计专利权有效，这与《商标法》上的混淆理论相差甚远。就本案而言，涉案外观设计与对比设计都是由喷头、手柄等 6 个部分组成，二者的整体结构并没有十分明显的区别，但是，这 6 个部分的具体形状又是不同的，这些不同点的组合已经足以使二者区别开来，因此，从《专利法》角度来讲，应当维持涉案外观设计有效。

也有专家认为，本案中涉案外观设计与对比设计之间的不同点应当属于

比较小的差别，这些差别是否能够对外观设计的整体产生显著影响，应当取决于前面所述的喷漆枪产品外观设计的设计空间大小，如果根据相关证据可以证明喷漆枪外观设计的设计空间较小，则根据最高人民法院公开征求意见稿的观点，可以认为二者之间存在明显区别，即涉案外观设计符合《专利法》第 23 条第 2 款的规定。

此外，与会专家认为，与商标保护其背后所代表的商业信誉有所不同，外观设计保护的是创新设计，即设计方案本身，因此在判断两个产品的外观设计是否相同或者相似时，应当就两个外观设计方案本身进行对比，而不能将观察者是否会对二者产生混淆或者误认作为判断标准。因此，虽然颜色可能对观察者是否会对两个判断对象产生混淆或者误认的影响较大，但在外观设计领域其影响比较小。因此涉案外观设计保护颜色对涉案外观设计是否与对比设计构成相同或者相似外观设计的影响较小。

以上意见系基于委托方提供的资料，根据专家学者发言归纳整理作出，仅供参考。

北京务实知识产权发展中心
2015 年 5 月 6 日

附件 03 –1

国家知识产权局专利复审委员会

第 19888 号无效宣告请求审查决定书

案件编号：第 6W102156 号

决定日：2012 年 12 月 27 日

发明创造名称：喷漆枪

外观设计分类号：0805

无效宣告请求人：浙江奥利达气动工具股份有限公司

专利权人：萨塔有限两合公司

专利号：201030702588.8

申请日：2010 年 12 月 29 日

优先权日：2010 年 8 月 12 日

授权公告日：2011 年 6 月 15 日

无效宣告请求日：2012 年 4 月 1 日

附图：7 页

法律依据：《专利法》第 23 条第 2 款

决定要点：

对于本案涉及的喷枪，虽然其具有的枪体、扳手、喷嘴及手柄等部件是完成其用途的必要部件，但并不意味着其整体形状和各部分的具体形状、位置设计均是不可变化的，即在完成相应功能的同时各部分的具体形状仍具有较大的设计空间。涉案专利的各个设计与现有设计的具体组成部分的形状和位置均基本一致，致使在整体造型上均极为接近，其区别不会对整体外观设计产生显著的视觉影响，因此涉案专利的各个设计均与现有设计不具有明显区别。

注解：为了清楚显示视图，未按比例进行显示。

设计1主视图	设计1仰视图	设计1俯视图
设计1右视图	设计1后视图	设计1左视图
设计1立体图1	设计1立体图2	设计2主视图
设计2仰视图	设计2俯视图	设计2右视图

设计2后视图

设计2左视图

设计2立体图1

设计2立体图2

设计3主视图

设计3仰视图

设计3俯视图

设计3右视图

设计3后视图

设计3左视图

设计3立体图1

设计3立体图2

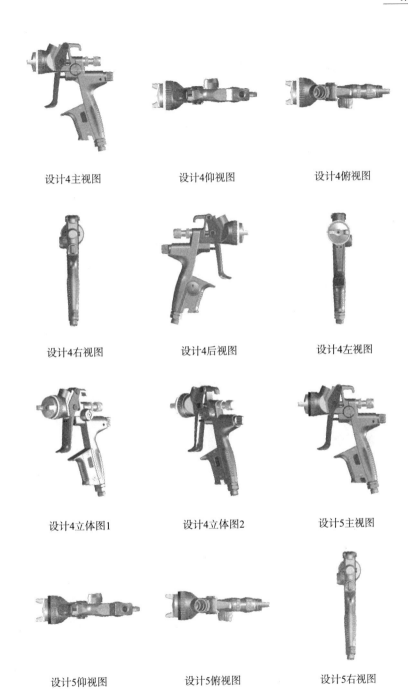

设计4主视图　　　　　设计4仰视图　　　　　设计4俯视图

设计4右视图　　　　　设计4后视图　　　　　设计4左视图

设计4立体图1　　　　设计4立体图2　　　　设计5主视图

设计5仰视图　　　　　设计5俯视图　　　　　设计5右视图

设计5后视图

设计5左视图

设计5立体图1

设计5立体图2

设计6主视图

设计6仰视图

设计6俯视图

设计6右视图

设计6后视图

设计6左视图

设计6立体图1

设计6立体图2

设计7主视图　　　　　　设计7仰视图　　　　　　设计7俯视图

设计7右视图　　　　　　设计7后视图　　　　　　设计7左视图

设计7立体图1　　　　　设计7立体图2　　　　　设计8主视图

设计8仰视图　　　　　　设计8俯视图　　　　　　设计8右视图

设计8后视图 设计8左视图 设计8立体图1

设计8立体图2

涉案专利附图

FIG.10 is a second side view thereof

FIG.11 is a front view thereof

FIG.12 is a rear view thereof

FIG.13 is a bottom view thereof

FIG.14 is a top view thereof

FIG.8 is a first front perspective view of a second

FIG.9 is a first side view thereof

现有设计附图

一、案由

本无效宣告请求涉及国家知识产权局于 2011 年 6 月 15 日授权公告的第 201030702588.8 号外观设计专利（下称"涉案专利"），使用该外观设计的产品名称为"喷漆枪"，其申请日为 2010 年 12 月 29 日，优先权日为 2010 年 8 月 12 日，专利权人为萨塔有限两合公司。

针对涉案专利，浙江奥利达气动工具股份有限公司（下称"请求人"）于 2012 年 4 月 1 日向专利复审委员会提出无效宣告请求，其理由是涉案专利不符合《专利法》第 9 条和第 23 条的规定，请求宣告涉案专利全部无效，同时提交了如下附件作为证据：

附件 1：第 201030702582.0 号中国外观设计专利的电子公告文本打印件，共 8 页；

附件 2：第 200630148697.3 号中国外观设计专利的电子公告文本打印件，共 1 页；

附件 3：USD552715S 美国外观设计专利授权公告文本复印件及其中文译文，共 30 页。

请求人认为，附件 1 所示专利与涉案专利的申请日和优先权日均相同，均为喷漆枪的外观设计，二者形状相同，唯一的区别是涉案专利在手柄处增加了一个压力数字显示功能的显示屏，该屏在使用时处于不易看到的位置，且显示屏的增减未改变整体形状，因此二者属于实质相同的外观设计，涉案专利不符合《专利法》第 9 条的规定；附件 2 和附件 3 所示专利均与涉案专利整体布局设计一致，形状相近似，不同点仅在于局部的细微变化，对整体视觉效果不足以产生显著影响，因此涉案专利不符合《专利法》第 23 条的规定。

经形式审查合格，专利复审委员会于 2012 年 4 月 27 日受理了上述无效宣告请求，并将无效宣告请求书及证据副本转送专利权人。其后成立合议组对本案进行审查。

专利权人于 2012 年 6 月 11 日提交了意见陈述书，其认为喷枪类产品的判断主体是对喷枪的外观设计状况具有常识性了解的购买者或使用者，该类产品由于受功能使用方面的限制，结构及形状已经形成了一些公认或者固化的惯常设计，如：整体枪身呈倒 L 型，整枪由喷嘴、枪体、上/下壶接口、吊钩、扳机、手柄几部分构成，喷嘴整体形状为圆柱形，设于枪体最前端，喷嘴前端对称设有两风帽角，中间为喷针，吊钩呈弯钩形状，设于枪体上方，扳机约设于枪体中部，斜向下延伸形成弧形的握持部，手柄下半部为握持部，末端有旋钮，以及枪体和手柄的连接部分和后端的旋钮结构等。涉案专利与附件1所示专利的相同部分均基本为喷枪产品的惯常设计，而在手柄等外形及色彩方面的设计区别会更多地引起该类产品一般消费者的注意，因此二者既不相同也不实质相同，涉案专利符合《专利法》第9条的规定。同时涉案专利与附件2和附件3所示专利的相同部分也均基本为喷枪产品的惯常设计，而在枪体、吊钩、旋钮等方面的形状和色彩设计的区别足以对本领域的一般消费者产生视觉上的冲击力，对整体视觉效果具有显著的影响，因此涉案专利符合《专利法》第23条的规定。专利权人同时提交了一份参考材料［最高人民法院（2010）行提字第3号行政判决书复印件，共5页］，用以说明"常识性了解""整体观察""综合判断"等词的含义。

专利复审委员会于2012年7月6日将专利权人的意见陈述书及附件转送请求人；同时向双方当事人发出口头审理通知书，定于2012年8月23日进行口头审理。

口头审理如期进行，双方当事人均委托代理人出席。

在口头审理过程中，请求人放弃《专利法》第9条的无效宣告理由和附件1，明确附件2和附件3单独使用证明涉案专利不符合《专利法》第23条第2款的规定，并坚持原有观点。

专利权人认可附件2和附件3的真实性、公开性和中文译文的准确性，在对比判断方面坚持原有观点，并说明涉案专利的8项相似设计形状相同，仅色彩有差别，用于识别使用者和增加美感。

在上述审理的基础上，合议组经合议，认为案件事实清楚，依法作出本审查决定。

二、决定的理由

1. 法律依据

《专利法》第23条第2款规定：授予专利权的外观设计与现有设计或者现有设计特征的组合相比，应当具有明显区别。

2. 证据认定

请求人提交的附件3是USD552715S美国外观设计专利文献复印件及其中文译文；专利权人对该证据的真实性和中文译文的准确性均没有异议。经核实，合议组对其真实性予以认定。其中文译文以请求人提交的中文译文为准。附件3的公开时间为2007年10月9日，早于涉案专利的优先权日（2010年8月12日），其上所示的外观设计属于《专利法》所规定的现有设计，可以用来评价涉案专利是否符合《专利法》第23条第2款的规定。

3. 关于《专利法》第23条第2款

附件3所示专利文献的图8至图14公开了一款喷漆枪的外观设计（下称

"现有设计"），其与涉案专利产品用途相同，属于相同种类的产品，具有可比性。

涉案专利请求保护色彩。其授权公告文本包含 8 项相似设计，设计 1 为基本设计。从视图观察，设计 1 包括六面正投影视图和 2 幅立体图，其整体为近似倒"L"形手枪状，整体色彩为灰色；枪体上端设置较平直的吊钩，吊钩与喷嘴间为上壶接口，右侧末端设有两个平行的旋钮，上方旋钮大体呈圆柱状，末端有倒角，下方旋钮大体呈片状；手柄一面设有显示部件，另一面有一圆形设计，手柄下端设置接头和绿色的近似"凵"形设计，前后两端的侧面布有棱状防滑纹；扳手上端与枪体吊钩相连，向下延伸至手柄中部，末端向喷嘴方向弯曲，扳手与枪体中间有一近似三角形的镂空；喷嘴整体近似圆柱状，前端设有两凸起结构，中间位置有一绿色圆环，柱状外表面布有棱状防滑纹；喷嘴与枪体之间设有半圆形凹陷切面；枪体两侧贯穿棱线，一侧上部设有近似圆柱形调节钮。详见涉案专利附图。

涉案专利其余设计与设计 1 仅在喷嘴圆环及手柄下部近似"凵"形设计的色彩方面存在不同，不再赘述。详见涉案专利附图。

现有设计包括六面正投影视图和立体图，其整体为近似倒"L"形手枪状，整体显示为灰色；枪体上端设置较圆滑的吊钩，吊钩与喷嘴间为上壶接口，右侧末端设有两个平行的旋钮，上方旋钮大体呈圆锥状，下方旋钮大体呈片状；手柄一面设有显示部件，另一面有一圆形设计，手柄下端设置接头和黑色的垫片，前后两端的侧面布有棱状防滑纹；扳手上端与枪体吊钩相连，向下延伸至手柄中部，末端向喷嘴方向弯曲，扳手与枪体中间有一近似弯月形的镂空；喷嘴整体近似圆柱状，前端设有两凸起结构，中间位置设有一黑色圆环，柱状外表面布有棱状防滑纹；喷嘴与枪体之间设有半圆形凹陷切面；枪体两侧上部对称设有近似圆柱形调节钮。详见现有设计附图。

将现有设计与涉案专利的设计 1 相比较可知，二者的相同点主要在于：（1）整体形状基本相同。（2）❶ 各组成部分的形状基本相同，相对位置和比例关系基本相同。二者的不同点主要在于：（1）喷嘴中间圆环处色彩不同。（2）吊钩形状有所不同。（3）扳手与枪体中间的镂空形状不同。（4）枪体末端两个旋钮形状不同。（5）枪体侧面的调节钮和延伸线不同。（6）手柄底端的近似绿色"凵"形设计和黑色垫片设计的不同。

关于现有设计与涉案专利其他设计的比较，同设计 1 的比较，不再赘述。

---

❶ 原决定此处为（3），应为（2）。——编辑注

合议组认为：本案的判断主体应是喷涂行业中涉及喷枪或其相似种类产品的普通消费者，其对相应种类的产品外观设计状况具有常识性了解，但不会注意到该外观设计的微小变化。对于本案涉及的喷枪，虽然其具有的枪体、扳手、喷嘴及手柄等部件是完成其用途的必要部件，但并不意味着其整体形状和各部分的具体形状设计均是不可变化的，即在完成相应功能的同时各部分的具体形状仍具有较大的设计空间，因此，本案涉及的喷漆枪各部分的具体形状及其形成的整体形状是影响其整体视觉效果的主要因素。涉案专利的设计 1 与现有设计在整体造型上极为接近，在整体形状均大致相同的情况下，二者的差别均属于比例很小或者视觉不明显的局部细微差别，均未导致整体外观设计的明显改变，不会对外观设计的整体视觉效果产生显著影响，因此二者不具有明显区别。

涉案专利的其他设计与现有设计的差别均与前述设计 1 一致，因此结论一致，均不再予以赘述。

综上所述，涉案专利的各项设计相对于现有设计均不具有明显区别，不符合《专利法》第 23 条第 2 款的规定。

4. 鉴于已得出上述结论，本决定对请求人提出的其他证据不再予以评述。

三、决定

宣告第 201030702588.8 号外观设计专利权全部无效。

当事人对本决定不服的，可以根据《专利法》第 46 条第 2 款的规定，自收到本决定之日起 3 个月内向北京市第一中级人民法院起诉。根据该款的规定，一方当事人起诉后，另一方当事人作为第三人参加诉讼。

合议组组长　高桂莲

主　审　员　张雪飞

参　审　员　袁　婷

专利复审委员会

附件 03 - 2

北京市第一中级人民法院行政判决书（摘录）

（2013）一中知行初字第 2747 号

原告：萨塔两合有限公司，住所地××××。

授权代表：乔格·潘高。

委托代理人：李尊霞，北京市康瑞律师事务所律师。

委托代理人：王志勇，男，1977 年 3 月 28 日出生，北京市康瑞律师事务所实习律师，住××××。

被告：中华人民共和国国家知识产权局专利复审委员会，住所地××××。

法定代表人：张茂干，副主任。

委托代理人：张雪飞，男，中华人民共和国国家知识产权局专利复审委员会审查员。

委托代理人：王婧，女，中华人民共和国国家知识产权局专利复审委员会审查员。

第三人：浙江奥利达气动工具股份有限公司，住所地××××。

法定代表人：林帮法，董事长。

委托代理人：陈庆彬，北京瑞成兴业知识产权代理事务所职员，住××××。

原告萨塔两合有限公司（以下简称"萨塔公司"）不服被告中华人民共和国国家知识产权局专利复审委员会（以下简称"专利复审委员会"）于 2012 年 12 月 27 日作出的第 19888 号无效宣告请求审查决定（以下简称"第 19888 号决定"），于法定期限内向本院提起行政诉讼。本院于 2013 年 8 月 22 日受理后，依法组成合议庭，并通知浙江奥利达气动工具股份有限公司（以下简称"奥利达公司"）作为第三人参加诉讼。于 2013 年 10 月 10 日对本案公开开庭进行了审理。原告萨塔公司的委托代理人李尊霞、王志勇，被告专利复审委员会的委托代理人张雪飞、王婧及第三人奥利达公司的委托代理人陈庆彬到庭参加了诉讼。本案现已审理终结。

……

[由于篇幅原因，本文未收录判决证据查明部分，详细内容可根据判决号进行查询]

……

本院认为：经审查，本案争议的焦点在于本专利与现有设计对比是否符合《专利法》第23条第2款的规定。

《专利法》第23条第2款规定，授予专利权的外观设计与现有设计或者现有设计特征的组合相比，应当具有明显区别。

根据本案查明的事实可以确认，将现有设计与本专利的设计1相比较可知，二者的相同点主要在于：（1）整体形状基本相同。（2）各组成部分的形状基本相同，相对位置和比例关系基本相同。二者的不同点在于：（1）喷嘴中间圆环处色彩不同。（2）吊钩形状有所不同。（3）扳手与枪体中间的镂空形状不同。（4）枪体末端两个旋钮形状不同。（5）枪体侧面的调节钮和延伸线不同。（6）手柄底端的近似绿色"凵"形设计和黑色垫片设计的不同。现有设计与本专利其他设计的比较，同设计1的比较，不再赘述。本专利相对于现有设计的不同只是细微的不同，一般消费者在施以一般注意力的情况下难以觉察到上述区别。本专利与现有设计之间的差别，均限于喷枪的各个局部且差别较细微，根据整体观察、综合判断的原则，两者的差异对整体视觉效果不具有显著影响。故本专利与现有设计构成相同或近似的外观设计，专利复审委员会的结论正确，本院予以支持。

综上所述，被告专利复审委员会作出的第19888号决定程序合法，认定事实清楚、证据充分，适用法律正确，应予维持。原告萨塔公司所提之诉讼请求，缺乏事实和法律依据，本院不予支持。依照《中华人民共和国行政诉讼法》第54条第（1）项之规定，本院判决如下：

维持中华人民共和国国家知识产权局专利复审委员会作出的第19888号无效宣告请求审查决定。

案件受理费人民币100元，由原告萨塔两合有限公司负担（已缴纳）。

如不服本判决，原告萨塔两合有限公司可在本判决书送达之日起30日内，被告中华人民共和国国家知识产权局专利复审委员会和第三人浙江奥利达气动工具股份有限公司可在本判决书送达之日起 15 日内向本院递交上诉状，并按对方当事人人数提出副本，预交上诉案件受理费人民币 100 元，上诉于中华人民共和国北京市高级人民人民法院。上诉期满后 7 日内仍未缴纳案件受理费，按照自动撤回上诉处理。

审　判　长　宁　勃

代理审判员　陈志兴

人民陪审员　郭灵东

2013 年 10 月 18 日

书　记　员　刘海璇

北京市高级人民法院行政判决书（摘录）

（2014）京行终字第 377 号

上诉人（原审原告）：萨塔有限两合公司，住所地××××。

授权代表：乔格·潘高。

委托代理人：李尊霞，北京市康瑞律师事务所律师。

委托代理人：张莹，女，北京市康瑞律师事务所实习律师，住××××。

被上诉人（原审被告）：中华人民共和国国家知识产权局专利复审委员会，住所地××××。

法定代表人：张茂于，副主任。

委托代理人：程云华，中华人民共和国国家知识产权局专利复审委员会审查员。

委托代理人：王婧，中华人民共和国国家知识产权局专利复审委员会审查员。

原审第三人：浙江奥利达气动工具股份有限公司，住所地××××。

法定代表人：林帮法，董事长。

委托代理人：陈庆彬，男，北京瑞成兴业知识产权代理事务所职员。

上诉人：萨塔有限两合公司（以下简称"萨塔公司"）因外观设计专利无效行政纠纷一案，不服中华人民共和国北京市第一中级人民法院（以下简称"北京市第一中级人民法院"）（2013）一中知行初字第 2747 号行政判决，向本院提起上诉。本院于 2014 年 1 月 14 日受理后，依法组成合议庭于 2014 年 3 月 10 日对本案公开开庭进行了审理。上诉人萨塔公司的委托代理人李尊霞、张莹，被上诉人中华人民共和国国家知识产权局专利复审委员会（以下简称"专利复审委员会"）的委托代理人程云华、王婧及原审第三人浙江奥利达气动工具股份有限公司（以下简称"奥利达公司"）的委托代理人陈庆彬到庭参加了诉讼。本案现已审理终结。

本院认为，《专利法》第 23 条第 2 款规定，授予专利权的外观设计与现有设计或者现有设计特征的组合相比，应当具有明显区别。本专利是名称为"喷漆枪"的外观设计专利。本专利授权公告文本包含 8 项相似设计，设计 1 为基本设计，从视图观察，设计 1 包括六面正投影视图和 2 幅立体图。附件 3 所示专利文献的图 8 至图 14 公开了一款喷漆枪的外观设计（即现有设计），其与本专利产品用途相同，属于相同种类的产品，具有可比性。将现有设计与本专利的设计 1 相比较可知，二者的不同点主要在于：（1）喷嘴中间圆环处色彩不同。（2）吊钩形状有所不同。（3）扳手与枪体中间的镂空形状不同。（4）枪体末端两个旋钮形状不同。（5）枪体侧面的调节钮和延伸线不同。（6）手柄底端的近似绿色"凵"形设计和黑色垫片设计的不同。关于现有设计与本专利其他设计的比较，同设计 1 的比较，不再赘述。对于以上不同点，均限于喷枪的各个局部且差别较细微，根据整体观察、综合判断的原则，两者的差异对整体视觉效果不具有显著影响，一般消费者在施以一般注意力的情况下难以觉察到上述区别，本专利与在先设计在整体造型上已形成相近似的视觉效果，原审法院及专利复审委员会认定本专利与在先设计构成相同或近似的外观设计正确，应予维持。萨塔公司关于本专利与在先设计未构成相同或近似外观设计的上诉主张不能成立，本院不予支持。

综上，萨塔公司的上诉主张缺乏事实及法律依据，其上诉请求本院不予支持。原审判决认定事实清楚，适用法律正确，依法应予维持。依据《中华人民共和国行政诉讼法》第 61 条第（1）项之规定，判决如下：

驳回上诉，维持原判。

一、二审案件受理费各人民币 100 元，均由萨塔有限两合公司负担（均已缴纳）。

本判决为终审判决。

审 判 长　刘晓军
代理审判员　马　军
代理审判员　袁相军
2014 年 6 月 19 日
书 记 员　张见秋

附件 03 – 4

最高人民法院行政裁定书（摘录）

（2015）知行字第 351 号

再审申请人（一审原告、二审上诉人）：萨塔有限两合公司（SATAGmbH & ；Co. KG）。住所地××××。

法定代表人：阿尔布雷希特 middot 克鲁斯（AlbrechtKruse），该公司总经理。

委托代理人：刘晓鹏，北京康瑞律师事务所律师。

被申请人（一审被告、二审被上诉人）：国家知识产权局专利复审委员会。住所地××××。

法定代表人：葛树，该委员会副主任。

一审第三人：浙江奥利达气动工具股份有限公司。住所地××××。

法定代表人：林帮法，该公司董事长。

再审申请人萨塔有限两合公司（以下简称"萨塔公司"）因与被申请人国家知识产权局专利复审委员会（以下简称"专利复审委员会"），一审第三人浙江奥利达气动工具股份有限公司（以下简称"奥利达公司"）外观设计专利权无效行政纠纷一案，不服北京市高级人民法院（2014）高行终字第377 号行政判决，向本院申请再审，本院依法组成合议庭对本案进行了审查，现已审查终结。

......

［由于篇幅原因，本文未收录判决证据查明部分，详细内容可根据判决号进行查询］

......

本院认为，本案的争议焦点是本专利与现有设计对比，是否符合《中华人民共和国专利法》（以下简称《专利法》）第 23 条第 2 款的规定。

《专利法》第 23 条第 2 款规定："授予专利权的外观设计与现有设计或者现有设计特征的组合相比，应当具有明显区别"。

根据原审法院查明的事实，专利号为 ZL201030702588.8，名称为"喷漆枪"的外观设计（以下简称"本专利"，见附图）公告文本包含 8 项相似设计，设计 1 为基本设计，其他设计与基本设计 1 仅在喷嘴圆环及手柄下部近似"凵"形设计的色彩方面存在不同。

奥利达公司针对本专利，向专利复审委员会提出无效宣告请求，其提交的附件 3 为 US D552715S 美国外观设计专利文献，其附图公开一款喷漆枪的外观设计，与本专利产品用途相同，构成本专利的现有设计（简称"现有设计"，见附图）。

现有设计与本专利设计 1 相比，具有 6 个区别特征，不同点主要在于：（1）喷嘴中间圆环处色彩不同。（2）吊钩形状有所不同。（3）扳手与枪体中间的镂空形状不同。（4）枪体末端两个旋钮形状不同。（5）枪体侧面的调节钮和延伸线不同。（6）手柄底端的近似绿色"凵"形设计和黑色垫片设计的不同。

外观设计专利相同或相近似的判断主体是一般消费者，此一般消费者是法律拟定的人，不同的产品有不同的消费者。本专利是喷漆枪的外观设计，专利复审委认为本案的判断主体是喷涂行业中涉及喷枪或相似种类产品的普通消费者并无不当。相关消费者对相应种类的产品外观设计状况具有常识性了解，但不会注意到该外观设计的微小变化。现有设计与本专利设计 1 的区别特征均局限于喷枪的各个局部，且这种局部差异并没有给该产品整体视觉效果带来显著影响，没有导致本专利与现有设计相比具有明显区别，根据整体观察、综合判断原则，一般消费者施以一般注意力的情况下难以觉察到上述区别。萨塔公司认为本案还存在本专利设计手柄竖直方向内侧的分割线、手柄下部分内侧上下两端的凹陷部等其他 11 个不同之处。均属于比例很小或者视觉不明显的局部细微差别，均未导致整体外观设计的明显改变，不会对外观设计的整体视觉效果产生显著影响。萨塔公司向本院提交的调查报告、鉴定意见书，不应予以采纳，亦并未向专利复审委员会和原审法院提交。即使采纳，亦不足以改变本专利设计 1 与现有设计不具有明显区别的结论。因此，本专利与现有设计没有明显区别，不符合《专利法》第 23 条第 2 款的规定，专利复审委员会的无效宣告请求审查决定及原一、二审判决认定事实清楚，适用法律正确，本院予以维持。萨塔公司认为本专利的设计空间小，其并没有提供证据证明。故其关于上述细微区别足以带来二者整体外观视觉效果不同，本专利应当有效的理由，本院不予支持。

综上，萨塔公司的再审申请不符合《中华人民共和国行政诉讼法》第 91

条规定的情形。依照《最高人民法院关于执行〈中华人民共和国行政诉讼法〉若干问题的解释》第74条之规定，裁定如下：

　　驳回萨塔有限两合公司的再审申请。

审　判　长　夏君丽

审　判　员　秦元明

代理审判员　徐红妮

2015 年 12 月 18 日

书　记　员　王　晨

商标权

案例04

"嘉逸酒店"商标异议复审行政
纠纷专家研讨会法律意见书

务实（2014）第 009 号

受广州市嘉逸酒店管理集团有限公司（以下简称"嘉逸公司"）委托，北京务实知识产权发展中心于 2014 年 8 月 12 日在北京务实知识产权发展中心会议室举办了"'嘉逸酒店'商标异议复审行政纠纷专家研讨会"。原国家工商行政管理总局商标局副局长、原国家工商行政管理总局商标评审委员会副主任欧万雄，原国家工商行政管理总局商标局副巡视员、高级经济师、中国知识产权研究会高级顾问、中华商标协会常务理事董葆霖，原国家工商行政管理总局商标评审委员会副巡视员、中央财政金融学院硕士生兼职导师杨叶璇，原世界知识产权组织发展中国家（PCT）司司长、中国国际经济贸易仲裁委员会仲裁员、中国人民大学兼职教授王正发，中国社会科学院法学研究所研究员、博士生导师、中国科学院大学法律与知识产权系主任、中国知识产权研究会副理事长李顺德，中国政法大学民商法学院教授、博士生导师、中国知识产权法学研究会常务理事、副秘书长张今，北京务实知识产权发展中心主任程永顺等资深知识产权法律专家、学者参加了研讨。

研讨会由北京务实知识产权发展中心主任程永顺主持。专家们在认真审阅委托方的代理人提供的与本案有关的材料，了解案件相关背景情况的基础上，围绕《商标法》关于撤销三年不使用（以下简称"撤三"）的规定的立法本意为何；本案被异议商标申请人在第 1304839 号"嘉逸酒店"商标（引证商标）被撤三的过程中重新申请注册第 6475370 号"嘉逸酒店"商标（被异议商标）的行为是否具有正当性，先后注册的商标之间是否当然具有延续关系；引证商标被撤销后，嘉裕集团旗下酒店对"嘉逸"系列商标的使用是否构成在先使用；如何理解原《商标法》第 31 条（现行《商标法》第 32条）规定的"现有的在先权利"，嘉逸酒店自 2001 年起使用"嘉逸"商标的行为是否构成"在先权利"，以及本案中被异议商标的核准注册是否会产生《商标法》第 10 条第 1 款第（8）项所规定的"不良影响"等相关问题进行了深入研讨，并充分发表了各自的意见。

一、背景情况

（一）被异议商标申请人的商标申请情况

1. 引证商标：第 1304839 号"嘉逸酒店"

1998 年 2 月 25 日，海逸酒店企业有限公司（以下简称"海逸酒店"）就第 1304839 号"嘉逸酒店"商标（即引证商标，参见图 1）在《商标注册用商品和服务国际分类》（以下简称"类"）原第 42 类上向国家工商行政管理总局商标局（以下简称"商标局"）提起注册申请，该申请于 1999 年 8 月 14 日被核准，核定使用在住所（饭店，供膳寄宿处）等服务上。后经续展，商标有效期截至 2019 年 8 月 13 日。

图 1　第 1304839 号"嘉逸酒店"

自然人王庆文（嘉裕公司的员工）于 2007 年 1 月 25 日以第 1304839 号"嘉逸酒店"商标连续三年未使用为由，向商标局提起撤销注册的申请，商标局于 2008 年 9 月 17 日作出撤第 200100176 号《关于第 1304839 号"嘉逸酒店"注册商标连续三年停止使用撤销申请的决定》，撤销该商标。

2008 年 10 月 15 日，海逸酒店向国家工商行政管理总局商标评审委员会（以下简称"商标评审委员会"）申请复审，商标评审委员会于 2011 年 2 月 21 日作出商评字〔2011〕第 02576 号《关于第 1304839 号"嘉逸酒店"商标撤销复审决定书》，决定维持商标局的决定，撤销该商标。

2. 被异议商标：第 6475370 号"嘉逸酒店"

2007 年 12 月 25 日，海逸酒店就第 6475370 号"嘉逸酒店"商标（即被异议商标，参见图 2）在第 43 类上提起注册申请。

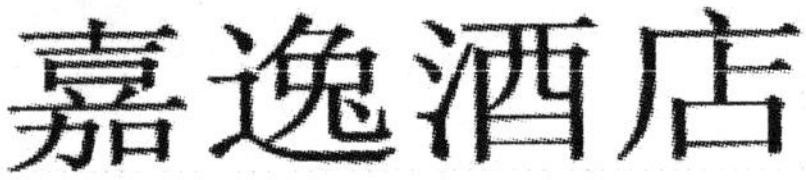

图 2　第 6475370 号"嘉逸酒店"

（二）异议申请人及其商标注册、使用情况

1. 商标异议申请人的情况

商标异议申请人嘉逸酒店成立于 2004 年 10 月，是嘉裕集团旗下企业。嘉裕集团是以房地产业为龙头，与酒店业、文化业、商业四大业态并举，兼容贸易、物业管理、旅游等产业的广东跨区域、跨行业的综合性集团之一。

嘉裕集团旗下使用"嘉逸"作为名称的酒店共有四家，分别是：最早成立于 2001 年 3 月 26 日的广州市嘉逸豪庭酒店有限公司，成立于 2004 年 10 月 15 日的广州市嘉逸国际酒店有限公司，成立于 2006 年 3 月 30 日的广州市嘉逸皇冠酒店有限公司，以及成立于 2007 年 12 月 18 日的成都嘉逸世纪酒店管理有限公司。

2. 引证商标：第 4245250 号"嘉裕"

2004 年 8 月 31 日，广州市嘉裕房地产发展有限公司就第 4245250 号"嘉裕"商标（即引证商标，参见图 3）在第 43 类上提起注册申请，该申请于 2008 年 1 月 28 日被核准，核定使用服务为：住所（旅馆、供膳寄宿处）；备办宴席；咖啡馆；茶馆；预订临时住宿；酒吧；餐厅；流动饮食供应；会议室出租（类似群：4301，4302）。该商标有效期截至 2018 年 1 月 27 日。

图 3　第 4245250 号"嘉裕"

3. 其他商标申请情况

2008 年 10 月 16 日，嘉逸酒店就第 7002358 号"嘉逸酒店及图"商标在第 43 类上提起注册申请，该申请被驳回。

2011 年 9 月 27 日，广州市嘉逸国际酒店有限公司就第 10012852 号"嘉逸酒店"商标在第 43 类提起注册申请，商标局于 2013 年 3 月 20 日发出第 ZC10012852BH1 号《商标驳回通知书》，驳回该商标申请。广州市嘉逸国际酒店有限公司向商标评审委员会提起驳回复审申请，商标评审委员会于 2014 年 2 月 25 日作出商评字〔2014〕第 17800 号《关于第 10012852 号"嘉逸酒店"商标驳回复审决定书》，决定部分驳回该申请（仅保留日间托儿所（看孩子）上的申请）。

2014 年 3 月 12 日，广州市嘉逸国际酒店有限公司就第 14160202 号"嘉逸酒店"商标在第 43 类上提起注册申请。

（三）商标异议复审的基本情况

1. 被异议商标的情况

2007 年 12 月 25 日，海逸酒店就第 6475370 号"嘉逸酒店"商标（即被异议商标，参见图 2）在第 43 类上提起注册申请，指定服务类别为：住所（饭店、供膳寄宿处）、酒店、汽车旅馆、餐馆、备办宴席、自助餐馆、酒吧、快餐馆、咖啡馆、自助食堂、流动餐馆餐室、酒店、汽车旅馆、招待所（类似群：4301，4302）。该申请于 2010 年 3 月 27 日初审公告。

2. 商标异议申请的情况

嘉逸酒店向商标局提起商标异议申请。2012 年 2 月 7 日，商标局作出（2012）商标异字第 05929 号《"嘉逸酒店"商标异议裁定书》，认为：被异议商标第 6475370 号"嘉逸酒店"商标与异议人嘉逸酒店引证于类似服务上在先注册的"嘉裕"商标未构成近似商标。但异议人提供的证据可以证明"嘉逸"系列商标为异议人于"酒店"等服务上在先使用且已具有一定知名度的商标。被异议商标"嘉逸酒店"与异议人商标文字近似，且亦申请注册在"住所（饭店、供膳寄宿处）、酒店"等服务上，已构成对他人在先使用并有一定影响商标的抢注。故，商标局裁定异议人所提异议理由成立，对第 6475370 号"嘉逸酒店"不予核准注册。

3. 商标异议复审的情况

海逸酒店不服商标局作出的（2012）商标异字第 05929 号的商标异议裁定，于 2012 年 3 月 13 日向商标评审委员会提出复审申请，其主要理由是：第一，其指定使用在原第 42 类酒店等服务上 1999 年 8 月 14 日即已获准注册了第 1304839 号"嘉逸酒店"商标（即引证商标），被异议商标第 6475370 号"嘉逸酒店"商标与引证商标相同，指定使用服务亦完全形同，其是基于引证商标而提出被异议商标的注册申请。第二，嘉逸酒店旗下以"嘉逸"为名称的酒店共四家，最早成立的一家是 2001 年 3 月 6 日。嘉逸酒店是在海逸酒店已经取得第 1304839 号"嘉逸酒店"商标专用权后开始使用"嘉逸"的，其行为当年即已构成侵权。第三，嘉逸酒店在异议程序提交的证据形成于 2008 年后，不能证明在海逸酒店注册引证商标前已经使用并有一定影响。

嘉逸酒店的答辩理由为：被异议商标与嘉逸酒店的第 4245250 号商标文字构成一致，指定使用服务类似；海逸酒店引证商标指定注册的为第 42 类服务，与本案毫无关联；海逸酒店的引证商标因三年连续未使用已被撤销；嘉逸酒店提交的证据足以证明在被异议商标申请前，其将"嘉逸酒店"作为商标与商号进行广泛使用并享有知名度，被争议商标系抢先注册；被异议商标的注册与使用将在酒店市场产生不良影响。

商标评审委员会认为:

第一,嘉逸酒店提交在案的证据不足证明其将"嘉逸酒店"作为商标与商号指定在"酒店"等服务上于被异议商标申请日前已经使用并具有一定影响或知名度。且被异议商标系在海逸酒店原注册商标第 1304839 号"嘉逸酒店"的基础上提出注册申请。故不应认定被异议商标的申请注册违反了《商标法》第 31 条(现行《商标法》第 32 条)的规定。

第二,被异议商标与引证的第 4245250 号"嘉裕"商标能够为相关公众正确区分,具有各自的显著特征,未构成近似商标。

第三,《商标法》第 10 条第 1 款第(8)项的立法目的在于维护社会公共利益和公共秩序,不适用于对特定民事权益的保护。且在案证据亦不能证明被异议商标的申请注册可能导致不良影响。

据此,商标评审委员会于 2013 年 12 月 2 日作出商评字〔2013〕第 123206 号《关于第 6475370 号"嘉逸酒店"商标异议复审裁定书》,裁定被异议商标准予注册。

4. 一审行政诉讼的情况

嘉逸酒店不服商标评审委员会的裁定,向北京市第一中级人民法院提起行政诉讼,请求撤销商标评审委员会作出的裁定,其主要理由包括:被异议商标明显是对嘉逸酒店在先使用并具有一定影响的商标及商号的侵犯,违反《商标法》第 31 条之规定;"可能导致消费者误认"属于第 10 条第 1 款第(8)项之"不良影响",被异议商标容易导致消费者来源混淆,具有不良影响,违反商标法第 10 条第 1 款第(8)项规定。

目前本案正在一审过程中。

二、研讨会依据的材料

北京务实知识产权发展中心接受委托后,将委托方的代理人提交的相关材料送交专家们阅读,本次研讨会依据的材料包括:

1. 第 1304839 号"嘉逸酒店"商标(引证商标)、第 6475370 号"嘉逸酒店"商标(被异议商标)、第 4245250 号"嘉裕"商标(引证商标)详细信息;

2. 商标局撤第 200700176 号关于第 1304839 号"嘉逸酒店"注册商标连续三年停止使用撤销申请的决定;

3. 商标评审委员会商评字〔2011〕第 02576 号关于第 1304839 号"嘉逸酒店"商标撤销复审决定书;

4. 商标局（2012）商标异字第 05929 号"嘉逸酒店"商标异议裁定书；

5. 商标评审委员会商评字［2013］第 123206 号关于第 6475370 号"嘉逸酒店"商标异议复审裁定书；

6. 嘉逸酒店一审起诉状；

7. 嘉逸酒店的证据清单。

三、研讨会的主要议题

根据委托方的委托及提交的材料，专家研讨会主要围绕下述问题进行了研讨：

1. 《商标法》关于撤销三年不使用的规定的立法本意是什么？

2. 本案被异议商标申请人海逸酒店在第 1304839 号"嘉逸酒店"商标（引证商标）被撤三的过程中重新申请注册第 6475370 号"嘉逸酒店"商标（被异议商标）的行为是否具有正当性？先后注册的商标之间是否当然具有延续关系？

3. 在引证商标被撤销后，本案中，嘉裕集团旗下酒店对"嘉逸"系列商标的使用是否构成在先使用？

4. 如何理解原《商标法》第 31 条（现行《商标法》第 32 条）规定的"现有的在先权利"？嘉逸酒店自 2001 年起在其旗下酒店中使用"嘉逸"商标的行为是否构成"在先权利"？

5. 本案中被异议商标的核准注册是否会产生《商标法》第 10 条第 1 款第（8）项所规定的"不良影响"？

四、专家意见

与会专家认为，本案是一起反映我国商标注册管理存在个别混乱现象的典型案件。本案商标涉及第 43 类酒店服务类商标，这类商标往往与企业名称密切相关，与商品商标相比，该类商标有其特殊性，在行政机关和司法机关进行认定时，不能仅考虑系争商标与引证商标、引证商标之间是否构成近似，更重要的是，要充分考虑该类服务商标与企业名称（商号）之间何者构成在先权利。新修改的《商标法》加大了对已经实际使用、尚未注册的商标的保护力度，本案中，该类服务商标的实际使用对于确定商标保护显得更为重要。

与会专家围绕上述问题进行了热烈讨论，充分发表了意见。经过归纳整理，形成以下法律意见：

（一）关于《商标法》中撤销三年不使用规定的立法本意问题

原《商标法》第 44 条第 4 款规定，连续三年停止使用的商标，由商标局责令限期改正或者撤销其注册。相对应的修改后的《商标法》第 49 条第 2 款也规定，注册商标没有正当理由连续三年不使用的，任何单位或者个人可以向商标局申请撤销该注册商标。此即注册商标三年不使用撤销制度（以下简称"商标撤三制度"）。

与会专家认为，商标的生命和价值在于使用。商标撤三制度的立法本意是从法律层面鼓励商标注册人在商业活动中积极实际使用注册商标，限制以注册方式滥占商标资源、谋求不当利益的行为。撤销已经实际死亡的商标，符合商标法立法的根本宗旨，有利于维护诚实信用的市场秩序，促进企业公平、公正参与市场竞争，保护消费者合法利益。

从我国商标制度的发展过程来看，我国商标立法从最初主要强调注册产生商标权，到在一定程度上认可商标在先使用，再到逐渐强化对在先使用商标提供适当的法律保护这一在注册保护基础上吸收使用保护的做法，与国际商标制度中"注册保护"和"使用保护"两大体制渐趋融合的趋势是基本一致的。此外，商标撤销不使用制度也为各国商标制度所普遍采纳，尽管各国规定的商标撤销不使用的年限各异，但该制度的确立，反映了各国商标制度对商标使用重要性的共识。

我国商标注册制度采用的是"注册在先"原则，在商标申请之时，并不要求申请人提交商标使用的证据。从根本上讲，商标所承载的商誉和价值并不是商标注册本身产生的，而是通过商标在商业活动中实际使用产生的。商标撤三制度中规定的"使用"，应当是具有真实使用意图、并且在商业活动中实际使用的行为，即只有当商标权人使用其注册商标实际从事了生产经营活动，并使消费者通过该商标认识到某种商品或服务的来源时，其使用才能称为商标意义上的使用。只有在商业活动中的真实、实际使用，商标才能发挥其最基本的功能——识别功能和诸如品质保证功能和广告功能等其他功能，为消费者选择商品和服务提供指引，进而积聚商标的信誉，并达到维护市场竞争秩序、促进市场经济健康发展的目的。如果商标权人在获得商标注册后不在商业经营活动中真实使用，其商标注册仅仅是为了从事商标高价许可或高价转让等投机行为，该行为偏离了《商标法》立法的根本宗旨，仅仅是对商标设计公共资源的抢占。《商标法》设计的商标撤三制度，是从制度层面规定的对商标权人不履行注册商标使用义务的一种法律救济。

具体而言，商标撤三制度设计的立法本意和目的可以概括为：

第一，激励商标权人积极、真实使用注册商标。撤销注册商标仅为手段，不是目的。商标撤三制度实质上是为注册商标所有者设定了使用注册商标的义务，旨在激活现有注册商标，尤其是尚未真实使用的注册商标，促使注册商标在市场中发挥其应有的功能和作用。

第二，避免"垃圾商标"囤积，特别是已经"死亡"的注册商标对其他企业的正常商业经营活动和商标注册行为造成障碍和干扰。在我国确实存在着一些企业申请注册的商标，由于申请主体消亡或转行，所申请注册的商标实际上不能被付诸商业使用的现象。由于商标资源的稀缺性，如果允许获得注册的商标长时间不实际用于商业经营活动，则势必造成对他人选择商标自由的妨碍，阻碍其他企业正当的商标申请注册及使用。商标撤三制度对于清理这部分"垃圾商标"，避免大量"垃圾商标"的负面影响，具有积极作用，也符合商标制度设置的原意。

第三，遏制商标"抢注"。商标"抢注"是指将他人已经使用、尚未注册、已为相关公众所知晓的商标，在相同和类似的商品和/或服务上抢先注册，或者将他人已经注册、已为相关公众知晓的商标，在非类似的商品和/或服务上抢先注册的行为。商标抢注者，特别是针对后一种情况的商标抢注者，大多是借抢注商标牟利，将商标本身作为一种商品，其抢注商标的目的是奇货可居、待价而沽，并非为了使用。在这些商标抢注者手中往往会囤积一大批"注而不用"的注册商标，其中不乏"三年不使用"者，这种情况在我国尤为普遍。商标撤三制度有利于限制商标抢注行为，对维护商标注册的正常秩序具有积极意义。

第四，有利于防止商标权的滥用。在商标制度实施过程中，我国曾出现过部分工商行政执法部门以《商标公告》上所登载的注册商标权为依据，主动执法，查处"商标侵权行为"的案例。商标权作为知识产权的一种，属于私权。商标申请人在商标被核准后如果消亡，工商行政执法部门以该注册商标为依据、主动执法，有违商标制度的宗旨和本意，客观上助长了商标权滥用。基于商标撤三制度，撤销无正当理由不使用的商标，有助于净化商标注册，保护合法正当的经营者。

（二）关于本案被异议商标申请人海逸酒店在第1304839号"嘉逸酒店"商标（引证商标）被撤销的过程中重新申请注册第6475370号"嘉逸酒店"商标（被异议商标）的行为是否具有正当性，以及先后注册的商标之间是否当然具有延续关系问题

与会专家认为，原商标申请人是否还可以就被撤销的商标重新申请注册，需要根据具体情况进行具体分析，综合考虑被撤销商标的使用情况，商标申

请人的主观目的，以及相关商标的重新申请注册是否会产生混淆的后果等
因素。

具体而言，主要有两种情形：其一，商标申请人由于疏忽等原因，导致
商标被撤三，被撤销的商标亦未被他人实际使用，该商标并未承载他人（实
际使用人）相关商誉，该商标申请人重新就该商标提出注册申请，此申请并
非不正当。特别是当商标申请人在商标重新申请注册后确实将其付诸实际使
用，则应当认定其商标的重新申请注册行为是对新权利的正当追求。其二，
商标申请人的注册商标被撤销后，被撤销的注册商标已经被其他人实际使用，
并已承载实际使用人的商誉，形成一定价值，相对于重新申请注册的该商标，
他人的使用行为已经构成在先使用；在商标申请人知道该商标已经被他人付
诸实际使用且这一使用并未对商标申请人造成混淆后果的情况下，仍旧对被
撤三的商标重新申请注册，目的主要是为了阻止他人申请注册和使用该商标，
则该商标申请行为不具有正当性。

本案中，在海逸酒店第 1304839 号"嘉逸酒店"商标（引证商标）因三
年不使用被撤销的过程中，根据原《商标法实施条例》第 39 条第 2 款和第 3
款的规定，在商标撤三审查过程中，商标局应当通知商标注册人，限其自收
到通知之日起 2 个月内提交该商标在撤销申请提出前使用的证据材料或者说
明不使用的正当理由。使用的证据材料包括商标注册人使用注册商标的证据
材料和商标注册人许可他人使用注册商标的证据材料。海逸酒店在商标局提
交的证据并未被认可，在商标评审委员会审查阶段也未再提交任何使用证据，
且海逸酒店也未进一步诉诸司法救济，而是在商标局就引证商标撤销三年不
使用的申请进行审理，相关法律程序尚未走完时，重新提交了商标注册申请，
新申请的商标的文字及类别均是被撤三的引证商标的翻版。考虑到无论是被
撤销的引证商标还是被异议商标均已经被嘉裕集团旗下的饭店作为企业名称
付诸实际使用，作为与嘉裕集团旗下的嘉逸公司为同行业的经营者，海逸酒
店在知晓该商标已经被他人付诸使用的情况下，利用程序空当和时间差，重
新申请注册的行为，有不正当地阻止和妨碍嘉逸公司申请和使用"嘉逸酒店"
商标的意图。该行为属于前述第 2 种情形，这种行为难谓正当，如果容许这
种行为发生，今后被撤三的商标注册人皆可效仿，则注册商标三年不使用撤
销制度的规定将形同虚设，这既不符合《商标法》和商标撤三制度的立法本
意，也不利于维护公平合理的市场竞争秩序，保护经营者的合法利益。

关于引证商标是否可以作为被异议商标申请注册的基础，即引证商标和
被异议商标申请之间是否当然具有延续性问题，多数与会专家认为，尽管注
册商标因为三年不使用被撤销与注册商标被无效的法律后果不同，注册商标

无效的后果是注册商标自始无效，而注册商标被撤销是从撤销之日起注册无效，不能因为引证商标被撤销就视为其注册商标权自始不存在，但是注册商标权存在的条件是实际使用，当商标因未实际使用而被撤销时，该注册商标权已经丧失。新申请的被异议商标尽管与引证商标在商标文字和申请类别上完全相同，但两个商标的申请是两个独立的法律行为，引证商标与被异议商标不具有当然延续关系，前者不一定能构成后者申请注册的基础。但也有少数专家认为，引证商标毕竟是海逸酒店耗费人力、物力、财力依法申请获得注册的，在其基础上申请相同的被异议商标具有一定的合理性。

关于被异议商标申请的正当性问题，与会专家还指出，根据原《商标法》第 46 条规定，注册商标被撤销的，自撤销之日起一年内，商标局对于该商标相同或近似的商标注册申请，不予核准。该规定设置的这个"澄清期"（或称"隔离期"），旨在避免新核准注册的商标与已被撤销或注销的注册商标产生混淆。对于因为三年不使用而被撤销的注册商标是否适用"澄清期"的规定，目前存在不同意见，在行政和司法实践上亦无确切说法。在本案中，由于被撤销的引证商标的商标权人并未付诸使用，实际上不会产生与新申请注册商标混淆的后果，也就是说，设置"澄清期"的必要性并不存在。

在本案中，被异议商标申请的时间为 2007 年 12 月 25 日，2010 年 3 月 27 日初审公告，商标局于 2008 年 9 月 17 日作出撤销引证商标的决定，商标评审委员会于 2011 年 2 月 21 日作出决定维持商标局的决定，撤销引证商标。这说明，商标局在审查被异议商标申请注册过程中存在对重要事实漏审，即引证商标的撤销案尚处于审查过程中。在这种情况下，被异议商标的申请注册是不应被准予初审公告的，即商标局对被异议商标注册申请的 2010 年 3 月 27 日初审公告存在法律适用错误。这种错误延续到商标评审委员的评审中，导致商标评审委员会亦作出错误的认定。实际上，如果商标局能够避免这一漏审，被异议商标不会被初审公告，也不会导致本案的发生。

（三）关于引证商标被撤销后，本案中，嘉裕集团旗下酒店对"嘉逸"系列商标的使用是否构成在先使用问题

与会专家认为，在我国，商标申请注册和企业名称登记分别由不同的行政机构管理。企业名称登记具有地区性，嘉裕集团旗下酒店使用"嘉逸"作为企业名称具有合法性。考虑到第 43 类服务商标的特殊性，这类商标往往是与企业字号相关联的，嘉裕集团自 2001 年 3 月 26 日成立第一家以"嘉逸"为名称的酒店之日起，"嘉逸"作为嘉裕集团旗下酒店的商号为相关公众所知晓，相关公众也会把"嘉逸"与嘉裕集团旗下酒店相关联。反观海逸酒店的引证商标，尽管已被核准注册，但由于海逸酒店并未将其实际付诸使用，相关公众无法把其与海逸酒店所提供的服务相关联。概言之,相关公众所知晓的"嘉逸酒店"商标的来源是嘉裕集团旗下的酒店,而非商标权人海逸酒店。在这种情况下,嘉裕集团旗下酒店使用"嘉逸"系列企业名称的行为可以视为在第 43 类酒店服务商标意义上的使用行为,该使用也可视为对未注册商标"嘉逸"的使用。由于嘉裕集团旗下酒店使用"嘉逸"系列商标始于 2001 年 3 月 26 日,海逸酒店重新申请被异议商标的时间为 2007 年 12 月 25 日,嘉裕集团旗下酒店使用"嘉逸"系列商标相对于被异议商标申请注册时间在先,构成在先使用。

此外,尽管海逸酒店主张在引证商标仍然有效时,嘉裕集团旗下酒店在其酒店名称中使用"嘉逸"商标构成对其的商标侵权,但在商标撤三纠纷提起时,海逸酒店在已经知晓对方侵犯自己商标权的情况下,并未就该侵权行为请求救济,则海逸酒店由于诉讼时效已过,无法再追究相关的侵权责任。更重要的是,在商标异议复审纠纷中,无须对已经不存在权利的被撤销商标是否构成商标侵权作出认定,无论嘉裕集团旗下酒店使用"嘉逸"系列商标的行为是否构成侵权,均与该商标异议复审纠纷,即本案无关。

(四)关于如何理解原《商标法》第 31 条(现行《商标法》第 32 条)规定的"现有的在先权利"以及嘉逸酒店自 2001 年起在其旗下酒店中使用"嘉逸"商标的行为是否构成"在先权利"问题

与会专家认为,原《商标法》第 31 条所规定的"现有的在先权利"是指除商标权以外的其他权利,如著作权、姓名权、肖像权、商号权、外观设计专利权等。依据原《商标法》第 31 条的立法本意,"他人已经使用并有一定影响的商标",是指他人在商业经营活动中实际使用的商标。"已经"是针对被异议商标的申请日而言的。"使用"也与一般情况下所说的"使用"不同,这种"使用"应当是在商业经营活动中的实际使用。而且,只有经过商业活动中的实际使用,才可能产生"一定影响"。"有一定影响"是依据原《商标法》第 31 条对未注册商标进行保护所要求达到的程度,是指商标在一定的地域范围内为一定范围内的相关公众所知晓。"相关公众知晓""一定影响"的判断本身带有一定的主观性,需要根据案件的实际情况,如商标使用时间长短、广告宣传的情况、影响所及范围等,在案件中具体衡量。而如果是同业竞争者,应当推定其相互知晓的可能性更高。

本案中,"嘉逸"作为嘉裕集团旗下酒店的商号与商业主体的资格同时产生,同时消灭,"嘉逸"系列商标的使用开始于 2001 年成立的广州市嘉逸豪庭酒店有限公司,此后又相继成立了广州市嘉逸国际酒店有限公司、广州市嘉逸皇冠酒店有限公司和成都嘉逸世纪酒店管理有限公司,这表明在被异议商标申请之前，嘉逸酒店已经将"嘉逸"作为商号合法使用并连续使用至今，嘉逸酒店对"嘉逸"商号享有商号权，是客观存在的事实，不存在争议。而从使用的时间先后来看，嘉裕集团旗下酒店使用"嘉逸"商号的时间始于2001年3月26日，也就是其商号权产生于2001年3月26日，相对于被异议商标的申请时间2007年12月25日，该商号权的产生明显早于被异议商标的申请时间，其商号权构成原《商标法》第31条所称的"在先权利"。

（五）关于本案中被异议商标的核准注册是否会产生《商标法》第10条第1款第（8）项所规定的"不良影响"问题

与会专家认为，被异议商标的核准注册并不会与引证商标"嘉裕"产生混淆。但是，考虑到酒店类服务商标的特殊性，同时考虑到嘉裕集团自2001年起就使用"嘉逸"作为其企业名称，并以"嘉逸酒店"为名进行宣传的，对于相关公众而言，酒店服务类商标和企业名称在区别酒店的来源方面均有重要的作用。考虑到被异议商标与"嘉逸"字号文字相同，如果被异议商标被核准注册，在相同的地域范围（如同在广州市或成都市）一旦出现同样以"嘉逸"为名称的酒店，而这些酒店却分属两个不同的主体，则势必导致相关公众对酒店服务来源的混淆。

与会专家指出，《商标法》第10条第1款第（8）项规定，有害于社会主义道德风尚或者有其他不良影响的标志不得作为商标使用。从《商标法》的立法本意来看，"有其他不良影响"主要是指商标标志构成要素（如图形、文字或其他构成要素）本身含有淫秽、封建迷信、邪教及其他与法律、法规规定相违背的内容，对我国政治、经济、文化、宗教、民族等社会公共利益和公共秩序产生消极的、负面的影响。在行政与司法实践中，判断是否构成"其他不良影响"要考虑多方面因素，不仅要考虑社会、政治、历史背景，文化传统，民族风俗，宗教政策等因素，还要考虑商标的构成及其指定使用的商品或服务，如不能将具有正能量的词汇用在具有消极意义或会产生负面效果的商品或服务类别上。

与会专家特别指出，当前的行政和司法实践关于"不良影响"的立法和执法均有待完善，当前的实践往往将"不良影响"作为兜底条款，将各类不能归到其他条款，但又不能核准注册的商标，均以具有"不良影响"予以撤销、无效或驳回。实际上，根据《商标法》的立法本意，"不良影响"并不是指商品使用者不正当行为产生的不良后果。据此，商标在使用过程中所引起的相关公众的混淆并不属于"其他不良影响"的含义范围。因此，本案并不适用《商标法》第10条第1款第（8）项的规定，不属于"其他不良影响"。

　　以上意见系基于委托方提供的资料、根据专家学者发言归纳整理作出，仅供参考。

北京务实知识产权发展中心
2014 年 8 月 22 日

北京市第一中级人民法院行政判决书（摘录）

（2014）一中知行初字第 3545 号

原告：广州市嘉逸酒店管理集团有限公司，住所地××××。

法定代表人：郑景雄，总经理。

委托代理人：黎叶，广东华进律师事务所律师。

委托代理人：韦海加，广东华进律师事务所律师。

被告：中华人民共和国国家工商行政管理总局商标评审委员会，住所地××××。

法定代表人：何训班，主任。

委托代理人：刘佑启，中华人民共和国国家工商行政管理总局商标评审委员会审查员。

第三人海逸酒店企业有限公司，住所地××××。

授权代表：施熙德，董事。

委托代理人：贾强，中国商标专利事务所有限公司商标代理人。

原告：广州市嘉逸酒店管理集团有限公司（以下简称"嘉逸公司"）因商标异议复审行政纠纷一案，不服被告中华人民共和国国家工商行政管理总局商标评审委员会（以下简称"商标评审委员会"）作出的商评字〔2013〕第 123206 号关于第 6475370 号"嘉逸酒店"商标异议复审裁定（以下简称"第 123206 号裁定"），向本院提起行政诉讼。本院受理后依法组成合议庭，并依照《中华人民共和国行政诉讼法》第 27 条之规定，通知海逸酒店企业有限公司（以下简称"海逸公司"）作为本案第三人参加诉讼。

......

[由于篇幅原因，本文未收录判决证据查明部分，详细内容可根据判决号进行查询]

......

本院认为：

　　根据 2013 年 8 月 30 日第十二届全国人民代表大会常务委员会第四次会议《关于修改〈中华人民共和国商标法〉的决定》第三次修正的《中华人民共和国商标法》（以下简称"2014 年《商标法》"）已于 2014 年 5 月 1 日起施行，但鉴于本案被诉的第 123206 号裁定的作出日处于 2001 年《商标法》施行期间，因此，本案应适用 2001 年《商标法》进行审理。

　　基于当事人的诉辩主张，本案的争议焦点在于：

　　一、被异议商标的注册是否违反 2001 年《商标法》第 10 条第 1 款第（8）项。

　　根据 2001 年《商标法》第 10 条第 1 款第（8）项的规定，有害于社会主义道德风尚或者有其他不良影响的标志不得作为商标使用。该条款所述情形是指商标的"标志"本身的注册使用有害于道德风尚或对国家政治、经济、文化、宗教、民族等社会公共利益和公共秩序产生消极的、负面的影响。本案中，被异议商标的"标志"由汉字"嘉逸酒店"构成，其本身并无不良含义和负面影响。因此，商标评审委员会认定被异议商标的注册未违反 2001 年《商标法》第 10 条第 1 款第（8）项的规定并无不当。原告相关诉讼理由缺乏根据，其主张本院不予支持。

　　二、被异议商标的注册是否违反 2001 年《商标法》第 31 条的规定。

　　根据 2001 年《商标法》第 31 条的规定，申请商标注册不得损害他人现有的在先权利，也不得以不正当手段抢先注册他人已经使用并有一定影响的商标。

　　该条规定的在先权利包括商号权，但认定被异议商标的注册损害他人在先商号权，应以他人确实享有在先商号权且在相关商品或服务领域具有一定知名度，从而被异议商标的注册与使用容易导致相关公众产生混淆，致使该商号权人的利益可能受到损害为前提要件。该条规定的"不得以不正当手段抢先注册他人已经使用并有一定影响的商标"的情形亦应以他人在被异议商标注册申请前已经在相关商品或服务上使用该商标并且具有一定影响为前提。值得注意的是，具有独立民事权利能力的主体在在先商号权益和在先使用所产生商标权益的享有和归属上亦具有独立性，母公司并不必然享有限公司或其他关联公司所享有的权利和权益，亦不能仅基于关联身份而代其主张。本案中，嘉逸公司提供的证据多数并非体现其自身在先使用"嘉逸酒店"商号及其知名度，或自身在先使用"嘉逸酒店"商标及其影响力。嘉逸公司提供的证据尚不足以证明嘉逸公司在被异议商标申请注册日前其"嘉逸酒店"商号已经具有一定知名度，亦不足以证明在被异议商标申请注册日前其已经在先使用"嘉逸酒店"商标并具有一定影响力。因此，嘉逸公司认为被异议商标的注册损害其在先商号权，被异议商标系以不正当手段抢先注册其已经使用并有一定影响商标的诉讼理由缺乏根据，本院不予支持。商标评审委员会认定被异议商标的注册未违反2001年《商标法》第31条的规定并无不当。

此外，尽管先后注册的商标之间并不存在当然的延续关系，商标评审委员会在第123206号裁定中将被异议商标系在第1304839号"嘉逸酒店"的基础提出注册申请作为不应认定被异议商标违反2001年《商标法》第31条规定的理由之一确有不当，但这并未影响认定结论的正确性。

综上，商标评审委员会作出的第123206号裁定结论正确，本院应予维持。依照《中华人民共和国行政诉讼法》第54条第（1）项之规定，本院判决如下：

维持中华人民共和国国家工商行政管理总局商标评审委员会作出的商评字〔2013〕第123206号关于第6475370号"嘉逸酒店"商标异议复审裁定。

案件受理费人民币100元，由原告广州市嘉逸酒店管理集团有限公司负担（已缴纳）。

如不服本判决，原告广州市嘉逸酒店管理集团有限公司、被告中华人民共和国国家工商行政管理总局商标评审委员会可在本判决书送达之日起15日内，第三人海逸酒店企业有限公司可在本判决书送达之日起30日内，向本院递交上诉状及副本，并交纳上诉案件受理费人民币100元，上诉于中华人民共和国北京市高级人民法院。

审　判　长　毛天鹏
代理审判员　孟　斌
人民陪审员　郭灵东
2015 年 4 月 20 日
书　记　员　冯晓俐

附件 04 −2

北京市高级人民法院行政判决书（摘录）

（2015）高行（知）终字第 3785 号

上诉人（原审原告）：广州市嘉逸酒店管理集团有限公司，住所地×× ××。

法定代表人：郑景雄，总经理。

委托代理人：黎叶，广东华进律师事务所律师。

委托代理人：区文峰，广东华进律师事务所实习律师，住××××。

被上诉人（原审被告）：中华人民共和国国家工商行政管理总局商标评审委员会，住所地××××。

法定代表人：何训班，主任。

委托代理人：刘佑启，中华人民共和国国家工商行政管理总局商标评审委员会审查员。

原审第三人：海逸酒店企业有限公司，住所地××××。

授权代表：施熙德，董事。

上诉人广州市嘉逸酒店管理集团有限公司（以下简称"嘉逸公司"）因商标异议复审行政纠纷一案，不服中华人民共和国北京市第一中级人民法院（以下简称"北京市第一中级人民法院"）（2014）一中知行初字第 3545 号行政判决，向本院提起上诉。本院于 2015 年 10 月 26 日受理后，依法组成合议庭审理了本案。2015 年 12 月 11 日，上诉人嘉逸公司的委托代理人黎叶到庭接受了本院询问。本案现已审理终结。

……

[由于篇幅原因，本文未收录判决证据查明部分，详细内容可根据判决号进行查询]

……

本院认为：

根据《中华人民共和国立法法》第 93 条规定："法律、行政法规、地方性法规、自治条例和单行条例、规章不溯及既往，但为了更好地保护公民、法人和其他组织的权利和利益而作的特别规定除外。"本案商标评审委员会在2014年5月1日前依据2001年10月修订的《商标法》作出第123206号裁定，而2013年8月修订的《商标法》自2014年5月1日起施行，因此本案应适用2001年10月修订的《商标法》进行审理。

根据2001年《商标法》第10条第1款第（8）项的规定，有害于社会主义道德风尚或者有其他不良影响的标志不得作为商标使用。申请注册的商标是否属于"有害于社会主义道德风尚或者有其他不良影响的标志"，通常是指申请注册的商标标志本身是否"有害于社会主义道德风尚或者有其他不良影响"，一般不包括该标志作为商标使用时可能导致的混淆误认。在审查判断有关标志是否构成具有其他不良影响的情形时，应当考虑该标志或者其构成要素是否可能对我国政治、经济、文化、宗教、民族等社会公共利益和公共秩序产生消极、负面影响。如果有关标志的注册仅损害特定民事权益，由于《商标法》已经另行规定了救济方式和相应程序，不宜认定其属于具有其他不良影响的情形。本案中，被异议商标标志由汉字"嘉逸酒店"构成，其本身并无不良含义和负面影响，嘉逸公司也未提供证据证明被异议商标的标识将对我国的社会公共利益和公共秩序产生消极、负面影响，而被异议商标是否导致消费者的混淆误认不属于2001年《商标法》第10条第1款第（8）项规定的调整范围。因此，嘉逸公司有关被异议商标依据2001年《商标法》第10条第1款第（8）项规定不应核准注册的上诉理由依据不足，本院不予支持。

2001年《商标法》第31条规定："申请商标注册不得损害他人现有的在先权利，也不得以不正当手段抢先注册他人已经使用并有一定影响的商标。"审查判断诉争商标是否损害他人现有的在先权利时，对于《商标法》已有特别规定的在先权利，按照《商标法》的特别规定予以保护；《商标法》虽无特别规定，但根据《民法通则》和其他法律的规定属于应予保护的合法权益的，应当根据该概括性规定给予保护。根据《最高人民法院关于审理不正当竞争民事案件应用法律若干问题的解释》第6条规定，具有一定的市场知名度、为相关公众所知悉的企业名称中的字号可以认定为《中华人民共和国反不正当竞争法》第5条第（3）项规定的"企业名称"。这表明符合法定条件的企业字号或商号受《中华人民共和国反不正当竞争法》第5条保护，其属于受法律保护的民事权益，亦属于《商标法》第31条规定的"在先权利"。在判断在后商标的注册是否构成对《商标法》第30条所规定的他人现有在先商号权益的损害时，通常应考虑他人在先使用的商号在在后商标申请日之时是否具有一定的市场知名度并为相关公众及在后商标注册人所知悉，他人在先商号所使用并据以产生知名度的商品或服务与在后商标所指定或核定使用的商品或服务是否相同或相类似，以及他人在先商号与在后商标是否相同或相近似等因素。审查判断诉争商标是否损害他人现有的在先权利，一般以诉争商标申请日为准。如果在先权利在诉争商标核准注册时已不存在的，则不影响诉争商标的注册。在判断某一商标的注册是否构成《商标法》第30条所规定的以不正当手段抢先注册他人已经使用并有一定影响的商标时，通常应须考虑他人未注册商标于该商标申请日之前是否已经使用并有一定影响，该商标与他人的未注册商标是否相同或者近似，该商标所使用的商品或者服务与他人的未注册商标所使用的商品或者服务是否相同或者类似，该商标的申请人是否具有恶意等因素。如果申请人明知或者应知他人已经使用并有一定影响的商标而予以抢注，即可认定其采用了不正当手段。在中国境内实际使用并为一定范围的相关公众所知晓的商标，即应认定属于已经使用并有一定影响的商标。有证据证明在先商标有一定的持续使用时间、区域、销售量或者广告宣传等的，可以认定其有一定影响。对于已经使用并有一定影响的商标，不宜在不相类似商品上给予保护。本案中，嘉逸公司提供的证据可以证明在被异议商标申请注册日前，嘉逸公司将"嘉逸"作为商号及商标或其主要组成部分，在与被异议商标指定使用服务相同或类似服务上经过实际使用已经具有一定影响和知名度，"嘉逸"已经构成嘉逸公司在先使用并具有一定影响和知名度的商号和商标，故被异议商标侵犯了嘉逸公司在先商号权，同时构成对嘉逸公司在先使用并有一定影响的商标的抢注。商标评审委员会及原审法院有关被异议商标未侵犯嘉逸公司在先商号权及未构成对嘉逸公司在先使用并有一定影响的商标的抢注的认定错误，本院予以纠正。嘉逸公司有关被异议商标违反《商标法》第31条规定的上诉理由成立，本院予以支持。

综上，嘉逸公司有关被异议商标违反《商标法》第31条规定的上诉主张部分具有事实及法律依据，其上诉请求本院予以支持。原审判决及商标评审委员会认定被异议商标未侵犯嘉逸公司在先商号权及未构成对嘉逸公司在先使用并有一定影响的商标的抢注错误，本院予以纠正。商标评审委员会应当在本院相关认定的基础上重新作出复审裁定。同时，鉴于本案出现了诉讼新证据，故嘉逸公司应承担全部诉讼费用。依据《中华人民共和国行政诉讼法》第89条第1款第（2）项、第3款之规定，判决如下：

一、撤销中华人民共和国北京市第一中级人民法院（2014）中知行初字第3545号行政判决；

二、撤销中华人民共和国国家工商行政管理总局商标评审委员会于2013年12月2日作出的商评字〔2013〕第123206号《关于第6475370号"嘉逸酒店"商标异议复审裁定书》；

三、中华人民共和国国家工商行政管理总局商标评审委员会重新就第6475370号"嘉逸酒店"商标作出异议复审裁定。

一、二审案件受理费各人民币100元，均由广州市嘉逸酒店管理集团有限公司负担（已缴纳）。

本判决为终审判决。

审　判　长　刘晓军

代理审判员　陶　钧

代理审判员　樊　雪

2015 年 12 月 17 日

书　记　员　张见秋

书　记　员　张　倪

案例 05

关于"拉菲庄园"商标争议行政纠纷专家研讨会法律意见书

务实（2014）第 010 号

　　受南京金色希望酒业有限公司委托，北京务实知识产权发展中心于 2014 年 8 月 29 日召开了"关于'拉菲庄园'商标争议行政纠纷专家研讨会"。原国家工商行政管理总局商标局副局长、原国家工商行政管理总局商标评审委员会副主任欧万雄，原国家工商行政管理总局商标局副巡视员董葆霖，原国家工商行政管理总局商标评审委员会副巡视员杨叶璇，北京大学知识产权学院教授、博士生导师郑胜利，中国社会科学院法学研究所研究员、博士生导师、中国科学院大学法律与知识产权系主任、中国知识产权研究会副理事长李顺德，中国政法大学知识产权研究所所长、民商法学院教授、博士生导师来小鹏，中国人民大学法学院副教授张广良，务实知识产权发展中心主任程永顺等资深知识产权法律专家、学者参加了研讨。

　　研讨会由北京务实知识产权发展中心主任程永顺主持。

　　参与本案研讨的专家们在认真审阅委托方提供的与本案有关的材料、了解案件相关背景情况的基础上，围绕对于外文商标的中文译文应当如何保护，其保护范围如何界定；实践中《商标法》第 28 条一般适用于对"已经注册的或者初步审定的商标相同或者近似的商标"的撤销理由，本案中，能否认为"争议商标（'拉菲庄园'）与引证商标（'LAFITE'）构成使用在相同或者类似商品上的近似商标；商标评审委员会及一审法院认为其注册违反了《商标法》第 28 条的规定是否恰当；金色希望公司从 2005 年起连续大量使用"拉菲庄园"商标，经过长期经营，已经形成了稳定的市场秩序，根据上述意见的精神，对于"拉菲庄园"商标应当如何评判和考量等与本案相关的法律问题进行了深入研讨，并充分发表了各自的意见。

一、背景情况

（一）争议商标"拉菲庄园"的基本情况

第 4578349 号"拉菲庄园"商标（即"争议商标"，见下图）于 2005 年 4 月 1 日，由南京金色希望酒业有限公司（以下简称"金色希望公司"）向国家工商行政管理总局商标局（以下简称"商标局"）提出申请，2007 年 11 月 14 日核准注册，核定使用的商品类别为《商品注册用商品和服务国际分类》（以下简称"国际分类"）第 33 类"葡萄酒；酒（饮料）；果酒（含酒精）；蒸馏酒精饮料；苹果酒；含酒精液体；含水果的酒精饮料；米酒；青稞酒；料酒"。商标的有效期至 2017 年 11 月 13 日。

第 4578349 号"拉菲庄园"商标

（二）引证商标"LAFITE"的基本情况

第 1122916 号"LAFITE"商标（即"引证商标"，见下图）于 1996 年 10 月 10 日由尚杜·拉菲特罗兹施德民用公司（2011 年更名为拉菲罗斯柴尔德酒庄）向商标局提出注册申请，1997 年 10 月 28 日核准注册，核定使用的商品类别为国际分类第 33 类"含酒精饮料（啤酒除外）"。2007 年，尚杜·拉菲特罗兹施德民用公司对该商标申请续展，该商标的有效期已续展至 2017 年 10 月 27 日。

第 1122916 号"LAFITE"商标

（三）商标争议的基本情况

2011 年 8 月 24 日，申请人拉菲罗斯柴尔德酒庄对被申请人金色希望公司注册的第 4578349 号"拉菲庄园"商标提出争议申请。

申请人的主要理由：1. 申请人是世界知名的葡萄酒生产商，申请人在中国市场上进行了长期广泛的销售，且早在 1996 年就申请并获准注册了第 1122916 号"LAFITE"商标（引证商标），而"拉菲"是引证商标对应的中文翻译。请求依据《商标法》第 14 条规定，认定引证商标及中文"拉菲"为驰名商标。2. 争议商标与引证商标、"拉菲"构成类似商品上的近似商标。3. 争议商标是对驰名的引证商标的翻译，对"拉菲"商标的抄袭和模仿。4. 争议商标侵犯了申请人对"LAFITE""拉菲"享有的在先企业名称权。5. 争议商标是以不正当竞争手段恶意抢注申请人在先使用并有一定影响的商标。6. 争议商标的注册具有明显恶意，且会产生不良的社会影响。

被申请人答辩的主要理由：申请人"LAFITE"商标的中文译法为"拉斐"和"拉斐堡"，其与争议商标不近似。争议商标的注册和使用时间早于申请人的商标。申请人对"拉菲"不拥有在先权益，其字号不应对争议商标构成在先权利。申请人证据不能支持其主张。争议商标的注册合法，未违反《商标法》有关的规定。

申请人向商标评审委员会提交的主要证据：

1. 酒庄官方网站介绍、1855 年列级酒庄目录、申请人在法国在先注册的"LAFITE""CHATEAU LAFITE ROTHSCHILD"商标的注册证及续展文件、申请人在世界范围内申请和注册带有"LAFITE"文字的商标列表及翻译、申请人的"LAFITE"、拉菲产品宣传材料、产品照片。

2. 国家质量监督检验检疫总局于 2006 年 5 月 13 日、6 月 9 日颁发给美夏国际贸易（上海）有限公司（以下简称"美夏公司"）的进出口食品标签审核证书，证书上载明的品牌/品名为拉菲传奇系列葡萄酒，该证书所附标签载有对产品的中英文说明，记载：罗斯柴尔德家族酿造了此款令人愉悦的易于饮用的葡萄酒，此款拉菲传奇……等文字，并记载原产国为法国。

3. 上海商检认证服务有限公司于 2008 年 1 月 28 日给美夏公司出具的进口食品标签咨询报告，报告上载明的品牌/品名为拉菲珍藏系列葡萄酒，该咨询报告所附的标签版式有对产品的中英文说明，记载有：拥有拉菲古堡的罗斯柴尔德家族……等文字，并记载原产国为法国。

4. 2008 年 9 月、2009 年 2～5 月海关保税区进境货物备案清单及报关单，其中涉及的货物包括拉菲珍藏系列葡萄酒、拉菲传奇系列葡萄酒等。

5. 申请人与中国香港 OMTIS LTD 公司签订的"LAFITE"产品在中国大陆、中国香港、中国澳门、越南的英文经销协议及 OMTIS LTD 公司出具的声明，时间为 1994 年 2 月 4 日、2009 年 10 月 19 日。

6. 2008 年 1 月 1 日尚杜·拉菲特罗兹施德民用公司与美夏公司签订的商

标许可使用合同，其中包括引证商标。

7. 美夏公司与其他经销商于 2007 年、2009 年签订的经销合同，未体现"LAFITE"商标。

8. 申请人与上海名特国际贸易有限公司以及美夏公司之间的销售发票，发票上记载有"LAFITE"的标识，其中涉及的产品包括 CHATEAU LAFITE ROTHSCHILD，时间为 1999～2002 年、2004～2007 年。

9. 家乐福超市刊物刊登的促销日期为 2006 年 4 月 15 日～4 月 30 日的小拉菲干红葡萄酒的产品销售图片；麦德龙国际葡萄酒节会刊上刊登的拉菲传奇葡萄酒的照片，该会刊上记载有"整箱购买，50% 特惠让利，有效期为 2005 年 12 月 8 日～2006 年 1 月 4 日"的字样。

10. 香格里拉酒店的红葡萄酒酒单，其中包括罗斯柴尔德拉菲；美夏公司与上海城市超市关于"LAFITE 传说波尔多红"酒的促销计划；申请人在中国香港的客户名单；申请人总裁在上海访问时与申城名流品饮"LAFITE"葡萄酒的新闻报道；"悦"刊刊登的关于拉菲酒庄历史的介绍。

11. 《天下美食》（2008 年（2 期）、2009 年、2010 年共 4 期）《艺术家》（2008 年 6 月第 6 期）等杂志、报纸、期刊对"拉菲 LAFITE"的宣传和介绍："BEIJING TALK"（2006 年 12 月第 15 期、第 19 期、2008 年 6 月）报纸刊登的"LAFITE"葡萄酒的销售广告。

12. 1983 年 4 月 13 日及 8 月 10 日出版的 1983 年第 2 期、第 3 期《酿酒科技》上刊登的《葡萄女王拉斐堡及纽约评酒会》（上）（下）的文章，其中提到拉斐堡（CHATEAU LAFITE）葡萄园，并记载：1855 年法国官方评定波多尔美多克的葡萄美酒，拉斐堡居四魁之首，以此奠定了酒史上的崇高地位……使拉斐美酒继续驰名世界……

13. 2001 年第 3 期《中外轻工科技》刊登的《如何分辨真伪葡萄酒》的文章，其中提到：例如 1982 年的拉斐（Lafite）等内容。1996 年第 9 期《国际市场》中刊登的《魅力永存的法国红葡萄酒》，其中提到：Lafite 的酒陈放 20 年以后品尝，口感饱满……1999 年 5 月《CHINA DRINKS》刊登的《葡萄酒与投资》一文中提到法国波尔多红葡萄酒包括拉菲特（Lafite）。2002 年第 6 期《中外葡萄与葡萄酒》刊登的《法国波尔多的葡萄与葡萄酒——酒庄的分类与等级》一文中提到 Lafite。2002 年第 3 期《法语学习》刊登的《法国葡萄酒简介》一文记载有 CHAEAU LAFITE ROTHSCHILD 拉菲特堡干红的内容。21 食品商务网刊登的 2004 年 5 月 25 日《拉菲等巨头即将合力打造顶级精品酒庄》一文提到法国最著名的五大酒庄之一——波尔多一级酒庄拉菲（Chateau Lafite）。

14. 2005 年 2 月 7 日《民营经济报》刊登的《顶级葡萄酒的收藏与投资》一文中提到：典型的是法国拥有悠久历史的著名酒庄，如波尔多的伊甘酒庄，以及五大顶级酒庄拉菲、拉图、玛歌、木桐和奥比安，都是历史形成的名庄。2006 年 10 月 30 日《21 世纪经济报道》刊登的《好酒之最》一文中：36 瓶 1996 年的 Chateau Lafite Rothschild，每瓶 700 欧元。2007 年 4 月 23 日《21 世纪经济报道》刊登的《好酒是拿来分享的》一文提到 Chateau Lafite Rothschild（拉菲罗施尔德庄园）、一些电影中也是以 Chateau Lafite Rothschild 作为法国顶级红酒的代名词，比如"1982 年的拉菲，在过去已经卖了 20 多年，全世界现在不知道还剩下多少"等内容。2008 年 1 月 5 日的《商务周刊》刊登的《作为收藏的葡萄酒》一文中提到 Lafite。

15. 网络上关于拉菲 LAFITE 红酒的介绍文章（共 47 篇，2005 年 4 月 1 日以前两个网站转载内容相同的文章）。

16. 百度百科关于拉菲、Lafite 的介绍；维基百科关于拉菲酒庄的介绍；百度新闻中关于拉菲 LAFITE 为关键词的搜索结果；（2013）长中民五初字第 0518 号民事判决书；波尔多葡萄酒行业协会出具的声明；涉及"拉斐""拉斐尔"商标争议的裁定等。

金色希望公司提供的主要证据：其公司及关联公司的营业执照复印件及商品检验报告。

商标评审委员会认为：1. 申请人在案证据表明，在争议商标申请注册之前，国内刊物即已开始介绍申请人及其生产的"LAFITE"葡萄酒，并将"LAFITE"译为"拉菲特"，或将"CHATEAU LAFITE"译为"拉斐堡"。经多年宣传，上述商标已形成对应关系，且金色希望公司亦认同拉菲罗斯柴尔德酒庄"LAFITE"商标的中文译法为"拉斐"和"拉斐堡"。此后，国内媒体又将"LAFITE"译为"拉菲"进行宣传报道，拉菲罗斯柴尔德酒庄在销售活动中也将"拉菲"作为音译词使用，并且在葡萄酒市场上形成较高的知名度，作为经营葡萄酒商品的同行业竞争者，金色希望公司理应知晓拉菲罗斯柴尔德酒庄及其商标的使用情况，应有合理避让，却仍在葡萄酒等类似商品上注册了与第 1122916 号"LAFITE"商标（以下简称"引证商标"）对应的中文译法"拉菲特""拉斐""拉菲"相近似的争议商标"拉菲庄园"，其行为难谓正当。因此，争议商标已经与引证商标构成类似商品上的近似商标，其注册使用易使消费者认为其所标示的产品来自申请人或与申请人存在某种关联的企业，违反了《中华人民共和国商标法》（以下简称《商标法》）第 28 条的规定。

2. 本案已无认定 LAFITE 商标为驰名商标的必要，故不再适用《商标法》

第 13 条的规定审理本案，亦不再依据《商标法》第 31 条关于"不得以不正当手段抢先注册他人已经使用并有一定影响的商标"之规定进行评审。

3. 争议商标未违反《商标法》第 31 条有关"申请商标注册不得损害他人现有的在先权利"的规定。

4. 争议商标本身不至于产生有害于社会主义道德风尚或者其他不良社会影响的效果，即未违反《商标法》第 10 条第 1 款第（8）项的规定。

另外，金色希望公司关于争议商标的注册和使用时间早于 LAFITE 商标之主张缺乏证据佐证，商标评审委员会不予支持。

2013 年 9 月 2 日，商标评审委员会依据原《商标法》第 28 条、第 41 条第 3 款、第 43 条的规定裁定争议商标予以撤销。

（四）一审行政诉讼的基本情况

金色希望公司不服中华人民共和国国家工商行政管理总局商标评审委员会（以下简称"商标评审委员会"）作出的商评字〔2013〕第 55856 号关于第 4578349 号"拉菲庄园"商标争议裁定，于法定期间内向北京市第一中级人民法院提起行政诉讼，法院于 2013 年 10 月 21 日受理后，于 2014 年 2 月 25 日公开开庭进行了审理，于 2014 年 8 月 5 日作出一审判决。

金色希望公司认为：

1. 被告认定争议商标与引证商标构成近似商标属于认定事实错误

（1）外文商标与中文商标是否形成对应关系要以外文商标权利人对其商标所进行的实际使用而形成的公众认知为依据，而被告根据有限的几篇科技类文章中作者对于引证商标文字的翻译即认定引证商标与"拉菲特"形成一一对应关系显然属于认定事实错误。

引证商标属于法文，争议商标属于中文，二者分属不同的语言文字。本案表面上是在适用《商标法》第 28 条给予引证商标进行保护，而实际上是对引证商标可以对应的中文文字进行未注册商标的保护。我国《商标法》对于未注册商标进行保护时适用的是《商标法》第 13 条和第 31 条，这两条法律条文均要求未注册商标进行了使用并且具有一定知名度，才有保护的必要。本案第三人在争议商标申请日之前，并未对引证商标进行一一对应的中文名称进行使用，因此，不应当得到法律的保护。

最高人民法院（2010）知行字第 48 号驳回再审申请通知书即关于第 3492439 号"索爱"商标行政争议案件（"索爱"是否与"Sony Ericsson"形成一一对应关系）、最高人民法院（2009）民申字第 313 号再审裁定书即"伟哥"商标民事案件（"伟哥"是否与"Viagra"形成一一对应关系）两个案例，最高人民法院均认为外文商标与中文商标形成一一对应关系必须是商标权人对商标进行了主动性使用，仅仅是媒体的报道不能认定外文商标与中文商标形成对应关系。因此，被告将有限的几篇文章中的翻译认定为第三人的使用行为并认定为"经过多年宣传"形成对应关系显然缺乏事实依据和法律依据，属于认定事实和适用法律错误。

（2）商标是否近似应当以引证商标为比对对象，而被告在诉争裁定中首先确定引证商标与"拉菲特""拉斐"形成对应关系，进一步认为争议商标与"拉菲特""拉斐"近似，从而得出争议商标和引证商标近似的结论。被告的这一比对方法显然违反了商标近似判断的最基本的比对规则，缺乏相应的法律予以支持。

（3）引证商标的含义为"小山丘"，争议商标无含义，因此，两商标含义不同。

2. 中国法律不应当为外文商标在中国预留不特定的中文文字组合商标

争议商标和引证商标属于不同语种的文字，所以在发音上一般不会形成一一对应的关系，只有经过外文商标权利人主动性的、长期的、大量的使用，使得相关公众均认可外文与相应的中文形成一一对应关系时，才能以此禁止他人注册、使用相应的中文商标。

从本案事实来看，第三人提交的所有证据，均不能证明其在争议商标申请日之前将引证商标翻译为"拉菲"进行使用，甚至不能证明在争议商标申请日之前，第三人对引证商标进行了使用。我国《商标法》对商标的保护遵循注册在先原则，原告对于争议商标的注册和使用均早于第三人对"拉菲"的使用，在此事实基础上，第三人应当尊重中国法律和客观事实，容忍其既不注册又不使用相应中文标识所带来的不利后果，然而，第三人却恶意撤销他人在先商标，强行掠夺他人商标权。其在实际使用时，不但不避让他人在先商标权，而是恶意将其外文商标翻译为与原告商标相对应的文字，足见其霸权逻辑。

中国法律没有理由为外文商标预留某些中文文字组合作为其今后开展业务的需要，外文商标权人也不能对外文商标想怎么翻译就怎么翻译，应当充分尊重他人在先权利。

3. 争议商标经过原告长期大量的使用，已经建立较高市场声誉并形成相关公众群体，从维护稳定的市场秩序方面出发，被告撤销原告商标显然错误

争议商标于 2002 年投入使用，至今已使用 10 余年。原告投入大量人力、物力、财力对争议商标进行推广，推广方式包括中央电视台、全国糖酒商品交易会（30 余次）、户外广告、网络推广等。经过原告对争议商标的推广，现争议商标商品已经覆盖到全国 32 个省、自治区、直辖市，拥有代理商、经

销商 500 余家，在全国开设 60 余家专卖店。原告基于对商标行政授权行为的信赖所形成的利益以及所形成的市场秩序，应当得到法律保护。

商标评审委员会认为：第 55856 号决定认定事实清楚，适用法律正确，审理程序合法，请求人民法院予以维持。

拉菲罗斯柴尔德酒庄认为：同意被告的意见。本案中，第三人在商标评审阶段已经提交了足够的证据，能够证明争议商标与引证商标构成近似，请求人民法院判决维持第 55856 号决定。

金色希望公司一审提交的新证据包括：

1. (2011) 一中行知初字第 2884 号行政判决书，证明被告认定引证商标"LAFITE"与"拉斐""拉斐特"形成对应关系属于认定事实错误。

2. 7 份争议商标许可使用合同，证明争议商标许可给了南京华夏葡萄酿酒有限公司、南京拉菲庄园酒业有限公司、合肥真酿轩酒业销售有限公司、深圳市骏腾酒业有限公司、上海亿而达实业有限公司、杭州佩伦贸易有限公司、上海昊建实业有限公司 7 家全国运营商进行使用。

3. 关于争议商标销售方面的证据，包括附随单据、发票、部分进出口公司的证明、部分出入境检验检疫卫生证书、海关进口货物报关单、出入境检验检疫入境货物通关单。其中进出口公司出具的证明载明代理金色希望公司进口含有"拉菲庄园"商标的产品或者载明代理进口法国的原瓶酒进口业务。出入境检验检疫卫生证书载明的产地为法国，启运地包括法国、西班牙、品名为拉菲庄园系列葡萄酒、时间跨度在 2011 年至 2013 年。部分海关进口货物报关单记载的商品名称为拉菲庄园系列红葡萄酒（LAFEI MANOR）、产区为法国波尔多法定产区及朗格多克法定产区、原产国（地）为法国、酒庄名为拉菲庄园。

4. 关于争议商标商品销售范围的证据，包括部分销售发票、部分专卖店照片及证明材料。

5. 部分 2007～2013 年电视和网络广告、部分 2005～2013 年展会方面的证据、部分报纸及杂志广告、赞助活动广告合同、现场照片、拍品手册、宣传册、户外灯箱广告、车体广告、挂历照片。其中的部分照片显示"拉菲庄园"与"LAFEI MANOR"共同使用，并有"品位法国经典""法国原瓶进口"的字样。照片显示其现场广告牌上的葡萄酒有单独使用"LAFEI MAN-OR"的情形。部分广告材料上亦显示其酒瓶上有单独使用"LAFEI MANOR"的情况。有相当部分专卖店招牌上亦显示"拉菲庄园"与"LAFEI MANOR"共同使用，并有"法国原瓶进口"或者"法国原瓶原装进口"等字样。部分宣传材料显示产品为原瓶进口礼盒装，生产地址为法国波尔多，生产厂家为南京拉菲庄园酒业有限公司。部分宣传材料显示有"拉菲庄园 LAFEI MAN-OR——岁月的沉淀法国原瓶进口"的字样。宣传册上记载有"拉菲庄园——世界关注的焦点、上帝偏爱的葡萄酒终于来到了中国。南京拉菲庄园酒业有限公司作为拉菲庄园法国原瓶进口葡萄酒的中国运营商,主要从事波尔多地区的葡萄酒销售以及葡萄酒文化推广事业""拉菲庄园葡萄酒采用法国波尔多珍贵葡萄品种,葡萄种植采用传统工艺,秉承严格的质量监督制度、遵从法律法规、关注气候、土壤、湿度等客观因素作用;通过波尔多特殊政策的扶持,不使用化学药物和肥料,细心的人工栽培,葡萄完全成熟后才采摘"等内容。宣传册上显示的葡萄酒单独使用"LAFEI MANOR"标识,产区包括:法国波尔多法定产区、法国超级波尔多、法国奥克产区。

6. 第 8 届、第 9 届东盟商务与投资峰会指定用酒证书、第 18 届鲁台经贸洽谈会指定葡萄酒证书、2012 年国际名酒饮品博览会暨国际竞赛(IBEC)金奖证书。

7. 争议商标部分产品照片及南京华夏葡萄酿酒有限公司照片。部分拉菲庄园葡萄酒包装盒或者酒瓶上显示有"Since 1992""1992""1994""1995""1996"等字样。

拉菲罗斯柴尔德酒庄在一审中提交的新证据包括:

1. 成都市中级人民法院作出的(2012)成民终字第 1149 号、第 1153 号民事判决书;

2. 法国驻华大使馆经济处主任、公使街参赞罗伟仁(Jean Leviol)给商标评审委员会主任的公函及法国律师出具的备忘录及 6 份附录和相关翻译;

3. 1855 年波尔多列级庄委员会的《声明》。

一审法院经审理认为:

1. 关于本案的法律适用

虽然 2013 年 8 月 30 日修正的《中华人民共和国商标法》已于 2014 年 5 月 1 日施行,但鉴于本案第 55856 号裁定的作出时间处于 2001 年《商标法》施行期间,故依据《中华人民共和国立法法》第 84 条的规定,本案应适用 2001 年《商标法》进行审理。

2. 争议商标是否违反《商标法》第 28 条的规定

《商标法》第 28 条规定,申请注册的商标,凡不符合本法有关规定或者同他人在同一种商品或者类似商品上已经注册的或者初步审定的商标相同或者近似的,由商标局驳回申请,不予公告。

根据相关法律规定,商标近似,是指两商标文字的字形、读音、含义或者图形的构图及颜色,或者其各要素组合后的整体结构相似,或者其立体形状，颜色组合近似，易使相关公众对商品的来源产生误认或者认为其来源有特定的联系。本案中，争议商标为"拉菲庄园"，其中的"庄园"二字使用在葡萄酒等商品上显著性较弱，"拉菲"二字为争议商标的主要部分。引证商标为"LAFITE"。根据拉菲罗斯柴尔德酒庄提供的其与上海名特国际贸易有限公司以及美夏公司之间的销售发票，引证商标的商品早在 1999 年就进入中国市场。早在 20 世纪 80 年代，国内的相关刊物就开始介绍第三人及其生产的"LAFITE"葡萄酒，并将"LAFITE"译为"拉斐"或者"拉菲特"，将"CHATEAU LAFITE"译为"拉斐堡"或者"拉菲特堡"。而在争议商标申请日之前，亦有相关的媒体将"LAFITE"译为"拉菲"，如 21 食品商务网刊登的 2004 年 5 月 25 日《拉菲等巨头即将合力打造顶级精品酒庄》以及 2005 年 2 月 7 日《民营经济报》刊登的《顶级葡萄酒的收藏与投资》等。无论是将"LAFITE"译为"拉斐""拉菲"或者"拉菲特"，均系从音译的角度对该词进行的翻译，而音译系根据发音进行的语言转换。通过相关媒体的介绍，结合第三人的"LAFITE"葡萄酒早在争议商标注册日之前就进入中国市场的情况，国内的相关公众能够了解到"LAFITE"葡萄酒属于名贵酒，亦了解到"LAFITE"呼叫为"拉斐""拉菲特"或者"拉菲"。此后，第三人在销售活动中也将"拉菲"作为"LAFITE"对应的音译词使用，并具有较高的知名度。原告将与引证商标对应的音译"拉斐""拉菲""拉菲特"相同或者近似的文字"拉菲"作为主要部分申请注册争议商标，指定使用在与引证商标核定使用的商品相同或者类似的商品上，容易使相关公众认为这些商品具有相同的来源或者其来源之间具有密切的联系，从而对商品的来源产生误认。因此，争议商标与引证商标构成使用在相同或者类似商品上的近似商标，其注册违反了《商标法》第 28 条的规定，依法应当予以撤销。原告所述引证商标的含义为"小山丘"的情形不为相关公众所熟悉，相关公众难以从含义上区分两商标，故本院对原告的相关主张不予支持。

原告作为经营葡萄酒商品的同行业竞争者，理应知晓第三人的引证商标及其音译情况，其在申请争议商标注册时应当合理避让，但其仍然在葡萄酒等相同或类似商品上申请注册了与引证商标近似的争议商标，其行为难谓正当。另外，根据原告提交的相关证据，其在实际使用争议商标的过程中，广泛存在将争议商标与"LAFEI MANOR"一并使用的情况，并标示"法国原瓶进口"等字样，客观上使得相关公众更难以将争议商标与引证商标标识的商品之来源进行区分。因此，原告提交的证据难以证明商标经过使用，已经足以使相关公众将其标识的商品之来源与引证商标标识的商品之来源相区分。因此，原告的相关主张不能成立，本院不予支持。原告所述的其他案件情况与本案情况不同，不能成为本案争议商标予以维持的依据。

（五）二审上诉的有关情况

2014 年 8 月 15 日，金色希望公司不服北京市第一中级人民法院（2013）一中知行初字第 3731 号行政判决，提起上诉。

上诉理由：

1. 一审判决认定事实和适用法律错误

（1）第三人 2006 年之后开始使用中文"拉菲"而非 1999 年，不能以第三人尚不能确切证明其 1999 年进入中国市场混淆第三人已经开始使用相应中文标识。

①一审第三人提交的湖南省高级人民法院（2011）湘高法民三终字第 55 号判决书（见第三人 2012 年 9 月 25 日提交的质证意见中补充提交的证据 854 页第 6 行）证实第三人 2006 年才开始将"拉菲"作为引证商标的音译词。

②一审判决认定第三人 1999 年进入中国市场的证据是一家中国香港公司或者法国公司与上海名特国际贸易有限公司之间的销售发票，该证据存在以下问题：

第一，中国香港、法国发票属于形式发票，公司自己用打印机打印，没有国家的监管，随时可以打印，即便是 2014 年，也可以打印 1994 年的发票，可想而知，其本身的客观性即不能得到认定。

第二，中国香港、法国的发票上必须有盖章、签字，并且盖章还是次要的，签字是必须的，但第三人提交的证据并没有签字。即便有盖章、签字，我们也不能核实其真实性。

第三，如果发票确实是真实的，该发票的唯一作用就是报关时作为商品纳税的依据，那么相应的商品就应该有正规的进口报关手续，包括卫检证书、报关单、国税发票等。但第三人自始至终没有提交相对应的完全能直接证明其进口的材料。中国的销售发票有国家监管，一般来说可以作为商标使用的证据，但香港、法国的发票属于形式发票，在没有销售合同、货运单、报关单等材料的辅助证明下，不能证明第三人商品合法地进入了中国市场。

第四，该发票属于外文，形成于中国香港或法国，没有履行必要的翻译、公证、认证等手续即将其作为认定案件事实的关键证据太过草率。

第五，即便第三人完全合法在销售了引证商标葡萄酒，那么也没有使用相应的中文标识"拉斐""拉菲特"或者"拉菲"。

第六，需要特别注意的是，该证据当中的一部分形成时间是 1999 年 4 月 23 日至 2001 年 1 月 15 日（见第三人证据第 448～456 页），但收货方上海名特国际贸易有限公司成立时间是 2001 年 3 月 23 日，由此可见，在上海名特公司尚未成立时中国香港或法国公司即开具了销售发票，不符合常理，也有违中国法律。

（2）中国法律不应当为外文商标在中国预留商标权，有限的几份媒体报道也不能为第三人创设受法律保护的权利或权益。

从 1983 年到 2005 年争议商标申请日之前，在长达 20 多年的时间里，仅有 6 篇文章提到了引证商标，并且这 6 篇文章时间跨度很大，其中的内容也只是对第三人在法国历史的介绍，丝毫没有第三人已经进入中国市场的信息。如果按照一审判决的逻辑，第三人 1999 年进入中国市场，并且在中国知名度很高，那么，相应的报纸、杂志等的介绍绝不仅限于此。

第三人 1996 年申请引证商标时，中文名称为"尚杜·拉菲特罗兹施德民用公司"（见第三人证据第 145 页），这一中文名称一直延续到 2011 年，从 2011 年后第三人才开始将中文名称变更为"拉菲罗斯柴尔德酒庄"（见第三人评审阶段证据交换理由书第 4 页）。这一事实说明第三人对"LAFITE"的官方翻译为"拉菲特"。虽然第三人现在的中文名称是"拉菲罗斯柴尔德酒庄"，但一审法院将第三人简称为"拉菲酒庄"，很容易给人一种错觉。

第三人曾经对第 3278163 号"拉斐"商标提出争议申请（见第三人评审证据第 856～862 页），其认为引证商标和"拉斐"形成唯一对应关系，第 3278163 号"拉斐"商标与引证商标近似，违反了原《商标法》第 28 条之规定，请求被上诉人撤销。上诉人在一审阶段提交的证据一是针对撤销第 3278163 号"拉斐"商标裁定书的行政判决书。法院经审理后认为：仅有的几份报道的翻译，没有相关商标主动使用的证据，也没有第三人主动将"LAFITE"译为"拉斐"的证据，不能证明"LAFITE"与"拉斐"形成了对应关系，最后得出"拉斐"商标与"LAFITE"商标不近似的结论。该判决书现已生效，并且被上诉人已经重新裁定第 3278163 号"拉斐"商标与引证商标"LAFITE"不近似。

现在第 3278163 号"拉斐"商标仍然是有效的注册商标，争议商标"拉菲庄园"已经与该商标在市场中共存多年，这就能充分说明仅仅个别人将引证商标翻译为"拉斐"，不能使第三人就此享有"拉斐"商标的相应权利。

第三人在一审中称，其中文标识的使用经过了一些调整，其最初将引证商标翻译为"拉斐"，后来觉得"拉菲"更合适，于是又翻译为"拉菲"。第三人的这一霸权行为就是其想怎么翻译就怎么翻译，不管前面是否有相同或近似的注册商标的法律障碍。

（3）我国《商标法》对商标的保护遵循注册在先原则，上诉人对于争议商标的注册和使用均早于第三人对"拉菲"的使用，在此事实基础上，第三人应当尊重中国法律和客观事实，容忍其既不注册又不使用相应中文标识所带来的不利后果。

2. 商标近似判断相关公众认知的时间节点应当以 2005 年 4 月 1 日为基准

第三人 1996 年就申请注册了引证商标，但直到 2005 年 4 月 1 日争议商标申请时，国内所有的杂志、网络才有 6 篇提到了第三人。从相关文章内容来看，一种是对第三人在法国历史的一个介绍，一种是第三人要在美国建厂的介绍，完全看不出第三人进入了中国市场。

现在打开百度百科，"lafite" 翻译为了 "拉菲"，但百度百科 2008 年 4 月 1 日才正式发布，目前经过了无数次编辑，编辑到现在，其介绍的内容无异于第三人的网站宣传内容。

3. 商品来源是指商品来源于某一特定主体，而非某一国家或地区，争议商标部分产品来源于法国不应成为造成混淆的要素

《商标法》所讲的商品来源是指商品来源于某一特定主体，而非来源于某一个国家或者地区。虽然第三人在法国登记注册，但其市场上实际销售的商品产地包括智利、阿根廷。上诉人所销售的葡萄酒本来就是法国原瓶进口，上诉人只是进行了客观的标注。上诉人对争议商标的大力宣传与推广、合法的进口行为，不应成为对上诉人不利的因素，更不应该成为混淆的因素。

4. 争议商标授权信赖利益应当得到保护，长期大量使用所形成的稳定市场秩序应当得到维护

争议商标于 2003 年投入使用，至今已使用 10 余年。上诉人投入大量人力、物力、财力对争议商标进行推广，推广方式包括中央电视台、全国糖酒商品交易会（30 余次）、户外广告、网络推广等。经过上诉人对争议商标的推广，现争议商标商品已经覆盖到全国 32 个省、自治区、直辖市，拥有代理商、经销商 500 余家，在全国开设 60 余家专卖店。争议商标产品还被国际名酒饮品博览会评为 "金奖"。

《最高人民法院关于审理商标授权确权行政案件若干问题的意见》第 1 条指出：对于使用时间较长、已建立较高市场声誉和形成相关公众群体的诉争商标，应当准确把握商标法有关保护在先商业标志权益与维护市场秩序相协调的立法精神，充分尊重相关公众已在客观上将相关商业标志区别开来的市场实际，注重维护已经形成和稳定的市场秩序。

上诉人基于对商标行政授权行为的信赖所形成的利益以及所形成的市场秩序，应当得到法律保护。

争议商标一旦被撤销，上诉人近千份经销合同将不能履行，所有的专卖店将关闭，除上诉人巨大的经济投入将被毁灭外，已形成的市场将一片混乱。

第三人只以诉讼成本的投入就攫取了上诉人打下的巨大市场。已经形成的市场秩序将被打破。

5. 我国商标保护制度遵循国民待遇原则。我国《商标法》依然遵循注册在先的保护原则，国外商标如果既不在中国进行注册，又不在中国进行使用，其他任何人都可以进行注册，这不是抢注，这是符合我国《商标法》的合法注册行为。

上诉人提供的新证据：上海市浦东新区市场监督管理局档案室出具证明材料，记载：上海名特国际贸易有限公司，注册号为310115000606540，成立于2001年3月23日，注册资本100100万元人民币，经营范围为各类商品和技术进出口（不另附进出口商品名录），但国家限定公司经营或禁止进出口的商品及技术除外，转口贸易，保税区内企业间的贸易及代理，保税区内商业性简单加工及商务咨询服务（除经纪），保税区内仓储（除危险品）业务，预包装食品（不含熟食卤味、冷冻冷藏），乳制品（不含婴幼儿配方乳粉）。

目前，本案正处于二审上诉阶段。

二、研讨会依据的材料

1. "拉菲庄园"商标及"LAFITE"商标信息；
2. 拉菲罗斯柴尔德酒庄撤销争议商标申请书及相关证据；
3. 商标评审委员会商评字〔2013〕第55856号关于"4578349"号"拉菲庄园"商标争议裁定书；
4. 南京金色希望有限公司向北京市第一中级人民法院提交的行政起诉状；
5. 南京金色希望有限公司向北京市第一中级人民法院提交的相关证据；
6. 拉菲罗斯柴尔德酒庄向北京市第一中级人民法院提交的主要证据及证据目录；
7. 商标评审委员会向北京市第一中级人民法院提交的主要证据及证据目录；
8. 北京市第一中级人民法院（2013）一中知行初字第3731号行政判决书；
9. 南京金色希望有限公司向北京市高级人民法院提交的行政上诉状；
10. 北京市第一中级人民法院（2011）一中行知初字第2884号行政判决书；
11. 北京市高级人民法院（2013）高行知终字第1606号行政判决书。

三、研讨会的主要议题

1. 对于外文商标的中文译文应当如何保护？其保护范围如何界定？

2. 实践中《商标法》第 28 条一般适用于对"已经注册的或者初步审定的商标相同或者近似的商标"的撤销理由，本案中，能否认为争议商标（"拉菲庄园"）与引证商标（"LAFITE"）构成使用在相同或者类似商品上的近似商标？商标评审委员会及一审法院认为其注册违反了《商标法》第 28 条的规定是否恰当？

3. 金色希望公司从 2005 年起连续大量使用"拉菲庄园"商标，经过长期经营，已经形成了稳定的市场秩序，对于"拉菲庄园"商标应当如何评判和考量？

四、专家意见

与会专家围绕上述问题进行了热烈讨论，充分发表了意见。经过归纳整理，形成以下法律意见：

（一）对于外文商标的中文译文应当如何保护？其保护范围如何界定？

与会专家一致认为，自改革开放以来，随着市场经济的不断发展，我国企业逐渐意识到商标对于企业商品销售的重要作用，并开始强调经营自己的品牌。但是，由于我国实行市场经济的时间比较晚，包括商标制度在内的各种制度的建立时间也比较晚，企业对于各种制度并不理解，在实际运营中经历了许多误区。在商标制度中的表现为：企业一方面开始着手经营自己的商标，另一方面，不知道应当使用什么样的商标。很多企业认为，国外商品的商标更"洋气""上档次"，自己的商标与国外的知名品牌越靠近越"上档次"。在这种背景下，我国当时出现了许多看上去或者听上去像是来自国外的中文商标。其中，有些企业直接使用与外文商标字母近似的商标或者外文商标的字母与中文组合的商标，有些企业则使用与外文商标的意译或者音译相同或相近似的中文商标。

随着我国经济的发展，许多国外商品进入中国市场，并且愈来愈重视中国市场。国内企业在上述历史背景下注册或者使用的商标往往会与国外商标权人的利益发生冲突，由此产生的争议经常会涉及"外文商标对应的中文译文""外文商标与中文商标是否近似"等法律问题。

对于这些商标争议问题的解决，既关系到如何引导我国企业正确看待和运用商标制度的问题，又关系到未来我国企业发展、产业发展和经济发展的问题。因此，解决此类商标争议问题时，应当站在合理解决我国特定历史发展阶段中，由于法制、政策不健全的情况下出现的"历史遗留问题"的高度上，从立法、执法、司法上，明确我国法律鼓励何种行为、反对何种行为以及限制何种行为。

外文商标在中国注册（或使用）的中文商标存在多种形式，包括该外文商标的音译、意译、直译等对应的中文词组，当然，大多数中文商标是其对应的外文商标的音译。如 NIKE（耐克）、YAHOO（雅虎）、NOKIA（诺基亚）等，意译如 CAMEL（骆驼）、APPLE（苹果）等，直译如 POND'S（旁氏）。虽然外文商标对应的中文商标存在多种译法，但相比直译、意译时含义相对比较固定而言，音译可能出现多个不同中文译法的情况则比较多。如 Benz 汽车，在中国大陆地区译为"奔驰"，中国香港译为"本茨"。中国是多民族国家，各地方方言不同，出现多种中文译文是可以理解的。

但是，由于外文商标存在与之对应中文译文的多种可能性，一旦对某个或者某些译文作出认定，其结果往往影响巨大，不仅会影响到商标权人权利的主张和保护，还会涉及其他拥有或使用此类中文商标的经营者。因此，对于与外文商标对应的中文译文的选择上应当格外慎重，特别是对于相关的中文译文已经有相关主体在合法使用的前提下，不能简单地以商标权人的主张为依据，也不能以某些媒体的报道或者部分消费者的认知简单作出评判，应当根据市场中形成的外文商标与中文词组中的稳定的对应关系为依据，切实划清权利的界限。虽然这种对应关系并不要求是绝对的、唯一的，但从权利人的主张、消费者的认知、行业内的称谓、媒体的报道等方面来看应当是相对稳定的。

与会专家认为，对于外文商标与中文译文间对应关系的认定，应当考虑以下4个方面：第一，相关媒体的报道中对外文商标对应的中文译文的使用方式，该方式是一次使用还是多次使用，在一家媒体报道中使用还是多家媒体报道中使用；如果仅少量媒体对外文商标的单独报道中涉及其中文译文，不能依此报道判定外文商标对应的就是该中文译文。第二，外文商标的权利人对于该商标中文译文的使用情况；权利人是否在不同场合将外文商标与其主张的中文译文作为对应关系使用。第三，相关公众对是否认可外文商标与某个中文译文的对应关系，对外文商标对应的中文译文的认可程度。第四，官方（如海关、质检等部门）对外文商标对应的中文译文的认可程度。如果权利人主张的外文商标对应的中文译文被多媒体在多次报道中使用，同时，相关公众及官方部门也认可二者之间的对应关系，应当判定该外文商标与权利人主张的中文译文之间具有对应关系。

本案中，"拉菲"能否认定为与"LAFITE"形成稳定对应关系的中文译文，应当结合案件中与上述问题相关的证据，具体情况具体分析，从而作出判断。对于引证商标权利人提供的媒体报道，需要考虑在争议商标申请日之前，媒体对引证商标"LAFITE"或者"LAFITE"与中文"拉菲"结合的宣传或者使用程度。如果仅有少量媒体对引证商标"LAFITE"或者"LAFITE"与中文"拉菲"结合进行过少量的宣传或使用，受众面较小，则据此难以认定"LAFITE"商标在争议商标申请日以前，已经在中国大陆地区具有了市场知名度。同时，在无证据显示相关消费者已经能够将"LAFITE"与中文"拉菲"等进行对应性识别的前提下，则不能证明"LAFITE"对应的中文译文即为"拉菲"。

（二）实践中，原《商标法》第 28 条一般适用于对"已经注册的或者初步审定的商标相同或者近似的商标"的撤销理由，本案中，能否认为争议商标"拉菲庄园"与引证商标"LAFITE"构成使用在相同或者类似商品上的近似商标，商标评审委员会及一审法院认为其注册违反了原《商标法》第 28 条的规定是否恰当？

与会专家认为，原《商标法》第 28 条规定，"申请注册的商标，凡不符合本法有关规定或者同他人在同一种商品或者类似商品上已经注册的或者初步审定的商标相同或者近似的，由商标局驳回申请，不予公告。"该条规定在适用时，主要基于客观事实上的判断，不涉及商业信誉、商业道德方面的判断。也就是说，适用原《商标法》第 28 条时，仅查明涉案商标是否构成近似商标的事实即可，不需要判断申请人"申请注册商标"时的主观状态。另外，进行事实判断应当以"申请注册的商标"的申请日或者注册日为时间点，从是否会造成相关公众混淆误认的角度进行客观判定，其中，相关公众包括相关消费者和相关经营者。

本案在适用原《商标法》第 28 条时，主要应当考虑的是"拉菲庄园"与法文的"LAFITE"是否构成近似商标的问题，其中，又涉及"拉菲"是否为法文"LAFITE"对应的中文译文的问题。从标识本身的对比的情况来看。争议商标由中文文字"拉菲庄园"构成，引证商标由外文文字"LAFITE"构成，争议商标与引证商标在字形、读音等方面均存在较大差异，以相关公众的一般注意力为标准，争议商标与引证商标不构成近似商标。

"拉菲"是否为法文"LAFITE"对应的中文译文的判定，应当根据相关证据，结合上述判定外文商标对应的中文译文应考虑的因素予以判定。争议商标（中文的"拉菲庄园"）与引证商标（法文的"LAFITE"）是否构成近似商标，应当以"拉菲庄园"商标的申请日为时间点，以两个商标是否会造成相关公众混淆误认为标准加以判定。如果相关公众根据争议双方的不同商标能够区分商品的来源，则争议商标与引证商标不构成近似，因此，中文商标"拉菲庄园"的申请注册并不违反原《商标法》第28条。

此外，由于适用原《商标法》第28条时，应以"申请注册的商标"的申请日或者注册日为判断商标近似时间点，本案应为"拉菲庄园"的申请日，因此，一审判决中认为"法国原瓶进口"的使用（其使用时间为2011年，晚于"拉菲庄园"商标申请注册时间2005年）影响商标近似的认定的观点是不恰当的。

（三）金色希望公司从2005年起连续大量使用"拉菲庄园"商标，经过长期经营，已经形成了稳定的市场秩序，对于"拉菲庄园"商标应当如何评判和考量？

与会专家认为，商标承载着权利人经过诚信经营而积累的商誉，而我国在实践中，出现了许多企业或个人抢注和买卖他人长期经营的积累了较高商誉的商标，企图不劳而获。这些企业或个人要么抢注他人在先使用的商标，要么围绕他人商标进行"围追堵截"般的恶意注册，要么肆意对他人商标提起异议或争议进行要挟，使他人的正当注册迟迟不能获准等。这些企业或个人申请注册商标不是为了自己使用，而是利用注册商标的排他权去打击竞争对手；或者是为了伺机将注册商标高价出售；或者是利用商标程序拖住对方，以抢占商机；有的甚至通过滥用商标程序敲诈对方，以牟取暴利。为了解决这些阻碍我国商标制度正常运转、妨碍市场竞争秩序的问题，最新修订的《商标法》第7条第1款明确规定，"申请注册和使用商标，应当遵循诚实信用原则。"同时，为了彻底解决上述问题，还需在司法和执法中，正确理解和适用诚实信用原则，运用统一标准评判违背诚实信用原则的行为，无论企业规模大小，只要违背诚信原则，抢先注册他人商标或注册与他人相似商标，企图攀附他人商誉，就必须承担相应的责任。

部分与会专家认为，行为人应当为违反法律规则、原则的行为承担相应的责任。但是，在遵循该原则的同时，还需考虑个案的具体情况。《最高法院关于审理商标授权确权行政案件若干问题的意见》第1条指出：对于使用时间较长、已建立较高市场声誉和形成相关公众群体的诉争商标，应当准确把握商标法有关保护在先商业标志权益与维护市场秩序相协调的立法精神，充分尊重相关公众已在客观上将相关商业标志区别开来的市场实际，注重维护已经形成和稳定的市场秩序。本案中，根据南京金色希望酒业有限公司提供有关证据，经过近10年的经营，"拉菲庄园"品牌葡萄酒已经覆盖到全国32个省、市、自治区，代理商、经销商已达500余家，而且已经在全国开设了60余家专卖店。"拉菲庄园"商标经过长期地使用，确实形成了一定的市场影响，而这一市场影响和商业信誉的形成包含了诚实合法努力经营的结果，"拉菲庄园"品牌的形成并非是直接窃取他人商誉非法牟利，从这一点上来看，与上述所说的多种违背诚实信用，谋取不正当利益的做法是存在明显区别的，应当区别对待。如果简单地认定"拉菲庄园"商标的注册行为违反原《商标法》第 28 条，并据此立即禁止"拉菲庄园"商标的使用，可能会造成争议商标商品已经形成的市场陷入混乱的局面，因此，有关部门在处理相关问题时应该区别看待，审慎处理，既要考虑外文商标权人的合法权益，也要充分尊重相关公众已在客观上将相关商业标志区别开来的市场实际情况，维护已经形成的稳定市场秩序。

以上意见系基于委托方提供的资料、根据专家学者发言归纳整理作出，仅供参考。

北京务实知识产权发展中心
2014 年 9 月 13 日

国家工商行政管理总局商标评审委员会
关于第 4578349 号"拉菲庄园"商标争议裁定书

商评字〔2013〕第 55856 号

申请人：拉菲罗斯柴尔德酒庄

（原名：尚杜·拉菲特罗兹施德民用公司）

委托代理人：北京集佳知识产权代理有限公司

被申请人：南京金色希望酒业有限公司

委托代理人：北京中大华商商标代理事务所有限公司

申请人于 2011 年 8 月 24 日对被申请人注册的第 4578349 号"拉菲庄园"商标（以下简称"争议商标"）提出争议申请。我委依法受理。依据 2005 年《商标评审规则》第 24 条规定，我委组成合议组依法进行了审理，现已审理终结。

申请人的主要理由：一、申请人（即国人常称的"拉菲堡"，又译为"拉菲酒庄""拉菲庄园"等）是世界知名的葡萄酒生产商。申请人在中国市场进行了长期广泛的销售，且早在 1996 年就申请并获准注册了第 1122916 号"LAFITE"商标（以下简称"引证商标"），而"拉菲"是引证商标对应的中文翻译。请求依据《商标法》第 14 条规定，认定引证商标及中文"拉菲"为驰名商标。二、争议商标与引证商标、"拉菲"构成类似商品上的近似商标。三、争议商标是对驰名的引证商标的翻译，对"拉菲"商标的抄袭和模仿。四、争议商标侵犯了申请人对"LAFITE""拉菲"享有的在先企业名称权。五、争议商标是以不正当手段恶意抢注申请人在先使用并有一定影响的商标。六、争议商标的注册具有明显恶意，且会产生不良的社会影响。请求依据原《商标法》第 9 条、第 10 条第 1 款第（8）项、第 13 条第 1 款、第 28 条、第 31 条、第 41 条第 2 款、第 3 款的规定，撤销争议商标的注册。

申请人向我委提交了以下主要证据：商标档案、宣传证据、销售证据、法院判决书、商标局及我委作出的裁定书，以及被申请人企业介绍及商标档案等。

被申请人答辩的主要理由：申请人"LAFITE"商标的中文译法为"拉斐"和"拉斐堡"，其与争议商标不近似。争议商标的注册和使用时间早于申请人的商标。申请人对"拉菲"不拥有在先权益，其字号不应对争议商标构成在先权利。申请人证据不能支持其主张。争议商标的注册合法，未违反《商标法》有关的规定。

被申请人向我委提交了以下主要证据：被申请人及关联公司营业执照、检验报告。

我委经审理查明：

1. 争议商标由被申请人于2005年4月1日向商标局提出注册申请，2007年11月14日获准注册，核定使用在第33类"葡萄酒"等商品上，有效期至2017年。

2. 引证商标由尚杜·拉菲特罗兹施德民用公司申请注册，1997年获准注册在第33类含酒精饮料（啤酒除外）商品上。至本案审理时，该商标仍有效注册商标。2011年，引证商标的持有人依法更名为拉菲罗斯柴尔德酒庄。

以上事实有商标档案在案佐证。

《商标法》第9条的规定已在其他条款中有所体现。根据当事人理由、事实和请求，本案焦点问题可归纳为：

第一，申请人在案证据表明，在争议商标申请注册之前，国内刊物即已开始介绍申请人及其生产的"LAFITE"葡萄酒，并将"LAFITE"译为"拉菲特"，或将"CHATEAU LAFITE"译为"拉斐堡"。经多年宣传，上述商标已形成对应关系，且被申请人亦认同申请人"LAFITE"商标的中文译法为"拉斐"和"拉斐堡"。此后，国内媒体又将"LAFITE"译为"拉菲"进行宣传报道，申请人在销售活动中也将"拉菲"作为音译词使用，并且在葡萄酒市场上形成较高的知名度。作为经营葡萄酒商品的同行业竞争者，被申请人理应知晓申请人及其商标的使用情况，应有合理避让，却仍在葡萄酒等类似商品上注册了与引证商标对应的中文译法"拉菲特""拉斐""拉菲"相近的争议商标"拉菲庄园"，其行为难谓正当。因此，争议商标已经与引证商标构成类似商品上的近似商标，其注册使用易使消费者认为其所标示的产品来自申请人或与申请人存在某种关联的企业，违反了《商标法》第28条规定。

第二，鉴于引证商标已经在与争议商标核定商品相类似的商品上在先注册，且我委已综合考虑申请人商标的知名度，并依据《商标法》第28条规定对其商标予以保护。鉴此，本案已无认定申请人商标为驰名商标之必要，故不再适用《商标法》第 13 条的规定审理本案，亦不再依据《商标法》第 31 条关于"不得以不正当手段抢先注册他人已经使用并有一定影响的商标"之规定进行评审。

第三，争议商标与申请人的中、英文商号并不构成相同或基本相同，且申请人在案证据不足以证明其商号已在先享有一定知名度。故争议商标并未损害申请人的在先商号权，即未违反《商标法》第 31 条有关"申请商标注册不得损害他人现有的在先权利"的规定。

第四，争议商标本身不至于产生有害于社会主义道德风尚或者其他不良社会影响的效果，即未违反《商标法》第 10 条第 1 款第（8）项的规定。

另，被申请人关于争议商标的注册和使用时间早于申请人商标之主张，因缺乏证据佐证，我委不予支持。

综上，申请人撤销理由成立。

依据《中华人民共和国商标法》第 28 条、第 41 条第 3 款、第 43 条的规定，我委裁定如下：

争议商标予以撤销。

当事人如不服本裁定，可以自收到本裁定书之日起 30 日内向北京市第一中级人民法院起诉，并在向人民法院递交起诉状的同时或者至迟 15 日内将该起诉状副本抄送或者另行书面告知我委。

合议组成员　徐　苗

洪飞扬

于　溧

附件 05 -2

北京市第一中级人民法院行政判决书（摘录）

（2013）一中知行初字第 3731 号

原告：南京金色希望酒业有限公司，住所地××××。

法定代表人：龚建京，董事长。

委托代理人：刘东海，北京金沃律师事务所律师。

委托代理人：王华，女，南京金色希望酒业有限公司法务，住××
××。

被告：中华人民共和国国家工商行政管理总局商标评审委员会，住所地
××××。

法定代表人：何训班，主任。

委托代理人：张谦，中华人民共和国国家工商行政管理总局商标评审委
员会审查员。

委托代理人：徐苗，中华人民共和国国家工商行政管理总局商标评审委
员会审查员。

第三人：拉菲罗斯柴尔德酒庄（CHATEAU LAFITE ROTHSCHILD），住所
地××××。

法定代表人：克里斯托夫·萨林，常务董事。

委托代理人：周丹丹，北京市集佳律师事务所律师。

委托代理人：黄莺，北京市集佳律师事务所律师。

原告南京金色希望酒业有限公司（以下简称"金色希望公司"）因商标
争议行政纠纷一案，不服被告中华人民共和国国家工商行政管理总局商标评
审委员会（以下简称"商标评审委员会"）于 2013 年 9 月 2 日作出的商评字
[2013] 第 55856 号关于第 4578349 号"拉菲庄园"商标争议裁定（以下简称
"第 55856 号裁定"），于法定期限内向本院提起行政诉讼。本院于 2013 年 10
月 21 日受理后，依法组成合议庭，于 2014 年 2 月 25 日公开开庭进行了审理。

原告金色希望公司的委托代理人刘东海、王华，被告商标评审委员会的委托代理人张谦，第三人拉菲罗斯柴尔德酒庄（以下简称"拉菲酒庄"）的委托代理人周丹丹到庭参加了诉讼。本案现已审理终结。

......

[由于篇幅原因，本文未收录判决证据查明部分，详细内容可根据判决号进行查询]

......

本院认为：

一、关于本案的法律适用

虽然2013年8月30日修正的《中华人民共和国商标法》已于2014年5月1日施行，但鉴于本案第55856号裁定的作出时间处于2001年《商标法》施行期间，故依据《中华人民共和国立法法》第84条的规定，本案应适用2001年《商标法》进行审理。

二、争议商标是否违反《商标法》第28条的规定

《商标法》第28条规定，申请注册的商标，凡不符合本法有关规定或者同他人在同一种商品或者类似商品上已经注册的或者初步审定的商标相同或者近似的，由商标局驳回申请，不予公告。

根据相关法律规定，商标近似，是指两商标文字的字形、读音、含义或者图形的构图及颜色，或者其各要素组合后的整体结构相似，或者其立体形状，颜色组合近似，易使相关公众对商品的来源产生误认或者认为其来源有特定的联系。本案中，争议商标为"拉菲庄园"，其中的"庄园"二字使用在葡萄酒等商品上显著性较弱，"拉菲"二字为争议商标的主要部分。引证商标为"LAFITE"。根据拉菲酒庄提供的其与上海名特国际贸易有限公司以及美夏公司之间的销售发票，引证商标的商品早在1999年就进入中国市场。早在20世纪80年代，国内的相关刊物就开始介绍第三人及其生产的"LAFITE"葡萄酒，并将"LAFITE"译为"拉斐"或者"拉菲特"，将"CHATEAU LAFITE"译为"拉斐堡"或者"拉菲特堡"。而在争议商标申请日之前，亦有相关的媒体将"LAFITE"译为"拉菲"，如21食品商务网刊登的2004年5月25日《拉菲等巨头即将合力打造顶级精品酒庄》以及2005年2月7日《民营经济报》刊登的《顶级葡萄酒的收藏与投资》等。无论是将"LAFITE"译为"拉斐""拉菲"或者"拉菲特"，均系从音译的角度对该词进行的翻译，而音译系根据发音进行的语言转换。通过相关媒体的介绍，结合第三人的"LAFITE"葡萄酒早在争议商标注册日之前就进入中国市场的情况，国内的相关公众能够了解到"LAFITE"葡萄酒

属于名贵酒，亦了解到"LAFITE"呼叫为"拉斐""拉菲特"或者"拉菲"。此后，第三人在销售活动中也将"拉菲"作为"LAFITE"对应的音译词使用，并具有较高的知名度。原告将与引证商标对应的音译"拉斐""拉菲""拉菲特"相同或者近似的文字"拉菲"作为主要部分申请注册争议商标，指定使用在与引证商标核定使用的商品相同或者类似的商品上，容易使相关公众认为这些商品具有相同的来源或者其来源之间具有密切的联系，从而对商品的来源产生误认。因此，争议商标与引证商标构成使用在相同或者类似商品上的近似商标，其注册违反了《商标法》第28条的规定，依法应当予以撤销。原告所述引证商标的含义为"小山丘"的情形不为相关公众所熟悉，相关公众难以从含义上区分两商标，故本院对原告的相关主张不予支持。

原告作为经营葡萄酒商品的同行业竞争者，理应知晓第三人的引证商标及其音译情况，在申请争议商标注册时应当合理避让，但其仍然在葡萄酒等相同或类似商品上申请注册了与引证商标近似的争议商标，其行为难谓正当。另外，根据原告提交的相关证据，其在实际使用争议商标的过程中，广泛存在将争议商标与"LAFEI MANOR"一并使用的情况，并标示"法国原瓶进口"等字样，客观上使得相关公众更难以将争议商标与引证商标标识的商品之来源进行区分。因此，原告提交的证据尚难以证明争议商标经过使用，已经足以使相关公众将其标识的商品之来源与引证商标标识的商品之来源相区分。因此，原告的相关主张不能成立，本院不予支持。原告所述的其他案件的情况与本案情况不同，不能成为本案争议商标应当予以维持的依据。

综上所述，被告作出的第55856号裁定主要证据充分，适用法律正确，依法应当予以维持。原告的诉讼理由不能成立，其诉讼请求本院不予支持。依照《中华人民共和国行政诉讼法》第54条第（1）项之规定，本院判决如下：

维持中华人民共和国国家工商行政管理总局商标评审委员会作出的商评字〔2013〕第55856号关于第4578349号"拉菲庄园"商标争议裁定。

案件受理费人民币100元，由原告南京金色希望酒业有限公司负担（已缴纳）。

如不服本判决，原告南京金色希望酒业有限公司及被告中华人民共和国国家工商行政管理总局商标评审委员会可在本判决书送达之日起15日内，第三人拉菲罗斯柴尔德酒庄可在本判决书送达之日起30日内，向本院提交上诉状及副本，并交纳上诉案件受理费人民币 100 元，上诉于中华人民共和国北京市高级人民法院。

审　判　长　江建中
代理审判员　李　茜
人民陪审员　郭桂云
2014 年 8 月 4 日
书　记　员　任　燕

北京市高级人民法院行政判决书（摘录）

（2014）高行（知）终字第 3129 号

上诉人（原审原告）：南京金色希望酒业有限公司，住所地××××。

法定代表人：龚建京，董事长。

委托代理人：刘东海，北京市金沃律师事务所律师。

委托代理人：陈明涛，北京市兰台律师事务所律师。

被上诉人（原审被告）：中华人民共和国国家工商行政管理总局商标评审委员会，住所地××××。

法定代表人：何训班，主任。

委托代理人：徐苗，中华人民共和国国家工商行政管理总局商标评审委员会审查员。

委托代理人：高秀磊，中华人民共和国国家工商行政管理总局商标评审委员会审查员。

原审第三人：拉菲罗斯柴尔德酒庄（CHATEAU LAFITE ROTHSCHILD），住所地××××。

法定代表人：克里斯托夫·萨林，常务董事。

委托代理人：周丹丹，北京市集佳律师事务所律师。

委托代理人：黄莺，北京市集佳律师事务所律师。

上诉人南京金色希望酒业有限公司（以下简称"金色希望公司"）因商标争议行政纠纷一案，不服中华人民共和国北京市第一中级人民法院（以下简称"北京市第一中级人民法院"）（2013）一中知行初字第 3731 号行政判决，向本院提起上诉。本院于 2014 年 9 月 18 日受理本案后，依法组成合议庭，并于 2014 年 11 月 28 日公开开庭进行了审理。上诉人金色希望公司的委托代理人刘东海、陈明涛，原审第三人拉菲罗斯柴尔德酒庄（以下简称"拉菲酒庄"）的委托代理人周丹丹到庭参加了诉讼。被上诉人中华人民共和国国家工商行政管理总局商标评审委员会（以下简称"商标评审委员会"）经本院合法传唤未到庭参加诉讼，本院依法缺席审理。本案现已审理终结。

......

[由于篇幅原因，本文未收录判决证据查明部分，详细内容可根据判决号进行查询]

......

本院认为：《中华人民共和国行政诉讼法》第5条规定："人民法院审理行政案件，对具体行政行为是否合法进行审查。"虽然2013年8月30日修改的《商标法》已于2014年5月1日起施行，但本案被诉的第55856号裁定由商标评审委员会于2014年5月1日前作出，因此，本案应当适用2001年10月27日修改的《商标法》。该《商标法》第28条规定："申请注册的商标，凡不符合本法有关规定或者同他人在同一种商品或者类似商品上已经注册的或者初步审定的商标相同或者近似的，由商标局驳回申请，不予公告。"

认定商标是否近似，既要考虑商标标志构成要素及其整体的近似程度，也要考虑相关商标的显著性和知名度、所使用商品的关联程度等因素，以是否容易导致混淆作为判断标准。判断外文商标与中文标识是否近似，需考虑中国相关公众的认知情况和外文商标与中文标识之间是否形成对应关系等因素，且应以诉争商标申请注册日为判断的时间截点。具体到本案，争议商标由中文"拉菲庄园"构成，其显著识别部分为"拉菲"，引证商标由外文文字"LAFITE"构成，争议商标与引证商标的标识在字形、读音等方面存在较大差异。从拉菲酒庄提交的证据看，在争议商标申请日之前，仅有少量专业性报刊对引证商标以及"拉菲"等有所报道，且大部分报刊的专业性强，受众面较小，难以认定引证商标在争议商标申请日之前，已经在中国大陆地区具有市场知名度，相关公众已经能够将引证商标与"拉菲"进行对应性识别。拉菲酒庄提供的其与上海名特国际贸易有限公司以及美夏公司之间的销售发票系域外证据，无翻译、公证、认证手续。拉菲酒庄亦未提供进口酒类所需的其他单证，故原审判决关于"根据拉菲酒庄提供的其与上海名特国际贸易有限公司以及美夏公司之间的销售发票，引证商标的商品早在1999年就进入中国市场。"的认定缺乏事实依据。综上，争议商标与引证商标不构成近似商标。争议商标的注册未违反《商标法》第28条的规定，原审判决及第55856号裁定对此认定错误，本院予以纠正。金色希望公司的相关上诉理由成立，本院予以支持。

对于使用时间较长，已建立较高市场声誉和形成相关公众群体的诉争商标，应当准确把握商标法有关保护在先商业标志权益与维护市场秩序相协调的立法精神，充分尊重相关公众已在客观上将相关商业标志区别开来的市场实际，注重维护已经形成和稳定的市场秩序。考虑到本案中，争议商标的注册和使用长达 10 年之久，其已经形成稳定的市场秩序，从维护已经形成和稳定的市场秩序考虑，本案争议商标的注册应予维持。

综上，原审判决及第 55856 号裁定认定事实不清，适用法律错误，应予纠正。金色希望公司的上诉理由成立，对其上诉请求本院予以支持。依照《中华人民共和国行政诉讼法》第 61 条第（3）项、《最高人民法院关于执行〈中华人民共和国行政诉讼法〉若干问题的解释》第 70 条之规定，判决：

一、撤销中华人民共和国北京市第一中级人民法院（2013）一中知行初字第 3731 号行政判决；

二、撤销中华人民共和国国家工商行政管理总局商标评审委员会商评字〔2013〕第 55856 号《关于第 4578349 号"拉菲庄园"商标争议裁定书》。

一、二审案件受理费各人民币 100 元，均由中华人民共和国国家工商行政管理总局商标评审委员会负担（于本判决生效后 7 日内缴纳）。

本判决为终审判决。

审　判　长　莎日娜

代理审判员　周　波

代理审判员　郑　洁

2015 年 3 月 18 日

书　记　员　王真宇

案例 06

"易武同庆号"等商标行政系列
纠纷专家研讨会法律意见书

务实（2015）第 004 号

受高丽莉委托，北京务实知识产权发展中心于 2015 年 4 月 7 日召开了"'易武同庆号'等商标行政系列纠纷专家研讨会"。原国家工商行政管理总局商标局副局长、原国家工商行政管理总局商标评审委员会副主任欧万雄，原国家工商行政管理总局商标局副巡视员董葆霖，原国家工商行政管理总局商标评审委员会副巡视员杨叶璇，中国社会科学院法学研究所研究员、博士生导师、中国科学院大学法律与知识产权系主任、中国知识产权研究会副理事长李顺德，中国政法大学民商经济法学院教授、博士生导师张今，中国人民大学法学院副教授张广良，北京务实知识产权发展中心主任程永顺等资深知识产权法律专家、学者参加了研讨。

研讨会由北京务实知识产权发展中心主任程永顺主持。

参与本案研讨的专家在认真审阅委托方提供的与本案有关的材料、了解案件相关背景情况的基础上，围绕西双版纳同庆号公司依据受让取得的注册在先的"同庆 TONGQING 及图"商标对高丽莉在先注册近十年的文字商标以及若干图文商标提出争议和异议的行为是否构成不正当竞争；含有地名的商标如何认定其显著性，如何把握《商标法》有关保护在先商业标志权益与维护市场秩序相协调的立法精神，注重维护已经形成和稳定的市场秩序；一审法院判决撤销商标评审委员会作出的维持商标注册的裁定所产生的法律效果及其对涉案商标法律效果的影响，以及如何更有效解决双方之间的纠纷等与本案相关的法律问题进行了深入研讨，并充分发表了各自的意见。

一、背景情况

（一）涉案商标及商标权人的基本情况

1. 涉案当事人的基本情况

该商标行政系列纠纷共包括5件商标异议复审或争议行政纠纷，涉案商标权人（商标申请人）均为高丽莉和西双版纳同庆号茶业有限公司（以下简称"西双版纳同庆号公司"）。

高丽莉系云南人，茶艺师、评茶师、制茶高级工程师，云南省茶叶协会理事会理事、常务理事，云南省普洱茶协会理事。

2004年6月23日，易武安乐茶庄同庆茶厂成立，高丽莉为股东之一。2004年底，高丽莉成立了思茅市翠云区鸿泰昌普洱茶厂（以下简称"鸿泰昌普洱茶厂"），并开始在其产品上使用龙马图形商标（即下述涉案商标三）。

2005年6月3日，邓雅然成立西双版纳同庆号公司。高丽莉授权其子田沂军以其所有的2件商标（即下述涉案商标二和涉案商标三）入股该公司，西双版纳同庆号公司股东岩温、邓雅然、田沂军均签署了该份公司章程，但未向工商部门提供。

由于邓雅然未履行合作承诺等原因，高丽莉与其终止合作。

2006年12月18日，云南易武同庆号茶叶有限公司（以下简称"易武同庆号公司"）由高丽莉成立。邓雅然和高丽莉分别经营"同庆"和"易武同庆号"商标。

2011年，"同庆号"被认定为云南老字号。同年，"易武同庆号"被认定为云南省著名商标。2013年，"易武同庆号"被认定为云南老字号。

2. 涉案商标及其权利人的基本情况

该系列商标争议行政纠纷共涉及7件商标。

第3390521号"同庆TONGQING及图"商标（参见图1，以下简称"涉案商标一"）于2002年12月3日由个人张小华申请注册，该申请于2004年6月7日被核准，核定使用商品为《商标注册用商品和服务国际分类》（以下简称"类"）第30类茶叶、茶饮料等商品（类似群3001、3002、3004、3006、3010、3018）。2006年12月28日，西双版纳同庆号公司股东邓雅然受让取得涉案商标一。2007年11月28日，邓雅然又将该商标转让给西双版纳同庆号公司。该商标已续展，目前有效期截至2024年6月6日。

图1　涉案商标一：第3390521号"同庆 TONGQING 及图"

2004年5月18日，高丽莉申请了第4068515号"易武同庆号 YIWU-TONGQINGHAO"商标（参见图2，以下简称"涉案商标二"），该申请于2006年6月14日被核准，核定使用商品为第30类茶、茶饮料等商品（类似群3001、3002、3005、3006、3008、3009、3012）。该商标目前有效期截至2016年6月13日。

易武同庆号

YI WU TONGQING HAO

图2　涉案商标二：第4068515号"易武同庆号 YIWUTONGQINGHAO"

2004年6月23日，易武安乐茶庄同庆茶厂成立，高丽莉为股东之一。2004年底，高丽莉又成立了鸿泰昌普洱茶厂，并开始在其产品上使用龙马图形商标。

2005年6月27日，高丽莉申请了第4742951号龙马图形商标（参见图3，以下简称"涉案商标三"），该申请于2008年3月7日被核准，核定使用商品为第30类茶、茶叶代用品等（类似群3001、3002、3005、3006、3008、3009、3012）。该商标目前有效期截至2018年3月6日。

图3　涉案商标三：第4742951号龙马图形

2005年8月29日，高丽莉申请了第4863723号"易武同慶號 YI WU TONG QING HAO 及图"商标（参见图4，以下简称"涉案商标四"），指定使用服务为第 43 类茶馆、住所等（类似群 4301、4302、4304、4006）。该申请初审公告后，西双版纳同庆号公司提出商标异议（本次研讨会系列纠纷之一）。

图 4　涉案商标四：第 4863723 号"易武同慶號 YIWUTONGQINGHAO 及图"

2005 年 10 月 12 日，高丽莉授权其子田沂军以其所有的第 4068515 号"易武同庆号 YIWUTONGQINGHAO"商标（即涉案商标二）和第 4742951 号龙马图形商标（即涉案商标三）入股西双版纳同庆号公司，西双版纳同庆号公司股东岩温、邓雅然、田沂军均签署了该份公司章程，但未向工商部门提供。

随后，邓雅然受让取得涉案商标一，后又将涉案商标一转让给西双版纳同庆号公司。

2007 年 6 月 18 日，西双版纳同庆号公司申请了第 6115016 号"同慶號及图"商标（参见图 5，以下简称"涉案商标五"），指定使用商品为第 30 类茶、茶叶代用品等，该申请初审公告后，高丽莉等人提出商标异议。

图 5　涉案商标五：第 6115016 号"同慶號及图"

2008 年 7 月 22 日，高丽莉在龙马图形基础上，申请了第 6854384 号图形商标（参见图 6，以下简称"涉案商标六"），该申请于 2010 年 5 月 7 日被核准，核定使用商品为第 30 类茶、茶叶代用品等（类似群 3001、3002、3003、3004、3005、3006、3007、3011、3016）。该商标目前有效期截至 2020 年 5 月 6 日。

图6 涉案商标六：第6854384号图形商标

2009年1月22日，高丽莉在龙马图形基础上，申请了第7179276号图形商标（参见图7，以下简称"涉案商标七"），该申请于2010年7月21日被核准，核定使用商品为第30类茶、茶叶代用品等（类似群3001、3002、3003、3004、3005、3006、3007、3011、3016）。该商标目前有效期截至2020年7月20日。

图7 涉案商标七：第7179276号图形商标

（二）商标行政系列纠纷的基本情况

1. 针对涉案商标五的商标异议复审行政纠纷

在涉案商标五初审公告期间，高丽莉等人向国家工商行政管理总局商标局（以下简称"商标局"）提起商标异议，引证商标分别为涉案商标二（该案引证商标一）、涉案商标三（该案引证商标二）和涉案商标四（该案引证商标三）。

商标局于2011年12月14日作出（2011）商标异字第51528号《"同慶號及图"商标异议裁定书》（以下简称"第51528号裁定"），认为涉案商标五（被异议商标）与涉案商标二和涉案商标三未构成近似，与涉案商标四使用商品或服务未构成类似，且主张西双版纳同庆号公司恶意抢注、模仿、抄袭其引证商标及侵犯著作权和外观设计专利权证据不足，裁定被异议商标予以注册。

高丽莉等人不服，向国家工商行政管理总局商标评审委员会（以下简称"商标评审委员会"）提起异议复审。2013 年 8 月 19 日，商标评审委员会作出商评字［2013］第 41261 号《关于第 6115016 号"同庆號及图"商标异议复审裁定书》（以下简称"第 41261 号裁定"），认为：被异议商标的文字部分"同庆號"与引证商标一的文字"易武同庆号"有近似之处，其图形部分与引证商标二（即涉案商标三）的图形在整体构图、视觉效果等方面亦相近似，该图形与引证商标三（即涉案商标四）的图形更是几近相同，被异议商标与诸引证商标均应判为近似商标。被异议商标指定使用的茶等商品与引证商标一、二（即涉案商标二、三）核定使用的茶等商品属于同一种或类似商品，与引证商标三（即涉案商标四）指定使用的茶馆等服务关联密切，且考虑到高丽莉、易武同庆号公司与西双版纳同庆号公司处于同一地域之内，并曾有过业务往来，被异议商标与引证商标共存于市场易引起消费者混淆、误认，据此裁定被异议商标不予核准注册。

西双版纳同庆号公司不服第 41261 号裁定，提起行政诉讼。一审法院在其作出的（2013）一中知行初字第 3512 号行政判决中认为：其在（2013）一中知行初字第 3513 号、第 3515 号行政判决中已判决引证商标一（即涉案商标二）和引证商标三（即涉案商标四）的注册不符合《商标法》的规定，故引证商标一、三在部分商品上不能成为被异议商标的在先注册障碍，故该判决主要考察引证商标二（即涉案商标三）。对此，一审法院认为：被异议商标的图形部分与引证商标二的图形在整体构图、视觉效果、构图方式、风格等方面存在一定差异，且被异议商标尚有文字部分"同庆號"，可以与引证商标二相区分。加之西双版纳同庆号公司在先商标"同庆及图"（即涉案商标一）注册在先，且经过长期使用，至今已经具有较高的知名度。故相关消费者在此基础上，不易将被异议商标与引证商标二相混淆，从而产生误认误购。因此，被异议商标与引证商标二未构成近似商标。据此，一审法院判决撤销商标评审委员会的第 41261 号裁定。

高丽莉等人及商标评审委员会不服一审判决，提起上诉。二审法院于2014 年 5 月 23 日作出（2014）高行终字第 1403 号行政判决，认为：高丽莉对（2013）一中行初字第 3513 号、第 3515 号行政判决已经提起上诉，故上述两判决尚未发生法律效力，且即便上述两判决发生法律效力，引证商标一是否被撤销、引证商标三是否不予核准注册，亦应当由商标评审委员会重新作出裁定。故在本案中，引证商标一、三仍是被异议商标的权利障碍。

被异议商标指定使用的第 30 类茶、茶叶代用品、咖啡等商品与引证商标

一、二核定使用的第 30 类茶、茶饮料、茶叶代用品等商品构成相同或类似商品，与引证商标三核定使用的茶馆、咖啡馆等服务在生产销售渠道、消费对象等方面存在比较密切的关联，应认定为类似商品和服务。

引证商标一由文字"易武同庆号"及其对应的汉语拼音字母"YI WU TONG QING HAO"组合而成，两商标的整体外观、呼叫及含义差异明显，不构成近似商标；引证商标二为图形商标，整体外观、构图元素、视觉效果与被异议商标存在差别，不构成近似商标；被异议商标与引证商标三在整体外观、构图元素、构图方式、视觉效果极为相似，在指定使用的商品和服务构成类似的情况下，易使相关公众混淆误认，故被异议商标与引证商标三构成近似商标。

此外，西双版纳同庆号公司在先商标"同庆及图"（即涉案商标一）于 2007 年 11 月 28 日转让给西双版纳同庆号公司，2009 年 11 月被云南省工商行政管理局认定为"云南省著名商标"，没有证据显示在被异议商标的申请注册日之前，涉案商标一具有较高知名度。

据此，二审法院判决维持商标评审委员会的第 41261 号裁定。

2. 针对涉案商标四的商标异议复审行政纠纷

在涉案商标四初审公告期间，西双版纳同庆号公司向商标局提起商标异议，引证商标分别为涉案商标一和涉案商标五。商标局于 2011 年 10 月 31 日作出（2011）商标异字第 41056 号《"易武同慶號 YIWUTONGQINGHAO 及图"商标异议裁定书》（以下简称"第 41056 号裁定"），认为：被异议商标与引证商标一（即涉案商标一）使用的商品和服务未构成类似，西双版纳同庆号公司主张高丽莉恶意抢注、模仿、抄袭其引证商标及侵犯著作权和外观设计专利权证据不足，裁定被异议商标予以注册。

西双版纳同庆号公司不服该裁定，向商标评审委员会提起商标异议复审。2013 年 7 月 29 日，商标评审委员会作出商评字〔2013〕第 24674 号《关于第 4863723 号"易武同慶號 YIWUTONGQINGHAO 及图"商标异议复审裁定书》（以下简称"第 24674 号裁定"），认为：引证商标二（即涉案商标五）的申请晚于被异议商标，不构成对其的权利障碍。

被异议商标有文字"易武同庆号"及对应的汉语拼音"YI WU TONGQING HAO"及图形组成，引证商标一（即涉案商标一）由文字"同庆"及图形组成，二者在文字构成、整体含义及外观等方面均有所不同，且两者指定使用的服务和商品在服务的内容、方式及商品的功能、用途、销售渠道等方面均有所不同，未构成类似商品或服务，各自分别使用不易引起消费者的混淆误认，未构成类似商品上的近似商标。此外，西双版纳同庆号公司提供的证据不足以证明高丽莉为其经销商、代理商，也不足以证明在被异议商标申请日之前，与被异议商标相近似的文字或图形为西双版纳同庆号公司所独创，并作为商号使用或已经产生一定影响。据此，商标评审委员会裁定被异议商标核准予以注册。

西双版纳同庆号公司不服第 24674 号裁定，提起行政诉讼。一审法院在其作出的（2013）一中知行初字第 3515 号行政判决中认为：被异议商标汉字部分"易武同庆号"为其显著部分。由于"易武"是云南著名茶山的名称，而"号"字使用在商标上亦不具备显著的识别功能，故争议商标与引证商标相比，起显著识别作用的文字"同庆"完全相同，若共同使用在相同或类似商品上，易使消费者产生混淆或误认误购。西双版纳同庆号公司提交的证据可以证明引证商标经过使用已经具有较高的知名度，更因此增加了相关消费者将二者发生混淆的可能性。被异议商标指定使用的茶馆、咖啡馆服务与引证商标一指定使用的茶、茶饮料、咖啡等商品在功能用途、生产销售渠道、消费对象等方面存在比较密切的关联，当属类似商品和服务。

据此，一审法院判决被异议商标在其指定使用的茶馆、咖啡馆服务上与引证商标一构成相同或类似商品服务上的近似商标，应不予以注册。

高丽莉及商标评审委员会不服一审判决，提起上诉。二审法院于 2014 年 5 月 22 日作出（2014）高行终字第 1214 号行政判决，认为：

被异议商标指定使用的茶馆、咖啡馆服务与引证商标一指定使用的茶、茶饮料、咖啡等商品在生产销售渠道、消费对象等方面存在比较密切的关联，应认定为类似商品和服务。

认定商标是否近似，既要考虑商标标志构成要素及其整体的近似程度，也要考虑相关商标的显著性和知名度、所使用商品的关联程度等因素，以是否容易导致混淆作为判断标准。本案中，被异议商标由文字"易武同庆号"及其对应的汉语拼音字母"YI WU TONG QING HAO"及图形组合而成；引证商标一由文字"同庆"及菱形图形构成，其中图形部分占据整个商标构图的 3/4，且居于上部，两商标的整体外观及呼叫差异明显。被异议商标中"易武"两字，虽然在专业书籍中记载为茶山名称，但知名度不高，相关公众对其并不存在普遍认知。"号"与"同庆"连用能产生区别效果。因此，"易武同庆号"的含义与"同庆"并不相同。

此外，引证商标一于 2007 年 11 月 28 日转让给西双版纳同庆号公司，2009 年 11 月被云南省工商行政管理局认定为"云南省著名商标"，没有证据显示在被异议商标申请注册日前，引证商标一具有较高知名度。

二审法院据此判决维持商标评审委员会的第 24674 号裁定。

3. 针对涉案商标二的商标争议行政纠纷

2010年10月19日，西双版纳同庆号公司就涉案商标二向商标评审委员会提起商标争议，认为涉案商标二与作为引证商标的涉案商标一构成近似商标。

2013年7月29日，商标评审委员会作出商评字〔2013〕第24678号《关于第4068515号"易武同庆号 YI WU TONG QING HAO"商标争议裁定书》（以下简称"第24678号裁定"），认为：争议商标由文字"易武同庆号"及其对应的汉语拼音"YI WU TONG QING HAO"组合构成。引证商标由文字"同庆"构成，两商标在文字构成及整体含义上有所区别，两商标同时使用在各自指定商品上，不易引起消费者的混淆误认，未构成类似商品上的近似商标，争议商标在其指定使用商品上的注册应予以维持。

西双版纳同庆号公司不服第24678号裁定，提起行政诉讼。一审法院在其作出的（2013）一中知行初字第3513号行政判决中认为：

关于商标近似：争议商标为汉字及其汉语拼音的组合"易武同庆号 YI WU TONG QING H AO"，其中汉字部分由于中国消费者的认读习惯，为争议商标的显著识别部分。由于"易武"是云南著名茶山的名称，而"号"字使用在商标上亦不具备显著的识别功能，故争议商标与引证商标相比，起显著识别作用的文字"同庆"完全相同。争议商标与引证商标若共同使用在相同或者类似商品上，容易使得相关消费者将二者发生混淆，或者误认为争议商标与引证商标具有相同的生产来源，从而产生误认误购。高丽莉提交的证据不足以证明争议商标经过长期使用已经具有较高知名度，而西双版纳同庆号公司提交的的证据可以证明引证商标经过使用已经具有较高的知名度，这更增加了相关消费者将二者发生混淆的可能性。

关于商品类似：争议商标核定使用的茶、茶饮料、茶叶代用品、可可饮料、咖啡商品与引证商标核定使用的茶、茶饮料、咖啡等属于相同的类似群组，在功能用途、销售渠道、消费对象等方面相同或相近，当属类似商品。但争议商标其余核定商品与引证商标核定使用商品未构成类似商品。因此，争议商标在茶、茶饮料、茶叶代用品、可可饮料、咖啡商品上与引证商标已构成使用在相同或类似商品上的近似商标，依法应予以撤销。

据此，一审法院判决撤销商标评审委员会作出的第24678号裁定。

高丽莉和商标评审委员会不服一审判决，提起上诉。

高丽莉的上诉理由为：（1）争议商标与引证商标未构成类似商品上的近似商标。争议商标由文字"易武同庆号"及其对应的汉语拼音字母"YI WU TONG QING HAO"组合而成，引证商标由文字"同庆"构成，两商标在文字构成及整体含义上均有所区别。两商标同时使用在各自指定的商品上，不易引起消费者的混淆误认，未构成类似商品上近似商标。（2）争议商标经过长期的宣传使用，获得云南省著名商标、云南省老字号，"易武同庆号"产品作为云南省档案馆永久珍藏，获得全国茶品评比多项大奖。因此，争议商标的注册和使用不会导致消费者对商品来源的混淆误认。（3）争议商标为高丽莉首创并投入使用的商标，西双版纳同庆号公司通过购买"同庆"商标的方式排挤高丽莉，属于不正当竞争行为。

商标评审委员会的上诉理由为：西双版纳同庆号公司使用"同庆号及图"、高丽莉使用"易武同庆号及图"均已多年，且均具有一定的知名度，在同一地区同一行业领域已共存多年，有各自固定的消费群体。争议商标与引证商标在文字构成、构图等方面尚有一定差异。上述商标共存于市场，已形成各自的消费群体，无证据证明二者的并存已造成相关公众的混淆误认，故争议商标应予以维持注册。

2014年5月22日，二审法院作出（2014）高行终字第1206号行政判决，认为：认定商标是否近似，既要考虑商标标志构成要素及其整体的近似程度，也要考虑相关商标的显著性和知名度、所使用商品的关联程度等因素，以是否容易导致混淆作为判断标准。

本案中，争议商标由文字"易武同庆号"及其对应的汉语拼音字母"YI WU TONG QING HAO"组合而成；引证商标由文字"同庆"及菱形图形构成，其中图形部分占据整个商标构图的3/4，且居于上部，两商标的整体外观及呼叫差异明显。

争议商标中"易武"两字，虽然在专业书籍中记载为茶山名称，但知名度不高，相关公众对其并不存在普遍认知。"号"与"同庆"连用能产生区别效果。因此，"易武同庆号"的含义与"同庆"并不相同。

争议商标的申请注册日早于西双版纳同庆号公司的成立日，引证商标于2007年11月28日转让给西双版纳同庆号公司，2009年11月被云南省工商行政管理局认定为"云南省著名商标"，没有证据显示在争议商标申请注册日前，引证商标具有较高知名度。综上，争议商标与引证商标不构成近似商标。

此外，针对商标评审委员会的上诉理由，二审法院在判决中特别指出：对于使用时间较长，已建立较高市场声誉和形成相关公众群体的诉争商标，应当准确把握商标法有关保护在先商业标志权益与维护市场秩序相协调的立法精神，充分尊重相关公众已在客观上将相关商业标志区别开来的市场实际，注重维护已经形成和稳定的市场秩序。具体到本案中，争议商标的注册和使用已达10年之久，并于2011年12月被认定为云南省著名商标；引证商标也在 2009 年 11 月被认定为云南省著名商标，法院认为两商标均已建立较高的市场声誉，并形成相应的市场识别。从维护已形成和稳定的市场秩序出发，本案争议商标应予以维持。

据此，二审法院判决撤销一审判决，维持商标评审委员会的第 24678 号裁定。

4. 针对涉案商标六和涉案商标七的商标争议行政纠纷

2010 年 10 月 19 日，西双版纳同庆号公司分别就涉案商标六和涉案商标七向商标评审委员会提起商标争议，认为这两个图形商标与西双版纳同庆号公司的涉案商标五构成近似商标。由于两案的裁决基本类似，下文中以涉案商标六商标争议行政纠纷的情况为例进行介绍。

商标评审委员会于 2013 年 7 月 29 日作出商评字〔2013〕第 24675 号《关于第 6854384 号图形商标争议裁定书》（以下简称"第 24675 号裁定"），认为：争议商标是图形商标，引证商标是图文组合商标，二者整体在文字构成、整体外观上不同，且争议商标所有人高丽莉所拥有的与争议商标近似的第 4742951 号龙马图形商标（即涉案商标三）已经获准注册使用多年，因此，本案中，争议商标与引证商标同时使用在类似商品上，不致引起相关消费者的混淆误认，未构成类似商品上的近似商标，故争议商标予以维持。

西双版纳同庆号公司不服第 24675 号裁定，提起行政诉讼。一审法院在其作出的（2013）一中知行初字第 3511 号行政判决中认为：争议商标图形部分与引证商标完全相同，争议商标与高丽莉在先的涉案商标三存在较大区别，虽在先商标已经注册使用多年，但尚不足以证明争议商标已经通过使用享有较高知名度，可以与引证商标区别，因此争议商标与引证商标在咖啡、茶、茶叶代用品上构成类似商品上的近似商标，该部分应予撤销，其余核定商品与引证商标未构成类似商品。

高丽莉和商标评审委员会不服一审判决，提起上诉。高丽莉强调了争议商标是其根据在先的涉案商标三设计的，完全出自自身的创意及设计。二审法院于 2014 年 5 月 26 日作出（2014）高行终字第 1211 号行政判决，认为：该院已就本案的引证商标（即西双版纳同庆号公司的涉案商标五）的商标异议复审行政纠纷作出终审判决（即前述北京市高级人民法院（2014）高行终字第 1403 号行政判决），维持了商标评审委员会对涉案商标五不予核准注册的裁定，故该引证商标已不构成争议商标的权利障碍。争议商标应予以维持。对上诉人的上诉理由二审法院未再作评述。

西双版纳同庆号公司就前述五起商标行政纠纷向最高人民法院申请再审，目前尚未进入立案审查。

二、研讨会依据的材料

北京务实知识产权发展中心接受委托后，将委托方的代理人提交的相关材料送交专家阅读，本次研讨会依据的材料包括：

1. 北京市高级人民法院（2014）高行终字第 1206 号行政判决书；
2. 北京市高级人民法院（2014）高行终字第 1211 号行政判决书；
3. 北京市高级人民法院（2014）高行终字第 1208 号行政判决书；
4. 北京市高级人民法院（2014）高行终字第 1214 号行政判决书；
5. 北京市高级人民法院（2014）高行终字第 1403 号行政判决书；
6. 涉案商标申请和涉案公司成立时间轴图表；
7. 涉案 7 个商标的商标信息列表；
8. 针对涉案商标五的商标异议复审行政纠纷的证据目录。

三、研讨会的主要议题

1. 西双版纳同庆号公司依据受让取得的注册在先的涉案商标对高丽莉在先注册近 10 年的文字商标以及若干图文商标提出争议和异议的行为是否构成不正当竞争？

2. 含有地名的商标如何认定其显著性？

3. 如何把握商标法有关保护在先商业标志权益与维护市场秩序相协调的立法精神，注重维护已经形成的和稳定的市场秩序？

4. 一审法院判决撤销商标评审委员会作出的维持商标注册的裁定所产生的法律效果及其对涉案商标法律效果的影响。

5. 鉴于双方之间争议不断，该情形应如何更有效解决？

四、专家意见

与会专家围绕上述问题进行了热烈讨论，充分发表了意见。经过归纳整理，形成以下法律意见：

与会专家首先指出，本案涉及 7 个商标，5 起商标争议或商标异议行政纠纷，就整体而言，商标局与一审法院的意见一致，而商标评审委员会与二审法院的意见一致。涉案当事人在 5 起案件中都走完了所有常规程序，并准备到最高人民法院启动再审程序，这与目前我国专利、商标行政案件的制度体系有关。这种不同行政机关与司法机关对同一问题认识的不一致，也使得当前我国专利、商标行政案件的当事人都试图穷尽所有程序，如商标异议案件从商标局、商标评审委员会、一审、二审，直至最高人民法院再审的全部 5

个程序，商标权的稳定性还有可能无法最终尘埃落定，这无论对行政、司法等公共资源，还是对当事人的人力、物力、财力和精力都是极大的耗费。几个程序结果的标准尺度不统一对知识产权的保护是非常不利的。

多数与会专家认为，尽管这一系列行政纠纷涉及的商标数量和案件数量都不少，但总体上案件并不复杂。其事实的认定，是基于目前委托方所提供的包括商标局、商标评审委决定和两审法院判决的内容，在再审程序中案件相关事实的最终确认，还有赖于法院对于争议双方所提供的证据的认定。

与会专家认为，本案主要涉及 3 个商标，厘清这 3 个商标的历史情况、注册情况和实际使用情况，将有助于本案纠纷的解决。

第一个是由福建人张小华在 2002 年申请注册的第 3390521 号"同庆TONGQING 及图"商标（即涉案商标一），该商标在 2006 年 12 月 28 日转让给西双版纳同庆号公司股东邓雅然，后又于 2007 年 11 月 28 日转让给西双版纳同庆号公司。多数与会专家认为，"同庆"不是臆造词，而是一般词汇，具有其自身的含义。就现有证据而言，很难认定福建人张小华在 2002 年申请注册涉案商标一是试图将该商标与云南历史上曾存在过的"同庆号"进行关联。其申请注册涉案商标一时可能并不知道云南历史上曾经存在的"同庆号"商标，因此不能认定涉案商标一与"同庆号"商标是有历史渊源的关联商标。换言之，张小华注册的涉案商标一是茶叶上普通形式的商品商标，无论是该商标的文字形式还是图形，都与云南的同庆号老商标老字号没有联系，该商标也不同于老"同庆号"既种植又贩售，集生产销售于一体的茶叶生产经营企业的老字号。此外，本案也没有关于张小华使用涉案商标一的证据材料。

第二个是云南历史上曾经存在过的"同庆号"商标。考察该商标的使用和存续历史可以看出，尽管信誉卓著的"同庆号"老商标（老字号）在清朝就已经存在，但由于特殊的历史原因，该商标并没有被继承下来，而是断档灭失了半个世纪。换言之，原老字号老商标由于没有适格主体的承继长期未使用而"断档"之后，该标识就成为无主商标，成为公有领域的一部分。应当说，无论是易武同庆号公司还是西双版纳同庆号公司，都并非文字商标"同庆号"的所有人，虽然它们近乎同期在茶叶行业使用或相继设法围绕原"同庆号"老字号注册，意图通过利用老商标和字号的重张，为自己带来经济利益和市场影响。"同庆号"目前在法律上应当被视为未注册商标。高丽莉在 2004 年 6 月成立的易武安乐茶庄同庆茶厂中使用"同庆"作为字号，又在 2004 年 5 月申请注册了第 4068515 号"易武同庆号 YI WU TONG QING HAO"商标（即涉案商标二），并开始使用，应当说，该行为是合法、正当的。"易武同庆号"确是高丽莉申请注册并使用在先的。

第三个是龙马图形商标。与"同庆号"类似，龙马图形也曾经在历史上被茶商作为商标使用过，并由于没有承继主体而进入公有领域。高丽莉在2004年底鸿泰昌普洱茶厂生产的产品上率先再次启用了龙马图形，属于对公有领域资源的利用，其后又于2005年6月申请注册了第4742951号龙马图形商标（即涉案商标三），该行为也是正当的。龙马图形商标亦是高丽莉申请和使用在先的。

本案系列纠纷的产生，起源于高丽莉与邓雅然之间合作未果，而后，邓雅然在受让取得了福建人注册的涉案商标一后，据以提起了一系列商标争议和异议，同时自己申请注册了相关的商标。就邓雅然后续的行为而言，其可能是试图通过这种方式将西双版纳同庆号公司与历史上曾经存在的"同庆号"相关联。

（一）关于西双版纳同庆号公司依据受让取得的注册在先的涉案商标一对高丽莉在先注册近10年的文字商标以及若干图文商标提出争议和异议的行为是否构成不正当竞争问题

与会专家认为，《中华人民共和国反不正当竞争法》（以下简称《反不正当竞争法》）第2章，即第5条至第15条，共列举规定了11种不正当竞争行为，加之《反不正当竞争法》第2条一般条款的规定，共同构成评判经营者的行为是否构成不正当竞争的主要法律依据。

2013年《商标法》第30条规定：申请注册的商标，凡不符合本法有关规定或者同他人在同一种商品或者类似商品上已经注册的或者初步审定的商标相同或者近似的，由商标局驳回申请，不予公告。第45条第1款规定：已经注册的商标，违反本法第13条第2款和第3款、第15条、第16条第1款、第30条、第31条、第32条规定的，自商标注册之日起5年内，在先权利人或者利害关系人可以请求商标评审委员会宣告该注册商标无效。对恶意注册的，驰名商标所有人不受5年的时间限制。

本案中，西双版纳同庆号公司通过受让取得涉案商标一的商标权。就目前的证据而言，认定其受让取得涉案商标一的行为具有恶意，以及认定该行为构成《反不正当竞争法》所规定的不正当竞争行为，与会专家持有不同意见。本案中，2005年6月3日，邓雅然成立西双版纳同庆号公司。高丽莉授权其子田沂军以其所有的2件商标（即涉案商标二和涉案商标三）入股该公司，后由于邓雅然未履行合作承诺等原因，高丽莉与其终止合作。邓雅然于2006年12月28日受让取得涉案商标一，后又于2007年11月2日将涉案商标一转让给西双版纳同庆号公司。尽管现有证据无法明确得出西双版纳同庆号公司受让取得涉案商标一的行为具有利用此商标来阻碍高丽莉对其合法所有商标的正当使用，以达到排挤竞争对手，甚至独占市场的不正当竞争的目的的结论，但是，西双版纳同庆号公司的受让行为，试图将自己的企业与历史上曾经存在的"同庆号"建立密切关联的意图是非常明显的，客观上造就了企图利用此商标来实施阻碍高丽莉对其合法所有商标的正当使用，以取得竞争优势，甚至独占市场的不正当竞争行为的条件。

而就西双版纳同庆号公司依据其受让取得的注册在先的涉案商标一，依据《商标法》第30条和第45条对高丽莉在先注册近10年的文字商标以及若干图文商标提出争议和异议的行为而言，与会专家持有不同观点：部分专家认为，该行为是否构成不正当竞争行为需要具体分析，需要结合其行为的动机和目的予以考量；部分专家认为，该行为属于西双版纳同庆号公司依据在先的商标权合法行使权利的行为，这些行为并不构成严格意义上的《反不正当竞争法》中所规定的不正当竞争行为；另有部分专家认为，高丽莉在茶叶种植企业字号上使用"同庆号"，以及申请注册文字中含有"同庆号"的商标，均早于邓雅然，而邓雅然在明知高丽莉持有带"同庆号"文字的商标，欲与高丽莉合作使用其商标未成的情况下，转而受让张小华的"同庆"商标，并在高丽莉申请注册龙马图形商标后，申请注册与高丽莉申请注册的商标近似的图形商标，似有不正当竞争之嫌。

（二）关于含有地名的商标如何认定其显著性问题

本案中，"易武"作为一个乡镇级的地名，其对商标显著性的认定是否会产生影响，以及"易武同庆号"与"同庆"是否构成近似呢？

《商标法》第10条第2款规定，县级以上行政区划的地名或者公众知晓的外国地名，不得作为商标。但是，地名具有其他含义或者作为集体商标、证明商标组成部分的除外；已经注册的使用地名的商标继续有效。

《商标审查及审理标准》规定，商标近似是指商标文字的字形、读音、含义近似，商标图形的构图、着色、外观近似，或者文字和图形组合的整体排列组合方式和外观近似，立体商标的三维标志的形状和外观近似，颜色商标的颜色或者颜色组合近似，使用在同一种或者类似商品或者服务上易使相关公众对商品或者服务的来源产生误认。商标相同和近似的判定，首先应认定指定使用的商品或者服务是否属于同一种或者类似商品或者服务；其次应从商标本身的形、音、义和整体表现形式等方面，以相关公众的一般注意力为标准，并采取整体观察与比对主要部分的方法，判断商标标志本身是否相同或者近似。

《最高人民法院关于审理商标民事纠纷案件适用法律若干问题的解释》第9条第2款规定，商标法第52条第（1）项（2013年《商标法》第57条）规定的商标近似，是指被控侵权的商标与原告的注册商标相比较，其文字的字形、读音、含义或者图形的构图及颜色，或者其各要素组合后的整体结构相似，或者其立体形状、颜色组合近似，易使相关公众对商品的来源产生误认或者认为其来源与原告注册商标的商品有特定的联系。第 10 条规定，人民法院依据《商标法》第 5 条第（1）项认定商标相同或者近似的原则包括：以相关公众的一般注意力为标准；既对商标的整体进行比对，又要对商标主要部分进行比对，比对应当在比对对象隔离的状态下分别进行；判断商标是否近似，应当考虑请求保护注册商标的显著性和知名度。

可见，无论是行政审查的标准还是司法侵权认定的标准，其核心都是是否易使相关公众对商品或者服务的来源产生误认。在商标审查核准程序中，由于申请注册的商标可能尚未投入市场使用，审查员一般侧重考查申请注册的商标标志本身是否与他人在类似商品或服务上已经注册或者初步审定的商标标志构成近似；而在商标侵权诉讼中，司法机关侧重考查争议双方的商标的实际使用及宣传情况，同时还需将商标的显著性、知名度等因素纳入考虑范围。

关于地名对商标显著性的影响，与会专家认为，含有地名的字号和商标中，地名是否会对商标的显著性产生影响需要具体情况具体分析，已经存在多年的老字号的显著性较强，附加地名可以将之加以区分，如北京同仁堂、成都同仁堂、南京同仁堂、昆明同仁堂，在判断显著性时，仍要以字号为主。若不是具有很强显著性的老字号，则不仅需要考察该地名知晓范围的大小和知晓程度的高低，还需要结合其他的因素进行认定。

与会专家认为，"易武"作为一个知名度较小的乡镇级的地名，不属于《商标法》第 10 条规定的"县级以上行政区划的地名"，亦即，其不属于商标法禁止使用和注册的地名范畴，尽管可能在当地具有一定的知名度，但对绝大部分茶业的普通消费者而言对其认知度不高。

如前所述，本案中，"同庆"是一个普通的固有的描述性词汇，常见如"普天同庆""举国同庆"等，意为共同庆贺，有吉祥欢快的寓意。"同庆"作为一般性词汇，可以用在任何产品上，而"同庆号"则是云南当地一个已经进入公有领域的茶叶产品的老字号。根据现有材料，涉案商标一的最初申请人福建人张小华在注册商标时选择"同庆"这个词汇极有可能并不知晓云南易武当地有个老字号"同庆号"，而只是考虑到"同庆"这一词汇的吉祥寓意才申请了"同庆及图"商标。简言之，"同庆"并不等于"同庆号"。"同庆号"是一个未注册商标，目前仍属于公有领域的资源，由于"易武"作为地名的知名度并不高，与"同庆"加"号"组合在一起加大了商标的可识别性，使得"易武同庆号"与"同庆"具有更明显的区别。消费者完全可以通过他们依法各自使用自己的商标（普洱茶往往同时使用系列商标）识别该不同商家。"易武同庆号"与"同庆"并不会造成相关消费者的混淆误认，因此，应当认定"易武同庆号"与"同庆"不构成近似。

还有少数专家认为，"同庆"是"易武同庆号"的主体显著部分，"易武"并没有增加"易武同庆号"的区别性特征，应当认定"易武同庆号"与"同庆"构成近似。

（三）关于如何把握商标法有关保护在先商业标志权益与维护市场秩序相协调的立法精神，注重维护已经形成的和稳定的市场秩序问题

《最高人民法院关于审理商标授权确权行政案件若干问题的意见》第1条规定，人民法院在审理商标授权确权行政案件时，对于尚未大量投入使用的诉争商标，在审查判断商标近似和商品类似等授权确权条件及处理与在先商业标志冲突上，可依法适当从严掌握商标授权确权的标准，充分考虑消费者和同业经营者的利益，有效遏制不正当抢注行为，注重对于他人具有较高知名度和较强显著性的在先商标、企业名称等商业标志权益的保护，尽可能消除商业标志混淆的可能性；对于使用时间较长、已建立较高市场声誉和形成相关公众群体的诉争商标，应当准确把握商标法有关保护在先商业标志权益与维护市场秩序相协调的立法精神，充分尊重相关公众已在客观上将相关商业标志区别开来的市场实际，注重维护已经形成和稳定的市场秩序。

与会专家一致认为，本案中，涉案商标二第4068515号"易武同庆号 YIWU TONG QING HAO"于2006年6月14日获准注册，已经注册并使用近10年，而涉案商标一第3390521号"同庆 TONGQING及图"于2004年6月7日获准注册，并于2006年12月28日转让给邓雅然，随后于2007年11月2日转让给西双版纳同庆号公司，如果西双版纳同庆号公司从受让时就开始投入使用涉案商标一，其使用也已近10年。此外，如前所述，"易武同庆号"和"同庆"在含义上存在差别，两商标在实际使用中已形成各自相对稳定的消费人群，相关公众在客观上可以将相关商业标志区别开来，两商标并不构成近似商标，涉案商标二维持注册不会造成市场混淆。从注重维护已经形成的稳定的市场秩序考虑，可以予以维持共存。因此，双方可以通过行使新《商标法》规定的继续使用权，使得两个商标能被更明显地区分开来。

而第6115016号"同庆号及图"商标（即涉案商标五）与高丽莉在先注册的涉案商标二的文字和涉案商标三、涉案商标四的图形十分相近，容易造成相关消费者的混淆，构成近似商标。即使涉案商标五已经使用多年，也不宜与上述在先商标维持共存。

（四）关于一审法院判决撤销商标评审委员会作出的维持商标注册的裁定所产生的法律效果及其对涉案商标法律效果的影响问题

与会专家一致认为，对于一审判决的效力认定的最基本原则是，在涉案当事人没有确定不上诉之前，一审判决是没有生效的。二审程序是救济程序，法律程序的设计理念是通过赋予不服一审判决的当事人以上诉权，使其相关权利能够获得救济。在这种情况下，如果涉案当事人提起上诉，则只有案件经过二审，才能获得确定的结果。

关于法院判决对涉案商标效力的影响，与会专家一致认为，按照目前我国的制度设计，在商标确权纠纷中，即使法院判决生效了，还需要看法院的生效判决与行政机关的裁定之间的关系。如果法院在个案判决当中要求商标评审委员会重新做出裁定，以这种方式支持一方或驳回一方的请求，则还要根据相关行政机关履行判决重新作出了裁定，并且该裁定经过最终确认（如涉案当事人认可或者司法复审确认）后，才能对涉案商标的效力产生影响。

（五）关于如何有效解决双方之间的争议问题

与会专家认为，解决双方当事人之间的争议纠纷的最基本和最有效途径是提高行政机关和司法机关的执法水平。法律在处理权属纠纷时，既要在维护经营者合法利益，还必须维护消费者的利益。就本案而言，涉案双方当事人可以通过协商，或者在法院或当地行政机关的调解，解决纠纷，从而达到强强联合、优势互补、合作共赢的目的。而针对现有的 5 起相关牵连的案件，法院审理时则应考虑并案审理。

商标是一种无形资产，可以给权利人带来很高的价值，企业和个人也越来越重视商标，重视知识产权。但行政和司法需要对商标使用进行正确的思想指引。企业在其商标战略中，不应一味追求申请更多商标或撤销他人商标，还应考虑如何更好地通过商标获益。本案中，双方大可放下诉争，求同存异，选择合作，善用商标许可制度，避免由于争讼不断而彼此不必要地消耗过多精力与诉讼成本。这种彼此纠缠的纠纷案件既浪费国家行政、司法资源，又影响企业自身的正常发展。双方如若不一味追求独占市场，而是进行强强联合，很可能可以一起做大云南的"同庆号"普洱茶这个品牌，实现合作共赢。

以上意见系基于委托方提供的材料、根据专家学者的意见归纳整理作出，仅供参考。

北京务实知识产权发展中心

2015 年 4 月 24 日

北京市高级人民法院行政判决书（摘录）

（2014）高行终字第 1403 号

上诉人（原审第三人）：高丽莉。

上诉人（原审第三人）：田克，住××××。

上诉人（原审第三人）：云南易武同庆号茶业有限公司，住所地××××。

法定代表人高丽莉，董事长。

三上诉人的共同委托代理人明星楠，北京市万慧达律师事务所律师。

委托代理人鲁雪，北京市万慧达律师事务所实习律师，住××××。

上诉人（原审被告）：国家工商行政管理总局商标评审委员会，住所地×
×××。

法定代表人：何训班，主任。

委托代理人：仝彤，该商标评审委员会审查员。

委托代理人：卓慧，该商标评审委员会审查员。

被上诉人（原审原告）：西双版纳同庆号茶业有限公司，住所地××××。

法定代表人：邓雅然，董事长。

委托代理人：张德龙，北京市弘晨律师事务所律师。

委托代理人：徐德法，北京德龙知识产权代理有限公司职员。

上诉人高丽莉、田克、云南易武同庆号茶业有限公司（以下简称"易武
公司"）、国家工商行政管理总局商标评审委员会（以下简称"商标评审委员
会"）因商标异议复审行政纠纷一案，不服北京市第一中级人民（2013）一
中知行初字第3512号行政判决，向本院提起上诉。本院于2014年4月17日
受理本案后，依法组成合议庭，于2014年5月8日公开开庭审理了本案。上
诉人高丽莉、田克、云南易武同庆号茶业有限公司的委托代理人明星楠、鲁
雪，上诉人商标评审委员会的委托代理人仝彤，被上诉人西双版纳同庆号茶
业有限公司（以下简称"同庆号公司"）的法定代表人邓雅然、委托代理人

张德龙、徐德法到庭参加了诉讼。本案现已审理终结。

……

[由于篇幅原因，本文未收录判决证据查明部分，详细内容可根据判决号进行查询]

……

本院认为，鉴于上诉人高丽莉对（2013）一中行初字第3513号行政判决、（2013）一中行初字第3515号行政判决已经提起上诉，故上述两判决尚未发生法律效力；另外，即便上述两判决发生法律效力，引证商标一是否被撤销、引证商标三是否不予核准注册，亦应当由商标评审委员会重新作出裁定。故在本案中，引证商标一、三仍是被异议商标的权利障碍。原审判决认为引证商标一、三在部分商品上不能成为被异议商标的权利障碍的认定错误，本院予以纠正。上诉人高丽莉、田克、易武公司关于原审判决对（2013）一中行初字第3515号行政判决的效力认定错误的上诉理由成立，本院予以支持。

《商标法》第28条规定："申请注册的商标，凡不符合本法有关规定或者同他人在同一种商品上已经注册的或者初步审定的商标相同或者近似的，由商标局驳回申请，不予公告。"《商标法》第4条第3款规定："本法有关商品商标的规定，适用于服务商标。"类似商品，是指在功能、用途、生产部门、销售渠道、消费对象等方面相同，或者相关公众一般认为其存在特定联系、容易造成混淆的商品。本案中，被异议商标指定使用的第30类茶、茶叶代用品、咖啡等商品与引证商标一、二核定使用的第30类茶、茶饮料、茶叶代用品等商品构成相同或类似商品，与引证商标三核定使用的茶馆、咖啡馆等服务在生产销售渠道、消费对象等方面存在比较密切的关联，应认定为类似商品和服务。商标评审委员会第41261号裁定对此认定正确，本院予以维持。

认定商标是否近似，既要考虑商标标志构成要素及其整体的近似程度，也要考虑相关商标的显著性和知名度、所使用商品的关联程度等因素，以是否容易导致混淆作为判断标准。本案中，被异议商标由文字"同庆号"及图形组合构成；引证商标一由文字"易武同庆号"及其对应的汉语拼音字母"YIWUTONGQINGHAO"组合而成，两商标的整体外观、呼叫及含义差异明显，不构成近似商标。引证商标二为图形商标，整体外观、构图元素、视觉效果与被异议商标存在差别，不构成近似商标。第41261号裁定对此认定错误，本院予以纠正；原审判决认定被异议商标与引证商标二不构成近似商标正确。上诉人高丽莉、田克、易武公司、商标评审委员会认为被异议商标与引证商标一、二分别构成近似商标的上诉理由不能成立，本院不予支持。被异议商标与引证商标三在整体外观、构图元素、构图方式、视觉效果极为相似，在指定使用的商品和服务构成类似的情况下，易使相关公众混淆误认，故被异议商标与引证商标三构成近似商标。被异议商标构成《商标法》第28条所指的应不予核准注册的情形，第41261号裁定对此认定正确，本院予以维持。上诉人高丽莉、田克、易武公司、商标评审委员会认为被异议商标与引证商标三构成近似商标的上诉理由成立，本院予以支持。

第3390521号商标于2007年11月28日转让给同庆号公司，2009年11月被云南省工商行政管理局认定为"云南省著名商标"，没有证据显示在被异议商标的申请注册日之前，第3390521号商标具有较高知名度。原审判决认定第3390521号商标具有较高知名度，属认定事实不清，本院予以纠正。

根据本案查明的事实，上诉人高丽莉、田克、易武公司在行政程序和诉讼程序中，没有提交引证商标二、三在指定使用的商品和服务上具有一定知名度的证据。其相关上诉理由不能成立，本院不予支持。上诉人高丽莉、田克、易武公司关于"引证商标为上诉人首创并投入使用的商标，同庆号公司通过购买'同庆'商标的方式排挤上诉人，属于不正当竞争行为"的上诉理由与判断被异议商标与各引证商标是否构成近似商标缺乏关联性，本院不予评述。

综上，原审判决认定事实不清，适用法律不当，本院予以纠正。上诉人高丽莉、田克、易武公司、商标评审委员会的上诉理由部分成立，对其上诉请求，本院予以支持。依照《中华人民共和国行政诉讼法》第61条第（3）项、《最高人民法院关于执行〈中华人民共和国行政诉讼法〉若干问题的解释》第70条之规定，判决如下：

一、撤销北京市第一中级人民法院（2013）一中知行初字第3512号行政判决；

二、维持国家工商行政管理总局商标评审委员会商评字（2013）第41261号《关于第6115016号"同慶號及图"商标异议复审裁定书》。

一审案件受理费100元，由西双版纳同庆号茶业有限公司负担（已缴纳）；二审案件受理费100元，由西双版纳同庆号茶业有限公司负担（于本判决生效之日起7日内缴纳）。

本判决为终审判决。

审　判　长　莎日娜
代理审判员　周　波
代理审判员　戴怡婷
2014 年 5 月 23 日
书　记　员　王真宇
书　记　员　崔馨娜

附件 06 - 2

最高人民法院行政裁定书（摘录）

（2015）知行字第 1 号

再审申请人（一审原告、二审被上诉人）：西双版纳同庆号茶业有限公司。住所地××××。

法定代表人：邓雅然，该公司董事长。

委托诉讼代理人：程守法，山东众成仁和（北京）律师事务所律师。

委托诉讼代理人：吴新华，北京市炜衡律师事务所律师。

被申请人（一审被告、二审上诉人）：国家工商行政管理总局商标评审委员会。住所地××××。

法定代表人：何训班，该委员会主任。

委托代理人：仝彤，该委员会审查员。

被申请人（一审第三人、二审上诉人）：云南易武同庆号茶业有限公司。住所地××××。

法定代表人：高丽莉，该公司董事长。

委托代理人：明星楠，北京市万慧达律师事务所律师。

委托代理人：鲁雪，北京市万慧达律师事务所律师。

被申请人（一审第三人、二审上诉人）：高丽莉，住××××。

委托代理人：明星楠，北京市万慧达律师事务所律师。

委托代理人：鲁雪，北京市万慧达律师事务所律师。

被申请人（一审第三人、二审上诉人）：田克，住××××。

委托代理人：明星楠，北京市万慧达律师事务所律师。

委托代理人：鲁雪，北京市万慧达律师事务所律师。

再审申请人西双版纳同庆号茶业有限公司（以下简称"同庆号公司"）因与被申请人国家工商行政管理总局商标评审委员会（以下简称"商标评审

委员会")、云南易武同庆号茶业有限公司（以下简称"易武公司"）、高丽莉、田克商标异议复审行政纠纷一案，不服北京市高级人民法院（2014）高行终字第 1403 号行政判决，向本院申请再审。本院依法组成合议庭对本案进行了审查，现已审查终结。

......

[由于篇幅原因，本文未收录判决证据查明部分，详细内容可根据判决号进行查询]

......

本院认为：本案争议问题是，二审法院未采纳同庆号公司提交的证据是否符合法律规定；被异议商标与引证商标三是否构成类似商品上的近似商标。

一、关于二审程序中的证据采纳问题

《最高人民法院关于行政诉讼证据若干问题的规定》第 7 条第 2 款规定："原告或者第三人在第一审程序中无正当事由未提供而在第二审程序中提供的证据，人民法院不予接纳。"同庆号公司作为一审原告，在第一审程序中无正当理由未提供前述证据，二审法院在第二审程序中未予采纳并无不当。本案审查的具体行政行为是商标异议复审行政裁定，商标评审委员会作出该裁定是依据同庆号公司的申请，在裁定中认定的事实也是依据双方当事人提交的证据，行政诉讼作为司法复审程序，是对具体行政行为的合法性进行审查，在该程序中如果任由裁决双方当事人提交其在行政程序中无正当理由未提交的证据，势必影响行政裁定的严肃性、稳定性，亦与司法复审的属性相背离。鉴于同庆号公司无正当理由在商标评审阶段未提交前述证据，二审法院以前述证据不是商标评审委员会作出第 41261 号裁定的依据而未予采纳，亦无不当；退而言之，即使二审法院采纳了同庆号公司提交的这些证据，也不能佐证同庆号公司的诉讼主张，故同庆号公司的该项申请再审理由不能成立。

二、关于被异议商标与引证商标三是否构成类似商品额服务上的近似商标问题

（一）关于引证商标三是否构成被异议商标的在先权利障碍问题

引证商标三的申请注册日是 2005 年 8 月 25 日，早于被异议商标的申请注册日，在引证商标三未被生效裁定裁决为不予核准注册的情况下，构成被异议商标的在先权利障碍。同庆号公司关于引证商标三不应予以核准注册，不构成被异议商标在先权利障碍的申请再审理由不能成立。

（二）关于被异议商标指定使用的商品与引证商标三核定使用的服务是否构成类似商品和服务问题

商品与服务类似，是指商品和服务之间存在特定关系，容易使相关公众混淆。认定商品或服务是否类似，应当以相关公众对商品或者服务的一般认识综合判断。本案被异议商标指定使用在第30类茶、茶叶代用品、咖啡等商品上，引证商标三核定使用在茶馆、咖啡馆等服务上，二者的消费和服务对象存在重合之处，容易使相关公众认为商品或服务是同一主体提供的，或者提供者之间存在特定关系，从而产生混淆误认，因此应当认定二者为类似商品和服务，同庆号公司认为二者不属于类似商品和服务的申请再审理由不能成立。

（三）关于被异议商标与引证商标是否近似问题

商标近似是指商标文字的字形、读音、含义或者图形的结构及颜色，或者其各要素组合后的整体结构相似，或者其立体形状、颜色组合近似，易使相关公众对商品的来源产生误认或者认为具有特定的联系。认定商标是否近似，既要考虑商标标志构成要素及其整体的近似程度，也要考虑相关商标的显著性和知名度，以是否容易导致混淆作为判断标准。本案中，被异议商标由文字"同庆号"及图形组合构成，引证商标三由文字"易武同庆号"及图形组合构成，上部分均为文字，一个为"同庆号"，一个为"易武同庆号"，且均为同样的繁体字体；中部都是将龙、马、云、塔、山5个元素重新排列组合并纳入一个圆圈内；下部一个有文字，一个没有文字。因此，从整体结构和视觉效果来看，被异议商标与引证商标三极为近似，足以使相关公众对商品的来源产生混淆误认，应认定为近似商标。

同庆号公司主张，第3390521号"同庆及图"商标是被异议商标的基础注册商标，该基础注册商标经使用已达到驰名的程度，其商誉已在被异议商标上延续，被异议商标与基础注册商标长期共同使用，对其应给予特殊保护。本院认为，不同的注册商标各自享有独立的商标专用权，但商誉可以延续。本案中，第3390521号"同庆及图"商标于2007年11月28日转让给同庆号公司，在被异议商标于2007年6月18日申请注册前，没有证据证明第3390521号"同庆及图"商标经过使用具有一定的知名度。此外，第3390521号"同庆及图"商标与被异议商标在整体外观、构图元素方面差异明显，因此同庆号公司的上述申请再审理由不能成立。

关于同庆号公司所述二审法院以被异议商标与引证商标均已建立较高市场声誉和维护稳定的市场秩序为由，对被异议商标不予注册的裁判理由不能成立的主张，因其并非二审法院作出本案裁判的理由，故对此本院不再予以评述。

综上，同庆号公司的再审申请不符合《中华人民共和国行政诉讼法》第

91 条规定的情形。依照《最高人民法院关于执行〈中华人民共和国行政诉讼法〉若干问题的解释》第 74 条的规定,裁定如下:

驳回西双版纳同庆号茶业有限公司的再审申请。

审 判 长　周　翔
代理审判员　宋淑华
代理审判员　吴　蓉
2015 年 11 月 25 日
书 记 员　周睿隽

案例 07

"席梦思" 系列商标确权行政
纠纷专家研讨会法律意见书

务实（2015）第 007 号

    受北京君合律师事务所委托，北京务实知识产权发展中心于 2015 年 6 月
10 日召开了"'席梦思'系列商标确权行政纠纷专家研讨会"。原国家工商行
政管理总局商标局副局长、原国家工商行政管理总局商标评审委员会副主任
欧万雄，原世界知识产权组织发展中国家（PCT）司司长王正发，原国家工
商行政管理总局商标局副巡视员、高级经济师、中国知识产权研究会高级顾
问董葆霖，中国社会科学院知识产权中心主任、博士生导师、中国知识产权
法学研究会常务副会长李明德，中国社会科学院法学研究所研究员、博士生
导师、中国科学院大学公共管理学院法律与知识产权系主任、中国知识产权
研究会副理事长李顺德，北京大学法学院教授、博士生导师、北京大学知识
产权学院常务副院长张平，中国政法大学民商经济法学院教授、博士生导师、
中国知识产权法学研究会副秘书长张今，北京务实知识产权发展中心主任程
永顺等资深知识产权法律专家、学者参加了研讨。

    研讨会由北京务实知识产权发展中心主任程永顺主持。

    参与本案研讨的专家在认真审阅委托方提供的与本案有关的材料、了解
案件相关背景情况的基础上，围绕本案中，"席梦思"在申请注册时是否构成
床垫的通用名称；"席梦思"能否被视为英文商标"Simmons"唯一对应的中
文译文，其权属如何认定；第 12700789 号"席梦思 Simmons 及图"商标与第
12700790 号"Simmons 席梦思"商标是否属于《商标法》第 11 条第 1 款第
（1）项所规定的"仅有本商品的通用名称"的情形，商标局和商标评审委员
会的裁决是否恰当，以及涉案商标是否应核准注册等与本案相关的法律问题
进行了深入研讨，并充分发表了各自的意见。

一、背景情况

（一）美梦有限公司相关情况

1. 美梦有限公司基本情况

1870 年，品牌创始人扎尔蒙·席梦思先生（Zakmon G. Simmons）在美国威斯康星州克诺沙设立了他的第一所工厂，以生产木质绝缘体及纸质包装盒为主要业务。

1875 年，席梦思先生看到报纸上手工编织钢丝制造弹簧的新闻，激发出采用弹簧制造床垫的想法。

1876 年，席梦思先生与 9 位工匠合作利用 14 个弹簧创造出世界第一张弹簧床垫，席梦思先生后来用自己的名字成立弹簧床品牌——Simmons。凭着弹簧床的专利与制造技术，申请人在 1890 年成为全世界最大的弹簧床制造厂商。

1925 年，席梦思二世的首席工程师发明了能量产独立筒的机器，此举更是改变了弹簧床的制造史，为了凸显独立筒的特色，申请人把独立筒称为 Beautyrest（睡美人系列）。该系列获得来自各方的佳评和称赞，这也使得拥有 Simmons 成为一种身份地位的象征。

1927 年，席梦思床垫受到许多美国政界和商界名媛推崇，其中包括美国总统罗斯福先生的夫人，著名律师亨利·塔夫脱的夫人，投资银行家摩根·贝尔蒙特夫人等。

1929 年，席梦思广邀举足轻重的名人，免费担当广告代言人，如亨利·福特、HG 威尔斯、托马斯·爱迪生、古格里莫·马可尼及乔治·萧伯纳。

尽管相关企业经历多次更迭、重组，但"Simmons"商标一直延续下来。目前，"Simmons 席梦思"系列商标的所有人为美梦有限公司（DreamWell Ltd.），其在全球超过 40 个国家拥有销售网络。1980 年，席梦思成为纽约宁静湖冬奥会的指定床垫供应商。

2. Simmons 席梦思在中国使用的历史情况

1935 年，美梦有限公司正式在上海开办了工厂。当时申请人提供的"软床"已经享誉中国。之前从来没见过弹簧床垫的中国人，把 Simmons 音译为"席梦思"。

20 世纪 30 年代，《申报》上载有"Simmons 席梦思"床垫的广告。

后来因战争的原因，申请人逐渐淡出中国市场。

2005 年，"Simmons 席梦思"重返中国市场，并开始在媒体广泛宣传"Simmons 席梦思"。同年，上海席梦思床褥家具销售有限公司成立，其作为美国席梦思（Simmons）产品在中国大陆地区的独家授权总经销商，对"Simmons"等商标拥有排他许可使用权。

目前，美梦有限公司已在华北、华中和华南等地区的重要省市开设80余家门店，且每家门店均使用"Simmons"商标并在显著位置标明中文"席梦思"，主要经营高档的弹簧床垫、舒适椅、沙发等家居产品，其客户既包括一般的消费者，也包括大型的酒店集团等。

3. 美梦有限公司在中国大陆地区商标注册情况

美梦有限公司"Simmons"及"席梦思"系列商标指定使用在《商标注册用商品和服务国际分类》（以下简称"类"）第20类商品上的注册申请情况如下表所示。

序号	申请商标	注册号	申请时间	指定商品	状态
1	Simmons	384258	1988.06.21	床垫（2001）	有效
2	Simmons	1350355	1998.08.03	家具、弹簧床垫、床架、床垫……（2001；2012；2013）	有效
3	SIMMONS	585088	1990.08.06	床垫、家具、弹簧床垫……（2001；2004）	有效
4	Simmons 蓆夢思	4678491	2005.05.25	长沙发、床垫、床……（涵盖2001至2014各类似群）	无效
5	Simmons 席梦思	4678489	2005.05.25	同上	无效
6	Simmons WORLD CLASS	4908039	2008.09.21	同上	无效
7	SIMMONS	11057689	2012.06.12	金属桌、弹簧床垫、床、床垫……（涵盖2001至2014各类似群）	有效
8	Simmons	11057692	2012.06.12	长沙发、床垫、床、弹簧床垫……（涵盖2001至2014各类似群）	有效

序号	申请商标	注册号	申请时间	指定商品	状态
9	SIMMONS 席梦思	12953093	2013.07.22	家具、长沙发、床垫、床、弹簧床垫……（涵盖 2001 至 2013 各类似群）	驳回

4. 美梦有限公司在香港及台湾地区商标注册情况

美梦有限公司在香港及台湾地区拥有"席梦思"商标，具体情况如下：

1981 年，第 19811750 号"蓆梦思"商标在香港注册，核定使用在第 20 类床垫及弹簧床垫；

1995 年，第 01221710 号"席梦思"商标在台湾注册，核定使用在第 35 类床具、床垫及家具之零售服务，类似群为 3519；

2005 年，第 300466876 号"蓆梦思 席梦思"商标在香港注册，核定使用在第 24 类纺织品（不包括其他类别）、床罩、桌罩、床单、羽绒被、床垫。

（二）席梦思等商标申请及其驳回情况

2013 年 6 月 4 日，美梦有限公司向国家工商行政管理总局商标局（以下简称"商标局"）申请第 20 类"在家具、长沙发、床垫、床、弹簧床垫、带盖的篮、工作台、镜子（玻璃镜）、竹工艺品、兽角、展示板、食品用塑料装饰品、家养宠物窝、医院用非金属制身份鉴别手环、棺材用非金属附件、家具用非金属附件、垫褥（亚麻制品除外）、软垫"商品上注册第 12700789 号"席梦思 Simmons 及图"（以下简称"申请商标一"）、第 12700900 号"Simmons 席梦思"（以下简称"申请商标二"）、第 12700791 号"席梦思"（以下简称"申请商标三"）商标。

第 12700789 号　　　　　　　第 12700900 号　　　　　第 12700791 号"席梦思"
"席梦思 Simmons 及图"　　　"Simmons 席梦思"

2014 年 4 月 1 日，商标局针对申请商标一至三分别作出《商标驳回通知书》，根据 2001 年《商标法》第 11 条第 1 款第（1）项、第 28 条的规定，以"席梦思"是床垫的通用名称，在"床垫"及相关商品上不宜为一家独占，禁止注册为由，驳回 3 个商标的注册申请。

（三）"席梦思"等商标驳回复审情况

2014 年 4 月 24 日，美梦有限公司针对 3 个商标分别向商标评审委员会提出了 3 件驳回复审申请。

申请人主要理由为，"席梦思"来源于申请人创办人姓氏及知名品牌"Simmons"，是"Simmons"的对应中文音译。申请人是申请商标"席梦思"的真正所有人。经过申请人长期、大量和广泛的使用和宣传，相关公众已经将"席梦思"与申请人及其产品形成唯一特定的联系。"席梦思"具有商标的显著特征，不是床垫产品的通用名称，且申请商标由中文"席梦思"英文"Simmons"及图形组成，整体具有较强显著性，未违反 2001 年《商标法》第 11 条第 1 款第（1）项的规定。

复审中，申请人向商标评审委员会提交了以下证据：

1. 申请人官网关于申请人及其品牌介绍。

2. 申请人官网、新浪、网易等媒体关于申请商标的说明，申请人官网关于申请人举办的各项推广活动的报道及相关媒体报道，主要情况如下：

2010 年至 2014 年，申请人在多家报纸、杂志发表文章，如《中国民航》《家居廊》《时尚家居》《新闻晚报》《襄阳日报》《杭州日报》等中发表文章，"不是所有弹簧床垫都叫席梦思""只有一种床垫，可以叫作'席梦思'""真正的'席梦思'，真正名人之选""穿越一个世纪的错误——席梦思"等文章中，介绍了"席梦思"是申请人创造的商标，以及"席梦思"品牌的发展历史等。

2007 年至 2014 年 5 月，共有 372 篇报纸文章对申请人及其品牌进行介绍，其报道媒体包括全国各重要省市的主流媒体，如《北京青年报》《扬子晚报》《华西都市报》《成都商报》《重庆晚报》《济南日报》《杭州日报》《河南商报》《长江日报》《云南信息报》《海峡都市报》《襄阳晚报》《厦门日报》等。报道中将"席梦思"作为申请人商标进行报道，将"席梦思"冠以"世界顶级床垫品牌""百年经典品牌""床垫领导品牌"等称号。

一部分专业杂志，如《广告大观》《纺织装饰科技》《时代经贸》《中国商贸》等也对申请人的"席梦思"商标以及申请人在床垫行业地位进行介绍。

3. 申请人官网关于申请人门店介绍。

申请人业务已分布在北京、甘肃、河北、黑龙江、吉林、辽宁、青海、山东、陕西、山西、天津、新疆、海南、湖北、江苏、上海、四川、浙江、重庆、福建、广东、广西、贵州、湖南、江西、云南这 26 个重要省市，共有 80 余家门店。

4. 国家图书馆关于"席梦思"和"Simmons"的文献检索报告。

以"Simmons and 席梦思"为检索词，在慧科中文报纸数据库标题及内文字段检索，原文共 320 篇；在中国期刊全文数据库全文字段检索，原文共 52 篇。

5. 各网络媒体关于申请人商标"席梦思"的报道。

新浪网、北京商网、中国工业网、中原新闻网、光明网、凤凰网、财富网、网易网、中商情报网、上海商报网、搜狐网、腾讯网、环渤海新闻网、生物谷网，对申请人"席梦思"商标进行过宣传和报道。

6. 2011 年中国轻工业标准 QB/T 1952.2—1011《软体家具 弹簧软床垫》，以及 2QB/T 2600—2003《软体家具棕纤维弹性床垫》国家标准节选。

根据现有的关于床垫的国家标准或行业标准，申请商标"席梦思"未出现在国家标准、行业标准中，并非法定通用名称。

7. 舒达等床垫经营者的宣传手册及复印件。

舒达、丝涟、金可儿、邓禄普、斯林百兰等床垫经营者在印刷的产品宣传手册中并未将"席梦思"作为床垫产品的通用名称。

8. 2012～2014 年相关杂志关于申请人及其产品的广告页报道收集以及国家图书馆对上述广告页所做的文献复制证明复印件。

2012 年至 2014 年《中国民航》《时尚家居》《家居廊》等杂志中关于申请人及其他床垫品牌的广告页报道收集。

9. 中国著名床垫品牌穗宝等公司官方网站、产品目录及介绍页。

中国著名床垫品牌穗宝等公司在介绍其产品时主动回避"席梦思"，并未将"席梦思"认为是床垫的通用名称。

10. 中国商标网关于"Simmons"注册商标档案。

申请人在第 20 类指定商品上已经拥有第 384258 号、第 585088 号及第 11057692 号注册商标"SIMMONS"，和第 11057689 号注册商标"SIMMONS 及图"。商标"SIMMONS"和"SIMMONS 及图"的显著性已得到了商标局的承认。

商标评审委员会认为：根据《商标评审规则》第 57 条第 1 款的规定，对于当事人不服商标局做出的驳回商标注册申请决定在 2014 年 5 月 1 日以前向商评委提出复审申请，商标评审委员会于 2014 年 5 月 1 日以后（含 5 月 1 日）审理的案件，适用修改后的《商标法》。

申请商标所含显著识别文字"席梦思"是床垫的通用名称，在家具、长沙发、床垫、床、弹簧床垫、垫褥（亚麻制品除外）、软垫商品上不宜为一家独占，已构成《商标法》第 11 条第 1 款第（1）项所指的情形。申请商标指定使用在其余复审商品上未构成《商标法》第 11 条第 1 款第（1）项所指的情形。

申请人提交的在案证据不足以证明申请商标在家具、长沙发、床垫、床、弹簧床垫、垫褥（亚麻制品除外）、软垫商品上经过使用已具有区分商品来源的显著特征。

2014年11月18日，商标评审委员会作出商评字［2014］第0000077852号《关于第12700789号"席梦思Simmons及图"商标驳回复审决定书》（以下简称"第77852号复审决定"），部分驳回了"席梦思Simmons及图"商标指定使用商品的注册申请（具体情况见下表）。

同日，商标评审委员会作出［2014］第0000077854号《关于第12700790号"席梦思Simmons"商标驳回复审决定书》（以下简称"第77854号复审决定"）和［2014］第0000077853号《关于第12700791号"席梦思"商标驳回复审决定书》（以下简称"第77853号复审决定"），分别部分驳回了"席梦思Simmons"商标和"席梦思"商标指定使用商品的注册申请（具体情况见下表），理由与"席梦思Simmons及图"商标相同。

序号	申请商标	注册号	类别	申请时间	指定商品	商评委驳回注册申请的复审商品
1	Simmons 席梦思	12700789			家具、长沙发、床垫、床、弹簧床垫、带盖的篮、工作台、镜子（玻璃镜）、竹工艺品、兽角、展示板、食品用塑料装饰品、家养宠物窝、医院用非金属制身份鉴别手环、棺材用非金属附件、家具用非金属附件、垫褥（亚麻制品除外）、软垫	家具、长沙发、床垫、床、弹簧床垫、垫褥（亚麻制品除外）、软垫
2	Simmons 席梦思	12700790	20	2013.06.04		
3	席梦思	12700791				

（四）行政诉讼情况

美梦有限公司不服商标评审委员会针对申请商标一、二、三作出的复审决定，于2014年1月5日分别针对商标评审委员会作出的第77852～77854号复审决定向北京知识产权法院提起行政诉讼。

申请人针对商标评审委员会作出的第77852号复审决定提起行政诉讼的主要理由包括：

1. 申请商标由英文"Simmons"、中文"席梦思"及图形组成，整体具有强显著性，并不构成《商标法》第11条第1款第（1）项所规定的"仅有本商品的通用名称、图形、型号"，具体而言：

根据《最高人民法院关于审理商标授权确权行政案件若干问题的意见》第 5 条规定，人民法院在审理商标授权确权行政案件时，应当根据诉争商标指定使用商品的相关公众的通常认识，从整体上对商标是否具有显著特征进行审查判断。标志中含有的描述性要素不影响商标整体上具有显著特征的，或者描述性标志是以独特方式进行表现，相关公众能够以其识别商品来源的，应当认定其具有显著特征。

第 12700789 号"席梦思 Simmons 及图"商标由上下结构组成，其中上部为 S 字母变形后的地球图形，内含英文商标"Simmons"，下部为汉字席梦思，整个商标整体设计独特，图形、英文及中文部分形成一个有机的整体，具有明显的显著特征。因此，无论"席梦思"一词是否为通用名称，第 12700789 号"席梦思 Simmons 及图"商标整体均具有显著特征，可以使相关公众据以识别商品来源。

2. "席梦思"一词来源于申请商标申请人创办人姓氏及知名品牌"Simmons"，是"Simmons"的对应中文音译。

1930 年，Simmons 进入中国市场，在床垫等相关产品上使用和宣传申请商标"席梦思"，并被中国公众所普遍知晓。申请商标"席梦思"来源于原告创办人姓氏及英文品牌"Simmons"，是"Simmons"的对应中文音译，美梦有限公司是申请商标"席梦思"的真正所有人。后因战争原因，申请人逐渐淡出了中国市场，但"席梦思"三个字已为中国公众所熟知。

3. 有证据可以证明"席梦思"并非通用名称，具体而言：

（1）"席梦思"并未出现在国家标准、行业标准中，并非是法定通用名称；

（2）"席梦思"不是约定俗成的通用名称，众多国内外生产、经营床垫的厂商并未将其作为床垫产品的通用名称，本行业的经营者和销售者事实上充分认识到"席梦思"是申请人的商标，并基于竞争等原因主动回避"席梦思"一词，更不会在其产品宣传中使用"席梦思"；

（3）通过美梦有限公司的长期、广泛、持续和大量宣传，广大消费者已将"席梦思"与其形成唯一特定的联系，对于消费者而言，"席梦思"是指示美梦有限公司产品的商标，也并非是床垫的通用名称。

4. "席梦思 Simmons 及图"商标的注册，并不会对消费者造成困扰，更不会对公共利益和市场秩序造成影响。

随着床垫市场上产品种类的细分，以及越来越多消费者对睡眠品质要求的提高，经营者和消费者需要准确和规范的名称来称呼床垫产品，如弹簧床垫、乳胶床垫、棕纤维床垫等，以标示其产品的材质和功能。而"席梦思"虽然曾经被部分公众误认为弹簧床垫，但由于一方面不能满足床垫经营者和销售者对其多样化产品名称的需求，另一方面也不能标示产品材质和功能特点。根据目前床垫市场的情况，床垫经营者和销售者并没有将"席梦思"作为通用名称的需求。

随着申请人对"席梦思"商标的使用和宣传，众多同业竞争者已经知晓"席梦思"是申请人的床垫品牌，也不会在自身产品宣传中使用"席梦思"。申请商标的注册不会影响到其他经营者使用产品名称。

如上所述，众多消费者也已通过床垫厂家的宣传、报纸杂志、网络等方式知晓"席梦思"是申请人的商标，申请商标的使用和注册事实上也不会造成消费者的困扰。

申请人针对商标评审委员会作出的第 77854 号复审决定（关于第 12700790 号"席梦思 Simmons"商标）提起行政诉讼的主要理由与上述理由相同；申请人针对第 77853 号复审决定（关于第 12700791 号"席梦思"商标）提起行政诉讼的主要理由与上述理由中的 2～4 相同。

目前，上述案件均未开庭审理。

二、研讨会依据的材料

1. "席梦思 Simmons 及图""Simmons 席梦思""席梦思"商标注册信息；

2. 商标局关于第 12700789 号商标的商标驳回通知书；

3. 美梦有限公司针对第 12700789 号商标的商标驳回通知书的驳回复审申请书及相关证据；

4. 商标评审委员会商评字〔2014〕第 000077852 号关于第 12700789 号"席梦思"商标驳回复审决定书；

5. 美梦有限公司向北京知识产权法院提交的行政起诉状（关于第 12700789 号商标）；

6. 台湾及香港地区"蓆夢思""席梦思""蓆夢思 席梦思"商标注册信息。

三、研讨会的主要议题

1. 从"席梦思"商标的历史沿革及其使用和宣传等情况来看，其在申请注册时是否构成床垫的通用名称？

2. "席梦思"能否被视为英文商标"Simmons"唯一对应的中文译文？若可以，其权利归属应当如何认定？

3. 第 12700789 号"席梦思 Simmons 及图"商标与第 12700790 号"Simmons 席梦思"商标是否属于《商标法》第 11 条第 1 款第（1）项所规定的"仅有本商品的通用名称"的情形？商标局及商标评审委员会关于第 12700789 号"席梦思 Simmons 及图"以及第 12700790 号"Simmons 席梦思"商标所含显著识别文字"席梦思"是床垫的通用名称的认定是否恰当？

4."席梦思""Simmons 席梦思"及"席梦思 Simmons 及图"商标是否应当被核准注册？

四、专家意见

与会专家围绕上述问题进行了热烈讨论，充分发表了意见。经过归纳整理，形成以下法律意见：

（一）关于从"席梦思"商标的历史沿革及其使用和宣传等情况来看，其在申请注册时是否构成床垫的通用名称问题

商品通用名称通常是以直接描述该类商品的主要用途、主要原料、主要功能或者其本质特征的方式命名的，如自行车、血压计、墨盒等，作为该类商品的共同名称，以其指代该类商品。

《最高人民法院关于审理商标授权确权行政案件若干问题的意见》第 7 条规定："人民法院在判断诉争商标是否为通用名称时，应当审查其是否属于法定的或者约定俗成的商品名称。依据法律规定或者国家标准、行业标准属于商品通用名称的，应当认定为通用名称。相关公众普遍认为某一名称能够指代一类商品的，应当认定该名称为约定俗成的通用名称。被专业工具书、辞典列为商品名称的，可以作为认定约定俗成的通用名称的参考。"该条规定了两种通用名称的认定标准，其中，法定的通用名称的认定标准相对明确，即依据法律法规规定、国家标准、行业标准进行判断。而约定俗成的通用名称判断标准，即"相关公众普遍认为某一名称能够指代一类商品"的判断则较为复杂，与会专家认为，可以从两个方面进行考量：

第一，应以相关公众的通常认识为标准进行考察。商标最基本的作用即为区别商品来源，避免产生混淆。而当某个商标不再具有指示商品来源的功能，而指代的是某一类商品本身，相关公众无法将具体商品来源与商标形成确定的唯一对应关系时，该商标不再具有可识别性，其应被认定为通用名称。这种现象通常被称为商标"淡化"为商品通用名称。而对于正处于"淡化"为商品通用名称过程中的商标而言，如果相关公众依然能够据以识别商品来源，且由于商标权人的积极作为、努力阻止、反对这种"淡化"，使得该商标作为商品名称的"淡化"现象发生逆转、退化，则应结合其他因素进行全面、

综合判断，不应轻易认定其已经"淡化"为商品通用名称。

此处所说的相关公众是指与商标所附着商品或服务相关的消费者以及与该类商品的营销有密切关系的其他经营者。不能仅仅由于相关消费者或者与该商标合法持有人具有直接竞争关系的竞争者将该商标作为商品通用名称使用，就作出该商标已经"淡化"为商品通用名称的认定，还必须充分考虑该商标在众多其他有密切关系的经营者中是否已经"淡化"的实际状况，全面考量加以认定。对于消费者而言，囿于认识的局限性和商标意识不足，其在购买商品时往往更注重功能、品质、价格等要素，一般不刻意将商品名称与商标加以明确区分。这种情况在药品商标"伟哥"上已经出现。"伟哥"在我国已经是合法注册商标，相关公众仍将之作为其所标示的相关药品约定俗成的通用名称使用，而这一中文译文并非其英文商标的商标权人所确定的中文译文，而是相关公众普遍认可和接受的中文译文。在这种情况下，"伟哥"商标注册并没有因此被无效或撤销。可见，相关公众的使用习惯并不能成为认定商标是否构成商品通用名称的唯一标准。

而对竞争者，特别是具有直接竞争关系的同业竞争者而言，不能排除其往往希望通过不正当使用商标，使之淡化，进而促使其"淡化"为通用名称，从而达到攀附该商标商誉或恶意竞争目的的可能。因此，如果仅以具有直接竞争关系的同业竞争者的主张或认知作为判断依据，不仅无法保障商标权人的合法权利，还会妨碍正常的市场竞争秩序。

第二，应考察商标所有权人的行为（包括作为和不作为）是否存在主观过错，导致商标"淡化"为商品的通用名称。商标转化成为通用名称的情形通常发生于新商品的产生初期，由于没有统一的商品名称，同类商品的生产商、消费者往往会用新产品的商标指代该新产品。此时，如果商标所有人——往往是新产品的创始人——对这一行为未加制止，甚至也将其商标作为该新商品的通用名称使用，则该商标最后往往会"淡化"为该类商品的通用名称，如"尼龙""的确良""电动扶梯""赛璐珞"等（尽管在某些国家的某些产品上，仍享有商标权），已经从最初的商标"淡化"为该类产品的通用名称。但如果该商标所有人自身并不存在过错，即所有人不存在作为（即与相关公众一起将商标作为商品的通用名称使用）或者不作为（即放任他人将其商标作为商品的通用名称使用而未及时予以制止）而导致商标通用化的情形，其权利不应该被轻易剥夺。进一步而言，如果商标权人有积极防止或制止其商标被用作通用名称的作为，也未曾在众所周知的情况下将其商标作为商品名称使用，甚至通过诉诸法律保护，主张自身权利，始终坚持该商标是其所有的商标而并非商品的通用名称的立场，在这种情况下，法院应从商标法的立法目的出发，综合考虑实际情况、使用状况等因素，而不宜仅以部分公众将该商标作为某一类商品的通用名称为由，简单将该商标认定为商品的通用名称。

本案中，无论是法律法规规定，还是相关的行业标准均未将"席梦思"作为商品的通用名称，字典、词典也未将"Simmons"对应翻译为"席梦思"，或将之解释为"床垫"的通用名称。"席梦思"本身尽管可能具有一定的暗示性——与寝具相关，但其并非直接描述相关商品的用途、主要原料或者表示其本质特征的称谓。对于其是否属于在长期信息交流过程中形成的约定俗成的商品的通用名称的认定，结合前述考察因素可以看出，一方面，Simmons 是该产品创始人的姓氏，姓氏在通常情况下不会成为商品的通用名称，且其英文商标的权属并无争议。20 世纪 30 年代"Simmons"床垫进入中国市场以来，其中文"席梦思"作为英文商标权利人确定的唯一对应的中文译文持续不断地被使用和宣传。尽管曾有部分消费者将"席梦思"作为某一类"床垫"的指代称呼，但这并不足以证明"席梦思"已经成为这一类商品的通用名称。而近些年来同业竞争者（生产商、销售商等）已经逐渐主动规避用"席梦思"指代某一类"床垫"，而使用"弹簧床垫""软床垫"等说法。此外，"Simmons"英文商标权利人在我国台湾、香港地区已将其中文译文作为商标予以注册。前述事实都表明，"席梦思"确实是"Simmons"英文商标对应的中文译文标识，而非某一类商品的通用名称。另一方面，商标申请人始终坚持将"席梦思"作为自己的商标，而并没有实施导致其商标淡化为商品通用名称的不当行为。在 2005 年重返中国市场后，商标申请人就积极申请注册中文"席梦思"商标，虽然该申请被驳回，但商标申请人坚定认为"席梦思"是可以作为商标注册、使用的意愿。同时，自"Simmons 席梦思"进入中国市场以来，商标申请人亦从未在其商品标签、宣传材料中将其作为商品的通用名称使用，而是通过长期宣传试图建立中文"席梦思"与"Simmons"的唯一对应联系，积极纠正将其作为商品通用名称的错误使用方式。此外，与 PRTV 等商品通用名称不存在其他可替代的商品名称的情形不同，被部分相关公众以"席梦思"所指代的商品，本来就存在"床垫""弹簧床垫""软床垫"等通用的商品名称，"席梦思"作为商标注册被一家企业独占，不会影响其他同类商品经营者的正常经营活动，这在商业实践活动业已经获得证明。综上可见，将"席梦思"认定为商品通用名称确实不妥。

（二）关于"席梦思"能否被视为英文商标"Simmons"唯一对应的中文译文及其权属的认定问题

与会专家认为，如果外文商标的中文译文能与该外文商标形成唯一对应的关系，则可将该中文译文视为一个未注册商标。商标申请人通过长期使用、宣传中文译文，使英文商标相对应的中文译文具有一定的识别作用并获得一定的声誉、具有商业价值后，可以在一定程度上获得商标法上的保护或者准许其注册。

受中文的译法、各地方言不同等因素影响，外文名词或外文商标的中文译文会存在多种版本，不同的中文翻译同时存在于市场，将很难判断一个中文译文是否与外文商标成唯一对应关系，因此，在判断外文商标与中文译文是否唯一对应时，应当以市场中形成的外文商标与中文译文的实际稳定的对应关系为依据，考察权利人的主张、行业内描述、消费者的认知以及媒体的报道等相关事实。一般认为，对于外文商标与中文译名间对应关系的认定，应当考虑以下几个方面：第一，外文商标所有人对中文译文的确认和实际使用情况，权利人是否在各种场合积极主张外文与中文译文的唯一对应关系；第二，相关公众是否认可外文商标对应的中文译文及对其对应关系的认可程度；第三，相关媒体在报道中对外文商标对应的中文译文的使用情况，包括使用方式、使用情况、使用次数、使用范围，以及外文商标与中文译文为单独使用或者结合对应使用等。此外，官方（如海关、质检等部门）对外文商标对应的中文译文的认可程度以及权威字典、词典的解释也可以作为考量因素。如果权利人主张的外文商标对应的中文译文经其积极宣传使用，使得该中文译文成为英文商标的唯一对应翻译，并在媒体报道中广泛多次使用，相关公众也认可二者之间的对应关系，能通过中文译文识别商品来源，则应当认定该外文商标与权利人主张的中文译文之间具有唯一对应关系。

本案中，"席梦思"能否被视为与"Simmons"是唯一对应关系的中文译文，应当结合案件中与上述问题相关的证据，具体分析。"席梦思"是"Simmons"创办人姓氏的中文译文，该译文与字典上对于作为人名的"Simmons"的译文"西蒙斯""赛蒙"等并不相同。有专家认为，"席梦思"作为英文商标权利人确认的唯一中文译文，该译文具有一定的暗示性，与其所标识的商品具有一定关联，因此也使之更容易获得消费者的接受和青睐。也有专家认为，该译文具有原创的显著性，并不存在一开始是"擦边球"，而后逐渐淡化的过程。现有证据亦表明，"Simmons"商标的所有人一直积极将"Simmons"商标与其中文译文"席梦思"相结合进行宣传、使用，试图建立起英文商标"Simmons"与中文译文"席梦思"之间的唯一对应关系，这一对应关系也获得了相关公众和媒体的认可和接受。据此，可以认定"Simmons"与中文译文"席梦思"之间呈唯一对应关系，美梦有限公司作为英文"Simmons"的商标权人，其权利范围也应及于该英文商标唯一对应的中文译文"席梦思"。

（三）关于第 12700789 号"席梦思 Simmons 及图"商标与第 12700790 号"Simmons 席梦思"商标是否属于《商标法》第 11 条第 1 款第（1）项所规定的"仅有本商品的通用名称"的情形，商标局及商标评审委员会关于第 12700789 号"席梦思 Simmons 及图"以及第 12700790 号"Simmons 席梦思"商标所含显著识别文字"席梦思"是床垫的通用名称的认定是否恰当问题

《商标法》第 11 条第 1 款第（1）项规定，"仅有本商品的通用名称、图形、型号"不得作为商标注册。该条款的目的是保证注册商标的可识别性。申请注册的商标应当具有显著特征，便于相关公众进行识别。可识别性是注册商标的基本特征。生产经营者通过商标推介自己的商品和服务，消费者通过商标区分不同生产经营者的商品和服务。如果商标不具有显著特征，就无法实现商标的功能，也就无法作为商标申请注册。商标显著特征的判定应当综合考虑构成商标的标识本身、商标指定使用的商品、商标指定使用商品的相关公众的认知习惯、商标指定使用商品所属行业的实际使用情况等因素。商品的通用名称一般被认为缺乏显著特征，无法将不同生产经营者的商品区分开，就无法实现商标的功能。因此《商标法》规定了"仅有本商品的通用名称"不得作为商标申请注册。

适用该条款时，一方面应当着重分析该商标本身是否具有固有显著性，即商标本身能否识别商品来源，是否属于通用名称的情形；另一方面应依据整体认定的原则，将商标作为一个有机整体加以观察。如果商标整体能够给人留下深刻印象，便于相关公众的识别，则具有显著特征。此外，即使商标的某个组成部分缺乏显著性，但该组成部分与其他部分组合在一起，整体上能够产生识别的作用，也可以认定该商标具有显著性。据此，可以认为包含了商品通用名称的标识，未必一定不具有显著性，尽管该通用名称部分不具有显著性，但如果其与该标识的其他部分相结合，整体上产生可识别性，则该标识仍应视为具有显著性，可以作为商标注册保护。

本案中，第 12700189 号"席梦思 Simmons 及图"商标由外文"Simmons"、中文"席梦思"以及 S 字母变形后的地球图形组成，从商标整体设计来看，英文"Simmons"是姓氏名称，且是经核准注册的商标，图形部分为属于独特设计，所以无论"席梦思"是否属于商品的通用名称，由于其是对外文姓氏"Simmons"商标的唯一对应的中文音译，第 12700189 号"席梦思 Simmons 及图"商标整体本身是具有可识别性和显著性的，并不属于《商标法》第 11 条第 1 款第（1）项规定的"仅有本商品的通用名称"的情形。第 12700790 号"席梦思 Simmons"商标由外文"Simmons"和中文"席梦思"

组成。如前所述，外文"Simmons"已经是注册商标，其显著性和可识别性已经商标局确认，该中英文组合商标同样也并不属于"仅有本商品的通用名称"的情形。

与会专家认为，这 2 件商标具有显著性，相关公众可以据以识别商品来源，商标局和商标评审委员会依据《商标法》第 11 条第 1 款第（1）项规定，以"仅有本商品的通用名称、图形、型号"为由驳回这 2 件的商标注册申请欠妥。此外，与会专家还指出，商标局和商标评审委员会仅仅笼统地将"席梦思"认定为"本商品的通用名称"，并没有任何证据予以佐证，在事实认定上证据明显不足。

（四）关于从现有证据来看，"席梦思""Simmons 席梦思"及"席梦思 Simmons 及图"商标是否应当被核准注册问题

与会专家认为，《商标法》的立法目的旨在保护真正商标权人的诚实劳动，保护商标的真正起源，并在此基础上推动创新驱动发展，促进市场经济的健康有序发展。商标权作为法定私权的一种，凝结着商标权人的巨大心血和投入，一旦将其认定为商品的通用名称而将其纳入公有领域，则任何经营者均有权将其用于用来指示某一类商品，凝聚于该商标中的商业价值和商誉将毁于一旦。因此，对于商品通用名称的判定应当采取谨慎的态度，在认定商标是否属于商品通用名称进而决定是否应核准注册时，应以商标注册申请时的实际状况为准，并结合当前的市场环境加以分析甄别。特别是对于因商标权人或商标申请人意志以外的原因导致商标可能"淡化"成商品通用名称的情形，如果商标权人或商标申请人积极采取挽救措施，且该商标本身尚未完成被"淡化"为商品通用名称时，则应尊重相关事实和证据，依据《商标法》的立法宗旨确定是否应予以注册和保护，如此方能有利于维护社会经济秩序以及消费者和商标权人或商标申请人的利益。

从本案现有的证据来看，尽管"席梦思"在某一时段曾被部分消费者视为"弹簧床垫""床垫"的代名词，是其英文商标以前的使用所产生的影响在中文环境中的必然结果。但从"Simmons"商标的所有人，即"席梦思"商标的申请人最初进入中国市场，到 2005 年重返中国市场后一系列的宣传活动以及积极地注册"席梦思"商标的行为来看，其非但没有将"席梦思"作为商品的通用名称使用，反而通过其宣传、使用行为，以及商标申请注册行为，不断试图加强"席梦思"与"Simmons"的唯一对应关系，进而增强"席梦思"商标的显著性与可识别性。而事实上，在床垫生产商仅为"Simmons"一家时，"席梦思"可能作为该类产品的通用名称使用，但随着床垫生产商数量的增加以及产品的细分，消费者和经营者势必要对商品来源加以区分，如越野车作为商品的通用名称，随着商品细分，出现了 SUV、CRV 等，各汽车生产商也通过不同商标对其加以区分。近些年来，可能由于"席梦思"与"Simmons"注册商标近似的缘故，同业竞争者逐渐主动规避"席梦思"一词，继续使用"弹簧床垫""软床垫"等已有的商品通用名称，消费者也逐渐改变将床垫简称为"席梦思"的做法。在这种情况下，认定"席梦思"商标已经"淡化"为商品通用名称，拒绝"Simmons 席梦思"及"席梦思 Simmons 及图"等商标注册申请均是不恰当的。如果不能让其真正的创造者拥有"席梦思"商标的权利，则势必会重新造成相关公众的混淆，扰乱原本良好的市场秩序。

据此，与会专家认为，现有证据不足以证明"席梦思"已经构成商品的通用名称，商标局和商标评审委员会依据《商标法》第 11 条第 1 款第（1）项规定驳回"席梦思""Simmons 席梦思"及"席梦思 Simmons 及图"商标注册申请的证据不足。

也有与会专家认为，商标能否被核准注册，需要考虑商标的地域性，商标标识本身的显著性和可识别性，以及相关公众的认知。本案中，"席梦思"商标在 1935 年至 2005 年，特别是 1985 年至 2005 年在中国的相关公众中的认知情况可能会影响对其是否构成商品通用名称的认定。但随着实践的发展，相关影响因素已经发生变化。在对"席梦思"是否构成商品通用名称进行认定时，需要立足于当前的市场状况和相关公众的认知等因素，方能得出公平、公正的结论。

还有与会专家指出，结合商标的历史以及商标申请人注册、宣传、使用商标的现实可以认定，第 12700189 号"席梦思 Simmons 及图"商标及第 12700790 号"Simmons 席梦思"并不属于"仅有本商品的通用名称"的标识，其核准注册既不会对公共秩序造成不良影响，亦不会导致相关公众的混淆，对消费者造成困扰。而对于第 12700791 号"席梦思"商标的核准注册，则还需要结合相关的事实和证据，综合考虑商标的实际情况，作出认定。

以上意见系基于委托方提供的资料、根据专家学者发言归纳整理作出，仅供参考。

北京务实知识产权发展中心

2015 年 6 月 19 日

北京知识产权法院行政判决书（摘录）

（2015）京知行初字第 1825 号

原告：美梦有限公司，住××××。

法定代表人：托德·默克，副总裁。

委托代理人：孙涛，北京市君合律师事务所律师。

委托代理人：胡楠，北京市君合律师事务所律师。

被告：中华人民共和国国家工商行政管理总局商标评审委员会，住×××××。

法定代表人：何训班，主任。

委托代理人：翟延莉，中华人民共和国国家工商行政管理总局商标评审委员会审查员。

原告美梦有限公司（以下简称"美梦公司"）不服中华人民共和国国家工商行政管理总局商标评审委员会（以下简称"商标评审委员会"）于 2014 年 11 月 18 日作出的商评字［2014］第 77852 号关于第 12700789 号"席梦思 Simmons 及图"商标（以下简称"诉争商标"，见附图）驳回复审决定（以下简称"被诉决定"），于法定期限内向本院提起行政诉讼。本院于 2015 年 4 月 7 日受理后，依法组成合议庭，并于 2015 年 7 月 22 日公开开庭进行了审理。原告美梦公司的委托代理人孙涛、胡楠到庭参加了诉讼。被告商标评审委员会经本院合法传唤无正当理由未到庭参加诉讼，本院依法缺席审理。本案现已审理终结。

......

[由于篇幅原因，本文未收录判决证据查明部分，详细内容可根据判决号进行查询]

......

本院认为：

《商标法》第 11 条规定："下列标志不得作为商标注册：（一）仅有本商品的通用名称、图形、型号的；（二）仅直接表示商品的质量、主要原料、功能、用途、重量、数量及其他特点的；（三）其他缺乏显著特征的。前款所列标志经过使用取得显著特征，并便于识别的，可以作为商标注册。"

商标的功能在于识别和区分商品和服务的来源，如果仅仅将指定商品的通用名称作为标志使用在该商品上，相关公众无法将其作为商标认知，则该标志原则上不具有显著性，不能作为商标注册。《商标法》第 11 条第 1 款中所规定的"仅有本商品的通用名称"中的"仅有"，并不意味标志中除有商品通用名称外，还有其他任何要素存在，则该标志就可以获得注册。如果这些其他构成要素起不到主要识别作用、对标志整体产生不了实质性的影响，那么，该标志仍然会被认定为"仅有"该商品的通用名称。在本案中，"席梦思"在中国大陆地区通常被相关公众理解为一类床垫的通用名称，而不能据此区分该类商品的特定来源。诉争商标虽然由汉字"席梦思"、英文"Simmons"及图形构成，但是"席梦思"仍是诉争商标的主要识别部分，将其使用在床垫、弹簧床垫等复审商品上容易被相关公众理解为床垫的一种，无法使相关公众将其作为商标识别，难以起到区分商品来源的作用。美梦公司提交的证据虽然能够证明近年来，美梦公司对"席梦思"标志在床垫等商品上进行了一定数量的商业使用和宣传，但直至被诉决定做出之时，其使用程度仍不足以扭转相关公众将"席梦思"作为一类床垫通用名称的已有印象，即仍不足以证明被诉决定做出之时，诉争商标经过使用已取得足以获得商标注册所需具备的显著特征。因此，商标评审委员会认定在复审商品上申请注册诉争商标违反《商标法》第 11 条第 1 款第（1）项规定，不应予以核准注册，并无不当。

综上所述，商标评审委员会作出的被诉决定证据确凿，适用法律、法规正确，符合法定程序。本院依照《中华人民共和国行政诉讼法》第 69 条之规定，判决如下：

驳回原告美梦有限公司的诉讼请求。

案件受理费人民币 100 元，由原告美梦有限公司负担（已缴纳）。

如不服本判决，原告美梦有限公司可在本判决书送达之日起 30 日内、被告中华人民共和国国家工商行政管理总局商标评审委员会可在本判决书送达之日起 15 日内，向本院递交上诉状及副本，并交纳上诉案件受理费人民币 100 元，上诉于中华人民共和国北京市高级人民法院。

审　判　长　姜庶伟

人民陪审员　韩树华

人民陪审员　仝连飞

2015 年 9 月 18 日

法官助理　刘梦玲

书　记　员　赵延冰

附件 07 - 2

北京市高级人民法院行政判决书（摘录）

（2016）京行终第 67 号

上诉人（原审原告）：美梦有限公司，住××××。

法定代表人：托德·默克，副总裁。

委托代理人：孙涛，北京市君合律师事务所律师。

被上诉人（原审被告）：中华人民共和国国家工商行政管理总局商标评审委员会，住××××。

法定代表人：赵刚，主任。

委托代理人：翟延莉，中华人民共和国国家工商行政管理总局商标评审委员会审查员。

上诉人美梦有限公司（以下简称"美梦公司"）因商标申请驳回复审行政纠纷一案，不服中华人民共和国北京知识产权法院（2015）京知行初字第1825号行政判决，向本院提起上诉。本院于2016年1月4日受理后，依法组成合议庭审理了本案。本案现已审理终结。

……

[由于篇幅原因，本文未收录判决证据查明部分，详细内容可根据判决号进行查询]

……

本院认为：2013年8月30日修改的《商标法》已于2014年5月1日起施行，商标评审委员会于2014年5月1日后作出被诉决定，因此，本案应当适用修改后的《商标法》。

商标的基本功能在于区分商品或者服务的来源，而要实现这一基本功能，作为商标使用的标志就必须具有足够的显著特征，使相关公众能够将其作为区别商品或者服务来源的标志加以识别。《商标法》第11条第1款第（1）项规定，仅有本商品的通用名称、图形、型号的标志不得作为商标注册。第2款规定，前款所列标志经过使用取得显著特征，并便于识别的，可以作为商标注册。商标的显著特征，强调的是商标标志这一符号本身具有区分商品或者服务来源的识别作用，使相关公众能够通过该商标标志将商品或者服务与特定来源建立起相对稳固的联系。显著特征的判断，应当根据申请注册的商标指定使用商品的相关公众的通常认识，从整体上加以认定。通用名称包括法定通用名称和约定俗成的通用名称。法定通用名称一般体现在规范性的国家标准、行业标准或地方标准中。约定俗成的通用名称是指某一商品的名称已被同行业较为普遍的使用，但未收入上述标准的名称。相关公众普遍认为某一名称能够指代一类商品的，应当认定该名称为约定俗成的通用名称。

具体到本案，"席梦思"在我国通常被相关公众理解为床垫类商品的通用名称。申请商标虽然由汉字"席梦思"、英文"Simmons"及图形构成，但是"席梦思"仍是申请商标的主要识别部分，该识别部分以普通的文字形式表现，将其使用在床垫、弹簧床垫等复审商品上容易被相关公众理解为床垫的一种，无法使相关公众将其作为商标识别，难以起到区分商品来源的作用。因此，申请商标在复审商品上的申请注册违反《商标法》第11条第1款第（1）项的规定。美梦公司提交的证据尚不足以证明，申请商标经过使用，已经与该公司建立起稳定的关联关系，从而使申请商标起到区分商品来源的识别作用，构成《商标法》第11条第2款规定的可以作为商标注册的情形。因此，申请商标的注册违反商标法的相关规定，不应予以核准注册。被诉决定及原审判决对此认定正确，本院予以维持。美梦公司的上诉理由不能成立，本院不予支持。

综上，原审判决认定事实清楚，适用法律正确，依法应予维持。美梦公司的上诉理由不能成立，对其上诉请求本院不予支持。依照《中华人民共和国行政诉讼法》第89条第1款第（1）项之规定，判决如下：

驳回上诉，维持原判。

一、二审案件受理费各100元，均由美梦有限公司负担（均已缴纳）。

本判决为终审判决。

审　判　长　莎日娜
审　判　员　袁相军
代理审判员　孙柱永
2016年6月8日
书　记　员　金萌萌

案例08

第3847860号"康宝Kangbao"商标争议行政纠纷专家研讨会法律意见书

务实（2015）第008号

受广东康宝电器股份有限公司委托，北京务实知识产权发展中心于2015年6月10日召开了"第3847860号'康宝Kangbao'商标争议行政纠纷专家研讨会"。原国家工商行政管理总局商标局副局长、原国家工商行政管理总局商标评审委员会副主任欧万雄，原世界知识产权组织发展中国家（PCT）司司长王正发，原国家工商行政管理总局商标局副巡视员、高级经济师、中国知识产权研究会高级顾问董葆霖，北京大学知识产权学院教授、博士生导师、原北京大学国际知识产权中心主任郑胜利，中国社会科学院知识产权中心主任、博士生导师、中国知识产权法学研究会常务副会长李明德，中国社会科学院法学研究所研究员、博士生导师、中国科学院大学公共管理学院法律与知识产权系主任、中国知识产权研究会副理事长李顺德，中国政法大学民商经济法学院教授、博士生导师、中国知识产权法学研究会副秘书长张今，北京务实知识产权发展中心主任程永顺等资深知识产权法律专家、学者参加了研讨。

研讨会由北京务实知识产权发展中心主任程永顺主持。

参与本案研讨的专家在认真审阅委托方提供的与本案有关的材料、了解案件相关背景情况的基础上，围绕如何把握商标法有关维护市场秩序与保护在先商业标志权益相协调的立法精神，如何看待恶意抢注的商标经过使用形成的消费群体和所获得的市场认知度，本案中有无必要对引证商标是否构成驰名商标进行认定等与本案相关的法律问题进行了深入研讨，并充分发表了各自的意见。

一、背景情况

（一）第 3847860 号"康宝 Kangbao"争议商标及其商标权人的基本情况

1. 争议商标的基本情况

争议商标由申请人沈金明（后转让给江苏康宝电器有限公司）于 2003 年 12 月 16 日向国家工商行政管理总局商标局（以下简称"商标局"）提出注册申请，该申请于 2005 年 9 月 14 日被核准，核定使用商品为《商标注册用商品和服务国际分类》（以下简称"类"）第 11 类"冰箱；冷却设备和装置；冰柜；冷藏箱（集装箱）；制冷容器"（类似群 1105），商标有效期截至 2015 年 9 月 13 日。

康宝
Kangbao

争议商标：第 3847860 号"康宝 Kangbao"

相关证据显示，在实际使用中，争议商标并未按照其注册的样式规范使用，而是多以如下形式出现，包括：

在产品宣传册中使用　　　　　　　　　　在广告中使用

在冰箱等实物产品上使用

2. 争议商标权利人及其相关主体的基本情况

沈金明，男，汉族，出生日期为 1972 年 7 月 21 日，身份证上居住住址为浙江省杭州市上城区老浙大横路 9 号。

江苏康宝电器有限公司（以下简称"江苏康宝"）成立于 2008 年 6 月 19 日，为自然人独资企业，注册资本 3000 万元，沈金明为发起人和法定代表人。其经营范围为：冰箱、冷柜、洗衣机开发、生产、销售及服务，家用电器配件生产、销售及服务，电子产品、矿山机电产品、煤矿机械、水利机械、通用机械及配件的生产、销售，网络工程设计、承包，矿井建设及生产系统设计、技术开发、咨询，工业电器自动化产品的生产、销售和服务，自营和代理各类商品及技术的进出口业务（国家限定企业经营或禁止进出口的商品和技术除外）。

2013 年 10 月 13 日，江苏康宝受让取得争议商标。

深圳华宝电冰箱有限公司（以下简称"深圳华宝"）成立于 2006 年 3 月 15 日，注册资本 50 万元。公司股东为沈金明、李俊彬、张清春，其中沈金明为公司成立时法定代表人。其经营范围为：电冰箱、五金制品、电子产品、洗衣机的购销、国内贸易（以上均不含专营、专控、专卖商品）；经营出口业务。

深圳康宝电器有限公司（以下简称"深圳康宝"）成立于 2004 年 10 月 29 日，注册资本 50 万元，法定代表人为罗荏枝（顺德人）。其经营范围为：燃气具、吸油烟机、家用电器、厨房设备、卫生洁具、日用品的开发与销售、国内商业、物资供销业。

宁波康宝电冰箱有限公司（以下简称"宁波康宝"）成立于 2008 年 2 月 2 日，注册资本 150 万元，公司股东为叶爱清、沈迪，法定代表人为沈迪。其经营范围为：电冰箱及配件、家用电器、塑料制品、电子元件、模具制造、自营和代理货物和技术的进出口。

3. 沈金明名下的其他部分商标信息

除了争议商标，沈金明还注册了一系列"东菱"商标以及"华宝福星"商标，抄袭了在冰箱、空调商品上较为知名的东菱品牌以及在洗衣机等商品上比较知名的华宝品牌。

东菱新生代
DONGLING CENOZOIC

第 4802948 号"东菱新生代
DONGLING CENOZOIC"

东菱新生代
DONGLING CENOZOIC

第 4802949 号"东菱新生代
DONGLING CENOZOIC"（已无效）

DONG LING 东菱

第 5731277 号"DONG LING
东菱"（已无效）

华宝福星

第 5213439 号"华宝福星"

（二）引证商标及其商标权人的基本情况

1. 引证商标的基本情况

（1）引证商标一：第864699号"康寶KanGBao及图"商标

引证商标一于1994年10月28日申请，1996年8月21日被核准注册，核定使用商品为第11类"电子消毒柜"（类似群：1110）。经续展，目前有效期截至2016年8月20日。

引证商标一：第864699号"康寶KanGBao及图"

（2）引证商标二：第1042677号"康寶"商标

引证商标二于1996年3月5日申请，1997年6月28日被核准注册，核定使用商品为第11类"电子消毒柜、微波炉"（类似群：1110）。经续展，目前有效期截至2017年6月27日。

引证商标二：第1042677号"康寶"

（3）引证商标三：第1042678号"KanGBao"商标

引证商标三于1996年3月5日申请，1997年6月28日被核准注册，核定使用商品为第11类"电子消毒柜、微波炉"（类似群：1110）。经续展，目前有效期截至2017年6月27日。

引证商标三：第1042678号"KanGBao"

（4）引证商标四：第1626115号"康宝"商标

引证商标四于2000年6月5日申请，2001年8月28日被核准注册，核定使用商品为第 11 类"电磁炉、热水器、电热锅、电咖啡壶、电饭煲、卤素炉、干燥消毒柜、热毛巾柜"（类似群：1104）。经续展，目前有效期截至 2021 年 8 月 27 日。

引证商标四：第 1626115 号"康宝"商标

（5）引证商标五：第 1685957 号"KANGBAO"商标

引证商标五于 2000 年 10 月 9 日申请，2001 年 12 月 21 日被核准注册，核定使用商品为第 11 类"非医用紫外线灯、电磁炉、热水器、微波炉（厨房用具）、燃气炉、电力煮咖啡机、电油炸锅、饮水机、消毒碗柜"（类似群：1101；1104；1110）。经续展，目前有效期截至 2021 年 12 月 20 日。

引证商标五：第 1685957 号"KANGBAO"

2. 引证商标商标权人的相关情况

引证商标的商标权人为广东康宝电器股份有限公司（以下简称"广东康宝"）。法定代表人为罗小甲。该公司于 1988 年 11 月 23 日由澳门海波贸易有限公司与顺德县杏坛康宝电器厂共同投资成立，原名叫顺德杏坛康宝电器有限公司，后于 1996 年更名为现名。广东康宝是消毒柜行业的领军企业，是消毒柜行业标准和国家标准的起草单位之一，是仅有的领有国家卫生部颁发的消毒柜卫生生产许可证的企业。2008 年，广东康宝注册资本达 2.66 亿港元。除生产、销售消毒碗柜外，广东康宝的产品还包括热水器、电磁炉、微波炉、燃气灶、吸油烟机、电饭煲、电风扇、饮水机等厨卫小家电产品以及不锈钢保温瓶、烟熏炉、烧烤炉、火鸡桶等出口型五金制造品。

我国南方气候潮湿多雨，碗碟筷子很容易滋生细菌。为了解决碗筷的消毒问题，在 1987 年初，时任顺德县杏坛铁工厂厂长的罗小甲主持并组织人员进行消毒碗柜研制，并最终于 1987 年底研制出具有中国特色的国内首个家庭食具消毒柜。关于该款产品的命名，产品设计者考虑到消毒柜是改变人们生活习惯、给人们带来健康文明生活方式的产品，独创性地为该产品取名为"康宝"，取自"健康之宝"的含义，并结合使用拼音"KANGBAO"，命名为

"康宝 KANGBAO" 消毒柜。产品设计者同时还将"康宝"作为字号于 1988 年成立了顺德杏坛康宝电器有限公司（后于 1996 年更名为广东康宝）。1988 年该款消毒柜产品正式投入市场，并持续销售至今。与此同时，"KANGBAO" "康宝"作为品牌标志也于 1988 年开始使用在消毒柜上，其中"KANGBAO"商标在 1988 年就已获准注册。随后，广东康宝或其前身注册了一系列"康宝""KANGBAO"商标，包括前述 5 个引证商标。

在广东康宝推出"康宝 KANGBAO"消毒柜不久，在方圆不到 100 平方公里的珠江三角洲及毗邻市镇，冒出了近 40 家消毒柜生产企业，其中有部分厂家生产消毒柜在外观上完全照搬照抄，或只是某些细节上稍作改动。为此，广东康宝于 1995 年将其中 22 家侵权企业诉至广州市中级人民法院，掀起了一场轰动全国的"维权风暴"。时值中美知识产权谈判，广东康宝这场 1 对 22 的官司，引起了中方代表团的高度重视，并成为我国尊重知识产权的经典案例。当时，国内外多家媒体都对此进行了跟踪报道。最终，法院判决查封 22 家被告厂家，广东康宝不仅取得了这场专利保卫战的胜利，也使其"康宝 KANGBAO"消毒柜在全国名声大振。

"康宝 KANGBAO"消毒柜的市场遍及全国，产销量自 1988 年起连续 22 年位居全国前茅，其产品在欧美、中东、中国港澳及东南亚等地区亦有销售。广东康宝还就其"康宝 KANGBAO"在中国香港、中国澳门、日本、英国等地区或国家进行了商标注册。

广东康宝及其关联企业一直在大力进行其"康宝 KANGBAO"品牌的各种宣传，通过电视台、报纸、杂志、户外广告、参加国内及国际大型展览会、技术交流会等形式广泛宣传和推广"康宝 KANGBAO"消毒柜，使"康宝 KANGBAO"消毒柜在广大用户中享有很高的知名度。

广东康宝一直积极承担企业的社会责任，热心公益。2003 年"非典"期间，广东康宝作为中国消毒柜行业的领军者，加大消毒柜的产量，以满足消费者对杀菌保护类器具的迫切需求。当时在北京、上海、天津、武汉等城市，"康宝 KANGBAO"消毒柜供不应求，"康宝 KANGBAO"消毒柜知名度也因此进一步提升。

除了 2003 年抗击"非典"，在 2005 年印度海啸以及 2008 年四川汶川地震抗震救灾过程中，广东康宝也都积极施以援手，赢得良好的企业声誉。

（三）商标评审委员会商标争议的情况

2010 年 9 月 13 日，广东康宝针对争议商标，即第 3847860 号"康宝 Kangbao"商标向国家工商行政管理总局商标评审委员会（以下简称"商标评审委员会"）提出争议申请，请求商标评审委员会认定其引证商标一至五为驰名商标，并撤销争议商标。其主要申请理由为：在争议商标申请日前申请人的 5 件引证商标已符合驰名商标认定标准。争议商标注册人申请注册争议商标具有明显恶意，是为了搭申请人知名品牌的便车，是明显违反诚实信用、公平竞争的行为。

为证明其争议请求，广东康宝提交了大量证明引证商标的注册、使用情况及驰名度的证据材料以及证明对方恶意的材料，主要包括：

（1）申请人商标注册情况、商标持续使用时间，包括申请人商标使用的产品销售合同、销售发票等，以及申请人的财务情况报告。

（2）申请人商标宣传的时间、程度和地理范围，包括广告合同、广告发票、广告图片资料等，以证明广东康宝一直持续生产、销售、宣传康宝消毒柜，在市场上具有极高的知名度，并曾荣获中国名牌产品称号。

（3）社会及相关公众对申请人商标的知晓程度，包括产品行业排名证明、获奖情况、消费者满意度调查等，如康宝消毒柜的获奖情况，广东康宝的规模及企业获奖情况，广东康宝的专利情况，参与制定《食用消毒柜安全和卫生要求》国家标准的情况，消费者满意度调查情况，驰名商标认定情况（2008 年，使用在第 11 类干燥消毒柜上的"康宝"商标被商标局认定为驰名商标），以及广东省家电协会、国家家电协会、中国预防医学科学院流研所出具的证明其产品具有市场占有率名列前茅的推荐函等。

（4）申请人康宝商标的受保护情况，包括：2000 年 8 月 22 日，广州市工商行政管理局增城分局在增城市新塘宝路商店查获冒用广东康宝名称的"康宝"彩电 11 台，予以没收。2000 年 8 月 22 日，广州市工商行政管理局增城分局在增城市新塘镇新祥发电器商店查获冒用广东康宝名称的"康宝"彩电 3 台，予以没收。2000 年 8 月 22 日，广州市工商行政管理局增城分局在增城市新塘镇顺声家电商店查获冒用原告名称的"康宝"彩电 3 台，予以没收。2000 年 6 月 8 日，鸿昌燃具制造厂向商标局申请注册"康宝富贵星 KANGBAOFUGUIXING 及图"商标，商标被核准后，广东康宝以其第 1626115 号"康宝"商标及第 1042677 号"康寶"商标为引证商标，向商标评审委员会提出撤销争议商标注册申请，商标评审委员会裁定撤销争议商标。在随后的行政诉讼中，一审法院部分维持了商标评审委员会的裁定，二审法院最终全部维持商标评审委员会的裁定。在二审法院的（2009）高行终字第 1231 号行政判决书中，二审法院确认在争议商标申请注册之前，广东康宝的企业字号"康宝"在广东省已具有一定的知名度。

（5）关于争议商标使用情况，包括争议商标的产品宣传册及相关的公证书等，以证明深圳华宝、深圳康宝、宁波康宝实为三个牌子一套人马的企业。

（6）争议商标权利人在商标使用中故意误导消费者，包括4份公证书证据材料，分别证明：深圳康宝、宁波康宝使用同一个电话，深圳康宝宣称广东康宝是其关联企业，广东康宝主要生产小家电，其主要生产冰箱等家电；深圳康宝、宁波康宝的经销商将深圳康宝的产品宣传为广东康宝的产品，误导消费者；深圳康宝、宁波康宝实为两个牌子一套人马的企业，在网上点击广东康宝搜索显示宁波康宝的地址，误导消费者；深圳康宝、宁波康宝生产的冰箱质量不合格，被消费者投诉到申请人。深圳市康宝电器有限公司的工商登记，证明深圳康宝由与广东康宝所在同一区域的顺德人罗荏枝投资成立。

江苏康宝提交的证据材料包括：

（1）证明争议商标使用情况的证据材料，包括：沈金明授权杭州波尔卡电器有限公司、深圳华宝、深圳康宝、宁波美雪菱电器有限公司、江苏康宝在电冰箱等产品上使用争议商标的证据，"康宝"电冰箱买卖合同及销售代理协议，2010年财政部经济建设司等部门下发的《全国家电下乡产品（电冰箱）项目招标结果公示》，宁波美雪菱电器有限公司（以下简称"美雪菱公司"）生产的康宝牌电冰箱在中标产品范围内。

（2）证明争议商标使用规模及知名程度的证据材料，包括：江苏康宝2010~2012年财务审计报告，高邮市国家税务局出具的税收证明，高邮市统计局出具的江苏康宝"康宝"牌冷柜2010~2012年销售统计证明，江苏康宝广告宣传合同及发票（主要集中于2012年），以及"康宝"牌家用电器的获得江苏优质产品、江苏名牌产品称号和扬州市知名商标的证明。

（3）证明争议商标商标权人所获荣誉的证据材料。

（4）证明广东康宝提供的证据不能证明其商标已为相关公众所广为知晓并具有良好声誉方面的证据材料，包括：第11类康宝商标详细信息，其他类别康宝商标的详细信息，拟证明"康宝"一词已由不同主体作为商标注册并使用，并非广东康宝独创；（2007）商标异字第02423号"康宝"商标异议裁定书，该裁定中，商标局认为广东康宝提交的证据不足以证明引证商标在争议申请日之前已经成为驰名商标。

2014年1月7日，商标评审委员会作出商评字〔2013〕第149119号关于第3847860号"康宝Kangbao"商标争议裁定书（以下简称"第149119号裁定"），裁定争议商标予以撤销。

商标评审委员会认为：在争议商标申请注册日之前，申请人指定使用在干燥消毒柜商品上的"康宝"商标已持续在全国近20个省市广泛销售和宣传，取得了一定的荣誉，具有较高的知名度，可以认定申请人"康宝"商标为干燥消毒柜商品上的驰名商标。

争议商标指定使用的冰箱、冰柜等商品与申请人"康宝"商标指定使用的干燥消毒柜商品虽不属于类似商品，但在销售渠道、消费对象等方面存在一定的共同性，具有特定的联系和较强的关联性。争议商标的主要认读部分"康宝"与申请人商标"康宝"完全相同，争议商标的注册使用，可能导致相关消费者将其误认为是申请人的系列品牌，易误导相关公众，致使申请人利益可能受到损害，违反了《商标法》第13条第2款的规定，依法应予撤销。

（四）一审行政诉讼的情况

江苏康宝不服商标评审委员会的第149119号裁定，提起行政诉讼。

江苏康宝诉称：争议商标的注册未违反《商标法》第13条第2款的规定，主要理由包括：（1）在争议商标获得初步审定公告后，广东康宝曾提出了异议申请，但商标局认为广东康宝提交的证据材料不足以证明引证商标在争议商标申请日之前已经成为驰名商标。之后，广东康宝没有向商标评审委员会提出异议复审申请。在争议商标获准注册后，广东康宝以相同的理由提出争议申请，违反了一事不再理的法定原则，属于程序违法。（2）广东康宝提供的证据不足以证明在争议商标申请日之前引证商标已经成为驰名商标。（3）争议商标经过长期、大量的宣传和使用已经具有较高的知名度，形成了稳定的市场格局，不会造成相关公众的混淆、误认。

商标评审委员会坚持其在第149119号裁定中的意见，认为该裁定认定事实清楚、适用法律正确，请求法院予以维持。

第三人广东康宝认同商标评审委员会的观点。

2015年3月2日，一审法院作出（2014）一中知行初字第4152号行政判决，撤销了商标评审委员会的第149119号裁定。一审法院认为：

第一，商标评审委员会没有违反法定程序。第三人广东康宝本可以在商标局未支持其异议申请后继续向商标评审委员会提出异议复审申请，并在异议复审程序中补充提交相应证据材料以维护自身的合法权益，广东康宝没有履行法律赋予的正当权利而在争议商标获准注册后再次以相同理由提出争议申请，这本身存在怠于行使自身权利之嫌。但由于广东康宝在争议程序中补充了相关证据材料，使得被告商标评审委员会进行实体审理的事实基础发生了变化，因此本案不属于一事不再理范畴，被告没有违反法定程序。

第二，本案不具有认定第三人引证商标在争议商标申请日之前是否已经成为驰名商标的必要性，商标评审委员会适用《商标法》第13条第2款撤销争议商标的注册错误。根据《商标法》第13条第2款、第14条、第41条第2款相关驰名商标的规定，并结合《最高人民法院关于审理商标授权确权行政案件若干问题的意见》，即"对于使用时间较长、已建立较高市场声誉和形成相关公众群体的诉争商标，应当准确把握商标法有关保护在先商业标志权益与维护市场秩序相协调的立法精神，充分尊重相关公众已在客观上将相关商业标志区别开来的市场实际，注重维护已经形成和稳定的市场秩序"，一审法院认为，在本案中，请求撤销争议商标需要满足如下条件：（1）在争议商标申请日之前，引证商标一已经成为中国驰名商标；（2）争议商标与引证商标构成近似商标；（3）争议商标与引证商标核定使用的商品具有关联性，可以实现跨类保护；（4）争议商标尚未形成较高市场声誉和相关公众群体，相关公众容易导致混淆、误认。另外，驰名商标的认定应当坚持个案认定、被动认定的原则，即只有在满足其他几项条件的前提下，才有认定驰名商标的必要性。

商标近似不是简单地比较商标标识的音、形、义是否近似，关键在于判断商标共存是否容易导致相关公众的混淆、误认。对于驰名商标的保护而言，关键在于判断是否构成对驰名商标的复制、摹仿，是否会削弱驰名商标的显著性。本案中，首先，现有证据可以证明在争议商标申请注册日之前，在第11类商品上除引证商标外还存在若干标识包括"康宝"的商标；其次，广东康宝提供的证据材料可以证明引证商标在争议商标申请日之前在消毒柜等商品上具有较高的知名度。但是，江苏康宝提供的证据材料可以证明其对争议商标已进行了长期、广泛的宣传使用，其电冰箱、冰柜产品作为全国家电下乡项目的中标产品已经销往国内众多省市，取得了较高的市场声誉和众多荣誉。江苏康宝和广东康宝通过各自较大规模的宣传使用，双方分别在消毒柜商品和冷柜商品上形成了各自的消费群体和市场认知，以及较为稳定的竞争秩序。争议商标的注册不会造成相关公众的混淆、误认，也不构成对引证商标的复制、摹仿。

（五）二审行政诉讼的情况

商标评审委员会及广东康宝均不服一审判决，提起上诉。

广东康宝的主要上诉理由包括：（1）本案并不是由于历史原因造成的两种产品在市面上的善意共存，争议商标的原商标权人沈金明的恶意抢注行为不符合商标法的"诚实信用原则"基本原则与立法精神，广东康宝在2010年发现沈金明及其关联企业生产的"康宝"冰箱涉及构成商标侵权及不正当竞争后，立即采取了维权行动，并没有怠于维权。沈金明授权生产的"康宝"冰箱一直处于被控侵权当中，广州市中级人民法院也将其认定为侵权产品，并没有建立较高的市场声誉；（2）广东康宝提交的证据足以证明引证商标是驰名商标，由于争议商标与引证商标注册的商品不是类似商品，涉及跨类保护，为此，有认定本案的引证商标为驰名商标的必要性。

商标评审委员会坚持其在第 149119 号裁定中的意见。

目前，本案二审尚未开庭审理。

（六）其他相关商标侵权案件的情况

广东康宝一直积极进行商标维权行动。早在 2010 年，广东康宝就曾以商标侵权为由，将沈金明等诉至广州市中级人民法院，认为沈金明、深圳康宝、深圳华宝、宁波康宝及信宜市起隆电器有限公司兴业电器旗舰店（销售商）在明知广东康宝商品知名度极高的情况下，故意在近似类别商品上生产销售宣传"康宝"冰箱的行为构成商标侵权。同时，深圳康宝、宁波康宝在广东康宝"康宝"商标驰名的情况下，在同行业中以"康宝"作为字号，构成不正当竞争。

2013 年 12 月 16 日，广州市中级人民法院作出（2010）穗中法民三初字第 350 号民事判决，认定被告的行为构成商标侵权及不正当竞争。

广州市中级人民法院认为：

第一，深圳康宝、深圳华宝生产、销售的电冰箱产品上使用与广东康宝第 1515411 号"康宝"、第 1626115 号"康宝"商标相近似商标的行为，侵害了广东康宝的注册商标专用权。从一般消费者的认知角度，电冰箱产品与消毒用、干燥或加热用装置均系厨房家电设备，二者在用途、销售渠道、销售场所、消费对象等方面存在特定联系，根据一般交易习惯，应认定被诉电冰箱产品与原告 3 个注册商标核定使用的商品构成类似商品；争议商标与第 1626115 号"康宝"、第 1515411 号"康宝"商标相比，中文康宝两字的字形、读音、含义相同，且康宝属臆造词，具有较强的显著性，从整体上而言，以厨房家电产品消费者相关公众的一般注意力为标准，可以认定二者构成近似。

第二，深圳康宝成立于 2004 年 10 月 29 日，在此之前原告已经获得了多项荣誉证书、荣誉称号及优秀奖项，多种报刊也对原告及原告的"康宝"消毒柜进行了正面报道，原告的产品销售区域广泛，原告对"康宝"消毒柜产品一直在全国范围内持续地进行宣传，尤其是 2003 年的"非典"事件使得原告的"康宝"系列商标产品在被告深圳康宝成立之前已经积累了良好的社会评价，具有较高的市场知名度，为相关公众所知悉，普通消费者已经将"康宝"系列商标与原告建立了特定的联系。被告深圳康宝的经营范围包括开发销售家用电器、厨房设备，在涉案电冰箱及说明书等附件多处注明"中国广东深圳市康宝电器有限公司""深圳康宝电器有限公司"。深圳康宝在代表生产厂家的企业名称中使用了原告第 1515411 号"康宝"注册商标、第 1626115

号"康宝"注册商标中的"康宝"作为自己的字号，客观上足以使得相关公众特别是厨房设备家用电器消费者，误认为这些商标的商标权人即原告与被告深圳康宝之间存在某种特定联系或关联关系，从而进一步认为相关产品与原告具有特定关系，对该商品和服务来源产生混淆，被告深圳康宝采取登记并使用与原告在先注册商标相同的文字作为企业字号的方式，从事类似商品的生产、销售活动，主观上具有明显攀附他人在先利益的故意，客观上无偿占有了原告的商业信誉，可能造成市场混淆，破坏了公平竞争，其行为违反诚实信用原则，构成不正当竞争。

第三，本案中无需认定驰名商标也能保护广东康宝的利益。首先，本案被诉侵权电冰箱与原告涉案商标系类似商品，不涉及跨类保护，本案无须对涉案商标是否构成驰名商标进行认定；其次，本院已对被告深圳康宝、宁波康宝关于在同行业中以"康宝"为字号，构成不正当竞争的问题进行了论述，对原告有关不正当竞争行为的指控，予以了部分支持，不认定驰名商标，也能够依法保护原告作为商标权人的利益，且驰名商标司法认定是在个案中为保护驰名商标权利的需要而进行的法律事实的认定，属于认定事实的范畴，故原告的该项诉讼请求不予支持。

二、研讨会依据的材料

北京务实知识产权发展中心接受委托后，将委托方的代理人提交的相关材料送交专家阅读，本次研讨会依据的材料包括：

1. 商标评审委员会商评字〔2013〕第149119号关于第3847860号"康宝Kangbao"商标争议裁定书；

2. 广东康宝针对第3847860号"康宝 Kangbao"商标的争议申请书及相关证据清单；

3. 北京市第一中级人民法院（2014）一中知行初字第4152号行政判决书；

4. 商标评审委员会的行政上诉状；

5. 广东康宝的行政上诉状；

6. 广州市中级人民法院（2010）穗中法民三初字第350号民事判决书。

三、研讨会的主要议题

1. 如何把握商标法有关维护市场秩序与保护在先商标权益相协调的立法精神？本案中，争议商标虽然经过宣传和使用形成了一定的消费群体和市场认知，但作为恶意抢注商标，基于商标法中规定的诚实信用等基本原则，法院对争议商标予以维持、保护是否合理？如何看待恶意抢注的商标经过使用形成的消费群体和所获得的市场认知度？

2. 驰名商标保护可以实现一定条件下的跨类保护，考虑到本案争议商标与引证商标所核定的使用商品并不类似，在本案中有无必要对引证商标是否构成驰名商标进行认定？

四、专家意见

与会专家围绕上述议题进行了热烈讨论，充分发表了意见。经过归纳整理，形成以下法律意见：

与会专家认为，本案虽然涉及商标争议行政纠纷以及相关的商标侵权民事纠纷，但案情总体上并不复杂。而在对相关法律问题进行分析之前，厘清涉案争议商标和引证商标的相关历史情况、注册情况，将有助于本案纠纷的解决。基于此，与会专家对争议商标产生的时代背景进行了评述。20 世纪末21 世纪初，中国内地的"傍名牌"现象迅速蔓延全国，比如"先科""步步高""万利达""新科""啄木鸟""九牧王"等众多知名品牌均遭遇了"傍名牌""搭便车"，不仅扰乱了市场，给消费者利益带来损害，也给商标权人造成极大损失。本案中，沈金明的"康宝 Kangbao"商标是在广东康宝成立10 多年和其康宝商标注册近 10 年之后于 2003 年底申请注册的。而在此之前广东康宝及其康宝消毒柜产品早已经长期使用和宣传获得过多项荣誉证书、荣誉称号及优秀奖项，多种报刊也对广东康宝及其康宝消毒柜进行了广泛报道，1998 年还曾被广东省工商局认定为广东省著名商标。特别是广东康宝1995 年发起的轰动全国的"维权风暴"以及在 2003 年的"非典"事件中的突出影响力使得其"康宝"系列商标产品在争议商标申请日前就已具有非常高的市场知名度，达到了较高的驰名程度，为相关公众所熟知，因此，普通消费者已经将"康宝"系列商标与广东康宝及其康宝消毒柜产品建立了特定的联系。沈金明于 2003 年底申请注册争议商标，从时间点上考虑，鉴于其处于 2003 年"非典"事件这一特殊时期，其明显是抄袭广东康宝的已为相关公众熟知的商标，是很明显的"傍名牌"行为。一般认为，为"傍名牌"而进行商标注册的行为即为"抢注"，其动机、目的均违背了诚实信用原则，属于以不正当手段而取得注册。在当前强化加强知识产权保护的背景下依旧允许通过"傍名牌"或复制、摹仿他人已为相关公众熟知商标的方式取得商标的注册和维持令人难以理解。对于违反诚实信用原则的当事人，如果维持其商标注册，不仅违反新《商标法》的诚实信用原则，也有悖于当前我们国家提出的"倡导富强、民主、文明、和谐，自由、平等、公正、法治，爱国、敬业、诚信、友善，积极培育和践行社会主义核心价值观"的国家发展二十四字方针，对整个社会会造成不良影响，这种违反诚实信用原则的行为应予禁止。

（一）关于如何把握商标法有关维护市场秩序与保护在先商标权益相协调的立法精神，本案中，争议商标虽然经过宣传和使用形成了一定的消费群体和市场认知，但作为恶意抢注商标，基于商标法中规定的"诚实信用"等基本原则，法院对争议商标予以维持、保护是否合理，以及如何看待恶意抢注的商标经过使用形成的消费群体和所获得的市场认知度问题

《最高人民法院关于审理商标授权确权行政案件若干问题的意见》（以下简称《意见》）第1条规定，"人民法院在审理商标授权确权行政案件时，对于尚未大量投入使用的诉争商标，在审查判断商标近似和商品类似等授权确权条件及处理与在先商业标志冲突上，可依法适当从严掌握商标授权确权的标准，充分考虑消费者和同业经营者的利益，有效遏制不正当抢注行为，注重对于他人具有较高知名度和较强显著性的在先商标、企业名称等商业标志权益的保护，尽可能消除商业标志混淆的可能性；对于使用时间较长、已建立较高市场声誉和形成相关公众群体的诉争商标，应当准确把握商标法有关保护在先商业标志权益与维护市场秩序相协调的立法精神，充分尊重相关公众已在客观上将相关商业标志区别开来的市场实际，注重维护已经形成和稳定的市场秩序。"

2014年5月1日起正式实施的新《商标法》第7条第1款规定，"申请注册和使用商标，应当遵循诚实信用原则。"新《商标法》明确规定诚实信用原则，旨在倡导市场主体从事有关商标的活动时应诚实守信，进一步完善对商标申请注册和使用环节出现的违背诚信原则的行为的规范。

在一审行政纠纷中，一审法院虽然认可了引证商标于争议商标申请日之前在"消毒柜"等商品上具有较高的知名度，但同时认为争议商标已进行了长期、广泛的宣传使用，在国内众多省市取得了较高的市场声誉和众多荣誉，并因此依据上述《意见》的后半部分，即"对于使用时间较长、已建立较高市场声誉和形成相关公众群体的诉争商标，应当准确把握商标法有关保护在先商业标志权益与维护市场秩序相协调的立法精神，充分尊重相关公众已在客观上将相关商业标志区别开来的市场实际，注重维护已经形成和稳定的市场秩序"，判决撤销商标评审委员会的第149119号裁定。对此，与会专家一致认为，一审行政判决对《意见》的理解适用值得商榷。

第一，与会专家认为，应当明确《意见》的法律性质。该文件属于最高人民法院发布的司法性文件，并非正式的司法解释。人民法院在审理案件中，

直接依据或援引《意见》的规定于法无据，值得商榷。

第二，本案中，应考虑争议商标申请人在注册争议商标时的恶意。沈金明在 2003 年底申请注册了"康宝 Kangbao"商标，此时，广东康宝已经成立十几年，其"康宝"商标也已申请注册近 10 年。广东康宝及其"康宝"商标经过多年宣传使用已经在争议商标申请日前获得了很高的知名度，且"康宝"消毒柜产品在 2003 年"非典"事件中的特殊影响力也使得其知名度进一步大幅提升。沈金明在 2003 年底在与消毒柜密切关联的商品上申请注册"康宝 Kangbao"商标明显具有恶意抢注、"傍名牌"的目的。此外，沈金明还抢注了他人的知名品牌"东菱""华宝"等，可见其具有抢注他人商标的一贯恶意。

与会专家认为，即使要参考《意见》相关规定精神，"偷来的权利不应成为盗窃者的权利"，也应把恶意抢注他人商标的行为排除在外。如果在后的商标通过使用获得的知名度是在诚实信用前提之下善意取得的，商标的注册和使用也没有损害他人的权利，对这种商标权益给予维护是对正当权利人付出的尊重，也是对已经建立的市场秩序的合理维护。但如果缺少"善意"注册这个前提，对恶意的违法行为就应当予以纠正，由此造成的损失由违法者自己承担也是合理的。《意见》中的相关维稳政策旨在维护善意的共存，而不应成为恶意抢注行为的"保护伞"。如果由于恶意抢注方发展到一定规模，形成一定的市场认知度就予以保护，对真正的商标权人是不公平的，也违背了诚实信用原则的立法本意与初衷。

专家们指出，争议商标的申请人是否有恶意需要结合相关要素进行判定，通常可以借助于两个要素：其一是相关的时间点，本案中即为争议商标申请日 2003 年 12 月 16 日。这个时间点关系到广东康宝的"康宝"系列商标在此之前使用的范围、市场规模、所产生的影响力、是否应为争议商标的申请人所知晓等等事实的认定。从本案相关事实可以看出，在争议商标申请日之前，引证商标及其消毒柜产品已经在相关领域享有极高知名度，理应为相关行业的争议商标申请人所知晓。其二是争议商标和引证商标核定使用商品的关联性。虽然争议商标和引证商标核定使用的商品并未落入同一类似群，但冰箱和消毒柜产品在销售渠道、消费对象等方面存在一定的共同性，具有较强的关联性，虽然冰箱和消毒柜商品不属于《类似商品和服务区分表》载明的类似商品，但它们之间具有密切关联是毋庸置疑的。在密切关联商品上申请注册与他人注册商标相同或近似的商标，往往就是出于攀附他人商誉、"傍名牌""搭便车"的故意。当消费者看到"康宝"冰箱时，无疑会对广东康宝产生联想，导致误认。抢注者从中不当得利。可见，商品关联性也可以作为推定商标注册人是否具有主观恶意的考量因素之一。综合本案的相关事实可以看出，争议商标的注册是具有攀附他人的商誉、"傍名牌""搭便车"的故意。

第三，本案中的另一个事实亦值得关注，即在先商标权人广东康宝一直在积极维权，并没有怠于行使自己的权利。从2005年6月14日争议商标初审公告后，广东康宝便在公告异议期内及时对其提起了商标异议，后因引证商标的驰名商标认定的申请未获得商标局的支持而放弃异议复审，但其一直没有放弃继续维权。2010年9月13日，广东康宝又补充相关证据材料针对争议商标向商标评审委员会提起了商标争议。此外，广东康宝还在2010年针对沈金明及其关联企业发起了商标侵权的维权行动，向广州中级人民法院提起了商标侵权和不正当竞争诉讼。广州市中级人民法院在一审判决中认定深圳康宝、深圳华宝生产、销售的电冰箱产品上使用与广东康宝第1515411号"康宝"、第1626115号"康宝"商标相近似商标的行为，构成对广东康宝的商标侵权，同时也认定深圳康宝在同行业中以"康宝"为字号的行为，构成不正当竞争。以上事实均表明，广东康宝并不容忍江苏康宝在关联类似商品上的恶意抢注行为，没有怠于行使自身的权利。《意见》中提到的立法精神应当包括尊重在先商业标识的权利。如果当事人怠于行使权利，适用该《意见》限制权利人行使其权利的范围尚有情可原，但在权利人一直积极维权的情况下就不应过度限制其权利。因此，一审法院在其判决中认为争议商标使用时间长就应予维护有违《商标法》保护在先注册商标和制止抢注行为的宗旨。

第四，商标行政机关和司法机关审理案件的效率问题也应予以考虑。发生商标异议、争议或行政纠纷后，完成整个程序往往需要历经数年。本案中，广东康宝从最初提起商标异议的2005年，后来提起商标争议，又进入行政诉讼的司法程序，直至作出一审行政判决的2015年2月，其间跨越了10年的时间，而整个程序尚未完结。这种长时间的拖延是我国商标制度及行政与司法的效率造成的。而争议商标正是在这段时间内"经过使用和宣传获得了一定的知名度"。这种由于商标制度设计的不足导致的后果不能全部由在先注册人广东康宝来承担，简单以争议商标已经获得了一定的知名度就使其正当存在，这不仅对引证商标的权利人不公平，也是对相关消费者的不负责任。至少法院应当查明争议商标下的商品的知名度是否真实可信，而不能仅凭商品的销售量及金额，或参加了一些政府倡导的销售活动就认为其具有了知名度。商品的销售额与商品的单价、性质密切相关，家电行业的商品销售额与小商品或食品行业的销售额不具有直接的可比性，更值得关注的是相关商品销售额在本行业中的排名或占比情况。特别是考虑到广东康宝一直没有怠于维权，这种情况下，应公平合理地对待和保护在先注册人的权益。

（二）关于本案争议商标与引证商标所核定的使用商品并不类似，有无必要在本案中对引证商标是否构成驰名商标进行认定问题

关于驰名商标的规定最早源于《保护工业产权巴黎公约》（以下简称《巴黎公约》）第6条之2规定：（1）本联盟各国承诺，如本国法律允许，应依职权，或依有关当事人的请求，对商标注册或使用国主管机关认为在该国已经属于有权享受本公约利益的人所有而驰名、并且用于相同或类似商品的商标构成复制、仿制或翻译，易于产生混淆的商标，拒绝或取消注册，并禁止使用。这些规定，在商标的主要部分构成对上述驰名商标的复制或仿制，易于产生混淆时，也应运用。（2）自注册之日起至少5年的期间内，应允许提出取消这种商标的请求。本联盟各国可以规定一个期间，在这期间内必须提出禁止使用的请求。（3）对于依恶意取得注册或使用的商标提出取消注册或禁止使用的请求，不应规定时间限制。《与贸易有关的知识产权协议》（TRIPS）又确立了高于《巴黎公约》的保护标准，对驰名商标实行有条件的跨类保护。

我国自1985年加入《巴黎公约》起就有义务对巴黎公约成员国驰名商标提供法律保护。《商标法》涉及驰名商标保护的最直接规定是第13条，"为相关公众所熟知的商标，持有人认为其权利受到侵害时，可以依照本法规定请求驰名商标保护。就相同或者类似商品申请注册的商标是复制、摹仿或者翻译他人未在中国注册的驰名商标，容易导致混淆的，不予注册并禁止使用。就不相同或者不相类似商品申请注册的商标是复制、摹仿或者翻译他人已经在中国注册的驰名商标，误导公众，致使该驰名商标注册人的利益可能受到损害的，不予注册并禁止使用。"此外，《商标法》第14条则明确了驰名商标认定的考量因素，包括：相关公众对该商标的知晓程度；该商标使用的持续时间；该商标的任何宣传工作的持续时间、程度和地理范围；该商标作为驰名商标受保护的记录；该商标驰名的其他因素等。

与会专家认为，争议商标核定使用的"冰箱"等商品与引证商标核定使用的"消毒柜"等商品虽然不属于《类似商品与服务区分表》载明的类似商品，但它们确实具有关联性，其销售渠道、消费对象是一致的，可以构成实质性类似商品。因此，无论是依据《商标法》第44条关于商标争议的规定，还是依据第57条关于类似商品上商标侵权行为的规定，均可以解决对广东康宝商标的保护问题。此外，如果引证商标已经是注册商标，考虑到商品的实质性类似，用司法实践中常用的混淆理论亦可以排除争议商标。在这种情况下，本案中可以不认定引证商标是驰名商标即可排除争议商标的注册保护。

本案中，如果认定"冰箱"和"消毒柜"不属于类似商品，以认定引证商标是注册驰名商标且符合跨类保护条件的方式，排除争议商标的注册保护，也是一个可以选择的解决思路，在这种情况下，认定引证商标是注册驰名商标就是必要的。

有专家指出，一审行政判决中提及请求撤销争议商标提到所需满足的条件，包括："第一，在争议商标申请日之前，引证商标一已经成为中国驰名商标；第二，争议商标与引证商标构成近似商标；第三，争议商标与引证商标核定使用的商品具有关联性，可以实现跨类保护；第四，争议商标尚未形成较高市场声誉和相关公众群体，相关公众容易导致混淆、误认。另外，驰名商标的认定应当坚持个案认定、被动认定的原则，即只有在满足其他几项条件的前提下，才有认定驰名商标的必要性。"一审判决一方面要求引证商标应已经成为"中国驰名商标"，另一方面又强调驰名商标的认定应当坚持"个案认定、被动认定"的原则，逻辑上存在矛盾。

还有专家指出，本案中驰名商标认定的时间点应为2003年，具体而言，是指在2003年12月16日争议商标申请日前引证商标是否已经驰名。法不溯及既往，商标争议纠纷应依据争议提起时间的"时间点"的证据及事实予以认定。如果将争议提出后发生的事实和理由也纳入争议考量的范围，依据争议商标因后续使用而获得知名度维持其注册，并据此认为没有认定引证商标是否驰名的必要性是不合理的，这将不公平地加重争议申请人的风险负担。且从事实上看，广东康宝的"康宝"商标在2003年争议商标申请日之前，事实上已经达到驰名的程度，是一个驰名商标，这是一个事实状态，只是缺少法律上明确的具体认定。

与会专家最后指出，近年来商标行政纠纷案件中经常出现针对同一案件的同一问题，商标局、商标评审委员会和各级司法机关意见不统一的现象，使得诸多商标行政案件的当事人试图穷尽所有程序，如商标异议案件在走完从商标局、商标评审委员会、一审、二审，直至最高人民法院再审等全部5个程序后，商标权的稳定性仍旧无法最终尘埃落定，这无论对行政、司法等公共资源，还是对当事人的人力、物力、财力和精力，都是极大的耗费。

依据本案相关事实情况和证据材料，本案争议商标所有人"傍名牌"、抢注的意图明显，在这种情况下，只要依据现行《商标法》就可以公平、公正地解决纠纷。《意见》作为司法政策，对案件的审理只具有指导作用，但其不应超越上位法成为审理案件的更重要的标准和依据，否则就会本末倒置。当前，受《意见》的庇护而发展壮大的恶意抢注人并不鲜见，这种现象极不合理。应当明确，《意见》的规定要排除恶意抢注行为，在争议商标注册人注册争议商标存在恶意的情况下，必须首先考虑合理保护在先商标权人的利益，这要求商标行政机关和司法机关在具体实践中能有所突破，而不是一味僵化执法，不能给恶意抢注者提供不适当的保护。

以上意见系基于委托方提供的材料、根据专家学者的意见归纳整理作出，仅供参考。

北京务实知识产权发展中心

2015 年 6 月 19 日

附件 08 - 1

北京市第一中级人民法院行政判决书（摘录）

（2014）一中知行初字第 4152 号

原告：江苏康宝电器有限公司，住所地××××。

法定代表人：沈金明，总经理。

委托代理人：李瑾，江苏康宝电器有限公司职员，住××××。

委托代理人：张亮，浙江凯麦律师事务所律师。

被告：国家工商行政管理总局商标评审委员会，住所地××××。

法定代表人：何训班，主任。

委托代理人：崔方明，国家工商行政管理总局商标评审委员会审查员。

第三人：广东康宝电器股份有限公司，住所地××××。

法定代表人：罗小甲，董事长。

委托代理人：温旭，广东三环汇华律师事务所律师。

委托代理人：董咏宜，广东三环汇华律师事务所律师。

原告江苏康宝电器有限公司（以下简称"江苏康宝公司"）不服被告国家工商行政管理总局商标评审委员会（以下简称"商标评审委员会"）作出的商标字（2013）第 149119 号关于第 3847860 号"康宝 kangbao"商标（以下简称"争议商标"）争议裁定（以下简称"第 149119 号裁定"），在法定期限内向本院提起行政诉讼。本院于 2014 年 4 月 25 日受理本案后，依法组成合议庭，并依法通知第 149119 号裁定的利害关系人广东康宝电器有限公司（以下简称"广东康宝公司"）作为第三人参加诉讼。2014 年 9 月 10 日，本院依法公开开庭进行了审理。原告江苏康宝公司的委托代理人李瑾、张亮，第三人广东康宝公司的委托代理人温旭、董咏宜到庭参加诉讼。被告商标评审委员会经本院依法传唤未到庭，本院依法进行缺席审理。本案现已审理终结。

......

[由于篇幅原因，本文未收录判决证据查明部分，详细内容可根据判决号进行查询]

......

本院认为，2013 年 8 月 30 日修正的《中华人民共和国商标法》（以下简称 2014 年《商标法》）已于 2014 年 5 月 1 日施行，鉴于本案被诉裁定的作出时间处于 2001 年《商标法》施行期间，而本案审理时间处于 2014 年《商标法》施行期间，故本案涉及 2001 年《商标法》与 2014 年《商标法》的法律适用问题。鉴于本案被诉裁定的作出日均处于 2001 年商标法施行期间，因此，依据《中华人民共和国立法法》第 84 条的规定，本案应适用 2001 年《商标法》进行审理。

针对原告提出的被告存在程序违法问题，本院认为，第三人在争议商标获得初步审定公告后针对争议商标提出了异议申请，其理由包括争议商标的申请注册违反了《商标法》第 13 条第 2 款规定的理由，并且提供了相关证据材料。商标局未支持其异议申请，第三人并未向被告提出异议复审申请。在争议商标获得核准注册之后，第三人再次以争议商标的申请注册违反《商标法》第 13 条第 2 款提出了争议申请，并且针对引证商标知名度问题补充了一定数量的证据材料，被告对此进行了实体审理。第三人本可以在商标局未支持其异议申请后继续向被告提出异议复审申请，并在异议复审程序中补充提交相应证据材料以维护自身的合法权益，第三人没有履行法律赋予的正当权利而在争议商标获准注册后再次以相同理由提出争议申请，这本身存在怠于行使自身权利之嫌，本院在此予以指出。但由于第三人在争议程序中补充了相关证据材料，使得被告进行实体审理的事实基础发生了变化，因此本案不属于一事不再理的范畴。被告没有违反法定程序，本院将针对被告作出第 149119 号裁定过程中认定事实和适用法律是否合法问题作出评判。

综合各方当事人的诉辩主张，本案涉及的焦点问题为被告有关争议商标的申请注册违反了《商标法》第 13 条第 2 款规定的认定是否合法。

《商标法》第 13 条第 2 款规定，就不相同或者不相类似商品申请注册的商标是复制、摹仿或者翻译他人已经在中国注册的驰名商标，误导公众，致使该驰名商标注册人的利益可能受到损害的，不予注册并禁止使用。《商标法》第 14 条规定，认定驰名商标应当考虑下列因素：（一）相关公众对该商标的知晓程度；（二）该商标使用的持续时间；（三）该商标的任何宣传工作的持续时间、程度和地理范围；（四）该商标作为驰名商标受保护的记录；（五）该商标驰名的其他因素。《商标法》第 41 条第 2 款规定，已经注册的商标，违反本法第 13 条、第 15 条、第 16 条、第 31 条规定的，自商标注册之日起 5 年内，商标所有人或者利害关系人可以请求商标评审委员会裁定撤销该注册商标。对恶意注册的，驰名商标所有人不受 5 年的时间限制。另外，对于使用时间较长、已建立较高市场声誉和形成相关公众群体的诉争商标，应当准确把握《商标法》有关保护在先商业标志权益与维护市场秩序相协调的立法精神，充分尊重相关公众已在客观上将相关商业标志区别开来的市场实际，注重维护已经形成和稳定的市场秩序。

根据上述法律规定，在本案中，原告请求撤销争议商标需要满足下列几项条件：（1）在争议商标申请日之前，引证商标一已经成为中国驰名商标；（2）争议商标与引证商标构成近似商标；（3）争议商标与引证商标核定使用的商品具有关联性，可以实现跨类保护；（4）争议商标尚未形成较高市场声誉和相关公众群体，相关公众容易导致混淆、误认。另外，驰名商标的认定应当坚持个案认定、被动认定的原则，即只有在满足其他几项条件的前提下，才有认定驰名商标的必要性。

商标近似不是简单的比较商标标识的音、形、义是否近似，关键在于判断商标共存是否容易导致相关公众的混淆、误认。对于驰名商标的保护而言，关键在于判断是否构成对驰名商标的复制、摹仿，是否会削弱驰名商标的显著性。

本案中，首先，现有证据可以证明在争议商标申请注册日之前，在第 11 类商品上除引证商标外还存在若干标识包括"康宝"的商标；其次，第三人提供的证据材料可以证明引证商标在争议商标申请日之前在消毒柜等商品上具有较高的知名度。但是，原告提供的证据材料可以证明其对争议商标已进行了长期、广泛的宣传使用，其电冰箱、冰柜产品作为全国家电下乡项目的中标产品已经销往国内众多省市，取得了较高的市场声誉和众多荣誉。原告和第三人通过各自较大规模的宣传使用，双方分别在消毒柜商品和冷柜商品上形成了各自的消费群体和市场认知，以及较为稳定的竞争秩序。争议商标的注册不会造成相关公众的混淆、误认，也不构成对引证商标的复制、摹仿。因此，本案不具有认定第三人引证商标在争议商标申请日之前是否已经成为驰名商标的必要性，被告适用《商标法》第 13 条第 2 款撤销争议商标的注册错误，本院予以纠正。

综上所述，被告商标评审委员会作出第 149119 号裁定主要证据不足，适用法律错误，本院依法应予撤销。依照《中华人民共和国行政诉讼法》第 54 条第（2）项第 1 目之规定，本院判决如下：

一、撤销国家工商行政管理总局商标评审委员会于 2014 年 1 月 7 日作出的商评字［2013］第149119号关于第3847860号"康宝kangbao"商标争议裁定；

二、责令国家工商行政管理总局商标评审委员会针对第三人广东康宝电器股份有限公司就第3847860号"康宝kangbao"商标所提争议申请重新作出裁定。

案件受理费人民币100元，由被告国家工商行政管理总局商标评审委员会负担（于本判决生效之后7日内缴纳）。

如不服本判决，各方当事人可在本判决书送达之日起15日内向本院提交上诉状及副本，并交纳上诉案件受理费100元，上诉于北京市高级人民法院。

审　判　长　王　晖

代理陪审员　曲文丽

人民陪审员　郭灵东

2015 年 2 月 2 日

书　记　员　周　圆

书　记　员　夏银雪

附件 08－2

北京市高级人民法院行政判决书（摘录）

（2016）京行知终字第 2172 号

上诉人（原审被告）：国家工商行政管理总局商标评审委员会，住所地×××。

法定代表人：赵刚，主任。

委托代理人：崔方明，国家工商行政管理总局商标评审委员会审查员。

上诉人（原审第三人）：广东康宝电器股份有限公司，住所地××××。

法定代表人：罗小甲，董事长。

委托代理人：温旭，广东三环汇华律师事务所律师。

委托代理人：董咏宜，广东三环汇华律师事务所律师。

被上诉人（原审报告）：江苏康宝电器有限公司，住所地××××。

法定代表人：沈金明，总经理。

委托代理人：王登远，浙江凯麦律师事务所律师。

上诉人国家工商行政管理总局商标评审委员会（以下简称"商标评审委员会"）、广东康宝电器股份有限公司（以下简称"广东康宝公司"）因商标争议行政纠纷一案，不服北京市第一中级人民法院（2014）一中行知初字第 4152 号行政判决，向本院提起上诉。本院于 2016 年 3 月 24 日受理本案后，依法组成合议庭进行了审理。上诉人商标评审委员会的委托代理人崔方明、上诉人广东康宝公司的委托代理人温旭、董咏宜和被上诉人江苏康宝有限公司（以下简称"江苏康宝公司"）的委托代理人王登远于 2016 年 5 月 17 日到本院接受了询问。本案现已审理终结。

......

[由于篇幅原因，本文未收录判决证据查明部分，详细内容可根据判决号进行查询]

......

本院认为：2001 年《商标法》第 13 条第 2 款规定，就不相同或者不相类似的商品申请注册的商标是复制、摹仿或者翻译他人已经在中国注册的驰名商标，误导公众，致使该驰名商标注册人的利益可能受到损害的，不予注册并禁止使用。

根据上述规定，引证商标是已在中国注册的驰名商标，争议商标构成对该引证驰名商标的复制、摹仿或者翻译，争议商标的注册容易导致相关公众的混淆或者误导公众、进而损害引证商标权利人的利益是适用 2001 年《商标法》第 13 条第 2 款的 3 个基本条件。同时，商标授权确权行政案件审理中，遵循驰名商标按需认定原则。若争议商标并没有构成对引证商标的复制、摹仿或者翻译，或者争议商标获准注册的结果并不会导致误导公众并可能损害引证商标权利人利益的结果，即无需对引证商标是否构成驰名商标的问题作出审查和认定。根据广东康宝公司在商标评审阶段提交的证据，引证商标四在争议商标申请注册日之前，广东康宝公司所生产的"康宝"产品销售区域遍布全国近 20 个省市，市场销售份额大，消毒柜产品的产量在行业排名靠前，宣传报道范围广，已经获得较高的市场声誉，并为相关公众广为知晓。因此，商标评审委员会认定引证商标四在核定使用的干燥消毒柜商品上构成驰名商标并无不当。争议商标的中文"康宝"与引证商标四的文字相同，争议商标构成对引证商标四的复制、摹仿。争议商标核定使用的冰箱、冰柜等商品与引证商标四核定使用的干燥消毒柜商品具有较强的关联性。综合上述因素，争议商标的申请注册，可能导致相关公众误认为使用争议商标的商品和使用引证商标四的商品来源于同一主体或者提供主体之间有特定联系，从而可能导致广东康宝公司的利益受到损害。因此，争议商标的申请注册违反 2001 年《商标法》第 13 条第 2 款之规定。商标评审委员会对此认定正确，原审法院对此认定有误，本院予以纠正。

虽然对于使用时间较长、已建立较高市场声誉和形成相关群体的商标，应当准确把握商标法有关保护在先商业标志权益与维护市场秩序相协调的立法精神，充分尊重相关公众已在客观上将相关商业标志区别开来的市场实际，注重维护已经形成和稳定的市场秩序，但商标授权确权程序的总体原则仍是遏制"搭便车"的抢注，保护他人的在先商标，尽可能消除商标标志混淆的可能性。对于在先商标具有很高的知名度的情况下，同业竞争者应相应地具有更高的注意和避让义务。本案中，引证商标四在争议商标申请日之时已经具有很高的知名度，江苏康宝公司与广东康宝公司同为家电生产企业，理应知晓广东康宝公司的"康宝"商标，并应当合理避让在具有较大关联性的商品上申请注册与引证商标四高度近似的争议商标。此外，即使结合江苏康宝公司在本案中提交的争议商标使用证据，亦不足以证明争议商标已经达到了与构成驰名商标的引证商标四相当的知名度，进而两商标已经形成了有效的市场区分和稳定的市场秩序。因此，原审法院对此认定有误，本院对此予以纠正。

综上，原审法院认定事实清楚，但适用法律错误。依法应予纠正。商标评审委员会和广东康宝公司的上诉理由成立，对其上诉请求予以支持。依照《中华人民共和国行政诉讼法》第89条第1款第（2）项、第3款之规定，判决如下：

一、撤销北京市第一中级人民法院（2014）一中知行初字第4152号行政判决；

二、驳回江苏康宝电器有限公司的诉讼请求。

一审案件受理费100元，由江苏康宝电器有限公司负担（已缴纳）；二审案件受理费100元，由江苏康宝电器有限公司负担（于本判决生效后7日内缴纳）。

本判决为终审判决。

审　判　长　钟　鸣
审　判　员　亓　蕾
代理审判员　俞惠斌
2016年6月22日
书　记　员　郑皓泽

案例 09

关于上海专利商标事务所有限公司诉国家工商行政管理总局商标局作出的"商标注册申请不予受理"行政决定一案的法律意见

务实研（2015）第 004 号

北京知识产权法院：

北京务实知识产权发展中心现就《中华人民共和国商标法》（以下简称《商标法》）第 19 条第 4 款（以下简称"该条款"）的理解和适用，独立发表法律意见。

一、《商标法》该条款的立法本意

《商标法》中关于"商标代理机构除对其代理服务申请商标注册外，不得申请注册其他商标"的规定，是 2013 年《商标法》修改中新增加的条款。与之相对应，《中华人民共和国商标法实施条例》第 87 条规定了"商标代理机构申请注册或者受让其代理服务以外的其他商标，商标局不予受理"。

《商标法》第 3 次修订中，全国人大听取了各方面意见，了解到实践中一些商标代理组织违反诚实信用原则，利用其业务上的优势帮助委托人进行恶意商标注册，甚至自己恶意抢注他人商标牟利，为了对商标代理活动予以规范，专门作出了该款规定。在立法解说中也阐明，"为防止商标代理机构利用其业务上的优势，自己恶意抢注他人商标牟利，本条第 4 款规定，商标代理机构除对其代理服务申请商标注册外，不得申请注册其他商标。"可见，该条款的设立正是针对商标抢注行为很大部分系由熟悉商标业务的代理机构所为，意图从源头上切断代理机构抢注的途径，其立法的初衷是非常明确的。

二、为什么要限定商标"代理服务"申请注册商标？

《商标法》所称"商标代理"，是指接受委托人的委托，以委托人的名义办理商标注册申请、商标评审或者其他商标事宜。《商标代理管理办法》第6条第1款规定，商标代理组织可以接受委托人委托，指定商标代理人办理下列代理业务：（一）代理商标注册申请、变更、续展、转让、异议、撤销、评审、侵权投诉等有关事项；（二）提供商标法律咨询，担任商标法律顾问；（三）代理其他有关商标事务。

如果将以上服务作为商标代理，从商标申请时所参考的《商标注册用类似商品和服务区分表》关于商品和服务类别的具体划分来看，上述所谓商标"代理服务"应当是指第45类4506类似群涉及的"法律服务"。

根据《中华人民共和国公司法》（以下简称《公司法》）第12条规定，公司的经营范围由公司章程规定，并依法登记。公司可以修改公司章程，改变经营范围，但是应当办理变更登记。公司的经营范围中属于法律、行政法规规定须经批准的项目，应当依法经过批准。我国《公司法》虽然规定登记经营范围，但实践中除了必须经过审批的经营范围外，作为公司可以涉足多个经营领域。

而与此不同，《中华人民共和国律师法》（以下简称《律师法》）第27条明确规定，律师事务所不得从事法律服务以外的经营活动。也就是说，实践中不会出现律师事务所从事其他经营并申请相关商标的争议。我国《专利代理条例》第20条明确规定，专利代理人在从事专利代理业务期间和脱离专利代理业务后1年内，不得申请专利。该规定，实际上也是为了防止专利代理人利用其业务上的优势，损害专利权人的合法权益或者为自己谋取不正当利益。

作为法律服务机构的商标代理公司、知识产权代理公司等均是作为公司形式存在的，依据《公司法》其经营范围并不受严格地限制，而其又不可能受《律师法》的规制。因此，在实践中会出现商标代理机构利用其业务上的优势恶意抢注他人商标牟利的情况，而这种注册行为背后还有其可能实际经营使用商标这一合理的幌子。因此，该条款就是为了突破当前商标代理领域的乱象，从根本上杜绝商标代理机构抢注商标的可能性。从这一点上理解，所谓"代理服务"应当作严格的解释。即除代理服务外，商标代理机构不得申请注册其他商标。

三、该条款规定的合理性

作为商标代理的专业机构，依据其业务的优势，其了解商标实际注册情况以及委托人的实际需求，如果代理机构违反诚实信用原则，通过恶意抢注商标牟利，则危害甚重，而且实践中已经出现了这种苗头和乱象，为了从源头上杜绝此类现象，《商标法》才作出了该规定。这种一刀切的做法虽然过于绝对，但对于遏制代理机构恶意抢注的乱象，具有积极的作用。

此外，从商标标识本身来看，除商品类别外，该条款并没有限制商标代理机构所能申请注册的标识范围，即只要符合《商标法》规定的标识，而不限于与商标代理机构名称、简称、图形等相关的标识。在这一前提下，如果将"代理服务"作宽泛地解释，如将本案中所涉及的第 35 类"广告设计、商业调查"，第 41 类"培训、辅导培训、组织学术研讨会"，第 42 类"技术研究、质量评估"等服务，都认为是"代理服务"，或者将更多范围都纳入进来，表面上似乎为了满足商标代理机构实际的经营需求，同时好像是为了保护自己在相关服务领域的合法利益，实际结果是造成上述法律规定形同虚设。而且，一旦放开注册很难准确界定合理的范围，在当前形势下，出于本条款的立法初衷，以严格界定为宜。

实践中，商标代理的委托人除了有提供产品的生产制造企业，其他如广告设计公司、各类培训机构、技术研发机构、各类评估机构、鉴定机构等都有可能成为商标代理机构的客户，不能说代理机构抢注商品商标是恶意抢注，而抢注服务商标就不是抢注，为了公平地保障各类委托人的利益，将商标代理机构所能申请注册商标的范围仅限于"代理服务"也是恰当的。

本案中，上海专利商标事务所申请注册第 35、41、42 类商标的理由之一是为了保护自身商标不被他人侵犯或抢注。其实，在正常的法治环境下，这种担心便是多余的，也不应该成为其注册其他商标的合法理由。

以上意见供法庭参考。

北京务实知识产权发展中心
2015 年 8 月 31 日

附件 09 - 1

北京知识产权法院行政判决书（摘录）

（2015）京知行初字第 92 号

原告：上海专利商标事务所有限公司，住××××。

法定代表人：王宏祥，总经理。

委托代理人：倪晔，上海市一平律师事务所律师。

被告：国家工商行政管理总局商标局，住××××。

法定代表人：许瑞表，局长。

委托代理人：苏冰澈，国家工商行政管理总局商标局干部。

委托代理人：张世忠，国家工商行政管理总局商标局干部。

原告上海专利商标事务所有限公司（以下简称"上专所"）不服被告国家工商行政管理总局商标局（以下简称"商标局"）于 2014 年 9 月 12 日做出的商标注册申请不予受理的行政行为，向本院提起行政诉讼。本院于 2015 年 1 月 6 日受理后，依法组成合议庭，于 2015 年 2 月 6 日对本案公开开庭进行了审理。原告上专所的委托代理人倪晔、被告商标局的委托代理人苏冰澈、张世忠到庭参加了诉讼。本案现已审理终结。

......

[由于篇幅原因，本文未收录判决证据查明部分，详细内容可根据判决号进行查询]

......

本院认为，本案争议焦点在于诉争商标是否符合《商标法》第 19 条第 4 款的规定。结合当事人的诉辩主张，该争议具体体现在如下两方面：

1.《商标法》第 19 条第 4 款是否不适用于商标代理机构对于自用商标的注册。

《商标法》第 19 条第 4 款规定，"商标代理机构除对其代理服务申请商标注册外，不得申请注册其他商标"。

原告主张基于立法本意，该条款应仅限制商标代理机构注册他人商标或囤积商标的行为，而不应延及商标代理机构自用商标的注册。这一主张是否成立取决于从该规定的文义中是否可以解读出这一含义。该规定中明确指出，商标代理机构仅可以在"代理服务"上"申请商标注册"，在除此之外的其他商品或服务上则不得申请注册其他商标。因该条款中对于申请注册的商标系商标代理机构自用还是以牟利为目的进行注册未作区分，因此，无论商标代理机构是基于何种目的进行的注册申请，只要是在代理服务之外的商品或服务上进行的注册申请，均属于该条款禁止的情形。

当然，2014 年《商标法》之所以引入该条款，主要考虑因素确实在于禁止商标代理机构恶意注册商标进行牟利的行为。全国人民代表大会法律委员会于 2013 年 6 月 26 日所作的《关于〈中华人民共和国商标法修正案（草案）〉修改情况的汇报》有如下记载，"三、一些地方、部门、企业提出，实践中一些商标代理组织违反诚实信用原则，利用其业务上的优势帮助委托人进行恶意商标注册，甚至自己恶意抢注他人的商标牟利，建议进一步对商标代理活动予以规范。法律委员会经研究，建议增加以下规定：……三是明确商标代理组织不得自行申请注册商标牟利。"

立法机关在立法过程中的相应考虑可以作为理解适用法律的参考，但是根据法律解释的基本原则，对法律条文的解释应当首先进行文义解释。文义解释是法律解释的起点和终点，其他解释都需以文义解释为基础。如果文义解释的结论是唯一且毫无疑义的，且不会造成体系冲突，则原则上应采纳文义解释的结论。在《商标法》第 19 条第 4 款的文义可以明确得出前述结论的情况下，对该条款的理解无法仅因立法过程中的前述考虑因素而将其仅限定商标代理机构恶意注册商标进行牟利的情形。

不可否认，依据上述文义解释得出的结论，会使商标代理机构自用的商标无法获得注册，从而对其造成一定影响。但尚不至于达到原告所称既无法使用自己的商标开展业务，亦无法禁止他人盗用其商标的程度。我国现有法律并非仅对注册商标提供保护，未注册商标同样可以得到一定程度的保护。如果商标代理机构使用商标的时间早于他人注册商标的申请日，则其可以依据《商标法》第 59 条第 3 款获得在原有范围内的先用保护，该规定在一定程度上解决了商标代理机构在先商标的自用问题。如果商标代理机构所使用的商标具有一定知名度，则其既可以依据《中华人民共和国反不正当竞争法》第 5 条第（2）项的规定禁止他人对该商标的恶意使用行为，亦可以依据《商标法》第 15 条、第 32 条等条款的规定禁止他人对该商标的恶意注册行为，上述规定亦在一定程度上为商标代理机构解决了禁止他人盗用其商标的问题。

此外，本院要强调的是，司法机关的职责在于适用法律，而非制定法律，在法律条文规定明确且清晰的情况下，司法机关必需严格遵照执行。至于相关法律规定是否妥当，应否修改，则属于立法机关的权限范围，并非司法机关的职责。

2. 诉争商标指定使用的服务是否属于"代理服务"。

《商标法》第19条第4款虽规定商标代理机构仅可以在"代理服务"上申请注册商标，但对于何为"代理服务"，《商标法》中并无明确规定。对这一问题的理解应当结合行政法规及规章的相关规定。《商标法实施条例》第84条规定，"商标法所称商标代理，是指接受委托人的委托，以委托人的名义办理商标注册申请、商标评审或者其他商标事宜"。在该条款的基础上，《商标代理管理办法》第6条第1款对商标代理行为作出了进一步规定，"商标代理组织可以接受委托人委托，指定商标代理人办理下列代理业务：（一）代理商标注册申请、变更、续展、转让、异议、撤销、评审、侵权投诉等有关事项；（二）提供商标法律咨询，担任商标法律顾问；（三）代理其他有关商标事务"。基于上述规定，商标代理机构只可能在上述服务内容上以自己名义注册商标。

本案中，诉争商标指定使用的服务为第41类"培训、实际培训（示范）、辅导（培训）、安排和组织培训班、安排和组织学术讨论会、安排和组织会议、安排和组织专家讨论会、安排和组织专题研讨会、知识产权法律培训、安排和组织知识产权法律专题研讨会"，上述服务内容显然并不属于商标代理服务的内容，因此，诉争商标属于《商标法》第19条第4款规定不予注册的情形。

综上，上专所请求撤销被诉决定的起诉理由均不成立，对其诉讼请求本院不予支持。被诉不予受理通知适用法律正确，符合法定程序。依照《中华人民共和国行政诉讼法》第69条之规定，本院判决如下：

驳回原告上海专利商标事务所有限公司的诉讼请求。

案件受理费100元，由原告上海专利商标事务所有限公司负担（已缴纳）。

如不服本判决，双方当事人可在本判决送达之日起15日内，向本院提交上诉状及副本，并交纳上诉案件受理费100元，上诉于北京市高级人民法院。

审　判　长　彭文毅
审　判　员　何　暄
审　判　员　芮松艳
2015 年 12 月 31 日
法官助理　陈志兴

附件一：

中南财经政法大学知识产权研究中心的法律适用意见

北京知识产权法院：

贵院委托我中心就《商标法》第 19 条第 4 款法律适用的问题进行调研，并提出相关意见。对此，我中心非常重视。于 8 月 10～17 日，中心组织专门调研组就此问题进行了调研咨询，并组织专家进行了专题研讨，形成了一致意见。

一、关于《商标法》第 19 条第 4 款的立法目的

《商标法》第 19 条第 4 款的立法目的，旨在完善商标代理机构的基本职能，防止其以商标代理机构名义恶意抢注他人在先使用的商标，或者帮助被代理人恶意抢注他人在先使用的商标。

二、《商标法》第 19 条第 4 款的基本内容

单纯从《商标法》第 19 条第 4 款规定看，其基本内容就是：依法登记注册的商标代理机构只能接受他人的委托，为被代理人就其委托申请注册商标办理商标注册申请事务；除此之外，不得自行申请商标注册。包括：（1）如果没有他人委托其办理商标注册申请，不得自行就任何商标申请注册；（2）即使商标代理机构自己需要使用注册商标，也不得就其需要使用的商标申请注册。

更重要的是，如果将《商标法》第 19 条第 4 款按照第二种含义理解，就是商标代理机构自己需要使用注册商标，也不得就其商标申请注册。由此就必然产生以下结果：商标代理机构，作为市场经营主体（法人），要么不能使用商标，要么只能使用未注册商标。这种结果显然不是《商标法》希望看到的。

三、《商标法》第 4 条的法律地位

《商标法》第 4 条规定："自然人、法人或者其他组织在生产经营活动中，对其商品或者服务需要取得商标专用权的，应当向商标局申请商标注册。"《商标法》第 4 条属于"总则"，具有统领整部商标法各条款规定之地位。商标代理机构自己作为从事市场经营活动的法人，在生产经营活动中，对其服务需要取得商标专用权的商标，应当有权利向商标局申请商标注册。

四、《商标法》第 19 条第 4 款与《商标法》第 4 条的冲突

在此，显然产生了一个法律条文相互冲突的问题：商标代理机构，根据

《商标法》第4条规定，为了就其使用在服务上的商标需要取得专用权，应当有权利向商标局提出商标注册申请；但是，根据《商标法》第19条第4款规定，商标代理机构又不能就使用在其服务上的商标提出注册申请。由此引发的冲突属于特别条款与一般条款的冲突，即《商标法》第19条第4款之特别条款与《商标法》第4条之一般条款之间的冲突。

根据法律适用基本理论，当同一部法律中发生特别条款与一般条款发生冲突时，应当以特别条款优于一般条款而适用。然而，《商标法》第19条第4款并没有明文规定"商标代理机构不得为自己需要取得专用权的商标向商标局提出注册申请"。具而言之，《商标法》第19条第4款相较于《商标法》第4条本属于特别条款，应当优先于第4条适用。但是，因为《商标法》第19条第4款并没有明文禁止商标代理机构为自己需要取得专用权的商标提出注册申请，所以，商标代理机构能否就自己需要取得专用权的商标提出注册申请，只能适用《商标法》第4条规定，不能适用《商标法》第19条第4款规定。

五、关于《商标法实施条例》的规定

《商标法实施条例》第87条规定："商标代理机构申请注册或者受让其代理服务以外的其他商标，商标局不予受理。"该项规定是对《商标法》第19条第4款的进一步解释，也没有明文禁止商标代理机构为自己需要取得专用权的商标注册申请。更何况《商标法实施条例》是效力位阶低于《商标法》的规范性文件。当较低层级的规定与高层级法律规定相冲突时，应当优先适用高位阶的法律。

六、我们的结论

基于上述分析，我们的结论是：

1.《商标法》第19条第4款明确禁止商标代理机构就被代理人委托代理申请注册商标之外的商标申请注册，但是并没有明文禁止商标代理机构为自己需要取得商标专用权的商标注册申请。

2.《商标法实施条例》第87条是对《商标法》第19条第4款的具体解释，其效力低于《商标法》。

3. 根据《商标法》第4条规定，商标代理机构为自己需要取得商标专用权的商标提出注册申请，是符合《商标法》规定的。

4. 当《商标法》第19条第4款规定与《商标法》第4条规定相冲突时，根据特别条款优先于一般条款原则，应当优先适用《商标法》第19条第4款规定。但是，因为《商标法》第19条第4款并没有明文禁止商标代理机构为自己需要取得商标专用权的商标注册申请，所以，对待商标代理机构为自己需要取得商标专用权的商标注册申请，仍然只能适用《商标法》第4条规定，有权利申请注册，并且与普通商标注册申请人一样享有商标法规定的所有权利。

中南财经政法大学知识产权研究中心
2015 年 8 月 21 日

附件二：

西南政法大学知识产权研究中心的法律适用意见

2015 年 8 月 20 日上午，西南政法大学知识产权研究中心就《商标法》第 19 条第 4 款进行了讨论，形成了不同意见，具体如下。

第一种意见认为，上海专利商标事务所有限公司申请的"培训、实际培训、安排和组织培训班、安排和组织学术研讨会"等服务，不属于商标代理机构的"代理服务范围"，按照文义解释，不属申请注册的范围。第 19 条第 4 款承担自己的历史使命，商标法既然针对商标代理机构设有专门的规定，应当严格适用该法律条文。否则，该条款就丧失了存在意义。

第二种意见认为，尽管"培训、实际培训、安排和组织培训班、安排和组织学术研讨会"等服务不属于商标代理机构的"代理服务范围"，按照字面含义，不属申请注册的范围。但是第 19 条第 4 款的立法目的在于规制商标代理机构对被代理人商标的抢注、对商标的囤积之行为。按照立法原意，应对第 19 条第 4 款作限缩解释，即只有在商标代理机构的注册申请违反诚实信用原则，抢注、囤积商标时，才可适用该款驳回注册申请，否则即不应适用该款，以免造成对商标代理机构经营活动的过分干预。市场经济条件下，商标代理机构有可能提供多种服务，司法应当给予市场主体从事多种经营的机会。只要市场主体使用和诉争商标的行为没有违反诚实信用原则，就应当给予注册。

其次，尽管国家商标局不是立法机构，但在商标法的制定、修订过程中发挥了无可取代的重大作用，国家商标局在对市场主体的申请行为进行核查时，应当参考法律条文的立法原意。

再次，《商标法》上设有异议、宣告无效制度，如果申请人的行为违反了诚实信用原则，其竞争者存在其他救济途径，不应在门槛上对商标代理机构给予歧视。

最后，第19条第4款的合理性也存在问题。抢注、囤积商标的不仅有商标代理机构，还有其他企业和个人。特别限制商标代理机构申请商标注册，存在歧视之嫌。通过这样的方法解决商标抢注、囤积问题，不啻因噎废食，在防止商标代理机构抢注商标的同时，也限制了其经营自由，这对我国商标事业的发展是不利的。如果按照国家商标局的解释，商标代理机构只能在第4506类服务上申请商标注册，在一定程度上将商标代理机构的服务范围限制在商标代理服务之内，这与市场经济的要求不相适应，我们也未见其他立法有类似规定。事实上，商标主管部门和司法机关完全可以通过对第7条、第15条、第32条的解释，处理商标代理机构抢注、囤积商标的问题，而不必对其申请商标注册的能力进行特别限制。

西南政法大学知识产权研究中心
2015年8月24日

附件三：

华东政法大学知识产权法律与政策研究院的法律适用意见

北京知识产权法院：

我院收到贵院《关于调研〈中华人民共和国商标法〉第19条第4款法律适用的函》（以下简称《调研函》）之后，对相关问题进行了讨论，现提出如下意见，供参考。

我们认为，应用文义解释等法律解释方法，《中华人民共和国商标法》（以下简称《商标法》）第19条第4款应被理解为：商标代理机构只能对其代理服务申请商标注册，而不得对其他的商品或服务申请注册商标。

有一种观点认为：《商标法》第19条第4款所禁止的，是代理机构"抢注他人商标"的行为，而非代理机构的"正常商标注册"行为。在《调研函》附件提及的诉讼中，商标代理机构认为，其自身长期以来一直从事培训和组织讨论会等服务，故而其在第41类"培训、实际培训（示范）、辅导（培训）、安排和组织培训班、安排和组织学术讨论会、安排和组织会议、安排和组织专家讨论会、安排和组织专题研讨会、知识产权法律培训、安排和组织知识产权法律专题研讨会"上进行商标注册是一种正常的商标注册行为，并进一步提出：商标局援引《商标法》第19条第4款的规定不予受理其商标申请，属于对《商标法》第 19 条第 4 款的不当解释，因此错误地禁止了其正常商标注册行为。换言之，涉案商标代理机构认为，《商标法》第 19 条第 4 款禁止的是商标代理机构的抢注行为，不应被用来禁止其正常商标注册行为。

我们不能赞同这一观点。根据法律解释的基本原则，对法律条文的解释应当首先进行"文义解释"。所谓"文义解释"是指"按照法律条文用语之语义及通常使用方式，以阐述法律之意义内容。法律解释必先由文义解释入手，且所作解释不能超过可能的文义。"《商标法》第 19 条规定的是商标代理机构的行为规范，其中第 4 款专门限定了商标代理机构可以申请注册商标的范围——"商标代理机构除对其代理服务申请商标注册外，不得申请注册其他商标"。该条规定的含义是清楚、明确的，即规定商标代理机构只能对其代理服务这一种特定的服务申请注册商标。文义解释是法律解释的起点和终点，其他解释都必须以文义解释为基础，从文义解释出发。除非有极强的理由，如字面解释的结论有违基本法理、违背公序良俗等，否则不得通过其他的解释来推翻字面解释的结论。如果文义解释的结论是单一的，且经过验证并不违反立法目的，也不会造成体系冲突，就只能采取文义解释的办法。从《商标法》第 19 条第 4 款的文义之中，无法得出商标代理机构被允许在代理服务之外的其他服务或商品上申请注册商标的结论。

涉案商标代理机构认为，《商标法》第 19 条第 4 款应被解释为"禁止代理机构抢注他人商标的行为，而非代理机构的正常商标注册行为"，即认为该款的作用仅在于防止商标代理机构抢注他人商标，而不在于限制商标代理机构进行商标注册的商品与服务类别。这一解释不仅明显违反该款的文义，而且也与《商标法》的逻辑体系不符。这是因为我国《商标法》中已有专门针对禁止恶意抢注行为的条款。《商标法》第 32 条规定"不得以不正当手段抢先注册他人已经使用并有一定影响的商标"；《商标法》第 15 条规定，除了代理人和代表人不得抢注被代理人或者被代表人的商标外，因具有特定关系而明知他人商标存在的人也不得进行抢注；《商标法》第 13 条第 2 款规定不得抢注未在中国注册的驰名商标。由于《商标法》已经通过其他条款建立了防止商标抢注的机制，即使没有第 19 条第 4 款，商标代理机构抢注他人商标的行为也完全可以被规制。如果第 19 条第 4 款的作用仅在于防止商标代理机构抢注他人商标，则立法者并无必要增加这一条款，因为它所要实现的目标早已由其他条款实现了。而法律解释的基本原则，就是要让法律条文有意义，不能通过法律解释，使得某一法律条文丧失其存在的价值。

涉案商标代理机构还提出，从全国人民代表大会常务委员会法制工作委员会编写的《中华人民共和国商标法释义》（以下简称《释义》）对第 19 条第4款立法目的的说明来看，该款要规制的行为是，商标代理机构并非为自己使用的目的，而是为向他人兜售的目的去注册商标。对此，我们认为：首先，《释义》虽然对了解立法意图有一定帮助，但《释义》并不属于立法解释，不具有法律效力。其次，通过释义的说明也能看出，防止商标代理机构"兜售"注册商标的途径，正是禁止商标代理机构在代理服务之外的服务或商品类别上注册商标。由于我国《商标法》并不以"已实际使用"作为商标注册的前提，因此在未实际使用某一商标的情况下申请注册商标的情形大量存在。在该商标被核准注册之后，除非存在该商标原本不应当获得注册的绝对理由或相对理由，注册人既可以自己使用注册商标，也可以向他人转让注册商标。如果允许商标代理机构在任意商品或服务上申请注册商标，由于在核准注册之前商标局并不审查，也无从审查申请人的意图究竟是准备自己使用，还是准备向他人"兜售"，只要不存在禁止注册的绝对理由或相对理由，就应当核准注册。在此之后，商标代理机构就可能向他人"兜售"原本就无意使用的注册商标，或者原本准备使用，但基于某些原因不再希望使用，而改为向他人转让。而防止这一现象最为有效、最为彻底的办法，就是禁止商标代理机构申请注册商品商标，以及在其代理服务之外的服务类别上申请注册商标。特别需要指出的是，如果立法者的意图确实如涉案商标代理机构对《释义》的理解所言，是要防止商标代理机构向他人"兜售"注册商标，则完全可以将第19条第4款改为"商标代理机构除可以转让对其代理服务注册的商标外，不得转让其他注册商标"，而不是对商标代理机构可申请注册商标的服务类别作出限制。立法者对用语的选择表明，在立法者看来，通过"釜底抽薪"的方法，即禁止商标代理机构申请注册商品商标和代理服务之外的服务商标，来实现防止商标代理机构滥用其专业知识注册大量商标并向他人"兜售"的立法目的，比禁止其转让在非代理服务上注册的商标更为有效。而且这一选择确有其优越性，如果只限制注册商标的转让而不限制对商标的注册，商标代理机构仍然可能注册大量商标。即使商标代理机构并未实际使用，这些注册商标在因连续3年无正当理由不使用而被撤销之前，仍然受到《商标法》的保护，他人未经许可在相同或类似商品上使用相同或近似商标仍然有可能被认定为侵权行为。虽然因这些注册商标未被实际使用，侵权人可以不承担赔偿责任，但原则上仍然需要停止相关行为，这就会造成社会资源的浪费和对经济秩序的干扰。而且，商标代理机构的注册商标即使连续3年无正当理由不使用，也不会自动被撤销，必须由某一单位或者个人向商标局申请撤销该注册商标，商标局还要经过审查才能做出是否撤销的决定，由此增加了社会成本。因此，《商标法》第19条第4款的用语是限制商标代理机构可申请注册商标的范围，而非限制对注册商标的转让，这是立法者有意为之的。最后，退一步说，即使立法者的真实意图原本并不是禁止商标代理机构为自己使用的目的而申请注册商标，由于其使用的立法语言清楚、明白地表述为禁止"商标代理机构除对其代理服务申请商标注册外，不得申请注册其他商标"，此时也不能置法律条文的文义于不顾，而直接适用立法意图。如果立法者发现自己选择的表述有违其原意，只能通过修改法律而使立法意图与法律条文的含义保持一致。法院不能，也没有必要在《商标法》第19条第4款被修改之前，去探究立法原意是否与该款清楚、明白的文义有无出入，否则将损害法律的权威。

《商标法》第19条第4款的规定，确实有可能使一些从事多种经营活动的商标代理机构的利益受到影响。如涉案商标代理机构已经长期开展培训活动并实际使用了某一商标，该款规定将使其无法注册该商标。但这是由于商标代理机构从事了商标代理之外的经营活动，这一问题可以通过成立新的培训机构等加以解决，而无需对《商标法》第19条第4款作出明显违背其文义的解释。

以上意见，供参考。

华东政法大学知识产权法律与政策研究院

执笔人：王　迁

2015 年 8 月 26 日

附件四：

中国政法大学无形资产管理研究中心的法律适用意见

北京知识产权法院：

贵院《关于调研〈中华人民共和国商标法〉第19条第4款法律适用的函》收悉。经我中心组织专家学者认真研究，现将有关意见陈述如下，供贵院审理有关案件参考。

我国现行《商标法》第19条第4款规定："商标代理机构除对其代理服务申请商标注册外，不得申请注册其他商标。"该款规定的内涵，需要结合立法本意及商标代理机构从事商标代理业务的性质加以理解。我中心认为，该款规定的立法意图在于从法律上限制和明确商标代理机构可以申请注册商标的范围，即仅限于"对其代理服务申请注册商标"，以此规范商标代理机构申请注册商标行为。经调查发现，2013年8月第3次修订的《商标法》之所以要做出上述规定，也是考虑到过去实践中存在着商标代理机构利用其自身专业和信息优势，抢注和囤积商标，以此作为谋取不正当利益的工具，扰乱了商标秩序，违背了商标申请注册制度的初衷。随着我国经济社会发展，商标申请注册活动也异常活跃，商标代理机构也会不断增加。我中心因而认为，为提高商标代理机构处理商标代理事务的质量，上述限制是非常必要的。

由于法律明确规定商标代理机构自行申请注册商标限于其"代理服务"而没有"但书"，我中心认为不宜对该条款规定做扩大解释。也就是说，应将其申请注册商标范围限于第45类法律服务，除此之外的则属于"不得申请注册"的范围。尽管在实践中有些商标代理机构从事的业务超出了第45类法律服务，但为了规范商标代理机构申请注册商标的行为，防止这类机构任意扩大申请注册商标的范围，甚至抢注或囤积商标从事谋取不正当利益活动，不宜以此为由对上述规定做没有法律依据的扩大解释。

以上意见，仅供参考。

中国政法大学无形资产管理研究中心

2015年8月28日

附件五：

北京务实知识产权发展中心的法律适用意见

北京知识产权法院：

北京务实知识产权发展中心现就《商标法》第19条第4款（以下简称"该条款"）的理解和适用，独立发表法律意见。

一、《商标法》该条款的立法本意

《商标法》中关于"商标代理机构除对其代理服务申请商标注册外，不得申请注册其他商标"的规定，是2013年《商标法》修改中新增加的条款。与之相对应，《商标法实施条例》第87条规定了"商标代理机构申请注册或者受让其代理服务以外的其他商标，商标局不予受理"。

《商标法》第 3 次修订中，全国人大听取了各方面意见，了解到实践中一些商标代理组织违反诚实信用原则，利用其业务上的优势帮助委托人进行恶意商标注册，甚至自己恶意抢注他人商标牟利，为了对商标代理活动予以规范，专门作出了该款规定。在立法解说中也阐明，"为防止商标代理机构利用其业务上的优势，自己恶意抢注他人商标牟利，本条第 4 款规定，商标代理机构除对其代理服务申请商标注册外，不得申请注册其他商标。"可见，该条款的设立正是针对商标抢注行为很大部分系由熟悉商标业务的代理机构所为，意图从源头上切断代理机构抢注的途径，其立法的初衷是非常明确的。

二、为什么要限定商标"代理服务"申请注册商标？

《商标法》所称"商标代理"，是指接受委托人的委托，以委托人的名义办理商标注册申请、商标评审或者其他商标事宜。《商标代理管理办法》第 6 条第 1 款规定，商标代理组织可以接受委托人委托，指定商标代理人办理下列代理业务：（一）代理商标注册申请、变更、续展、转让、异议、撤销、评审、侵权投诉等有关事项；（二）提供商标法律咨询，担任商标法律顾问；（三）代理其他有关商标事务。

如果将以上服务作为商标代理，从商标申请时所参考的《商标注册用类似商品和服务区分表》关于商品和服务类别的具体划分来看，上述所谓商标"代理服务"应当是指第 45 类 4506 类似群涉及的"法律服务"。

根据《公司法》第 12 条规定，公司的经营范围由公司章程规定，并依法登记。公司可以修改公司章程，改变经营范围，但是应当办理变更登记。公司的经营范围中属于法律、行政法规规定须经批准的项目，应当依法经过批准。我国《公司法》虽然规定登记经营范围，但实践中除了必须经过审批的经营范围外，作为公司可以涉足多个经营领域。

而与此不同，我国《律师法》第 27 条明确规定，律师事务所不得从事法律服务以外的经营活动。也就是说，实践中不会出现律师事务所从事其他经营并申请相关商标的争议。我国《专利代理条例》第 20 条明确规定，专利代理人在从事专利代理业务期间和脱离专利代理业务后 1 年内，不得申请专利。该规定，实际上也是为了防止专利代理人利用其业务上的优势，损害专利权人的合法权益或者为自己谋取不正当利益。

作为法律服务机构的商标代理公司、知识产权代理公司等均是作为公司形式存在的，依据《公司法》其经营范围并不受严格地限制，而其又不可能受《律师法》的规制。因此，在实践中会出现商标代理机构利用其业务上的优势恶意抢注他人商标牟利的情况，而这种注册行为背后还有其可能实际经营使用商标这一合理的幌子。因此，该条款就是为了突破当前商标代理领域的乱象，从根本上杜绝商标代理机构抢注商标的可能性。从这一点上理解，所谓"代理服务"应当作严格的解释。即除代理服务外，商标代理机构不得申请注册其他商标。

三、该条款规定的合理性

作为商标代理的专业机构，依据其业务的优势，其了解商标实际注册情况以及委托人的实际需求，如果代理机构违反诚实信用原则，通过恶意抢注商标牟利，则危害甚重，而且实践中已经出现了这种苗头和乱象，为了从源头上杜绝此类现象，《商标法》才作出了该规定。这种一刀切的做法虽然过于绝对，但对于遏制代理机构恶意抢注的乱象，具有积极的作用。

此外，从商标标识本身来看，除商品类别外，该条款并没有限制商标代理机构所能申请注册的标识范围，即只要符合《商标法》规定的标识，而不限于与商标代理机构名称、简称、图形等相关的标识。在这一前提下，如果将"代理服务"作宽泛地解释，如将本案中所涉及的第35类"广告设计、商业调查"，第41类"培训、辅导培训、组织学术研讨会"，第42类"技术研究、质量评估"等服务，都认为是"代理服务"，或者将更多范围都纳入进来，表面上似乎为了满足商标代理机构实际的经营需求，同时好像是为了保护自己在相关服务领域的合法利益，实际结果是造成上述法律规定形同虚设。而且，一旦放开注册很难准确界定合理的范围，在当前形势下，出于本条款的立法初衷，以严格界定为宜。

实践中，商标代理的委托人除了有提供产品的生产制造企业，其他如广告设计公司、各类培训机构、技术研发机构、各类评估机构、鉴定机构等都有可能成为商标代理机构的客户，不能说代理机构抢注商品商标是恶意抢注，而抢注服务商标就不是抢注，为了公平地保障各类委托人的利益，将商标代理机构所能申请注册商标的范围仅限于"代理服务"也是恰当的。

本案中，上海专利商标事务所申请注册第35、41、42类商标的理由之一是为了保护自身商标不被他人侵犯或抢注。其实，在正常的法治环境下，这种担心便是多余的，也不应该成为其注册其他商标的合法理由。

以上意见供法庭参考。

北京务实知识产权发展中心

2015 年 8 月 31 日

附件 09 - 2

北京市高级人民法院行政判决书（摘录）

（2016）京行终第 3042 号

上诉人（原审原告）：上海专利商标事务所有限公司，住××××。
法定代表人：王宏祥，总经理。
委托代理人：倪晔，上海市一平律师事务所律师。
被上诉人（原审被告）：国家工商行政管理总局商标局，住××××。
法定代表人：刘俊臣，局长。
委托代理人：王鹏静，国家工商行政管理总局商标局干部。
委托代理人：张世忠，国家工商行政管理总局商标局干部。

上诉人上海专利商标事务所有限公司（以下简称"上专所"）因商标行政纠纷一案，不服北京知识产权法院（2015）京知行初字第 92 号行政判决，向本院提起上诉。本院于 2016 年 5 月 26 日受理后，依法组成合议庭，并于 2016 年 6 月 27 日公开开庭进行了审理。上诉人上专所的委托代理人倪晔到庭参加了诉讼。被上诉人国家工商行政管理总局商标局（以下简称"商标局"）经本院传唤未到庭，本院依法进行缺席审理。本案现已审理终结。

……

[由于篇幅原因，本文未收录判决证据查明部分，详细内容可根据判决号进行查询]

……

本院认为：

《商标法》第 19 条第 4 款规定："商标代理机构除对其代理服务申请商标注册外，不得申请注册其他商标。"《商标法实施条例》第 83 条规定，"商标法所称商标代理是指接受委托人的委托，以委托人的名义办理商标注册申请、商标评审或者其他商标事宜"；第 84 条规定，"商标法所称商标代理机构，包括经工商行政管理部门登记从事商标代理业务的服务机构和从事商标代理业务的律师事务所。"

根据上专所提交的国家工商行政管理局《关于批准中国国际贸易促进委员会专利商标事务所等七家商标代理组织开展国内商标代理业务的通知》可以认定上专所属于商标代理机构，因此其申请注册商标的行为应受到《商标法》第19条第4款规定的限制。

众所周知，法治是围绕人们对法律词语的理解而展开的。在理解法律规范时，应当取其文字之通常含义。虽然文义解释并非唯一的法律解释方法，但在文义解释的结论并未导致法律规范落空或法律体系内各条款之间存在严重冲突等重大特定情况时，若随意突破法律规范的字面含义，将会影响法律的稳定性和可预期性，这也是与法治相违背的。本案中，《商标法》第19条第4款的规定是清楚的，原审法院遵循法律规范文本含义，未采用其他方法予以解释，并无不妥。上专所主张其具有专利代理等多重身份，所从事的服务并不局限于商标代理，根据《商标法》第19条第4款的立法目的。上专所申请注册诉争商标可以不受前述条款约束，且原审法院仅仅按照文义解释的方法做出的认定结论是错误的，依据不足，本院不予支持。

上专所主张"其他商标事宜"并非必须"以委托人的名义办理"，其依据为《商标代理管理办法》第6条的规定、《合同法》以及涉及《商标法》第15条的相关司法实践等。首先，根据《商标法实施条例》第83条的规定，"其他商标事宜"应当理解为与"办理商标注册申请、商标评审"并列的事项，均应在"以委托人的名义"这一大前提下开展，这也是符合民法有关代理的概念。其次，《商标代理管理办法》已经被废止，其相关内容以及《合同法》的规定、抑或司法实践均不足以作为扩大解释"商标代理"的依据。同时，本院亦注意到，自2003年国家取消了有关商标代理机构的设立和商标代理人资格的行政审批后，商标代理活动中出现了一些混乱现象，严重扰乱了商标市场秩序，正是为了解决这一问题，《商标法》增加了有关商标代理机构行为规范的内容。在我国，大量商标代理机构作为公司形式存在，经营范围上并无严格限制，因此实践中有些商标代理机构从事的业务超出了商标代理服务的范围，若随意地对"商标代理"进行扩大解释，反而会使得前述立法目的落空。上专所的前述主张，依据不足，本院不予支持。

鉴于诉争商标所指定的服务为第41类"培训、实际培训（示范）、辅导（培训）、安排和组织培训班、安排和组织学术讨论会、安排和组织会议、安排和组织专家讨论会、安排和组织专题研讨会、知识产权法律培训、安排和组织知识产权法律专题研讨会"，不属于《商标法》第19条第4款规定的"代理服务"，因此商标局、原审法院认定诉争商标不应予以注册，并无不当，上专所的相关上诉理由，缺乏充分依据，本院不予支持。

综上所述，原审判决认定事实清楚，适用法律正确，程序合法，应予维持。上专所的上诉理由不能成立，对其上诉请求，本院不予支持。依照《中华人民共和国行政诉讼法》第89条第1款第（1）项之规定，判决如下：

驳回上诉，维持原判。

一、二审案件受理费各100元，均由上海专利商标事务所有限公司负担（均已缴纳）。

本判决为终审判决。

审　判　长　潘　伟

审　判　员　陶　钧

代理审判员　樊　雪

2016 年 8 月 18 日

书　记　员　王婉晨

案例 10

"CLASH OF CLANS"系列商标驳回复审行政纠纷专家研讨会法律意见书

务实（2016）第 002 号

受北京东方亿思知识产权代理有限责任公司委托，北京务实知识产权发展中心于 2016 年 3 月 3 日举行了"'CLASH OF CLANS'系列商标驳回复审行政纠纷专家研讨会"。原世界知识产权组织发展中国家（PCT）司司长王正发，原国家工商行政管理总局商标局副巡视员董葆霖，中国社会科学院知识产权中心主任、博士生导师李明德，中国社会科学院法学研究所研究员、博士生导师、中国科学院大学人文学院法律与知识产权系主任、中国知识产权研究会副理事长李顺德，原北京市高级人民法院民三庭法官张冰，原最高人民法院民三庭法官段立红，中国人民大学法学院副教授张广良，北京务实知识产权发展中心主任程永顺等资深知识产权法律专家、学者参加了研讨。

研讨会由北京务实知识产权发展中心主任程永顺主持。

与会专家在认真审阅委托方提供的与本案有关的材料，了解案件相关背景情况的基础上，围绕外文商标是否具有"不良影响"的判断依据和方法是什么；"CLASH OF CLANS"是否具有不良影响；如何看待"部落冲突（CLASH OF CLANS）"游戏通过国家新闻出版广电总局和文化部审批与商标局和商标评审委员会认定"CLASH OF CLANS"具有不良影响这两个行政决定之间的冲突问题等与本案相关的法律问题进行了深入研讨，并充分发表了各自的意见。

一、背景情况

（一）"部落冲突（CLASH OF CLANS）"游戏情况

1. "部落冲突（CLASH OF CLANS）"游戏概况

"部落冲突（CLASH OF CLANS）"于 2012 年 8 月 2 日发布于 IOS 平台，

2013 年 10 月推出 Android 版，是超级细胞有限公司最成功的一款游戏，已经推出了 9 种语言版本。游戏中，玩家以原始人为主角，可以建立村庄，然后建造定期供应金币、饮用水的资源建筑以维持村庄的发展，持续训练部落士兵以提供稳定而强大的战斗兵力，与成千上万的网友战斗。

2. "部落冲突（CLASH OF CLANS）" 游戏的审批情况

（1）国家新闻出版广电总局的审批情况

"部落冲突（CLASH OF CLANS）" 游戏于 2015 年 9 月 22 日通过国家新闻出版广电总局的出版审批。国家新闻出版广电总局签发的新广出审 [2015] 1084 号《关于同意出版运营进口移动网络游戏部落冲突的批复》中表示：经专家审查委员会审查，该游戏符合国家法规要求，同意其出版运营。根据国家新闻出版广电总局颁布的《出版境外著作权人授权的电子游戏出版物（含互联网游戏作品）审批审查工作细则》的规定，对于该类审查包括形式审查和实质审查。而实质审查是由网络出版监管处负责，组织专家对游戏内容进行审查。并且，实质审查的重点内容包括：是否含有煽动民族仇恨、民族歧视、破坏民族团结或者侵害民族风俗、习惯的内容；是否含有散布谣言，扰乱社会秩序，破坏社会稳定的内容；是否含有危害社会公德或者民族优秀文化传统的内容等。

（2）文化部的审批情况

"部落冲突（CLASH OF CLANS）" 游戏于 2015 年 9 月 7 日通过文化部游戏内容审批（批准文号：文网游进字 [2015] 0062 号）。根据文化部颁布的《网络游戏管理暂行办法》第 9 条规定了网络游戏的禁止性内容，其中包括 "煽动民族仇恨、民族歧视，破坏民族团结，或者侵害民族风俗、习惯" 等。

（3）苹果 APP Store 的审查情况

所有 IOS 应用程序都需要通过苹果公司的审查才能上线运营，审查标准为《APP Store 审核指南》，其中第 15 条 "暴力" 部分第 15.3 款规定 "游戏中出现的 '敌人' 不可指向一个特定种族、文化、一个真实存在的政府、企业或者其他任何现实中的实体"，第 19 条 "宗教，文化与种族" 部分 19.1 款规定 "涉及宗教、文化或者种族群体的引用或评论包含诽谤性、攻击性或狭隘内容，或会使特定群体遭受伤害或暴力的应用程序将会被拒绝"。

（二）"CLASH OF CLANS" 及其相关商标注册情况

1. "CLASH OF CLANS" 商标在我国的注册情况

2012 年 9 月 5 日，超级细胞有限公司向世界知识产权组织申请国际注册第 1138661 号 "CLASH OF CLANS" 商标（见图 1），指定使用在国际分类第 28 类 "玩具和娱乐品" 等商品以及第 41 类 "娱乐服务"，即，"通过通信网络和计算机之间的网络提供的在线计算机游戏"等服务上，并于 2012 年 12 月 15 日向国家工商行政管理总局商标局申请领土延伸保护。

CLASH OF CLANS

图 1

除该商标外，超级细胞有限公司就"CLASH OF CLANS""CLASH OF CLANS 及图"商标分别向商标局在第 9、28、41 类商品及服务上申请注册商标，这些商标的申请注册情况、商标评审委员会驳回复审以及行政诉讼情况见附件 1 "CLASH OF CLANS"相关商标注册情况表。

2. "CLASH OF CLANS"对应中文"部落冲突"商标注册情况

2013 年 7 月 30 日，超级细胞有限公司就"部落冲突"商标（见图 2）向商标局提出注册申请（第 12997250 号），指定使用在第 28 类"游戏机；游戏器具；拼图玩具；积木（玩具）；室内游戏玩具；玩具模型（例如沙盘模型）；长毛绒玩具；玩具；玩具车；玩具娃娃"等商品上，该申请于 2015 年 1 月 13 日初审公告，2015 年 4 月 14 日核准注册。2013 年 7 月 30 日超级细胞有限公司就"部落冲突"商标（见图 2）向商标局提出注册申请（第 12997251 号），指定使用在第 9 类"计算机游戏软件"等商品上，该申请于 2014 年 9 月 20 日初审公告，2014 年 12 月 21 日核准注册。此外，超级细胞有限公司还在第 41 类"提供在线计算机游戏"等服务上申请"部落冲突"商标，具体情况见附件 1。

部落冲突

图 2

3. "CLASH OF CLANS"商标在其他国家和地区的注册情况

指定使用在国际分类第 28 类"玩具和娱乐品"等商品以及第 41 类"提供在线计算机游戏"等服务上的"CLASH OF CLANS"商标在韩国、日本、中国香港、土耳其、挪威、芬兰、美国、澳大利亚、欧盟已经获准注册。

（三）"CLASH OF CLANS"商标的使用情况

1. 在游戏界面中的使用情况

2012 年 8 月，游戏上线时的 iOS 登录界面中使用了英文"CLASH OF CLANS"商标标识；2013 年 10 月推出 Android 版，登录界面也使用了英文"CLASH OF CLANS"商标标识；2014 年 11 月，iOS 登录界面同时使用"部落冲突"及"CLASH OF CLANS"商标标识；2015 年 9 月，Android 版登录页面同时使用"部落冲突"及"CLASH OF CLANS"商标标识。

英文版界面　　　　　　　　中文版界面

2. "部落冲突（CLASH OF CLANS）"游戏在国内游戏平台的情况

"部落冲突（CLASH OF CLANS）"游戏在多玩网（http：//coc. duowan. com）、搞趣网（http：//blzz. gao7. com）、手游网（http：//coc. shouyou. com）、任玩堂（appgame. com）、维维网（appvv. com）、http：//www. cocfan. com、腾讯游戏频道、游迅网、酷 6 网等多家网络游戏平台上推出。"部落冲突（CLASH OF CLANS）"游戏新浪官方微博截至 2015 年 4 月共有 54 万多名粉丝。

2013 年年初，"部落冲突（CLASH OF CLANS）"在中国区成为 1 个月来收入稳定在 iPad 前 10 的唯——款欧美游戏，在 iPhone 收入榜上也已达到 14 名。

腾讯、网易、中华网游戏频道、中华游戏网等综合门户及游戏、科技专业等各类网络媒体均对该事实进行了大量报道。

3. 中文媒体宣传情况

以"CLASH OF CLANS"为关键词在百度上的搜索结果为 7590 万个，以"CLASH OF CLANS 部落冲突"为关键词在百度上的搜索结果为 196 万个；以"CLASH OF CLANS"为关键词在必应上的搜索结果为 81 万个，以"CLASH OF CLANS 部落冲突"为关键词在必应上的搜索结果为 16.5 万个；以"CLASH OF CLANS"为关键词在搜狗上的搜索结果为 30 万个，以"CLASH OF CLANS 部落冲突"为关键词在搜狗上的搜索结果为 5 万个。

（1）网络媒体对超级细胞有限公司及"部落冲突（CLASH OF CLANS）"游戏进行了大量的报道（截至 2015 年 6 月共计 60 余篇），例如：

2012 年 10 月 9 日，搜狐 IT、腾讯等综合网均刊登了"芬兰 Supercell：全球成长最快的空游戏公司""芬兰移动游戏人才辈出 Supercell 迅速崛起""芬兰移动游戏人才不断 Rovio 之后 Supercell 再起"等文章，这些报道中都提到了"CLASH OF CLANS 特别成功，Supercell 称，该游戏连续几周在 60 多个国家里占据苹果 iPad 游戏收入排行榜的第 1 位。"

……

（2）网络媒体报道中将"CLASH OF CLANS"译为"部落冲突"，例如：

2013 年 1 月 11 日，中国江苏网题为"《时空领地——为了部落》向 CLASH OF CLANS 致敬"的报道称，"《CLASH OF CLANS》无疑是一款神作。开发《CLASH OF CLANS》的 Supercell 公司凭借这款游戏和另一款作品《Hay Day》共同创造了日收入 100 万美元的成绩，并且超越 EA（EA 旗下有 900 多款游戏）成为 IOS 平台上月收入最高的游戏厂商！"

2013 年 4 月 1 日，游吧网刊登题为"劲爆消息！《部落冲突》将推出中文版？"的报道称"蓝港在线创始人、董事长兼 CEO 王峰发微博上爆料，除自家的横版格斗游戏《王者之剑》IOS 版正式登陆 APP Store 以外，还将携手芬兰移动游戏开发商 Supercell 推出《部落冲突》（CLASH OF CLANS）的中文版！"

……

（3）超级细胞有限公司在实际使用及其媒体宣传中将英文"CLASH OF CLANS"与中文"部落冲突"一起使用

2013 年 6 月 23 日，超级细胞有限公司开通游戏官方微博，微博名称为"部落冲突（CLASH OF CLANS）"；2014 年 11 月，iOS 系统游戏登录界面同时使用"部落冲突"及"CLASH OF CLANS"商标标识；2015 年 9 月，安卓版登录界面同时使用"部落冲突"及"CLASH OF CLANS"商标标识。

通过国家新闻出版广电总局及文化部审批后，"部落冲突（CLASH OF CLANS）"游戏的中国运营商北京昆仑乐享网络技术有限公司开始在中国进行大规模推广活动，包括在电视媒体、互联网媒体及北京地铁对"部落冲突（CLASH OF CLANS）"游戏进行大量的广告宣传，主要包括：

2015 年 10 月 3 日播出的《快乐大本营》以"部落冲突（CLASH OF CLANS）"游戏场景为开场主题，节目中多次提及"部落冲突（CLASH OF CLANS）"游戏，多次出现"CLASH OF CLANS"商标标识，该期节目的网络点击量为 4070 万余次；2015 年 10 月 7 日，《中国好声音》决赛开场由游戏代言人林志颖、林俊杰演唱游戏主题曲《全面开战》，歌词中多次出现"CLASH OF CLANS"，该期节目网络点击量为 3 亿余次；另外，这两期节目播出后，有多家网络媒体对这一情况进行了报道。

今日头条、乐视网、芒果 TV 等多家网络媒体上以及北京地铁广告上也进行了游戏的宣传推广。

4."部落冲突（CLASH OF CLANS）"游戏及其商标被仿冒情况

"部落冲突（CLASH OF CLANS）"游戏在众多国家都有很高的知名度和影响力，出现了《Total Conquest》《Kingdom Clash》等一系列模仿之作。其所奠定的游戏玩法成为一种全新的游戏类型，业内称之为"COC like"。在中国"COC like"的作品也很多。例如，北京普游天下科技有限责任公司《部落战争》游戏，从游戏名称到游戏的人物形象、故事情节、背景音乐等方面都与"部落冲突（CLASH OF CLANS）"实质相同。目前，超级细胞有限公司已委托国内律师事务所向该公司寄发了警告函。

目前，电商平台上已有仿冒"部落冲突（CLASH OF CLANS）"商标的手办、毛绒玩具、手机壳、钥匙扣、水杯、纸膜等商品出售。

（四）第 28 类及 41 类国际注册第 1138661 号"CLASH OF CLANS"商标驳回复审行政案件情况

1. 驳回复审情况

（1）超级细胞有限公司申请复审的主要理由

超级细胞有限公司不服商标局驳回决定，向商标评审委员会申请复审，其主要理由是：

① 申请商标的注册和使用不会产生不良影响，未违反《商标法》第 10 条第 1 款第（8）项的规定。

② 商标局批准的其他类似注册商标证明申请商标不会产生不良影响。根据商标审查一致原则，申请商标应予核准注册。

③ 申请商标已在其他国家和地区获得注册的事实也可以佐证，申请商标可以作为商标注册，不会产生不良影响。

④ 申请商标经超级细胞有限公司的大量使用及有效宣传已具有较强的内在显著性和极高的知名度，其作为商标未产生不良影响，应当予以核准注册。

（2）驳回复审决定主要情况

2015 年 1 月 5 日，商标评审委员会作出商评字〔2015〕第 4077 号关于国际注册第 1138661 号"CLASH OF CLANS"商标驳回复审决定书，决定申请商标指定使用在第 41 类复审商品上在中国的领土延伸保护申请予以驳回，主要理由是：

申请商标为纯英文商标"CLASH OF CLANS"，可翻译为"宗教冲突"，用在指定使用的"提供在线计算机游戏"等服务上，易产生不良社会影响。

2. 一审行政诉讼情况

（1）起诉理由

超级细胞有限公司不服商标评审委员会作出的商评字〔2015〕第 4077 号关于国际注册第 1138661 号"CLASH OF CLANS"商标驳回复审决定，于法定期限内向北京知识产权法院提起行政诉讼，请求法院撤销被诉决定，其主要理由是：

① 无论是从词汇本身的含义，媒体宣传、相关公众的认知和接受情况，还是原告的宣传、使用，申请商标"CLASH OF CLANS"的中文含义均为"部落冲突"。被诉决定将申请商标翻译为"宗教冲突"属于事实认定错误。

② 申请商标"CLASH OF CLANS"及其中文含义"部落冲突"（包括被诉决定错误认定含义的"宗教冲突"）均为中性词汇，并未显示出任何价值取向或价值趋向。按照社会公众的一般认知习惯，申请商标并不具有任何不良影响的含义。

③ 超级细胞有限公司在中国指定在第 28 类"玩具和游戏机"等商品上的第 12997250 号"部落冲突"商标申请已于 2015 年 1 月初审公告；指定在第 9 类"计算机游戏软件"等商品上的第 12997251 号"部落冲突"商标申请也于 2014 年 12 月获准注册。

④ 超级细胞有限公司指定在第 41 类"提供在线计算机游戏"等服务上的"CLASH OF CLANS"商标在韩国、日本、中国香港、土耳其、挪威、芬兰、美国、澳大利亚、欧盟均已获准注册。

⑤ 第 41 类"提供在线计算机游戏"等服务具有虚拟性、文艺性、娱乐性等特殊性，申请商标指定使用在上述服务上，不会对社会公共利益和公共秩序产生不良影响。

⑥ 超级细胞有限公司为世界著名的游戏公司，其出品的"部落冲突（CLASH OF CLANS）"游戏获得大量的好评和美誉，申请商标使用在"提供在线计算机游戏"等服务上已经为相关公众所认知和接受，并未产生任何不良影响。

（2）一审判决情况

2015 年 4 月 17 日，北京知识产权法院作出（2015）京知行初字第 1377 号行政判决书，判决维持商标评审委员会作出的商评字〔2015〕第 4077 号关于国际注册第 1138661 号"CLASH OF CLANS"商标驳回复审决定，其主要理由是：

申请商标由英文"CLASH OF CLANS"构成，其对应中文翻译为"宗族冲突"或"部落冲突"，虽然被诉决定中将申请商标翻译为"宗教冲突"有误，但申请商标在"提供在线计算机游戏"等服务上易对我国文化、宗教、民族等社会公共利益和公共秩序产生消极、负面影响，其注册申请已违反《商标法》第 10 条第 1 款第（8）项的规定。

被诉决定虽然对申请商标翻译有误，存在一定的事实认定错误，但被诉决定关于申请商标违反《商标法》第 10 条第 1 款第（8）项的规定，申请商标在复审商品上的注册申请应予驳回的结论正确。

3. 二审行政诉讼情况

（1）上诉理由

超级细胞有限公司不服北京知识产权法院作出的（2015）京知行初字第 1377 号行政判决书，于法定期限内向北京市高级人民法院提起上诉，请求撤销一审判决并依法予以改判，其主要上诉理由是：

① 根据相关公众的认知和接受情况并结合超级细胞有限公司对申请商标的实际使用情况，申请商标的含义应被认定仅为"部落冲突"。

② 申请商标的中文含义"部落冲突"（及商标评审委员会认定的另一含义"宗族冲突"）为中性词汇，并且我国当今社会根本不存在"部落"这一社会组织形态，申请商标不存在对社会公共利益和公共秩序产生不良影响的现实可能性。按照社会公众的一般认知，申请商标也不具有任何不良影响的含义。

③ 超级细胞有限公司申请的中文商标"部落冲突"已经在第 9 类和第 28 类商品上被商标局核准注册。鉴于一审判决已经认定申请商标具有"部落冲突"的含义，根据商标审查一致原则，申请商标不应被认定为具有不良影响。

④ 超级细胞有限公司指定使用在第 41 类"提供在线计算机游戏"等服务上的"CLASH OF CLANS"商标在韩国、日本、中国香港、土耳其、挪威、芬兰、美国、澳大利亚、欧盟均已获准注册。

⑤ 第 41 类"提供在线计算机游戏等"服务具有虚拟性、文艺性、娱乐性等特殊性，申请商标指定使用在上述服务上，不会对社会公共利益和公共秩序产生消极、负面的影响。

⑥ "部落冲突（CLASH OF CLANS）"游戏获得大量的好评和美誉，申请商标指定使用在"计算机游戏软件"等商品及"提供在线计算机游戏"等服务上已经为相关公众所认知和接受，并未产生任何不良影响。

⑦ 将游戏名称作为商标保护，是全面保护游戏生产商合法权益，促进战略性新兴文化产业、培育新型文化业态，扩展文化产业发展新领域的一个非常重要的方面，完全符合最高人民法院相关司法意见以及国家文化产业的政策。将"部落冲突（CLASH OF CLANS）"游戏的名称作为商标进行申请注册，正是为了更好地保护其知识产权和智力成果，维护其在中国的合法权益。

（2）二审判决情况

2015 年 11 月 20 日，北京市高级人民法院作出（2015）高行（知）终字第 3472 号行政判决书，判决驳回上诉，维持原判，其主要理由是：

申请商标由英文"CLASH OF CLANS"构成，对应的中文译文为"宗族冲突"或"部落冲突"，当申请商标被理解为"宗族冲突"时，其指定使用在"提供在线计算机游戏"等服务上，易对我国文化、宗教、民族等社会公共利益和公共秩序产生消极、负面影响，依照《商标法》第10条第1款第（8）项的规定，不应核准申请商标的注册申请。

目前，超级细胞有限公司拟就该案向最高人民法院申请再审。

（五）其他判决情况

"CLASH OF CLANS"系列商标驳回复审行政纠纷共涉及15个商标，这些案件中超级细胞有限公司的主张、证据材料、行政决定情况基本相同，但部分司法判决却与上述第1138661号"CLASH OF CLANS"商标驳回复审行政案判决截然相反，法院在下列案件中做出了对超级细胞有限公司有利的判决：

1. 北京知识产权法院在关于第13112415号"CLASH OF CLANS及图"商标驳回复审行政纠纷一案（（2015）京知行初字第2129号行政判决书）中认为"CLASH OF CLANS"不具有不良影响，主要理由是：

"就诉争商标标志本身而言，'CLASH OF CLANS'中的'CLAN'的中文含义为：宗族、部落、集团等，宗族、部落集团用来描述特定的社会组织类型，为中性词汇，不包含价值判断和褒贬色彩。'CLASH OF CLANS'的中文虽可翻译为'宗族冲突'或'部落冲突'，但按照社会公众的一般认知，特别是结合到申请指定使用的第9类'计算机游戏软件'等商品上来看，不含有可能对社会公共利益和公共秩序产生消极、负面影响的因素，也不会对我国的政治、经济、文化、宗教、民族等产生不良影响。"

2. 北京知识产权法院在关于第13112412号"部落冲突 CLASH OF CLANS SUPERCELL OY 出品"商标驳回复审行政案中（（2015）京知行初字第2130号行政判决书），亦认为该商标不具有不良影响。（见附件9）

3. 北京知识产权法院在关于第12997249号"部落冲突"商标驳回复审行政案中（（2015）京知行初字第5609号行政判决书），认为该商标不具有不良影响。（见附件10）

二、研讨会依据的材料

1. "CLASH OF CLANS"相关商标注册情况表；

2. 驳回商标注册申请复审申请书（第41类）；

3. 商标评审委员会商评字［2015］第4077号关于国际注册第1138661号"CLASH OF CLANS"商标驳回复审决定书；

4. 行政起诉状（针对指定使用于第41类"CLASH OF CLANS"商标驳回

复审决定）；

5. 北京知识产权法院（2015）京知行初字第 1377 号行政判决书；

6. 行政上诉状（针对（2015）京知行初字第 1377 号行政判决书）；

7. 北京高级法院（2015）高行（知）终字第 3472 号行政判决书；

8. 北京知识产权法院（2015）京知行初字第 2129 号行政判决书；

9. 北京知识产权法院（2015）京知行初字第 2130 号行政判决书；

10. 北京知识产权法院（2015）京知行初字第 5609 号行政判决书。

三、研讨会的主要议题

1. 外文商标是否具有"不良影响"的判断依据和方法是什么？

2. "CLASH OF CLANS"是否具有不良影响？

3. 如何看待"部落冲突（CLASH OF CLANS）"游戏通过国家新闻出版广电总局和文化部审批与商标局和商标评审委员会认定"CLASH OF CLANS"具有不良影响这两个行政决定之间的冲突问题？

四、专家意见

与会专家围绕上述问题进行了热烈讨论，充分发表了意见。经过归纳整理，形成以下法律意见：

与会专家认为，虽然我国《商标法》中规定了"不良影响"，但对什么是具有"不良影响"并没有明确的界定。在办案实践中，商标局、商标评审委员会和法院对"不良影响"条款的适用，受到主观因素的影响也比较大，而且，商标的主要功能是区分商品或者服务来源，其本身所能承载的文化价值或者取向是非常有限的。考虑到这些特殊的因素，在商标审查和司法实践中首先应当尊重商标申请人设计、选择标记作为自己商标的权利，减少适用"不良影响"对商标本身进行价值判断，同时，在必须适用不良影响条款时，应当更为注意保持标准的一致性，以保证法律的可预见性，维护法律权威。

（一）外文商标是否具有"不良影响"的判断依据和方法是什么？

与会专家一致认为，《商标法》第 10 条第 1 款第（8）项规定"其他不良影响"的立法目的是维护社会公共秩序和善良风俗。该条款的适用应当以客观事实为基础，依据客观标准。

判断外文商标是否具有不良影响时，需要从多方面就标志及标志与商品或服务结合是否会对我国政治、经济、社会秩序、宗教、民族、社会道德观念等产生不良影响进行综合判断。并且，考虑到我国相关公众对外文与中文的含义的理解程度存在差别，在外文商标是否具有"不良影响"的判断中需要特别关注以下几方面：

第一，判断外文商标是否具有"不良影响"也应注意从相关公众角度出发。

商标是在经济活动中使用的，用于区分商品或者服务来源，是相关公众识别商品或服务或者其提供者的符号。因此，在《商标法》语境下，对商标相关问题处理，自然应当从相关公众的角度出发，判断商标是否具有不良影响也不例外。并且，由于商标的地域性，在外文商标是否具有不良影响的判断中，也应当从我国相关公众角度出发。即，一方面以我国相关公众的认知能力来理解外文标志的含义，另一方面应当从我国相关公众的角度出发，来判断标志本身、标志与商品或服务结合是否会产生不良影响。

第二，对外文商标是否具有不良影响的判断也要考虑时间和空间因素。

随着时间和空间的推移，文字构成的词汇本身的含义会发生变化，政治、宗教、社会道德观念等能够接受或者容忍的内容、程度也会发生变化。因此，在文字商标是否具有不良影响的判断中，应当在当前的社会背景下考察文字构成的词汇的含义，以当前的政治、经济、社会秩序、宗教、民族、道德观念的容忍标准来判断该文字是否具有不良影响。

同时，在文字商标是否具有不良影响的判断中，也要考虑商标文字构成的词汇是否曾在历史上给我国人民造成了伤害，对社会产生了消极、负面的影响。如果商标文字构成的词汇存在这种情况，也应当认为其作为商标使用具有不良影响。

第三，判断外文商标是否具有不良影响时，应当将外文真实表达的本意或主要表达的意思以及我国一般公众理解的意思作为考虑要素。

与会专家认为，判断外文商标是否具有不良影响时还需特别注意，在一些情况下，虽然可以将一个外文单词、词组或者句子翻译为某一个中文词语或者句子，但该中文翻译所传达出的意思却不是原文所要表达的意思，或者一般消费者理解的意思。例如，《飞鸟集》在我国有多种译本，第三节的英文原文是"The world puts off its mask of vastness to its lover. It becomes small as one song, as one kiss of the eternal."郑振铎的译本为"世界对着它的爱人，摘下那浩瀚的面具。它变小了，小如一支歌，如一个永恒的吻。"冯唐的译本中，"摘下面具"被译为"解开裤裆"，"永恒的吻"被译成"舌吻"，冯唐的译本出版后广受诟病。如果在判断该英文原文是否具有不良影响时，将冯唐的译本也作为主要考虑因素，并因此认为英文原文具有不良影响，显然是不恰当的。

因此，在判断外文商标是否具有不良影响时，应当谨记判断对象是外文文字，应当将该外文文字或词组真实表达的本意或者主要表达的意思以及我国一般公众理解的意思作为考虑要素，尽量避免"纠结"于该外文是不是还存在其他意思，或者还有其他出版物使用了它的其他含义。

第四，应当在有充分证据及理由支持的情况下判断是否具有不良影响，避免主观臆断。

与会专家一致认为，在对商标是否具有不良影响的判断中，很容易受到审查主体主观因素的影响。这种情况下，在具体案件的处理中，更应当在充分说明商标具体与哪一项法律规定、社会的公认道德相违背，或者标志本身或标志与商品或者服务结合会伤害某一个群体的感情、对公共秩序和善良风俗有负面影响等客观事实和依据的情况基础上，认定申请商标具有不良影响。这样既可以尽量避免主观臆断，又符合司法公开的要求。

此外，部分与会专家进一步指出，商标的主要作用在于区分商品或者服务的来源，帮助消费者区分商品或者服务，因此，一般情况下，对于消费者来说，看到一个商标首先或者主要联想到的应该是某一个商品或者商品的提供者。例如，本案中"CLASH OF CLANS"是一个表征服务来源的标志，相关公众应当更多的关注其整体指向什么商品或者服务，或者联想到该商品或服务的来源，一般不会单独关注"CLANS"具有什么含义。

（二）"CLASH OF CLANS"是否具有不良影响？

1. 认定"CLASH OF CLANS"的对应中文翻译为"部落冲突"是否恰当？

与会专家认为，对外文商标对应中文译文的确定需要考虑多方面因素进行综合判断。就具有实际含义的外文商标而言，特别是在一个外文商标具有一种以上中文译文的情况下，判断该外文商标与哪一个中文译文形成唯一对应关系时，需要综合考虑：公开出版物中其具有哪些中文含义；相关公众将其与哪一个（或几个）中文译文建立对应关系；媒体报道中使用什么中文译文；申请人自己在实际使用和宣传中将该外文商标翻译为什么等。但如前所述，商标最终的使用者和认知者是相关公众，因此，考虑这些因素的最终目的是为了确定相关公众最终会将什么中文译文与外文商标建立对应关系。

本案中，根据超级细胞有限公司目前提供的证据，"CLANS"在字典中除了具有"部落"的含义外，还具有"（尤指苏格兰的）宗族、氏族"的含义；相关公众以及媒体报道将该单词理解为"部落"；超级细胞有限公司自己申请并获准注册了"部落冲突"商标，在实际使用和宣传中将"CLASH OF

CLANS"与"部落冲突"一起使用。从超级细胞有限公司目前证据呈现的情况来看，认为"CLASH OF CLANS"与中文"部落冲突"形成唯一的对应关系是比较恰当的。

2. 就"CLASH OF CLANS"是否具有不良影响而言，其中文译文的确认对最终结论是否有所影响？

与会专家认为，首先，从商标标志本身来看，如果将"CLASH OF CLANS"所对应的中文译文明确为"部落冲突"。由于"部落冲突"是一个中性词组，仅是对一种社会现象的客观描述，词语本身不具有不良含义。所以，"部落冲突"本身不会对我国政治、社会、经济、宗教、道德等产生不良影响。而且，"部落冲突"的中文商标已经被商标局核准注册，这也表明，我国商标审查部门并未认为"部落冲突"具有不良影响。

其次，如果认为可以将"CLASH OF CLANS"翻译为"部落冲突"或者"宗族冲突"，对判断该英文商标是否具有不良影响并没有实质区别：第一，"宗族冲突"与"部落冲突"都是一个中性词组，其并不具有任何主观价值倾向；第二，我国历史上以及现代社会都不存在确定的"宗族"概念，也不存在特定的"宗族"性质的社会组织，因此，不存在可能会受到负面或者消极影响的群体；第三，我国历史上虽然出现过外族入侵，但从未将其描述为"宗族冲突"或者"部落冲突"，因此，该商标也不具有曾经给整个民族、社会造成伤害或者负面影响的含义。

3. "CLASH OF CLANS"的实际使用情况对"不良影响"的认定有何影响？

与会专家进一步指出，虽然从商标审查的特点来讲，对申请商标进行审查时不需要考虑商标的实际使用情况，但在本案中涉案商标事实上已经大量使用，而且关于该商标的行政纠纷已经进入司法程序中，适当考虑形成于商标申请日之后的证据是比较恰当的做法，反之，如果坚持以这些证据形成于商标申请日之后为由，完全不考虑这些证据，未免有"舍本逐末"之嫌。

本案中"CLASH OF CLANS"商标已经实际使用，并且已经进行了大范围的宣传和报道，比如，在《快乐大本营》栏目、《中国好声音》栏目、北京地铁等都进行了宣传，在审查中应当对这些情况适当地予以考虑，这些情况恰好可以佐证"CLASH OF CLANS"作为商标使用不会产生不良影响。

此外，从"CLASH OF CLANS"指定使用的服务情况来看，对战类型是游戏中常见题材，战争又是比较常见的游戏名称，因此，"CLASH OF CLANS"与游戏结合也不具有不良影响。

综上所述，"CLASH OF CLANS"作为商标注册和使用不具有不良影响。

（三）如何看待"部落冲突（CLASH OF CLANS）"游戏通过国家新闻出版广电总局和文化部审批与商标局和商标评审委员会认定"CLASH OF CLANS"具有不良影响这两个行政决定之间的冲突问题？

与会专家一致认为，为了维护我国社会公共秩序和善良风俗，根据我国现行法规及政策，国家新闻出版广电总局及文化部要从政治、经济、文化、社会、道德等多方面，对出版物的所有内容进行全面、彻底的审查。《商标法》规定禁止将具有不良影响的标志作为商标注册和使用也是基于维护社会公共秩序和善良风俗的目的。也就是说，从维护公序良俗角度讲，商标审查部门对商标是否具有不良影响的审查与国家新闻出版广电总局及文化部对出版物进行审查的目的是一致的。同时，二者在这方面的审查标准也具有一定的共性，即都是要审查对象是否会对我国政治、经济、社会秩序、宗教、民族、社会道德观念等产生消极和负面影响。并且，不论从行政职责角度，还是现实情况角度来讲，就对审查对象是否会影响我国社会的公共秩序和善良风俗的审查标准或者要求而言，国家新闻出版广电总局及文化部的审查标准显然更高、更严格。

在上述背景下，"部落冲突（CLASH OF CLANS）"游戏已经通过国家新闻出版广电总局及文化部审批的事实，一方面，能够说明该游戏的名称"CLASH OF CLANS"、内容符合国家新闻出版广电总局及文化部关于公众秩序和善良风俗的审批要求；另一方面，应该能够进一步佐证"CLASH OF CLANS"不具有不良影响。

同时，从官方语言为英语的国家来看，该游戏上线运营前也经过了苹果APP Store 的相关审查，其中包括关于游戏是否"涉及宗教、文化或者种族群体的引用或评论包含诽谤性、攻击性或狭隘内容，或会使特定群体遭受伤害或暴力的应用程序将会被拒绝"的审查，这一事实，也可以佐证"CLASH OF CLANS"不具有不良影响。

以上意见系基于委托方提供的资料、根据专家学者发言归纳整理作出，仅供参考。

北京务实知识产权发展中心
2016 年 3 月 8 日

北京知识产权法院行政判决书（摘录）

（2015）京知行初字第 1377 号

原告：超级细胞有限公司，住××××。

法定代表人：马尔库，伊格内修斯，总法律顾问。

委托代理人：汪正，北京市东权律师事务所律师。

委托代理人：张妍，北京市东权律师事务所律师。

被告：中华人民共和国国家工商行政管理总局商标评审委员会，住×××××。

法定代表人：何训班，主任。

委托代理人：石峰，中华人民共和国国家工商行政管理总局商标评审委员会审查员。

原告超级细胞有限公司（以下简称"超级细胞公司"）因商驳回复审行政纠纷一案，不服被告中华人民共和国国家工商行政管理总局商标评审委员会（以下简称"商标评审委员会"）于 2015 年 1 月 5 日作出的商评字〔2015〕第 4077 号关于国际注册第 1138661 号"CLASH OF CLANS"商标（以下简称"申请商标"）驳回复审决定（以下简称"被诉决定"），于法定期限内向本院提起行政诉讼。本院于 2015 年 3 月 16 日受理后，依法组成合议庭，于 2015 年 4 月 16 日依法公开开庭审理了本案。原告超级细胞公司的委托代理人张妍，被告商标评审委员会委托代理人石峰到庭参加了诉讼。本案现已审理终结。

……

［由于篇幅原因，本文未收录判决证据查明部分，详细内容可根据判决号进行查询］

……

本院认为：

一、关于本案的法律适用问题

2013 年 8 月 30 日修正的《商标法》已于 2014 年 5 月 1 日施行，鉴于本案申请商标的申请时间处于 2001 年《商标法》的施行期间，而被诉决定的作出时间与本案的审理时间均处于 2014 年《商标法》施行期间，故本案涉及 2001 年《商标法》与 2014 年《商标法》的法律适用问题。

本案申请商标为尚未核准注册的商标，且原告提出复审申请的时间处于 2014 年《商标法》修改决定施行前，被诉决定系 2014 年《商标法》修改决定施行后作出，故依据《最高人民法院关于商标法修改决定施行后商标案件管辖和法律适用问题的解释》第 6 条第 1 款的规定，本案审理应适用 2014 年《商标法》。

二、关于申请商标的注册申请是否违反《商标法》第 10 条第 1 款第（8）项的规定

《商标法》第 10 条第 1 款第（8）项规定："有害于社会主义道德风尚或者其他不良影响的标态不得作为商标使用"。

判断标志是否具有上述法律规定中具有不良影响的情形时，应当考虑该标志或者其构成要素是否可能对我国政治、经济、文化、宗教、民族等社会公共利益和公共秩序产生消极、负面影响。

本案中，申请商标由英文"CLASH OF CLANS"构成，其对应中文翻译为"宗族冲突"或"部落冲突"，虽然被诉决定中将申请商标翻译为"宗教冲突"有误，但申请商标使用在提供在线计算机游戏等服务上，易对我国文化、宗教、民族等社会公共利益和公共秩序产生消极、负面影响，其注册申请已违反《商标法》第 10 条第 1 款第（8）项的规定。

综上，被诉决定虽然对申请商标翻译有误，存在一定的事实认定错误，但被诉决定关于申请商标违反《商标法》第 10 条第 1 款第（8）项的规定，申请商标在复审商品上的注册申请应予驳回的结论正确。依法应予维持。依照原《中华人民共和国行政诉讼法》第 54 条第（1）项之规定，本院判决如下：

维持中华人民共和国国家工商行政管理总局商标评审委员会作出的商评字〔2015〕第 4077 号关于国际注册第 1138661 号"CLASH OF CLANS"商标驳回复审决定。

案件受理费人民币 100 元，由原告超级细胞有限公司负担（已缴纳）。如不服本判决，原告超级细胞有限公司可于本判决书送达之日起 30 日内，被告中华人民共和国国家工商行政管理总局商标评审委员会可于本判决书送达之日起 15 日内向本院递交上诉状，并按对方当事人人数提出副本，同时预交上诉案件受理费人民币 100 元，上诉于中华人民共和国北京市高级人民法院。

审　判　长　张　剑

人民陪审员　李新平

人民陪审员　窦玉莲

2015 年 4 月 17 日

法官助理　卓　锐

书　记　员　国　佳

附件 10 - 2

北京市高级人民法院行政判决书（摘录）

（2015）高行（知）终字第 3472 号

原告：超级细胞有限公司，住××××。

法定代表人：马尔库·伊格内修斯，总法律顾问。

委托代理人：汪正，北京市东权律师事务所律师。

委托代理人：武飞，北京市东权律师事务所实习律师，住××××。

被上诉人（原审被告）：中华人民共和国国家工商行政管理总局商标评审委员会，住××××。

法定代表人：何训班，主任。

委托代理人：石峰，中华人民共和国国家工商行政管理总局商标评审委员会审查员。

上诉人超级细胞有限公司（以下简称"超级细胞公司"）因商标申请驳回复审行政纠纷一案，不服中华人民共和国北京知识产权法院（以下简称"北京知识产权法院"）（2015）京知行初字第 1377 号行政裁决，向本院提起上诉。本院 2015 年 9 月 17 日受理本案后，依法组成合议庭进行了审理。2015 年 11 月 13 日，上诉人超级细胞公司的委托代理人汪正、武飞到本院接受了询问。本案现已审理终结。

……

[由于篇幅原因，本文未收录判决证据查明部分，详细内容可根据判决号进行查询]

……

本院认为：

根据《商标法》第 10 条第 1 款第（8）项的规定，"有害于社会主义道德风尚或者有其他不良影响的"标志不得作为商标使用。

人民法院在审查判断有关标志是否构成具有其他不良影响的情形时，应当考虑该标志或者其构成要素是否可能对我国政治、经济、文化、宗教、民族等社会公共利益和公共秩序产生消极、负面影响。

如果商标标志具有多个含义，只要其中一个含义可能对我国政治、经济、文化、宗教、民族等社会公共利益和公共秩序产生消极、负面影响，就应当认定该商标标志具有《商标法》第10条第1款第（8）项所述的"不良影响"。

在本案中，申请商标由英文"CLASH OF CLANS"构成，对应的中文译文为"宗教冲突"或"部落冲突"，当申请商标被理解为"宗教冲突"时，其使用在玩具和娱乐品等商品上，易对我国文化、宗教、民族等社会公共利益和公共秩序产生消极、负面影响，依照《商标法》第10条第1款第（8）项的规定，不应核准申请商标的注册申请。被诉决定和原审判决对此认定正确，应当予以维持。超级细胞公司上诉主张申请商标不具有不良影响，依据不足，应不予支持。

申请商标的使用和宣传情况，申请商标在其他国家和地区的注册情况，以及其他商标的注册情况，与申请商标是否具有不良影响，并未必然联系，故超级细胞公司的其他上诉理由，均缺乏事实和法律依据，应当不予支持。

综上，原审判决认定事实清楚，适用法律正确，应当予以维持。超级细胞公司的上述理由，缺乏事实和法律依据，其上诉请求不应予以支持。本院依照修改前的《中华人民共和国行政诉讼法》第61条第（1）项之规定，本院判决如下：

驳回上诉，维持原判。

一、二审案件受理费各人民币100元，均由超级细胞有限公司负担（均已缴纳）。

本判决为终审判决。

审　判　长　石必胜

代理审判员　亓　蕾

代理审判员　王晓颖

2015 年 11 月 20 日

书　记　员　郑皓泽

附件 10 – 3

最高人民法院行政裁定书（摘录）

（2016）最高法行申第 1304 号

再审申请人（一审原告、二审上诉人）：超级细胞有限公司（SUPER-CELL OY）。住××××。

法定代表人：马尔库·伊格内修斯，该公司总法律顾问。

委托诉讼代理人：汪正，北京市东权律师事务所律师。

委托诉讼代理人：武飞，北京市东权律师事务所实习律师。

被申请人（一审被告、二审被上诉人）：国家工商行政管理总局商标评审委员会。住××××。

法定代表人：赵刚，商标评审委员会主任。

委托诉讼代理人：石峰，该委员会审查员。

再审申请人超级细胞有限公司与被申请人国家工商行政管理总局商标评审委员会（以下简称"商标评审委员会"）商标申请驳回复审行政纠纷一案，不服北京市高级人民法院（2015）高行（知）终字第 3472 号行政判决，向本院申请再审。本院依法组成合议庭进行了审查，现已审查终结。

......

[由于篇幅原因，本文未收录判决证据查明部分，详细内容可根据判决号进行查询]

......

本院认为，本案的焦点问题在于申请商标由英文"CLASH OF CLANS"是否违反了《中华人民共和国商标法》（以下简称《商标法》）第 10 条第 1 款第（8）项的规定。

《商标法》第 10 条第 1 款第（8）项规定，有害于社会主义道德风尚或者有其他不良影响的标志不得作为商标使用。审查判断有关标志或者构成要素是否构成"具有其他不良影响"的情形时，应该考虑该标志或者其构成要素公众广泛知晓的中文含义与指定使用的商品结合是否会对社会公共利益和公共秩序产生消极、负面影响。本案中，申请商标由英文"CLASH OF CLANS"构成，申请商标对应的中文译文为"部落冲突"或"宗教冲突"。由于其指定使用在第41类提供在线计算机游戏等服务上，易对中国文化、宗教、民族等社会公共利益和公共秩序产生消极、负面影响，因此，不应核准申请商标的注册申请。虽然被诉决定中将申请商标翻译为"宗教冲突"，翻译不当，但被诉决定关于申请商标违反《商标法》第10条第1款第（8）项的规定，申请商标在复审商品上的注册申请应予驳回的结论正确。"CLASH OF CLANS"商标在其他其他国家和地区被核准注册，以及该游戏的内容通过相关行政部门审查的情况，与申请商标是否具有不良影响，并无必然联系。商标审查原则为"个案审查"，文字商标"部落冲突"未被认定为"不良影响"，亦不足以证明申请商标"CLASH OF CLANS"不违反《商标法》第10条第1款第（8）项的规定。

关于超级细胞公司主张二审法院对其在二审程序提交的15份证据未予采纳，存在错误的问题。根据《最高人民法院关于行政诉讼证据若干问题的规定》第50条规定，在二审程序中，对当事人依法提供的新的证据，法庭应当进行质证；当事人对第一审认定的证据仍有争议的，法庭也应当进行质证。二审法院虽然对超级细胞有限公司提交的上述证据未予质证，有所不当，但由于上述证据以及超级细胞有限公司在再审申请阶段提交的新证据和补强证据均是证明申请商标"CLASH OF CLANS"对应的中文翻译为部落冲突的事实，即便采纳超级细胞有限公司提交的证据，亦不能推翻申请商标"CLASH OF CLANS"违反《商标法》第10条第1款第（8）项的规定、具有不良影响的结论。因此，一、二审法院对被诉决定予以维持的判决正确。超级细胞有限公司申请再审关于申请商标不具有"不良影响"的主张，本院不予支持。

依照《最高人民法院关于执行〈中华人民共和国行政诉讼法〉若干问题的解释》第74条的规定，裁定如下：

驳回超级细胞有限公司的再审申请。

审　判　长　周　翔
审　判　员　秦元明
代理审判员　罗　霞
2016 年 12 月 13 日
书　记　员　郑皓泽

案例 11

"GTR" 商标异议行政纠纷
专家研讨会法律意见书

务实（2016）第 008 号

　　受北京市联德律师事务所委托，北京务实知识产权发展中心于 2016 年 6 月 21 日召开了"GTR"商标异议行政纠纷专家研讨会。原国家工商行政管理总局商标局副巡视员、高级经济师、中国知识产权研究会高级顾问董葆霖，原世界知识产权组织发展中国家（PCT）司司长王正发，中国社会科学院法学研究所研究员、博士生导师、中国科学院大学法律与知识产权系主任、中国知识产权研究会副理事长李顺德，原国家工商行政管理总局法规司司长王学政，原商标评审委员会巡视员、原中华商标协会秘书长曹中强，中国社会科学院知识产权中心主任、博士生导师、中国知识产权法学研究会常务副会长李明德，北京大学法学院教授、博士生导师、北京大学知识产权学院常务副院长张平，北京务实知识产权发展中心主任程永顺等资深知识产权法律专家、学者参加了研讨。

　　研讨会由北京务实知识产权发展中心主任程永顺主持。

　　参与本案研讨的专家在认真审阅委托方提供的相关材料、了解案件相关背景情况的基础上，围绕判定商标标识是否近似应考虑哪些因素，被异议商标标识与引证商标标识是否构成近似；判定"商标近似"是否应当考虑消费者的混淆和误认问题；基于日产自动车株式会社在先注册第 3066293 号"GT－R"商标与引证商标共存于同一市场，日产自动车株式会社与佳通公司的关联商标在中国以外国家和地区均已注册且共存的事实，本案被异议商标与引证商标能否在中国共存等法律问题进行了深入研讨，并充分发表了各自的意见。

一、背景情况

（一）被异议商标及其商标权人的基本情况

1. 日产自动车株式会社"GT-R"跑车的基本情况

在汽车领域，"GT"被用来指称高性能跑车，"GT"是"Grand Touring"单词首字母的缩写，意思是在高速中享受长途旅行。人类汽车史上能被称为"GT"的车型，必不是流俗之辈，比如：保时捷、宝马、奔驰、福特等都推出了自己的"GT"车型。

"GT-R"是日产自动车株式会社早在1969年对其Skyline（中文翻译为"天际线"）运动型轿车中最高配置的跑车命名的专有名称，2007年起作为日产自动车株式会社此款车型的称谓延续使用至今。

日产自动车株式会社命名的"GT-R"最高配置的跑车，为本企业自己独家使用，"GT-R"中"R"既是"RACE"（中文翻译为"赛车"）的第一个字母，同时也取自于日产自动车株式会社的因参加赛车运动而闻名于世的"R380"跑车的名称，日产自动车株式会社将这些元素结合起来，形成了自己的专有名称"GT-R"。日产自动车株式会社自1969年以来长期在Skyline最高配置的第1代跑车上使用的标志为"R"，作为与同行业跑车相区别的标志。

日产自动车株式会社的第一代Skyline最高配置跑车在1969~1973年，创下50场不败纪录。自第1代采用赛车引擎的高性能日产自动车株式会社"GT-R"跑车问世以来，在全球赛事获得了多项冠军，在日本被奉为"传奇跑车"。至今，日产自动车株式会社的"GT-R"跑车已历经3代技术更迭。

自1969年日产自动车株式会社生产Skyline最高配置的第一代跑车以来，"GTR"系列商标一直延续使用至今

第一代：1969~1973年		
第二代：1989~2002年		
第三代：2007年至今		

"GT-R"作为日产自动车株式会社在日本和美国使用多年的知名高档跑车品牌，在正式引入中国之前，中国汽车媒体已对其进行了报道，如：《交通世界》1999年报道《性能超群的日产自动车株式会社地平线 GT-R》；《中国机械》2004年报道《NISSAN Skyline GT-R BNR34 东瀛第一战神》等，网络媒体也报道了日产自动车株式会社"GT-R"跑车。

日产自动车株式会社早在2001年在第35届东京车展上展出第3代"GT-R概念车"，2005年在东京车展公开了第3代"GT-R"原型车，第3代"GT-R"跑车（即 BNR35）2007年在日本上市、2008年在美国欧洲上市、2009年在中国上市。第3代"GT-R"跑车在中国上市后，被众多平面和网络媒体广泛报道，并屡获殊荣。其中，2009年在《爱卡汽车网》车型评选企划中，日产自动车株式会社 GT-R 被评为"最佳赛车"；2010年在《汽车与运动杂志》2010年度"驾驶乐趣大奖"评比中"GT-R"荣获"2010年驾驶乐趣奖"；2011年在《名车志中文网》《名车志 Car and Driver》2011年度"Dream Car"（中文翻译为"梦幻车"）评选中，日产自动车株式会社"GT-R"荣获2011年度"Dream Car"（梦幻车）之称。

2. 日产自动车株式会社国内在先注册的商标

2002年1月11日，日产自动车株式会社向国家工商行政管理总局商标局（以下简称"商标局"）申请注册第3066293号"GT-R"商标，指定使用在第12类"厢式货车（车辆），越野车，车辆方向盘，车辆座位，车轮，汽车，汽车（车辆）"商品上，类似群组1202。2003年7月28日，商标局核准注册。经续展，商标专用期限至2023年7月27日。

GT-R

日产自动车株式会社在先注册商标：第3066293号"GT-R"商标

第3066293号"GT-R"商标主要用于日产自动车株式会社的"GT-R"跑车宣传。

3. 被异议商标的基本情况

2004年10月20日，日产自动车株式会社向商标局申请注册第4319633号"GTR"商标（即"被异议商标"），指定使用在《商标注册用商品和服务国际分类》（以下简称"类"）第12类"陆、空、水或铁路用机动运载器，越野车，牵引机，拖拉机，车辆悬置减震器，车辆减震弹簧，车轮毂，车轮，陆地车辆刹车，汽车底盘，车身，车轮行李架，车轮防盗警铃，后视镜，风挡刮水器，挡风玻璃，陆地车辆引擎，车辆用液压系统，气泵（车辆附件），陆地车辆用离合器，陆地车辆用联动机件，车辆车轴，车辆方向盘，车辆转向信号装置，车辆倒退警报器，车辆轮胎，补内胎用全套修理工具"商品上。

在商标局审查阶段，被异议商标在"车辆轮胎，补内胎用全套修理工具"商品上的注册申请被驳回，在其他商品上的注册申请获初步审定公告。初审公告日期为 2007 年 4 月 14 日。

被异议商标：第 4319633 号"GTR"商标

（二）引证商标及其商标权人的基本情况

1. 佳通公司的基本情况

佳通国际（新加坡）有限公司（以下简称"佳通公司"），与佳通轮胎私人有限公司（系引证商标权利人）为关联公司，同属于佳通集团。佳通集团是新加坡大型跨国公司，产业涉及制造业、天然资源开发、房地产业、金融业、零售业，旗下的佳通轮胎已行销世界 80 多个国家和地区。1993 年佳通集团进入中国，在中国投资设立安徽佳通轮胎有限公司、福建佳通轮胎有限公司及安徽佳井橡塑有限公司，并建立了 30 多家全资销售分公司。

2. 佳通轮胎的相关情况

佳通轮胎在全球市场运用多品牌战略，旗下拥有佳通、佳安、登特路、桦林、长城、银轮、兰威等多个品牌，针对不同细分市场。"GT""佳通"是佳通轮胎公司及其下属子公司、分公司以及各个经销商共同使用和宣传的品牌。

1997 年 11 月，"佳通（GT RADIAL）"品牌系列商品质轮胎问世，2002 年该品牌在经营上由斜交胎转向子午胎，并更改了品牌标志为" "，更改后的标志加入 RADIAL 直接表达了 GT 在子午胎的专业地位。

2009 年起，佳通轮胎推出 Giti 品牌标识，主要分为 Giticomfort（佳通舒适系列）、Giticontrol（佳通驾控系列）两大系列。目前市场上同时存在 Giti 品牌和 GT RADIAL 品牌以及佳通轮胎旗下多个品牌。

佳通轮胎品牌标志使用情况

3. 引证商标的基本情况

佳通公司以在先注册的第 3701911 号"图形" GT 商标、第 1286811 号"GT 及图" 商标、第 1551471 号"GT MOTOR 及图" GT 商标、第 3281742 号"GT RADIAL 及图" GT 商标、第 883541 号"GT RADIAL 及图" GT 商标、第 886580 号"GT CHAMPIRO"商标、第 883535 号"GT SAVERO"商标、第 883534 号"GT MAXMILER"商标、第 3701910 号"GT 及图" GT 商标（本案引证商标）、第 3702022 号"GT 及图" GT 商标作为引证商标，向商标局提起异议。

但第 1286811 号"图形"商标已无效，不构成被异议商标的在先权利障碍，第 3701911 号"图形"商标、第 3702022 号"GT 及图"商标处于撤销复审程序中，第 1551471 号"GT MOTOR 及图"、第 3281742 号"GT RADIAL 及图"商标等所指定使用的商品均为轮胎，与被异议商标获初步审定的越野车等商品不属于类似商品。

异议复审行政阶段，商评委以佳通公司以第 3701910 号"图形"商标作为引证商标，引证商标具体情况如下：

2003 年 9 月 3 日，原注册人向商标局申请注册第 3701910 号"GT 及图"商标（本案引证商标），指定使用在第 12 类"婴儿车，陆、空、水或铁路用机动运载器，汽车，车轮圈，车辆内装饰品，小型机动车，自行车，架空运输设备，车辆轮胎，飞机轮胎，补内胎用全套工具，船"商品上，类似群组 1201、1202、1203、1204、1205、1206、1208、1209、1210。2005 年 5 月 21 日核准注册。

2005 年 11 月 1 日，转让给佳通轮胎私人有限公司。

引证商标：第 3701910 号"GT 及图"商标

（三）其他相关事实

1. 异议双方关联商标在海外共存情况

根据日本、美国、中国香港、新加坡等国家或地区的官方网站查询显示，日产自动车株式会社注册了与本案被异议商标关联的商标，并与佳通公司注册的与引证商标关联的商标在同类别上共存，且佳通公司声明，其对商标图样之外的字母"GT"不单独主张专用权。异议双方在日本、美国、中国香港、新加坡关联商标共存详细信息如下：

日本		
权利人	日产自动车株式会社	佳通公司（GITI TIRE PTE. LTD.）
商标	GT R	GT RADIAL
注册号	4578135	4084543
申请日期	1999.03.01	1995.11.02

权利人	日产自动车株式会社	佳通公司（GITI TIRE PTE. LTD.）
商标	GT R	GT RADIAL
美国		
注册号	77190857	3701941
申请日期	2007.05.25	1996.08.12
新加坡		
注册号	TO809324Z	3701941
申请日期	2008.07.15	1995.10.19
中国香港		
注册号	301161378	2003B05728
申请日期	2008.07.16	1999.07.06

2. 异议双方商标在国内共存的情况

在中国，日产自动车株式会社在其他类别上注册了与被异议商标关联的商标，并与佳通公司注册的与引证商标关联的商标共存，情况如下：

权利人	日产自动车株式会社	佳通公司
商标	GT R	GT R
第14类		
注册号	7081244	3701941
指定商品	贵重金属的装饰徽章等	贵重金属艺术品等
第16类		
注册号	7081243	3701940
指定商品	日历，海报等	印刷出版物等

权利人	日产自动车株式会社	佳通公司
第 20 类		
注册号	7081247	3701936
指定商品	椅子，画框	家具，画框等
第 21 类		
注册号	7081246	3701935
指定商品	有柄大杯等	饮用器皿等
第 34 类		
注册号	7081245	3701922
指定商品	烟灰缸，吸烟用打火机等	烟草，香烟嘴，火柴，吸烟用打火机等

3. 日产自动车株式会社其他商标的异议纠纷情况

国家工商行政管理总局商标评审委员会（以下简称"商评委"）在对第 4319633 号"GTR"商标作出异议复审裁定，并认定被异议商标与引证商标构成近似商标之后不久，又对日产自动车株式会社在第 34 类申请注册的第 7081245 号"GTR"商标作出异议复审裁定。该案异议人与本案的异议人相同，引证商标为佳通公司在第 34 类上在先注册的第 3701922 号"GT"商标。

第 7081245 号"GTR"商标　　　　**第 3701922 号"GT"商标**

商评委作出商评字（2013）第 125370 号裁定，商评委认为：两商标在文字构成、整体视觉效果等方面均存有差异，尚未构成近似标识，即使共存于同一种或类似商品上，一般也不会导致消费者对商品来源产生混淆误认。因此被异议商标并未与引证商标构成原《商标法》第 28 条所指的使用在同一种或类似商品上的近似商标。

据此，日产自动车株式会社申请注册的第 7081245 号商标已被核准注册。且佳通公司亦服从上述裁定，并未提起行政诉讼。

（四）商标异议行政纠纷的基本情况

1. 商标异议复审裁定的基本情况

在被异议商标的法定异议期内，佳通公司对商标局初步审定并刊登在 1067 期《商标公告》的第 4319633 号"GTR"图形商标提出异议。

2010 年 6 月 30 日，商标局作出（2010）商标异字第 12833 号裁定，裁定佳通公司所提异议理由不成立，第4319633号"GTR"图形商标予以核准注册，商标局认为：被异议商标"GTR"与佳通公司引证于类似商品上在先注册的多件"GT"商标未构成近似商标。佳通公司要求认定其"佳通""GT"商标为驰名商标，但证据不足。佳通公司称被日产自动车株式会社抄袭、摹仿其引证商标证据不足。

2010年8月5日，佳通公司不服商标局的裁定，向商评委提出异议复审，具体理由如下：

① 佳通公司及其所属企业、关联企业的"GT""佳通"系列商标经过广泛的宣传和使用，已广为相关公众知晓并享有很高的知名度和影响力，佳通公司请求认定"佳通""GT"系列商标为中国驰名商标，并给予其相应的法律保护。

② 在第12类商品上，佳通公司在先注册有多件"GT"和"GT及图"商标，被异议商标与佳通公司在先注册的第1286811号"GT及图"商标、第1551471号"GT MOTOR及图"商标、第3281742号"GT RADIAL及图"商标等商标构成使用在相同或类似商品上的近似商标。

③ 佳通公司的"GT"商标经过长期的宣传和使用，在公众中具有非常高的知名度和影响力，当属佳通公司及其关联企业在先使用并有一定影响的商标。日产自动车株式会社申请注册被异议商标的行为，构成以不正当手段实施的抢注。

综上，依据原《商标法》第10条第1款第（8）项、第13条、第28条、第31条以及第41条的规定，请求不予核准被异议商标注册。

佳通公司复审阶段提交了以下证据：

① 佳通公司及关联企业简介、宣传册，销售分公司营业执照及通讯录复印件；

② 佳通公司产品型录及宣传单复印件、经销商店铺照片复印件；

③ 中国橡胶工业协会轮胎分会2001～2003年《全国轮胎生产企业统计交换资料》复印件；

④ 广告合同、广告费用统计表、广告投播清单，报刊、网络上的宣传报道等资料的复印件；

⑤ 佳通公司获奖证明文件及参加公益活动的照片复印件；

⑥ 佳通公司在先注册的系列引证商标的信息资料。

2013年11月25日，商评委作出商评字（2013）第114686号关于第4319633号"GTR"商标异议复审裁定，裁定被异议商标应不予核准注册。商评委经查明：

佳通公司引证的第 1286811 号"GT 及图"商标于 2005 年 8 月 30 日被核准注销,已不构成被异议商标的在先权利障碍。佳通公司引证的第 1551471 号"GT MOTOR 及图"商标、第 3281742 号"GT RADIAL 及图"商标等商标所指定使用的商品均为轮胎,与被异议商标获初步审定的越野车等商品不属于类似商品。

佳通公司提交的证据 1、2 除佳通轮胎中国销售总部各个销售分公司营业执照外,其余部分多为佳通公司自制的证据材料;佳通公司提交的证据 3 未显示其"GT 及图"等商标标识;证据 6 为佳通公司在先注册的系列引证商标的信息资料;佳通公司提交的证据 4、5 虽然可以证明佳通公司及其所属企业、关联企业对其佳通轮胎产品进行了一定的广告宣传,佳通公司在中国的关联企业获得了部分荣誉,但上述证据材料大部分未显示佳通公司的"GT 及图"等商标标识。因此,佳通公司的提交的上述在案证据材料尚不足以证明其"GT 及图"等系列商标经过广泛的宣传使用已达到驰名程度,构成了驰名商标。

故本案主要焦点问题可归纳为:

① 被异议商标与引证商标已构成使用在相同或类似商品上的近似商标,从而违反原《商标法》第 29 条的规定。本案中,被异议商标由上下排列的字母"GT"和"R"组成,与引证商标"GT 及图"相比较,均含有相同的字母组合"GT",分别注册使用在陆、空、水或铁路用机动运载器等相同或类似商品上,易引起消费者的混淆误认。

② 本案已适用原《商标法》第 29 条进行了审理,并认为被异议商标应不予核准注册,故不再适用第 13 条进行审理。

③ 本案佳通公司在与被异议商标指定使用商品相同或相类似商品上已有在先获准注册的引证商标,故佳通公司的该项主张不属于原《商标法》第 31 条所述的情形。

④ 佳通公司依据原《商标法》第 10 条第 1 款第(8)项对被异议商标不予核准注册的理由不明确且缺乏事实依据。

⑤ 不正当手段是指损害公共秩序或公共利益,或是妨碍商标注册管理秩序的行为,本案涉及的理由不属于原《商标法》第 41 条第 1 款所指的情形。

2. 一审行政诉讼的基本情况

日产自动车株式会社不服商评委作出的商评字(2013)第 114686 号关于第 4319633 号"GTR"商标异议复审裁定,向北京市第一中级人民法院提起诉讼,起诉理由如下:

① 被异议商标系原告独立创制,是原告智慧的结晶,并非是对第三人商

标的抄袭和摹仿，被异议商标本身在相关行业中具有极高的知名度。且
"GT－R"品牌诞生于1969年，远早于引证商标申请日，原告没有抄袭第三人
商标的必要。在引证商标申请日前，原告拥有文字商标"GT－R"的在先
注册。

② 被异议商标与引证商标不构成近似商标，不会引起消费者的混淆误认。

③ 被异议商标主要使用在"越野车；车身"等商品上，引证商标主要使
用在"轮胎"上，二者具有不同的功能用途、生产部门、销售场所和销售对
象，不属于类似商品，双方商标共存于各自商品上，不会造成混淆。

商评委在其他裁定中，认定与本案被异议商标表现形式几乎相同的第
7081245号商标与"GT及图"及"GT"商标不构成近似，应予以注册。根据
审查一致的原则，本案被异议商标也应予以注册。

日产自动车株式会社向法院提交了以下证据：

① 第3066293号商标档案，用以证明引证商标申请日前，原告拥有文字商
标"GT－R"的在先注册。

② 有关报刊、网络、书籍对"GT－R"商标的宣传报道资料，用以证明
被异议商标的知名度。

③ 第12类商品上包含有"GT"部分商品的商标信息页。

④ 商评字（2013）第125370号裁定复印件，证据3、4用以证明原告在
其他类别上的"GT－R"商标曾被认定为与引证商标不近似。

2015年4月20日，北京市第一中级人民法院作出（2014）一中知行初字
第5217号判决，判决维持商评委作出的商评字（2013）第114686号关于第
4319633号"GTR"商标异议复审裁定，法院认为：

法院认为本案焦点在于被异议商标与引证商标是否构成相同或类似商品
上的近似商标。鉴于原告明确表示对被异议商标指定使用的商品与引证商标
核定使用的商品构成类似商品不持异议，本院经审查，被诉裁定的该项认定
正确，本院应予支持。

本案中，被异议商标由英文字母"GT"及"R"呈上下结构排列而成，
其中"GT"位置在上，与引证商标文字部分"GT"相同，考虑到文字在商标
认读中的重要作用，一般消费者易将二者均按"GT"进行呼叫，故二者标识
本身已构成近似。2001年《商标法》第29条所指的近似应为混淆性近似，
应以相关公众是否对产源产生混淆或特定联系作为一般判断标准。本案中，
综合考虑原告评审阶段与诉讼中提交的证据，尚不足以证明被异议商标经过
实际使用在指定商品上取得较高的知名度，且与其形成一一对应关系，并足
以与引证商标相区分。综上，被异议商标与引证商标已构成使用在相同或类

似商品上的近似商标。另外，商标评审依据个案审查原则，其他商标获准注册情况均与本案被异议商标能否核准注册不具有必然联系。原告此部分的主张，缺乏法律依据，本院不予支持。

3. 二审行政诉讼的基本情况

日产自动车株式会社不服北京市第一中级人民法院作出的（2014）一中知行初字第5217号判决，以被异议商标与引证商标不构成近似商标为由，向北京市高级人民法院上诉。

2016年1月5日，北京市高级人民法院作出（2015）高行（知）终字第3787号判决，判决不予支持日产自动车株式会社上诉，维持一审判决，法院认为：

在判断商标是否近似时，尽管可以考虑商标的知名度、相关商品或服务的关联性或类似程度等因素，但商标标识本身的近似程度是判断商标是否近似的基础因素。本案中，鉴于日产自动车株式会社明确表示对被异议商标指定使用的商品与引证商标核定使用的商品构成相同或类似商品不持异议，且经本院审查被异议商标指定使用的商品与引证商标核定使用的商品构成相同或类似商品，故原审法院认定被异议商标指定使用的商品与引证商标核定使用的商品构成类似商品并无不当。被异议商标由英文字母"GT"及"R"呈上下结构排列而成，其中"GT"位置在上，与引证商标文字部分"GT"相同，考虑到文字在商标认读中的重要作用，一般消费者易将二者均按"GT"进行呼叫，故二者标识本身已构成近似。商标评审依据个案审查原则，其他商标获准注册情况均与本案被异议商标能否核准注册不具有必然联系。日产自动车株式会社在评审阶段与诉讼中提交的证据，尚不足以证明被异议商标经过实际使用在指定商品上取得较高的知名度，且与其形成对应关系并足以与引证商标相区分。因此，被异议商标与引证商标已构成使用在相同或类似商品上的近似商标。

目前，日产自动车株式会社不服一、二审判决，拟申请再审。

（五）日产自动车株式会其他关联商标异议案件的情况

1. 被异议商标的基本情况

2009年10月20日，日产自动车株式会社向商标局申请注册第7372153号"GTR"商标（即被异议商标），指定使用在第12类的下列商品上："汽车、汽车底盘、补内胎用全套修理工具"等。

在商标局审查阶段，被异议商标在"车辆轮胎"商品上的注册申请被驳回，在其他商品上的注册申请获初步审定公告。初审公告日期为2010年9月27日。

GTR

被异议商标：第 7372153 号"GTR"商标

2. 引证商标的基本情况

佳通公司以在先注册的 11 个商标为引证商标提出异议，其中第 1286211 号"GT 及图" 商标（引证商标五）商标已无效，不构成被异议商标的在先权利障碍。该案件中引证商标情况如下：

	商标	注册号	申请日期	注册日期	类别	指定商品
引证商标一	GT MOTOR	1551471	1999.12.08	2001.04.07		摩托车轮胎
引证商标二	GT	3701910				婴儿车，汽车，车辆内装饰品，小型机动车，自行车，架空运输设备，车辆轮胎，飞机轮胎，补内胎用全套工具，船
引证商标三	GT	3702022	2003.09.03	2005.05.21		
引证商标四	GT	3701911				
引证商标六	GT RADIAL	3281742	2002.08.21	2004.09.21	12	汽车轮胎，摩托车轮胎，自行车和三轮车车胎，轮胎修补的成套工具，车辆轮胎
引证商标七	GT RADIAL	883541	1995.01.10	1996.10.14		轮胎
引证商标八	GT CHAMPIRO	886580	1995.01.06	1996.10.21		
引证商标九	GT SAVERO	883535	1995.01.06			轮胎
引证商标十	GTR-378	883537	1995.01.10	1996.10.14		
引证商标十一	GT MAXIMILER	883534	1995.01.06			

3. 商标异议复审裁定的基本情况

在被异议商标的法定异议期内，佳通公司对第 7372153 号"GTR"商标提出异议。商标局作出（2012）商标异字第 47211 号裁定，商标局认为：被异议商标与引证商标未构成近似商标，裁定被异议商标予以核准注册。

2012 年 9 月 10 日，佳通公司不服商标局的裁定，向商评委提出异议复审，理由同第4319633号"GTR"商标异议行政纠纷案。

2014年11月3日，商评委作出商评字（2014）第020901号关于第7372153号"GTR"商标异议复审裁定，裁定被异议商标应不予核准注册。理由如下：

被异议商标独立识别字母"GT"与"R"上下排列，其中被异议商标独立识别字母"GT"分别与引证商标一、二、三、四、六、七、八、九、十一中的显著认读文字"GT"呼叫、字母相同，整体视觉印象上具有关联性，已构成近似商标。被异议商标文字"GTR"与引证商标十独立认读文字"GTR"呼叫、字母组合相同，已构成近似商标。被异议商标指定使用的汽车等商品与分别与引证商标二、三、四核定使用的汽车等商品属于同一种或类似商品；被异议商标指定使用的补内胎用全套修理工具分别与引证商标一、二、三、四、六、七、八、九、十、十一核定使用的车辆轮胎、轮胎等商品在销售渠道及消费对象等方面具有同一性，关系较为密切，属于类似商品。被异议商标与诸引证商标在上述类似商品上共存于市场，易引起消费者对商品来源产生混淆误认。因此，被异议商标与引证商标一、二、三、四、六、七、八、九、十、十一已构成原《商标法》第28条所指使用在同一种或类似商品上的近似商标。裁定被异议商标不予核准注册。

4. 一审行政诉讼的基本情况

2014年5月5日，日产自动车株式会社不服商评委作出商评字（2014）第020901号关于第7372153号"GTR"商标异议复审裁定，向北京市第一中级人民法院提起诉讼，理由同第4319633号"GTR"商标异议行政纠纷案。

目前，该案处于一审审理程序中。

二、研讨会依据的材料

1. 被异议商标：第4319633号"GTR"商标详细信息；
2. 引证商标：第3701910号"GT及图"商标详细信息；
3. 商评字（2013）第114686号异议复审裁定书；
4. （2014）一中知行初字第5217号判决书；
5. （2015）高行（知）终字第3787号判决书；
6. 日产自动车株式会社其他关联商标异议案件的异议复审裁定。

三、研讨的主要议题

1. 判定商标标识是否近似应考虑哪些因素？被异议商标标识与引证商标标识是否构成近似？

2. 判定"商标近似"是否应当考虑消费者的混淆和误认问题？

3. 基于日产自动车株式会社在先注册第 3066293 号"GT－R"商标与引证商标共存于同一市场，日产自动车株式会社与佳通公司的关联商标在中国以外国家和地区均已注册且共存的事实，本案被异议商标与引证商标能否在中国共存？

四、专家意见

与会专家围绕上述问题进行了热烈讨论，充分发表了意见。经过归纳整理，形成以下法律意见：

（一）判定商标标识是否近似应考虑哪些因素？被异议商标标识与引证商标标识是否构成近似？

与会专家认为，商标近似，是指被控侵权的商标与原告的注册商标相比较，其文字的字形、读音、含义或者图形的构图及颜色，或者其各要素组合后的整体结构相似，或者其立体形状、颜色组合近似，易使相关公众对商品的来源产生误认或者认为其来源与原告注册商标的商品有特定的联系。

根据《最高人民法院关于审理商标民事纠纷案件适用法律若干问题的解释》认定商标近似的相关规定，商标近似的判断要以相关公众的一般注意力为准；既要进行对商标的整体比对，又要进行对商标主要部分的比对，比对应当在比对对象隔离的状态下分别进行；同时还应当考虑请求保护注册商标的显著性和知名度。

与会专家认为，讨论是否构成商标近似，首先应界定被异议商标属于文字商标、图形商标还是图文组合商标，在此基础上才能更好地适用相对应的审查标准进行近似审查。

本案中，与会专家认为不宜将被异议商标单纯理解为文字商标，被异议商标由"G""T""R"三个英文字母组成，商标构成上采用上下结构，上面是英文字母"G"和"T"，下面是英文字母"R"，但上下排英文字母为不同的字号，且英文字母"R"明显更大，在整个商标中被突出显示，商标整体结构比例协调，有一定设计因素存在，且在视觉上给相关公众更直观印象的是作为一个整体。因此，与会专家认为从相关公众的角度出发，更倾向于会将该商标作为整体识别，一般不会拆分来理解。故应将其解释为由"G""T""R"三个字母构成的图文组合商标更为恰当，应从图文组合商标的角度加以审查，而不应作为纯文字商标加以审查。

与会专家认为，根据《商标审查及审理标准》中关于"图形商标的审查标准"规定："商标图形的构图和整体外观近似，易使相关公众对商品或者服务的来源产生误认的，判定为近似商标。"本案中，将被异议商标与引证商标从整体上进行对比，结构上看两商标存在不同，被异议商标是上下结构，而引证商标虽然变形的"GT"与下方"横线"图形是上下结构，但外部为"梯形"图形，是全包围结构。两商标颜色也存在差异，被异议商标整体为黑色，而引证商标，英文字母"G"为白色，变形的英文字母"T"与下方"横线"为黄色，外部"梯形"图形为黑色，且引证商标指定为组合颜色商标。两商标的设计构成区别明显，整体视觉效果也不同，因此从整体上比较不构成近似，相关公众施以一般注意力，能够区分被异议商标与引证商标，不会造成混淆、误认。

判断商标是否近似也应以相关公众的一般注意力为标准，根据《商标审查及审理标准》规定："相关公众包括但不以下列情形为限：商标所标识的商品的生产者或者服务的提供者；商标所标识的商品或服务的消费者；商标所标识的商品或服务在经销渠道中所涉及的经营者和相关人员等。"在上述范围内根据商标使用的商品的具体范围或者渠道判断具体相关公众，并以相关公众的一般性知识和经验，对商标的外形、组合、颜色等各个方面进行辨认，看是否能够使相关公众对被异议商标与引证商标产生混淆。本案中，被异议商标的消费对象是驾车的消费者尤其是关注高端跑车的专业人士，而引证商标面向的虽然也是驾车的消费者，但其轮胎覆盖轿车、摩托车、农用车、越野车、卡车、客车、工程机械、农业机械等各种车型，是各种车辆驾驶员。日产自动车株式会社与佳通公司在实际生产经营活动中已自然形成了各自不同的消费群体特征，尤其是被异议商标用于"最高配置跑车"，一般是专业人士及对跑车感兴趣的特定人群才会关注。同时，被异议商标与引证商标从整体上看，在外观、含义、视觉效果上均存在差异，特定消费群体施以一般注意力可以很容易地将两者区分。此外，考虑到被异议商标与引证商标各自在相关领域具有一定的知名度，已经形成了稳定的市场格局和秩序，相关公众也不易将两者混淆、误认，故被异议商标与引证商标不构成近似商标。同时，考虑到商标评审委员会在其他类别的关联案件中已认定两商标不构成近似，在关联案件中也应当保持裁判标准的统一性。

（二）判定"商标近似"是否应当考虑消费者的混淆和误认问题？

与会专家认为，根据《最高人民法院关于审理商标授权确权行政案件若干问题的意见》第 16 条规定："人民法院认定商标是否近似，既要考虑商标标志构成要素及其整体的近似程度，也要考虑相关商标的显著性和知名度、所使用商品的关联程度等因素，以是否容易导致混淆作为判断标准。"由此可见，判定商标是否构成近似，不能单纯从被异议商标与引证商标标识本身看，还应考虑相关商标的显著性、知名度等因素，以相关商标是否易使相关公众对商品或服务的来源产生误认或者认为两者存在特定联系为标准进行判断，特别是在实际使用中消费者是否会产生混淆、误认。

与会专家认为，判断是否使消费者产生混淆和误认，应当考虑包括商标本身整体外形、发音、含义以及商业印象上是否近似；申请或注册商标所涉及商品的性质；结合正在使用的在先商标是否形成稳定的市场格局；已经建立并可能继续的贸易、销售渠道；在先注册商标的名声；是否产生实际混淆及其性质和程度；共存使用无实际混淆证据的时间及情况；商标实际使用或未使用所涉及的各种商品；商标申请人与在先商标所有人的市场分界；引证商标的显著性及排除他人在其商品上使用近似商标的权利大小；两商标潜在混淆的程度以及商标是否被有效使用；其他的检验适用效力的既成事实等各种因素。本案中，考虑到被异议商标与引证商标的关联商标已经在国际、国内共存多年，且日产自动车株式会社与佳通公司的品牌形成了各自的特定消费群体，并在各自业务领域有一定的知名度，佳通公司的引证商标中"GT"字母显著性较弱，本案被异议商标所涉商品"汽车"价值高，消费者在识别品牌时会付出更高的注意力，不会冲动购买，故被异议商标和引证商标能够区分不易混淆，更不应简单地以商标标识本身近似为由贸然得出结论，而应综合对比，毕竟商标同时具有私人属性与社会属性，《商标法》在保护商标权人私权的同时也保护消费者的识别权等公众利益、促进有效合法竞争，因此，判断商标近似应当考虑被异议商标与引证商标是否会使相关公众产生混淆、误认。

（三）基于日产自动车株式会社在先注册的第3066293号"GT–R"商标与引证商标共存于同一市场，日产自动车株式会社与佳通公司的关联商标在中国以外国家和地区均已注册且共存等事实，本案被异议商标与引证商标能否在中国共存？

与会专家认为，世界知识产权组织对"商标共存"的定义是："不同的企业在商品或服务上使用相同或近似的商标，而并不影响彼此商业活动的情形"，即两个不同的主体在同一种或者类似商品或服务上善意地使用相同或近似的商标，不造成消费者混淆的情形。

商标的功能是为了让消费者识别区分不同商品或服务的来源，商标权人对商标具有专用权，但这并不意味着商标权人可以垄断某些文字或者图形。《最高人民法院关于审理商标授权确权行政案件若干问题的意见》第1条规定："对于使用时间较长、已建立较高市场声誉和形成相关公众群体的诉争商标，应当准确把握商标法有关保护在先商业标志权益与维护市场秩序相协调的立法精神，充分尊重相关公众已在客观上将相关商业标志区别开来的市场实际，注重维护已经形成和稳定的市场秩序"。商标注册本身是适应性很强的制度，商标共存体现了《商标法》主要的立法目的，即保护商标权人的专有权不受侵犯，保护消费者的利益，维护公平竞争、市场稳定，可以说，商标共存在中国当前商标冲突越发频繁的大背景下是大势所趋。

与会专家认为，《商标法》意义上的混淆主要指相关消费者混淆了商品或服务的特定生产经营者与其他生产经营者，损害了商标识别来源的功能。认定是否存在混淆的可能性，不能孤立分析，应当结合商品销售情况、两商标潜在的混淆程度等因素综合考量。具体到本案中可以从以下几点进行分析：

1. 共存商标双方需出于善意的目的，共存商标持有人只有遵循诚信原则，善意地使用近似商标，才被《商标法》所允许共存。但如果共存商标持有人恶意地使用近似商标，意在通过制造混淆获取不正当利益，侵犯了他人的商标专用权，造成市场秩序的混乱，是不能适用商标共存理论的。

本案中，日产自动车株式会社 1969 年起陆续将"GTR"字母组合的图形商标用于其最高配置跑车的车头、车位、方向盘上，虽然商标本身有细微改变，但"GT""R"上下结构的整体设计样式一直延续至今，从其"GTR"系列商标的构成和使用位置看，属于《商标法》意义上的商标使用方式。而从历史沿革上看，日产自动车株式会社自第一次使用"GTR"系列商标至今并未间断，一直持续使用，被异议商标是日产自动车株式会社独立创制的，并非复制模仿，日产自动车株式会社在中国申请注册被异议商标并非出于恶意在市场上制造混淆以谋取不当利益。

此外，日产自动车株式会社在 2002 年申请注册了第 3066293 号"GT－R"商标，核准注册日期为 2003 年 7 月 28 日，早于引证商标的申请注册的2004 年，从字母的角度分析，引证商标虽然包含了英文字母"GT"，但日产自动车株式会社在先注册的"GT－R"文字商标明显时间更早，并已经与引证商标形成共存事实，日产自动车株式会社基于自己在先注册商标的"GT－R"商标，在自己的权利范围内，善意申请注册的被异议商标，应予以延伸注册。综上所述，日产自动车株式会社的最高配置跑车及"GTR"字母组合的图形商标长期以来已经具有较高的辨识性，且其在中国有在先注册的第3066293 号"GT－R"商标与引证商标形成共存事实，日产自动车株式会社申请注册被异议商标主观上完全出于善意，是诚信经营。

2. 共存商标双方需具有一定知名度，因为只有双方知名度相对等才能防止因一方扩大经营范围等原因产生权利上的冲突，且双方具有一定知名度，各自已在相关公众中形成特定消费群体建立了对应关系，共存商标的注册、使用行为才不会导致相关消费者产生混淆、误认。本案中，佳通公司提交的证据显示，佳通轮胎已行销世界 80 多个国家和地区，且在中国建立了 30 多家全资销售分公司，并在中国的关联企业获得了部分荣誉，能够表明其轮胎行业具有一定的知名度。

而日产自动车株式会社的最高配置跑车更是从 1969 年问世就获得了多项全球赛事并持续使用几十年，也足以证明日产自动车株式会社及其最高配置跑车具有一定知名度，"GTR"系列商标自跑车问世就开始以商标形式使用，在日产自动车株式会社长期使用及宣传下，相关公众可以将"GTR"系列商标与日产自动车株式会社及其高配置跑车建立联系。双方在实际生产经营活动中已建立相对稳定的市场格局，日产自动车株式会社的"GTR"系列商标与佳通公司的"GT 及图"系列商标经过长时间的使用，形成了各自特定的消费群体，且以双方各自在业内的知名度，加之汽车价值高，消费者在识别时会付出更高的注意力，相关公众可以将被异议商标与引证商标相区分，理应不存在产生混淆、误认的可能性。

此外，被异议商标与引证商标的关联商标已经在国内共存，以及日产自动车株式会社与佳通公司的关联商标在美国、日本、中国香港、新加坡等国家和地区在同一类商品上已经存在共存的事实，也应作为商标共存的考虑因素。若双方关联商标在国内外共存且相关公众并未产生混淆，说明"GTR"系列商标与"GT 及图"系列商标在真正的市场上并不会造成混淆、误认，是可以共存的。

综上所述，与会专家全面衡量日产自动车株式会社与佳通公司商标纠纷的详情、平衡双方权益后，认为维持共存商标的方式，既符合法律精神，又能比较公正地解决纠纷。

以上意见系基于委托方提供的资料、根据专家学者发言归纳整理作出，仅供参考。

北京务实知识产权发展中心
2016 年 6 月 23 日

北京市第一中级人民法院行政判决书（摘录）

（2014）一中知行初字第 5217 号

原告：日产自动车株式会社，住××××。

法定代表人：河本健二，知识产权部总经理。

委托代理人：张晓楠，中原信达知识产权代理有限责任公司职员，户籍所在地××××。

委托代理人：付英，中原信达知识产权代理有限责任公司职员，户籍所在地××××。

被告：中华人民共和国国家工商行政管理总局商标评审委员会，住所地××××。

法定代表人：何训班，主任。

委托代理人：黄凡，中华人民共和国国家工商行政管理总局商标评审委员会审查员。

第三人：佳通国际（新加坡）有限公司，住所地××××。

法定代表人：MICHELLE LIEM MEI FUNG，董事。

委托代理人：李笑冬，北京市博圣律师事务所律师。

委托代理人：沈峪东，北京天平专利商标代理有限公司职员，住××××。

原告日产自动车株式会社（以下简称"日产株式会社"）因商标异议复审行政纠纷一案，不服被告中华人民共和国国家工商行政管理总局商标评审委员会（以下简称"商评委"）于 2013 年 11 月 25 日作出的商评字［2013］第 114686 号关于第 4319633 号"GTR"商标异议复审裁定（以下简称"被诉裁定"），于法定期限内向本院提起行政诉讼。本院受理后，依法组成合议庭，并通知被诉裁定的利害关系人佳通国际（新加坡）有限公司（以下简称"佳通公司"）作为本案第三人参加诉讼，于 2015 年 3 月 4 日依法公开开庭审理了本案。原告日产株式会社的委托代理人张晓楠、付英，被告商评委的委托代理人黄凡，第三人佳通公司的委托代理人李笑冬到庭参加了诉讼。本案现已审理终结。

......

[由于篇幅原因，本文未收录判决证据查明部分，详细内容可根据判决号进行查询]

......

本院认为：2013 年 8 月 30 日修正的《中华人民共和国商标法》已于 2014 年 5 月 1 日施行，鉴于本案被诉裁定的作出时间处于 2001 年《商标法》施行期间，故本案应适用 2001 年《商标法》进行审理。

根据当事人的诉辩意见，本案的焦点为：被异议商标与引证商标是否构成相同或类似商品上的近似商标。

2001 年《商标法》第 29 条规定，两个或两个以上的商标注册申请人，在同一种商品或者类似商品上，以相同或者近似的商标申请注册的，初步审定并公告申请在先的商标。

鉴于原告明确表示对被异议商标指定使用的商品与引证商标核定使用的商品构成类似商品不持异议，本院经审查，被诉裁定的该项认定正确，本院应予支持。

关于被异议商标与引证商标标识是否构成近似的问题。本案中，被异议商标由英文字母"GT"及"R"呈上下结构排列而成，其中"GT"位置在上，与引证商标文字部分"GT"相同，考虑到文字在商标认读中的重要作用，一般消费者易将二者均按"GT"进行呼叫，故二者标识本身已构成近似。

2001 年《商标法》第 29 条所指的近似应为混淆性近似，应以相关公众是否对产源产生混淆或特定联系作为一般判断标准。本案中，综合考虑原告评审阶段与诉讼中提交的证据，尚不足以证明被异议商标经过实际使用在指定商品上取得较高的知名度，且与其形成一一对应关系，并足以与引证商标相区分。综上，被异议商标与引证商标已构成使用在相同或类似商品上的近似商标，鉴于引证商标初步审定公告日晚于被异议商标申请日，故被告以 2001 年《商标法》第 29 条不予核准被异议商标的注册结论正确，本院应予支持。原告有关该问题的主张，缺乏事实及法律依据，本院不予支持。

另外，商标评审依据个案审查原则，其他商标获准注册情况均与本案被异议商标能否核准注册不具有必然联系。原告此部分的主张，缺乏法律依据，本院不予支持。

综上，被诉裁定认定事实清楚，适用法律正确，作出程序合法，本院应予支持。原告的诉讼理由缺乏事实及法律依据，本院不予支持。依照《中华人民共和国行政诉讼法》第 54 条第（1）项之规定，判决如下：

维持中华人民共和国国家工商行政管理总局商标评审委员会于 2013 年 11 月 25 日作出的商评字〔2013〕第 114686 号关于第 4319633 号"GTR"商标异议复审裁定。

案件受理费人民币 100 元，由原告日产自动车株式会社负担（已缴纳）。

如不服本判决，原告日产自动车株式会社、第三人佳通国际（新加坡）有限公司可在本判决书送达之日起 30 日内，被告中华人民共和国国家工商行政管理总局商标评审委员会可在本判决书送达之日起 15 日内向本院提交上诉状及副本，并交纳上诉案件受理费人民币 100 元，上诉于中华人民共和国北京市高级人民法院。上诉人在上诉期限内未预交上诉案件受理费，又不提出缓交申请的，按自动撤回上诉处理。

审　判　长　张靛卿
代理审判员　魏浩峰
人民陪审员　华　宝
2015 年 4 月 20 日
书　记　员　范慧娟

附件 11 –2

北京市高级人民法院行政判决书（摘录）

（2015）高行（知）终字第 3787 号

上诉人（原审原告）：日产自动车株式会社，住××××。

法定代表人：河本健二，知识产权部总经理。

委托代理人：张扬，北京星迪律师事务所律师。

委托代理人：王昕，北京星迪律师事务所实习律师，住××××。

被上诉人（原审被告）：中华人民共和国国家工商行政管理总局商标评审委员会，住××××。

法定代表人：何训班，主任。

委托代理人：刘影，中华人民共和国国家工商行政管理总局商标评审委员会审查员。

原审第三人：佳通国际（新加坡）有限公司，住××××。

法定代表人：MICHEL LELIE MMEI FUNG，董事。

委托代理人：李笑冬，北京市博圣律师事务所律师。

上诉人日产自动车株式会社（以下简称"日产株式会社"）因商标异议复审行政纠纷一案，不服中华人民共和国北京市第一中级人民法院（以下简称"北京市第一中级人民法院"）（2014）一中知行初字第 5217 号行政判决，向本院提起上诉。本院于 2015 年 10 月 26 日受理后，依法组成合议庭审理了本案。本案现已审理终结。

......

[由于篇幅原因，本文未收录判决证据查明部分，详细内容可根据判决号进行查询]

......

本院认为：

根据《中华人民共和国立法法》第 93 条规定："法律、行政法规、地方性法规、自治条例和单行条例、规章不溯及既往，但为了更好地保护公民、法人和其他组织的权利和利益而作的特别规定除外。"本案商标评审委员会在2014年5月1日前依据2001年10月修订的《商标法》作出被诉裁定,而2013年8月修订的《商标法》自2014年5月1日起施行,因此本案应适用2001年《商标法》进行审理。

2001年《商标法》第29条规定:"两个或者两个以上的商标注册申请人,在同一种商品或者类似商品上,以相同或者近似的商标申请注册的,初步审定并公告申请在先的商标;同一天申请的,初步审定并公告使用在先的商标,驳回其他人的申请,不予公告。"类似商品是指在功能、用途、生产部门、销售渠道、消费群体等方面相同,或者相关公众一般认为其存在特定联系、容易造成混淆的商品。类似服务是指在服务的目的、内容、方式、对象等方面相同,或者相关公众一般认为存在特定联系、容易造成混淆的服务。判断商品或者服务是否类似应当以相关公众对商品或者服务的一般认识综合判断,并应考虑商品的功能、用途、生产部门、销售渠道、消费群体等是否相同或者具有较大的关联性。商标近似是指商标文字的字形、读音、含义或者图形的构图及颜色,或者其各要素组合后的整体结构相似,或者其立体形状、颜色组合近似,易使相关公众对商品来源产生误认,或者认为其与他人在先注册商标具有特定联系。判定商标是否构成近似,应当以相关公众的一般注意力为标准,既要考虑商标标志构成要素及其整体的近似程度,也要考虑相关商标的显著性和知名度、所使用商品的关联程度,以是否容易导致混淆作为判断标准。在判断商标是否近似时,尽管可以考虑商标的知名度、相关商品或服务的关联性或类似程度等因素,但商标标识本身的近似程度是判断商标是否近似的基础因素。

本案中,鉴于日产株式会社明确表示对被异议商标指定使用的商品与引证商标核定使用的商品构成相同或类似商品不持异议,且经本院审查被异议商标指定使用的商品与引证商标核定使用的商品构成相同或类似商品,故原审法院认定被异议商标指定使用的商品与引证商标核定使用的商品构成类似商品并无不当。被异议商标由英文字母"GT"及"R"呈上下结构排列而成,其中"GT"位置在上,与引证商标文字部分"GT"相同,考虑到文字在商标认读中的重要作用,一般消费者易将二者均按"GT"进行呼叫,故二者标识本身已构成近似。商标评审依据个案审查原则,其他商标获准注册情况均与本案被异议商标能否核准注册不具有必然联系。日产株式会社在评审阶段与诉讼中提交的证据,尚不足以证明被异议商标经过实际使用在指定商品上取得较高的知名度,且与其形成对应关系并足以与引证商标相区分。因此,被异议商标与引证商标已构成使用在相同或类似商品上的近似商标,日产株式会社有关被异议商标与引证商标不构成近似商标的上诉理由依据不足，本院不予支持。

综上，日产株式会社的上诉主张缺乏事实及法律依据，其上诉请求本院不予支持。原审判决认定事实清楚，适用法律正确，依法应予维持。依据《中华人民共和国行政诉讼法》第89条第1款第（1）项之规定，判决如下：

驳回上诉，维持原判。

一、二审案件受理费人民币各100元，均由日产自动车株式会社负担（均已缴纳）。

本判决为终审判决。

审　判　长　刘晓军

代理审判员　陶　钧

代理审判员　樊　雪

2016年1月5日

书　记　员　张见秋

书　记　员　张　倪

附件 11-3

最高人民法院行政裁定书（摘录）

（2016）最高法行申第 2260 号

再审申请人（一审原告、二审上诉人）：日产自动车株式会社。住所地××××。

法定代表人：西川广人，该株式会社总裁。

委托诉讼代理人：蒋洪义，北京市联德律师事务所律师。

委托诉讼代理人：左玉国，北京市联德律师事务所律师。

被申请人（一审被告、二审被上诉人）：国家工商行政管理总局商标评审委员会。住所地××××。

法定代表人：赵刚，该委员会主任。

委托诉讼代理人：刘影，该委员会审查员。

一审第三人：佳通国际（新加坡）有限公司。住所地××××。

法定代表人：MICHELLE LIEM MEI FUNG，该公司董事。

再审申请人日产自动车株式会社因与被申请人国家工商行政管理总局商标评审委员会（以下简称"商标评审委员会"）、一审第三人佳通国际（新加坡）有限公司（以下简称"佳通国际"）商标异议复审行政纠纷一案，不服北京市高级人民法院（2015）商行（知）终字第 3787 号行政判决，向本院申请再审。本院依法组成合议庭进行了审查，现已审查终结。

……

[由于篇幅原因，本文未收录判决证据查明部分，详细内容可根据判决号进行查询]

……

本院经审查认为，在一、二审程序中，日产自动车株式会社对被异议商标指定使用的商品与引证商标核定使用的商品构成相同或类似商品不持异议，且被异议商标指定使用的商品与引证商标核定使用的商品构成相同或类似商品，故本案的焦点问题在于，被异议商标与引证商标是否构成在相同或类似商品上的近似商标。

日产自动车株式会社申请再审称其与佳通国际均已注册了与 GT 标识相关的关联商标，已形成共存格局，以有利于实现可包容性发展为由，主张被异议商标应当给予核准注册。本院认为，日产自动车株式会社并未提交与佳通国际就相关商标达成共存的协议，相反，从本案争议亦可推定，对于被异议商标和引证商标，佳通国际与日产自动车株式会社并无商标共存的意思表示。日产自动车株式会社关于一、二审法院无视经营者之间的包容性发展，简单轻率认定商标近似的主张，无事实基础。此外，日产自动车株式会社关于其与佳通公司在中国其他行业，均已注册了与涉案商标具有相同标识的关联商标的事实，并非判断本案被异议商标与引证商标是否构成近似商标的标准。

商标法意义上的商标近似是指商标文字的字形、读音、含义或者图形的构图及颜色，或者其各要素组合后的整体结构相似，或者其立体形状、颜色组合近似，易使相关公众对商品来源产生误认，或者认为其来源与注册商标的商品有特定的联系。判断商标是否构成近似，应当以相关公众的一般注意力为标准，对商标的整体进行比对，既要对商标主要部分进行比对，也要考虑商标标志构成要素及其整体的近似程度，以及相关商标的显著性和知名度、所使用商品的关联程度，以是否容易导致混淆作为判断标准。本案中，引证商标标识由文字和图形组合而成，其中"GT"位置在上，与图形呈上下结构排列而成。被异议商标由英文字母"GT"及"R"组合而成，"GT"位置在上，与"R"亦呈上下结构排列。被异议商标与引证商标文字部分"GT"相同，整体布图设计风格、表现手法与引证商标标识相似，整体形象相近。商标标识本身的近似程度是判断商标是否近似的基础因素，考虑到文字在商标认读中的重要作用，在隔离对比的情况下，二者标识本身已构成近似。日产自动车株式会社主张应当以被异议商标标识的显著部分"R"字母，与引证商标标识的艺术化设计的"GT"字母及黑色方形背衬图案进行比对的主张，事实上是割裂商标的整体设计，脱离商标的"GT"构成要素，以两个商标标识中的其他部分进行近似比对，并无法律依据。日产自动车株式会社关于两商标标识中的差异性部分才是区分来源作用的显著部分，依此进行商标近似判断的主张，本院不予支持。

日产自动车株式会社主张其申请注册的"GT－R"商标在先，具有在先权利依据的理由，本院认为，被异议商标的申请注册在引证商标之后，日产自动车株式会社对被异议商标的申请注册行为属于善意、合理、正当的辩解，并不能改变被异议商标的申请日在引证商标之后以及被异议商标与在同一种商品或者类似商品上已经注册的引证商标相近似的事实，而且日产自动车株式会社申请注册的"GT-R"商标并不享有本案被异议商标的在先权利。

商标评审依据个案审查原则，其他商标获准注册情况均与本案被异议商标能否核准注册不具有必然联系。由于被异议商标与引证商标已构成使用在相同或类似商品上的近似商标，日产自动车株式会社有关被异议商标与引证商标不构成近似商标的理由，二审法院未予支持，并无不当。

依照《最高人民法院关于执行〈中华人民共和国行政诉讼法〉若干问题的解释》第74条的规定，裁定如下：

驳回日产自动车株式会社的再审申请。

审 判 长 周 翔
审 判 员 秦元明
代理审判员 罗 霞
2016 年 11 月 29 日
书 记 员 张 博

案例 12

"XAVIER – LOUISVUITTON" 商标异议复审行政纠纷专家研讨会法律意见书

务实（2016）第 010 号

　　受北京正见永申律师事务所委托，北京务实知识产权发展中心于 2016 年 10 月 12 日举行了"'XAVIER – LOUISVUITTON'商标异议复审行政纠纷专家研讨会"。原国家工商行政管理总局商标局副巡视员，中华商标协会专家委员会主任董葆霖，原国家工商行政管理总局商标评审委员会副巡视员、北京大学法学院、知识产权学院、中央财政金融大学硕士生兼职导师杨叶璇，原国家工商行政管理总局商标评审委员会副巡视员陈涛，原世界知识产权组织发展中国家（PCT）司司长王正发，中国社会科学院法学研究所研究员、博士生导师、中国科学院大学法律与知识产权系主任、中国知识产权研究会副理事长李顺德，中国政法大学民商经济法学院教授、中国知识产权法学研究会常务理事、副秘书长张今，北京务实知识产权发展中心主任程永顺等资深知识产权法律专家、学者参加了研讨。

　　研讨会由北京务实知识产权发展中心主任程永顺主持。

　　与会专家在认真审阅委托方提供的与本案有关的材料，了解案件相关背景情况的基础上，围绕商标权和姓名权保护范围的边界如何划定，姓名权利的限制又与商标权利存在何种关系；即便不认为皮包商品和葡萄酒商品具有密切关联性，是否可以认定商品的关联性已经足以导致"LOUIS VUITTON"商标的淡化；本案中，被异议商标申请人申请注册"XAVIER – LOUISVUIT-TON"商标的主观意图如何，从商标的基本功能而言，被异议商标的注册是否能起到区分商品来源的目的，消费者能否认识到被异议商标与"LOUIS VUITTON"商标分属于不同的市场主体等与本案相关的法律问题进行了深入研讨，并充分发表了各自的意见。

一、背景情况

（一）被异议商标"XAVIER – LOUISVUITTON"的授权和在我国的注册情况

1. 争议商标的授权情况

申请人黄守迎为中国香港公民，1990 年 4 月在中国香港注册了通美行，主要从事进出口贸易。2008 年为了拓展国内市场，投资设立了江门沙路威贸易有限公司。公司投资总额 70 万港元，主要经营酒类、手袋、钱包、服饰配件、机械设备、化学物品（不含危险品）的零售、批发及进出口及相关配套服务，年营业额 200 万 ~ 300 万港元。2009 年 1 月又在香港注册了沙华路易威登有限公司。XLV 品牌葡萄酒是威登家族第 5 代子孙 Xavier Louis Pierre Vuitton 先生开创的。路易·威登（Louis Vuitton）的孙子卡斯顿 – 路易·威登 Gaston – Louis Vuitton（1883 ~ 1970）有 3 个儿子，其中一个是雅克路易威登先生 Jacques – Louis Vuitton，他是沙华路易威登 Xavier Louis Pierre Vuitton 先生的父亲。Xavier Louis Pierre Vuitton 先生曾与被异议商标申请人黄守迎签订过商标授权注册协议，授权黄守迎在中国代理 XLV、XAVIER – LOUISVUITTON 品牌葡萄酒产品。

2. 被异议商标在我国的注册情况

黄守迎于 2007 年 7 月 9 日针对"XAVIER – LOUISVUITTON"商标向中华人民共和国国家工商行政管理总局商标局提出了注册申请，2010 年 7 月 6 日予以初步审定，初步审定的商品为第 33 类开胃酒、鸡尾酒、葡萄酒、酒（饮料）、白兰地、日本米酒、威士忌酒、料酒、清酒、含水果的酒精饮料（类似群为 3301）。

XAVIER–LOUISVUITTON

图 1

（二）引证商标的集团历史和在我国的注册情况

1. 路易威登家族介绍

路易·威登（Louis Vuitton）（1821 年 8 月 4 日 ~ 1892 年 2 月 27 日）是法国历史上最杰出的皮件设计大师之一。他于 1854 年在巴黎开了以自己名字命名的第 1 间皮箱店。1 个世纪以后，路易·威登（Louis Vuitton）成为皮箱与皮件领域数一数二的品牌，还成功涉足时装、饰物、皮鞋、箱包、珠宝手表、传媒、名酒等领域。1888 年，其子乔治·威登（Georges – Louis Vuitton）

推出威登皮箱的新设计。他将箱子的表面设计成西洋跳棋棋盘风格，颜色则是棕色和栗色相间。此外，在皮箱上还印有"路易·威登品牌验证"的标示。即使如此，这一新设计还是被人大量仿制。在1889年的巴黎万国博览会上，这一产品为路易·威登公司赢得了金奖。1970年，路易·威登（Louis Vuitton）的孙子卡斯顿－路易·威登（Gaston－Louis Vuitton，1883~1970）去世的时候，公司的营业额是1500万欧元，仅在巴黎、尼斯开有2家专卖店，其权力的接力棒落在了卡斯顿女儿的丈夫亨利·拉卡米耶身上。路易威登公司于1986年收购了法国第4大香槟制造商Veuve Clicquot。1987年，酩轩公司（Moet Hennessy）与路易威登控股公司（Louis Vuitton holding company）成功合并成立了酩悦·轩尼诗－路易·威登集团（即LVMH集团），而酩轩公司是由法国最大香槟制造商酩悦公司（Moet）和法国最大干邑白兰地生产商轩尼诗公司合并而来的。后来1位年轻的工业家伯纳德·阿诺尔特被亨利·拉卡米耶邀请增加对LVMH的持股比例。伯纳德·阿诺尔特野心很大，很快拥有了公司大部分控股权。到1989年，伯纳德·阿诺尔特已将拉卡米耶排挤出外，成为LVMH集团的首席执行官。现如今，除去卡斯顿的孙子仍在威登公司负责特别订单的制作工艺监控工作之外，威登家族已经完全从集团中淡出。

2. 引证商标的注册情况

商标权人路易威登马利蒂于1985年2月18日申请注册第241000号"路易威登"商标、第241019号"LOUIS VUITTON"商标及第241081号"LV"商标，其核定使用的商品均为第18类毛皮、旅行包、旅行箱、背包、手提包等。

（三）被异议商标和引证商标信息对比

	商标	类别	申请号	申请/注册日期	商品
被异议商标	XAVIER-LOUISVUITTON	33	6152261	2007.07.09	开胃酒；鸡尾酒；葡萄酒；酒（饮料）；白兰地；日本米酒；威士忌酒；料酒；清酒；含水果的酒精饮料

	商标	类别	申请号	申请/注册日期	商品
引证商标一	路易威登	18	241000	1985. 02. 18 1986. 01. 15	毛皮；兽皮；生皮；皮革；人造皮革；皮盒子；包皮盒；皮制大衣箱；皮和人造革制小旅行袋；旅行包；旅行箱；皮或人造革制旅行用服装袋；坤包；背包；手提包；皮和人造革制的沙滩包；购物袋；（肩）挎包；皮和人造革制公文包（箱）；公事箱（包）；小钱袋；钱包；钱袋；钥匙夹；伞；女用阳伞；手杖；拐杖架
引证商标二	LOUIS VUITTON	18	241019	1985. 02. 18 1986. 01. 15	毛皮；兽皮；生皮；皮革；人造皮革；皮盒；包皮盒子；皮或人造革制的大衣箱；小旅行袋；旅行包；旅行箱；皮或人造革制成的旅行用服装袋；坤包；背包；手提袋（包）；皮或人造革制的沙滩包；购物袋；（肩）挎包；公文包（箱）；公事箱（包）；小钱袋；钱包；钥匙夹；伞；女用阳伞；手杖；拐杖架

商标		类别	申请号	申请/注册日期	商品
引证商标三		18	241081	1985.02.18 1986.01.15	人造皮革；钱袋；生皮；钱包；皮盒子；坤包；购物袋；手提包；旅行包；旅行箱；背包；钥匙夹；小钱袋；兽皮；伞；手杖；拐杖架；（肩）挎包；皮或人造革制公文包（箱）；公事箱（包）；皮和人造革制旅行用服装袋；皮革；毛皮；女用阳伞；皮制衣衣箱；皮和人造革制沙滩包；皮和人造革制小旅行袋；包皮盒

（四）商标复审行政案件情况

1. 商标异议情况

路易威登马利蒂在被异议商标经初步审查后的法定期限内，向商标局提出异议。2013 年 3 月 19 日，商标局作出（2013）商标异字第 6203 号"XAVIER – LOUISVUITTON"商标异议裁定，裁定被异议商标不予以注册，理由为：路易威登马利蒂注册并使用在"旅行箱"等商品上的"LOUIS VUITTON"商标享有较高知名度并曾被商标评审委员会（以下简称"商评委"）认定为驰名商标；被异议商标与上述引证商标近似，已构成对路易威登马利蒂的驰名商标的摹仿；被异议商标如予以注册易误导公众，并可能损害路易威登马利蒂的合法权益。

2. 商评委复审裁定情况

被异议商标的申请注册人黄守迎不服商标局的异议裁定，向商标评审委员会申请异议复审。

（1）申请复审理由：

① 黄守迎在中国投资设立了江门沙路威贸易有限公司及沙华路易威登有

限公司，主要经营酒类、手袋、钱包、服饰配件、机械设备、化学物品（不含危险品）的零售、批发及进出口等业务，其申请注册被异议商标获得了威登家族第 5 代子孙、XLV 及 "XAVIER – LOUISVUITTON" 品牌开创人 Xavier – Louisvuitton 先生的授权；

② 被异议商标不构成对路易威登马利蒂的 "LOUIS VUITTON" 商品的抄袭摹仿，两商标指定使用的商品亦不构成类似商品，经过他及其设立的公司的持续使用，"XAVIER – LOUISVUITTON" 商标在葡萄酒商品上已极具知名度。

黄守迎向商评委提供了相关证据以证明被异议商标的申请注册经沙华路易威登先生授权及被异议商标已在葡萄酒商品上进行了一定的宣传、推广与使用。

（2）路易威登马利蒂答辩理由：

① 被异议商标完整包含了其在先驰名的引证商标二（ LOUIS VUITTON ），两商标高度相似，被异议商标指定使用的酒类商品与引证商标二核定使用的服装、皮具类商品存在密切的联系，被异议商标的注册与使用将导致消费者产生混淆并损害路易威登马利蒂的商标专用权，构成了 2001 年《商标法》第 13 条第 2 款之情形；

② 被异议商标的申请人在明知的前提下恶意抄袭路易威登马利蒂的驰名商标，违反了 2001 年《商标法》第 10 条第 1 款第（8）项及第 41 条第 1 款的规定。

（3）复审结果：

2014 年 4 月 15 日，商评委作出商评字〔2014〕第 52203 号关于第 6152261 号 "XAVIER – LOUISVUITTON" 商标异议复审裁定，裁定予以注册被异议商标，理由为：一、被异议商标指定使用的商品为第 33 类上的商品，与路易威登马利蒂在第 18 类上注册的 "LOUIS VUITTON" 商标未构成 2001 年修正的《中华人民共和国商标法》第 28 条所指使用在同一种或类似商品的近似商标。二、虽然路易威登马利蒂的 "LOUIS VUITTON" 商标曾被认定为驰名商标，但在本案中，其用以证明其商标知名度的证据尚不能证明在被异议商标申请注册前，其 "LOUIS VUITTON" 商标已为公众所熟知，成为驰名商标。在非类似商品上扩大对已注册驰名商标的保护应以存在混淆、误导的可能性为前提，混淆、误导可能性的判定，应当综合考虑系争商标与引证商标的近似程度、引证商标的独创性、知名度及系争商标与引证商标各自使用商品或服务的关联程度等因素。本案中，路易威登马利蒂提交的其 "LOUIS VUITTON" 商标的知名度证据主要集中在皮箱等商品上，这些商品与被异议商标指定使用的葡萄酒等商品不属于类似商品，在功能、用途、销售渠道、销售场所及消费对象等方面无密切关联。综合考虑以上因素，商评委认为，虽然路易威登马利蒂的"LOUIS VUITTON"商标在皮箱等商品上有较高知名度，但现有证据不足以认定其已构成驰名商标，一般公众不致将被异议商标与路易威登马利蒂相联系而损害其利益。故被异议商标的申请注册不属于2001年《商标法》第13条第2款、第10条第1款第（8）项所指之情形，亦不违反《商标法》第41条第1款之规定。

3. 一审行政诉讼情况

路易威登马利蒂不服商评委的复审裁定，以商评委为被告、黄守迎为第三人，向北京市第一中级人民法院提起行政诉讼。

（1）起诉理由：

① 被异议商标与路易威登马利蒂在第18类商品上注册的第241000号"路易威登"商标（以下简称"引证商标一"）、第241019号"LOUIS VUITTON"商标及第241081号"LV"商标构成使用在类似商品上的近似商标，亦构成对在先驰名的上述3枚商标的抄袭模仿，其注册及使用将误导公众，并淡化路易威登马利蒂注册的驰名商标的显著性，损害路易威登马利蒂及广大消费者的利益，违反2001年《商标法》第28条及第13条第2款之规定；

② 被异议商标的注册申请存在明显恶意，其目的在于攀附路易威登马利蒂及其驰名商标的高品牌价值以牟取不正当利益，违反诚实信用原则，不仅损害了路易威登马利蒂的合法权益，而且扰乱了商标注册管理秩序及公共利益，极大地浪费了行政审查资源及司法资源，损害了公共利益，违反了2001年《商标法》第10条第1款第（8）项与第41条第1款之规定。

（2）第三人黄守迎的理由：

① 路易威登马利蒂提交的证据不符合驰名商标认定的要求，不足以认定引证商标已驰名；

② 被异议商标不构成对引证商标的抄袭摹仿复制，被异议商标的注册与使用不会损害引证商标的权益，也不会造成相关公众混淆和误认。

（3）一审判决情况：

北京市第一中级人民法院经过审理，最终认定：一、被异议商标指定使用的第33类酒类商品与3个引证商标核定使用的第18类毛皮、旅行包、旅行箱、背包、手提包等商品，功能、用途、生产部门、销售渠道差异较大，不构成类似商品，且被异议商标与引证商标标识存在差异，黄守迎在实际使用被异议商标时，亦与路易威登马利蒂做了区别性标注。被异议商标与引证商标并存于市场，不易导致相关公众对商品的来源产生混淆。故被异议商标与引证商标一～三未构成使用于同一种或类似商品的近似商标；二、黄守迎提供的路易威登家族族谱与路易威登马利蒂提交的家族谱系表相互印证，可以证明沙华路易威登先生为路易威登家族成员。沙华路易威登先生为 SCEA des QUATRESPALTANES 公司经理人。SCEA des QUATRESPALTANES 公司授权黄守迎任经理人的香港沙华路易威登有限公司为 XLV 品牌的亚太地区独家经销商。沙华路易威登先生授权黄守迎在中国大陆申请注册被异议商标。黄守迎为其申请注册被异议商标提供了合理的解释，因此其申请被异议商标不构成对引证商标二的复制、摹仿。黄守迎申请注册被异议商标时，避开了引证商标二享有较高知名度的商品类别。黄守迎在其实际使用被异议商标时，亦标注其与 LVMH 集团不存在任何关联，其主观上不存在攀附 LVMH 集团及其商标商誉的故意。黄守迎在实际使用被异议商标时，标注其与 LVMH 集团不存在任何关联，相当程度上排除了误导相关公众的可能。虽然路易威登马利蒂提交的证据可以证明其引证商标二在皮箱（包）商品上享有较高知名度，但被异议商标不构成对其的复制、摹仿，其注册与使用不致误导公众，因此，被异议商标的申请注册未违反 2001 年《商标法》第 13 条第 2 款之规定。但黄守迎及其关联公司在实际使用被异议商标时，应继续标注醒目文字，与 LVMH 集团相区分。法院驳回了路易威登马利蒂的诉讼请求。

目前，本案处于二审上诉阶段。

二、研讨会依据的材料

1. "XAVIER – LOUISVUITTON" 相关商标注册情况表；

2. "LOUIS VUITTON" 相关引证商标注册情况表；

3. 黄守迎异议复审申请书；

4. 路易威登家族族谱、XAVIER LOUIS VUITTON 的授权书；

5. 商评委商评字［2014］第 52203 号关于第 6152261 号 "XAVIER – LOUISVUITTON" 商标异议复审裁定；

6. 行政起诉状；

7. 北京市第一中级人民法院（2014）一中行（知）初字第 9968 号行政判决书；

8. 行政上诉状。

三、研讨会的主要议题

1. 商标权和姓名权保护范围的边界如何划定？姓名权利的限制又与商标权利存在何种关系？

2. 即便不认为皮包商品和葡萄酒商品具有密切关联性，是否可以认定商品的关联性已经足以导致"LOUIS VUITTON"商标的淡化？

3. 本案中，被异议商标申请人申请注册"XAVIER‑LOUISVUITTON"商标的主观意图如何？从商标的基本功能而言，被异议商标的注册是否能起到区分商品来源的目的，消费者能否认识到被异议商标与"LOUIS VUITTON"商标分属于不同的市场主体？

四、专家意见

与会专家围绕上述问题进行了热烈讨论，充分发表了意见。经过归纳整理，形成以下法律意见：

与会专家一致认为，商标保护制度应当正本清源。商标是其所有人的、带有知识产权性质的权威性印记。承担着区别商品来源，便于消费者选择识别商品的作用。商标声誉凝聚着商标所有人创新、创造、心血汗水、精心经营的劳动智慧的结晶。商标作为市场竞争工具，商战利器，其市场竞争力的强弱，与其诚实劳动、诚信经营的付出成正比。保护好商标权益，才能保护好先进生产力，才能保护好社会经济发展的动力，才能切实保护好国家利益和人民利益。

根据 TRIPS 协议的相关规定，保护商标不仅仅限于保护在同一种或者类似商品上使用产生的权利，而且应当保护注册商标在不相同、不相类似商品上的权利，禁止误导公众的复制、摹仿和翻译的行为，对此类抢注商标"不予注册，禁止使用"。从公平正义、从诚实信用出发，要求企业各自选择、使用、培育自己的商标。法律不允许不劳而获，不允许无偿占有他人商标。从市场经济高度发展的今天，商标保护的范围不仅仅在同一种或者类似商品上受到保护，对于注册商标来说，保护范围可以扩大到其商标声誉所及的非类似商品上。

（一）关于姓名权与商标权的关系的问题

与会专家一致认为，授权使用姓名的行为并不能阻却系争商标注册的不正当性。

第一，姓名权的行使和商标注册行为是完全无关的两个行为，拥有姓名使用权的人，并不代表就一定能核准注册以其名字命名的商标，拥有姓名权不等于拥有商标权，其分属于两个不同的范畴。在本案中，系争商标申请注册人黄守迎取得了路易威登家族第 5 代传人沙华路易威登的授权，同时沙华路易威登也有权授权他人使用"XAVIER‑LOUISVUITTON"，但此授权仅仅是准予使用其姓名的范畴，是沙华路易威登行使姓名权的行为。若黄守迎以

"XAVIER – LOUISVUITTON" 申请注册商标，是否应当核准注册则是完全不同的另一件事，取得姓名授权的行为只能阻却侵犯姓名权的可能性，而与 "XAVIER – LOUISVUITTON" 在商标法范畴内能否在中国成功注册无必然因果关系。根据商标法的有关规定，注册商标不得侵犯他人的在先权利，这些权利包括商标权、姓名权、外观设计等。黄守迎取得了沙华路易威登的授权，只能说明申请注册 "XAVIER – LOUISVUITTON" 商标未侵犯沙华路易威登的姓名权，但是如果该商标能够被核准注册，还不得侵犯他人在先的商标权及外观设计等在先权利。取得姓名权的授权只是商标注册成功的必要条件，但绝非充分条件。

第二，使用姓名进行商标注册时还应当满足商标注册的特定条件。本案中，在确保系争商标未侵犯他人在先姓名权的前提下，系争商标能否得到核准注册，首先应当考虑的是显著性问题，这一问题包含两个方面，即引证商标 "LOUIS VUITTON" 本身是否已经具备显著性和系争商标是否具备符合商标注册的显著性特征。"LOUIS VUITTON" 商标注册在先，它的显著与否直接决定着姓名权人能否就此主张姓名权。在市场经济社会中，商标的显著性一般是劳动创造的结果，印在特定商品上、具备显著性的商标，通常都代表着生产企业长期以来建立的信用，代表着通过积累产生的商誉，凝聚着大量的心血。使用姓名进行商标注册的特殊性在于，申请人往往以行使姓名权主张表面上的正当性，就如本案中的申请人黄守迎以享有 "XAVIER – LOUIS-VUITTON" 姓名使用权为由，为其申请注册行为提供正当性。但很明显，一方面，"LOUIS VUITTON" 商标已经以其在先的显著性排斥了所有同于或类似于 "LOUIS VUITTON" 姓名的申请人在申请注册商标时使用其姓名的权利；另一方面，被异议商标 "XAVIER – LOUISVUITTON" 本身在申请注册前又未曾经姓名权人作为相应类别上的商标实际使用，因此不享有通过劳动创造的商誉，所以作为其被授权人的申请人主张姓名权的正当性就更没有法律基础了。

这就是权利人在商标法范畴内行使姓名权的界限，也就是商标法对姓名权的限制。每一位公民当然有权按其意愿使用其姓名，但姓名权的行使存在一定的限制，商标法为其划下的不可逾越的界限，就是姓名权并不可对抗所有在先的商标权及其他商标权益。

（二）关于系争商标的申请注册行为能否导致引证商标的淡化问题

与会专家认为，系争商标 "XAVIER – LOUISVUITTON" 的商标注册行为必然会导致引证商标 "LOUIS VUITTON" 的淡化。从法律角度出发，商标具有识别、商誉承载和品质保障 3 大功能。本案中，在经历了长时间的经营之后，引证商标"LOUIS VUITTON"已经完全具备了识别、承载商誉和品质保障功能，已经成为高度知名的商标。除此之外，"LOUIS VUITTON"这个简单的符号，还象征着奢侈与高贵，彰显着购买人的身份地位，甚至还反映了购买人的生活态度与生活方式，所以这个商标已经延伸为一种社会符号，在消费时代，其远远超出了商标的基本功能，已经具备了商标的符号价值。对于这样的商标来讲，要防止其延伸功能在市场中受到损害，不但应当要保护其最重要的"区分显著性"，还需要着重保护其特有的符号价值，要求其产品来源与商标本身具有非常紧密的联系。

在判断系争商标"XAVIER－LOUISVUITTON"是否造成了引证商标"LOUIS VUITTON"被淡化的问题时，就不应当拘泥于判断商标使用的产品是否类似，相反，为保证高度驰名商标"LOUIS VUITTON"的显著性和符号价值，应当全面禁止出现使用在酒类或者其他类产品上同于或类似于"LOUIS VUITTON"商标的其他商标。由于"LOUIS VUITTON"长期拥有良好声誉，消费者每当见到这个商标，都会自然而然地联想到经营者，联想到"LOUIS VUITTON"这个符号所代表的一系列价值；而与"LOUIS VUITTON"相似的商标，无论其被用于何种类别的商品上，不但会损害到商标"LOUIS VUIT-TON"的强显著性，还会造成商标所有人通过长期经营与消费者之间形成的某种"默契"被减弱甚至切断，这样的结果就是"LOUIS VUITTON"商标淡化最直接的表现。

（三）关于系争商标注册申请人黄守迎的主观意图问题

与会专家一致认为，黄守迎申请注册系争商标具有主观恶意，其申请行为具有误导性，甚至欺骗性。首先，系争商标"XAVIER－LOUISVUITTON"与引证商标"LOUIS VUITTON"的相似程度自不待言，黄守迎在酒类商品上申请注册"XAVIER－LOUISVUITTON"商标与其取得路易威登家族第5代传人授权的时间先后顺序仍存在疑点，并不能完全排除黄守迎在申请"XAVIER－LOUISVUITTON"商标后再取得授权的可能性。如果黄守迎的申请商标的行为先于授权行为，那么，其欲通过取得授权形式掩盖其欺骗消费者的恶意更泾渭自明。

其次，系争商标成功注册之后，如若黄守迎没有主观恶意、不存在攀附引证商标创始企业商誉的意图，那么他在宣传印有"XAVIER－LOUISVUIT-TON"商标的商品时，官方网站上就不会不断强调路易威登家族、突出路易威登先生本人的红酒情怀，不会借此来吸引消费者的目光。相较之下，其在"XAVIER－LOUISVUITTON"产品上标注"与LVMH集团没有任何关系"的行为，则更像是"此地无银三百两"的欲盖弥彰。

与会专家还指出，恶意申请注册旨在与驰名商标造成混淆的行为，已经远远超出了误导消费者的消极欺骗范畴，根据引证商标"LOUIS VUITTON"的驰名中外的知名度和恶意申请人取得家族后代授权的一系列行为，足以将申请人的行为归于积极采取措施欺骗消费者的范畴，这种行为比起一般的混淆误导行为更具危害性，所以应当严令禁止。如让此种明显带有欺骗性的商标进入市场，不但有害于引证商标"LOUIS VUITTON"，还会对市场经济产生影响，更严重损害了优胜劣汰的商标竞争规则。

以上意见系基于委托方提供的资料、根据专家学者发言归纳整理作出，仅供参考。

北京务实知识产权发展中心

2016 年 10 月 15 日

附件 12 –1

北京市第一中级人民法院行政判决书（摘录）

（2014）一中行（知）初字第 9968 号

原告：路易威登马利蒂，住××××。

法定代表人：赛维利纳·加迪，知识产权投资组合经理。

委托代理人：王珊珊，北京市正见永申律师事务所律师。

委托代理人：王寒梅，北京市正见永申律师事务所律师。

被告：中华人民共和国国家工商行政管理总局商标评审委员会，住××××。

法定代表人：何训班，主任。

委托代理人：王珊，中华人民共和国国家工商行政管理总局商标评审委员会审查员。

第三人：黄守迎，中华人民共和国香港特别行政区永久性居民，江门沙路威贸易有限公司总经理，住××××。

委托代理人：申健，北京市浩东律师事务所律师。

委托代理人：苏道成，北京市浩东律师事务所实习律师，住××××。

原告路易威登马利蒂因商标异议复审行政纠纷一案，不服被告中华人民共和国国家工商行政管理总局商标评审委员会（以下简称"商评委"）作出的商评字〔2014〕第 52203 号关于第 6152261 号"XAVIER – LOUISVUITTON"商标异议复审裁定（以下简称"被诉裁定"），于法定期限内向本院提起行政诉讼。本院受理后，依法组成合议庭，并通知被诉裁定的利害关系人黄守迎作为本案第三人参加诉讼。2015 年 10 月 28 日，本院公开开庭审理了本案。原告路易威登马利蒂的委托代理人王珊珊，第三人黄守迎及其委托代理人申健、苏道成到庭参加了诉讼。被告商评委经本院合法传唤无正当理由未到庭参加诉讼，本院依法缺席审理。本案现已审理终结。

......

[由于篇幅原因，本文未收录判决证据查明部分，详细内容可根据判决号进行查询]

......

本院认为：2013 年 8 月 30 日修正的《中华人民共和国商标法》已于 2014 年 5 月 1 日施行。因被诉裁定的作出时间处于 2001 年《商标法》施行期间，故本案应适用 2001 年《商标法》进行审理。

鉴于路易威登马利蒂及黄守迎对被诉裁定作出的程序无异议，本院经审查，对商评委作出被诉裁定的行政程序的合法性予以确认。

2001 年《商标法》第 28 条规定，申请注册的商标，同他人在同一种或者类似商品上已经注册或者初步审定的商标相同或者近似的，由商标局驳回申请，不予公告。

类似商品是指在功能、用途、生产部门、销售渠道、消费群体等方面相同，或者相关公众一般认为其存在特定联系、容易造成混淆的商品。

本案中，被异议商标指定使用的第 33 类酒类商品，与引证商标一、二、三核定使用的第 18 类毛皮、旅行包、旅行箱、背包、手提包等商品，功能、用途、生产部门、销售渠道差异较大，不构成类似商品。被异议商标与引证商标标识有一定的差异。黄守迎在实际使用被异议商标时，亦与路易威登马利蒂做了区别性标注。被异议商标与引证商标并存于市场，不易导致相关公众对商品的来源产生混淆误，故被异议商标与引证商标一、二、三未构成使用于同一种或类似商品的近似商标。被诉裁定的相关认定正确。

2001 年《商标法》第 13 条第 2 款规定，就不相同或者不相类似商品申请注册的商标是复制、摹仿或者翻译他人已经在中国注册的驰名商标，误导公众，致使该驰名商标注册人的利益可能受到损害的，不予注册并禁止使用。

因路易威登马利蒂在商标评审阶段仅主张引证商标二驰名，因此本案仅对被异议商标是否构成对引证商标二的复制、摹仿，进而违反 2001 年《商标法》第 13 条第 2 款之规定进行评述。

黄守迎提供的路易威登家族族谱与路易威登马利蒂提交的家族谱系表相互印证，可以证明沙华路易威登先生为路易威登家族成员。沙华路易威登先生为 SCEA Des QUATRES PALTANES 公司经理人。SCEA Des QUATRES PAL-TANES 公司授权黄守迎任经理人的香港沙华路易威登有限公司为 XLV 品牌的亚太地区独家经销商。沙华路易威登先生授权黄守迎在中国大陆申请注册被异议商标。黄守迎为其申请注册被异议商标提供了合理的解释，因此其申请被异议商标不构成对引证商标二的复制、摹仿。黄守迎申请注册被异议商标时，避开了引证商标二享有较高知名度的商品类别。黄守迎在其实际使用被异议商标时，亦标注其与 LVMH 集团不存在任何关联，其主观上不存在攀附 LVMH 集团及其商标商誉的故意。黄守迎在实际使用被异议商标时，标注其与 LVMH 集团不存在任何关联，相当程度上排除了误导相关公众的可能。虽然路易威登马利蒂提交的证据可以证明其引证商标二在皮箱（包）商品上享有较高知名度，但被异议商标不构成对其的复制、摹仿，其注册与使用不致误导公众，因此，被异议商标的申请注册未违反 2001 年《商标法》第 13 条第 2 款之规定。但黄守迎及其关联公司在实际使用被异议商标时，应继续标注醒目文字，与 LVMH 集团相区分。

鉴于黄守迎申请注册被异议商标具有正当事由，且在实际使用被异议商标时与 LVMH 集团做了区别性标注，关于路易威登马利蒂依据 2001 年《商标法》第 10 条第 1 款第（8）项及第 41 条第 1 款提出的起诉理由，亦缺乏事实与法律依据，本院不予支持。

综上，被诉裁定认定事实清楚，适用法律正确，作出程序合法，原告路易威登马利蒂的诉讼请求不能成立，本院不予支持。据此，依照《中华人民共和国行政诉讼法》第 69 条之规定，判决如下：

驳回原告路易威登马利蒂的诉讼请求。

案件受理费人民币 100 元，由原告路易威登马利蒂负担（已缴纳）。

如不服本判决，原告路易威登马利蒂及第三人黄守迎可于本判决书送达之日起 30 日内，被告中华人民共和国国家工商行政管理总局商标评审委员会可于本判决书送达之日起 15 日内，向本院递交上诉状，并按对方当事人人数提交副本，交纳上诉案件受理费人民币 100 元，上诉于中华人民共和国北京市高级人民法院。如在上诉期满后 7 日内未缴纳上诉案件受理费，按自动撤回上诉处理。

审　判　长　张靛卿

代理审判员　朱一峰

人民陪审员　艾红波

2015 年 12 月 29 日

书　记　员　杨洁

北京市高级人民法院行政判决书（摘录）

(2016) 京行终第 3589 号

上诉人（原审原告）：路易威登马利蒂，住所地××××。

法定代表人：赛维利纳·加迪，知识产权投资组合经理。

委托代理人：王珊珊，北京市正见永申律师事务所律师。

委托代理人：王寒梅，北京市正见永申律师事务所律师。

被上诉人（原审被告）：中华人民共和国国家工商行政管理总局商标评审委员会，住所地××××。

法定代表人：赵刚，主任。

委托代理人：王珊，中华人民共和国国家工商行政管理总局商标评审委员会审查员。

原审第三人：黄守迎，江门沙路威贸易有限公司总经理。

委托代理人：申健，北京市浩东律师事务所律师。

委托代理人：苏道成，北京市浩东律师事务所实习律师。

上诉人路易威登马利蒂因商标异议复审行政纠纷一案，不服中华人民共和国北京市第一中级人民法院（以下简称"北京市第一中级人民法院"）(2014) 一中行（知）初字第 9968 号行政判决，向本院提起上诉。本院于 2016 年 7 月 7 日受理本案后，依法组成合议庭进行了审理。上诉人路易威登马利蒂的委托代理人王珊珊、王寒梅，被上诉人中华人民共和国国家工商行政管理总局商标评审委员会（以下简称"商标评审委员会"）的委托代理人王珊，原审第三人黄守迎及其委托代理人申健于 2016 年 10 月 19 日来院接受了询问。本案现已审理终结。

......

[由于篇幅原因，本文未收录判决证据查明部分，详细内容可根据判决号进行查询]

......

本院认为：本案应适用 2001 年《商标法》进行审理。2001 年《商标法》第 28 条规定，申请注册的商标，凡不符合本法有关规定或者同他人在同一种商品或者类似商品上已经注册的或者初步审定的商标相同或者近似的，由商标局驳回申请，不予公告。

类似商品，是指在功能、用途、生产部门、销售渠道、消费对象等方面相同，或者相关公众一般认为其存在特定联系、容易造成混淆的商品。认定商品是否类似，应以相关公众对商品的一般认识综合判断，《商标注册用商品和服务国际分类表》《类似商品和服务区分表》可以作为判断类似商品的参考。

本案中，被异议商标指定使用商品为第 33 类的酒类商品，引证商标一、二、三核定使用的商品均为第 18 类的箱包类商品，彼此在功能、用途、销售渠道等方面差异较大。即便考虑引证商标一、二、三在箱包商品上的知名度，也不宜认定被异议商标指定使用商品与引证商标一、二、三核定使用商品构成类似商品。因此，商标评审委员会和原审法院认定被异议商标与引证商标一、二、三不构成使用在类似商品上的近似商标是正确的。对路易威登马利蒂的该项上述主张不予支持。

2001 年《商标法》第 13 条第 2 款规定，就不相同或者不相类似商品申请注册的商标是复制、摹仿或者翻译他人已经在中国注册的驰名商标，误导公众，致使该驰名商标注册人的利益可能受到损害的，不予注册并禁止使用。该条规定的"误导公众，致使该驰名商标注册人的利益可能受到损害"的情形，包括贬损驰名商标市场声誉的行为、减弱驰名商标显著性的行为和不正当利用驰名商标市场声誉的行为。

根据 2001 年《商标法》第 14 条的规定，认定驰名商标应当综合以下因素：相关公众对该商标的知晓程度；该商标使用的持续时间；该商标的任何宣传工作的持续时间、程度和地理范围；该商标作为驰名商标受保护的记录以及该商标驰名的其他因素。

驰名商标保护的目的在于适当扩张具有较高知名程度的商标的保护范围和保护强度，当事人主张驰名商标保护且符合保护条件和确有必要的，即应当依法予以认定和保护。对于一般公众广泛知晓的驰名商标，应当结合众所周知的驰名事实，在当事人已经提供其商标驰名的基本证据的情况下，对该商标驰名的事实予以认定，减轻商标权人对于商标驰名情况的举证责任。对于已经在中国注册的驰名商标，在不相类似商品上确定其保护范围时，应当与其驰名程度相适应。对于社会公众广为知晓的已经在中国注册的驰名商标，在不相类似商品上确定其保护范围时，应当给予与其驰名程度相适应的较宽范围的保护。

本案中，路易威登马利蒂提交的证据能够证明，引证商标二"LOUIS VUITTON"早在 1985 年即在中国申请注册，并在箱包类商品上在中国境内进行了持续、广泛的使用和宣传，1999 年和 2000 年引证商标二 2 次作为"箱包"商品上的"全国重点商标"列入《全国重点商标保护名录》受到保护，并多次被商标行政机关认定为"箱包"商品上的驰名商标。在路易威登马利蒂已提交了上述证据的情况下，结合众所周知的驰名事实，足以认定路易威登马利蒂在箱包类商品上注册的引证商标二为在中国注册的驰名商标。商标评审委员会有关在案证据不足以证明引证商标二已达驰名程度的认定有误，依法应予纠正。

被异议商标完整包含了引证商标二，标志本身构成近似，且其中相同的部分"LOUIS VUITTON"系路易威登家族成员的姓名组成部分。从姓名权和商标权两种不同法定权利的设置及其功能看，姓名权的核心是表明自然人的身份，体现自然人的人格，而商标权的核心是标识商品或服务的来源。当自然人的姓名已经被合法作为标识商品或服务来源的商标注册使用，并在相关公众中具有一定影响和知名度，其作为商业标志的价值和功能明显强于其作为自然人身份、人格标志的意义和功能时，该自然人在商标意义上使用其姓名时则应避免导致市场的混淆误认。本案中，虽然黄守迎提交的证据能够证明被异议商标来源于路易威登家族后代沙华路易威登（全名 XAVIER LOUIS PIERRE VUITTON）的姓名，但引证商标二在被异议商标申请日前在中国大陆地区已成为箱包类商品上公众广为知晓的驰名商标，黄守迎在同为日常生活消费品的酒类商品上申请注册被异议商标，仍可能导致相关公众误认为其与路易威登马利蒂之间存在某种特定联系，进而损害路易威登马利蒂的利益。虽然黄守迎在部分葡萄酒的瓶贴上标注了"'XLV'与'LVMH'集团没有任何商业上的关系及往来"字样，且在分销合同中亦约定了"乙方在出售、宣传及推广有关产品时，不得使用与'LVMHGROUP'或'LouisVuittonMallrtier'或'LouisVuitton'相同或相近的商标或标识"的内容，但由于上述标注的字体过小，相关公众施以一般注意力难以发现，且在上述标注的同时，黄守迎还存在同时强调其与路易威登家族关系的内容。对于普通消费者而言，难以区分路易威登家族与路易威登马利蒂之间的关系，上述标注和约定尚不足以消除相关公众误认的可能性。加之路易威登马利蒂在本院诉讼中补充提交的证据能够证明相关公众对于被异议商标与路易威登马利蒂已经产生了关联关系的误认。因此，原审法院根据黄守迎在部分葡萄酒瓶贴上的标注，及其与经销商的约定认定被异议商标不构成对驰名的引证商标二的复制摹仿，依据不足，本院对此予以纠正。

综上，被异议商标已经构成2001年《商标法》第13条第2款规定的情形，商标评审委员会和原审法院就此所作认定有误，依法应予纠正。路易威登马利蒂的相关上诉理由成立，但其有关原审法院对驰名的事实存在漏审的上诉理由不能成立，对此不予支持。

2001年《商标法》第10条第1款第（8）项规定，有害于社会主义道德风尚或者有其他不良影响的标志不得作为商标使用。第41条第1款规定，已经注册的商标，违反本法第10条、第11条、第12条规定的，或者是以欺骗手段或者其他不正当手段取得注册的，由商标局撤销该注册商标；其他单位或者个人可以请求商标评审委员会裁定撤销该注册商标。

本案中，被异议商标并不存在有害于社会主义道德风尚或者可能对我国政治、经济、文化、宗教、民族等社会公共利益和公共秩序产生消极、负面影响的情形，也无证据证明黄守迎申请注册被异议商标采取了欺骗手段或者其他伪造申请文件、欺骗国家商标行政管理机关的手段。因此，对路易威登马利蒂有关被异议商标违反2001年《商标法》第41条第1款和第10条第1款第（8）项规定的上诉理由，不予支持。

综上，路易威登马利蒂的上诉理由部分成立，对其上诉请求本院予以支持。原审判决认定事实不清，适用法律有误，依法应予纠正。依照《中华人民共和国行政诉讼法》第89条第1款第（2）项、第3款之规定，判决如下：

一、撤销中华人民共和国北京市第一中级人民法院（2014）一中行（知）初字第9968号行政判决；

二、撤销中华人民共和国国家工商行政管理总局商标评审委员会商评字〔2014〕第52203号《关于第6152261号"XAVIER－LOUISVUITTON"商标异议复审裁定书》；

三、中华人民共和国国家工商行政管理总局商标评审委员会就第6152261号"XAVIER－LOUISVUITTON"商标重新作出异议复审裁定。

一、二审案件受理费各人民币100元，均由中华人民共和国国家工商行政管理总局商标评审委员会负担（均于本判决生效之日起7日内缴纳）。

本判决为终审判决。

审　判　长　谢甄珂

审　判　员　王晓颖

代理审判员　孙柱永

2016年11月15日

书　记　员　王译平

不正当竞争

案例 13

关于泰安磐然测控科技有限公司与泰安德图自动化仪器有限公司、王君玲等侵犯商业秘密纠纷专家研讨会法律意见书

务实（2015）第 009 号

受泰安磐然测控科技有限公司（以下简称"磐然公司"）委托，北京务实知识产权发展中心于 2015 年 6 月 12 日召开了"关于泰安磐然测控科技有限公司与泰安德图自动化仪器有限公司、王君玲等侵犯商业秘密纠纷专家研讨会"。中国社会科学院知识产权中心主任、博士生导师李明德，中国社会科学院法学研究所研究员、博士生导师、中国科学院大学法律与知识产权系主任、中国知识产权研究会副理事长李顺德，中国政法大学民商经济法学院民事诉讼法研究所所长、中国政法大学民商经济法学院教授、博士生导师宋朝武，中国政法大学民商经济法学院教授、博士生导师冯晓青，中国政法大学民商经济法学院教授、博士生导师张今，原最高人民法院民三庭法官段立红，清华大学法学院副教授崔国斌，北京务实知识产权发展中心主任程永顺等资深知识产权法律专家、学者参加了研讨，中国人民大学纠纷解决研究中心主任、中国人民大学法学院教授、博士生导师肖建国出具了书面意见。

研讨会由北京务实知识产权发展中心主任程永顺主持。

参与本案研讨的专家在认真审阅委托方提供的与本案有关的材料、了解案件相关背景情况的基础上，围绕本案中，在磐然公司已经提供证据证明其主张的客户信息构成商业秘密，王君玲等自然人曾任职于磐然公司、并接触到上述商业秘密，德图公司与上述客户发生了业务关系，王君玲任职于德图公司的情况下，德图公司、王君玲等是否构成侵犯磐然公司商业秘密的举证责任应当如何分配；二审法院对磐然公司提交的录音证据及李建的证人证言均不予采信是否恰当；构成商业秘密的"客户名单"与"客户的名单"是什么关系，"公开渠道获得"与"秘密性"两者是否能够同时具备；德图公司、

王君玲等不能提供相反证据证明涉案客户信息的合法来源，在现有证据下能否认定德图公司、王君玲等侵犯了磐然公司商业秘密等与本案相关的法律问题进行了深入研讨，并充分发表了各自的意见。

一、背景情况

（一）涉案当事人及其销售产品基本情况

1. 涉案当事人基本情况

磐然公司成立于 2003 年 6 月 12 日，法定代表人徐军，注册资本 1000 万元，主要经营自动化测控设备、计量测试仪器、自动化仪表、软件的开发、制造、服务、技术培训等销售与服务。

磐然公司研发、生产的产品为温度计量标准装置及相关配套设备，具有准确度要求高、研制周期长、需求量较小、使用周期长等特点。上述设备是传递温度（物理量）的标准设备，工作原理、过程及结果均应符合国际国内相关法律、法规（如国际 90 温标、《计量法》、相关检定规程、校准规范等），客户通过购买设备、培训人员、履行建标（或国家实验室认可）手续，方可取得对外或对内合法开展检定/校准工作的资格。

磐然公司参与制定了 3 项国家计量技术规范，取得实用新型专利 8 项、计算机软件著作权登记证书 8 项，注册商标 2 个，取得科学技术成果等多项知识产权，在系统核心期刊上发表了多篇论文，产品的科技含量高，系国内知名品牌，公司具有严格的内部管理体系，取得 ISO 9001 质量管理体系认证，参与编著了《温度测控技术及应用》，系省级守合同重信用企业。2009 年，磐然公司合作承担的国家质检总局科技计划项目通过科学技术成果鉴定。2005 年，磐然公司被全国温度计量技术委员会聘请为成员单位和通讯成员单位。2012 年，磐然公司 1 个项目获得科技部科技型中小企业技术创新基金。磐然公司建立的质量管理体系符合 GB/T 19001—2008 idt ISO 09001：2008 标准认证。

磐然公司组织参与了多次专业研讨会。磐然公司为宣传推荐自己的产品，提高创新能力和产品性能，对相关客户进行业务培训。磐然公司每年在国家级刊物《中国计量》《计测技术》《计量技术》等期刊上发布广告宣传其产品。

2003 年 6 月 22 日，磐然公司向相关公司客户发出通知，泰安智能仪器仪表厂（以下简称"仪表厂"）按照泰安市委、市政府及有关部门的指示精神，正在办理改制的相关手续，并在原有基础上组建新的有限责任公司磐然公司，将继续承担原合同中供方的所有义务并继续承担原合同中供方的各项权利。

德图公司于 2011 年 9 月 29 日成立，注册资本 100 万元，由自然人曹诗钰、夏西文投资，原法定代表人为夏西文，主要经营自动化测控仪器、自动化仪表、软件的开发、制造、技术培训及服务等。

2013 年 6 月 7 日，德图公司法定代表人变更为王君玲。

徐向东于 1993 年在仪表厂技术科负责仪器调试工作。2004 年该厂破产后，进入磐然公司工作。徐向东与王君玲是夫妻关系。

2005 年至 2010 年 1 月 8 日，徐向东在磐然公司从事销售工作，负责东北市场，2010 年 1 月 8 日被任命为负责销售的副总经理，全面负责磐然公司的市场销售工作。2011 年 6 月 20 日因故被免去销售副总经理职位，同年口头提出辞职，不再从事实际性工作，直至 2012 年离开公司。

王君玲于 1997 年在仪表厂从事生产工作，2004 年该厂破产。2005 年 9 月份，到磐然公司从事销售工作，2010 年任公司市场一部经理，从事销售工作，负责的销售区域是山东、江苏、河南，2012 年 2 月 28 日转岗到培训部门负责销售技能培训。

2012 年 3 月 22 日，提出辞职；2012 年 4 月 22 日，离开磐然公司。

2013 年 6 月 3 日，德图公司与王君玲签订《总经理聘用合同》，聘任王君玲担任德图公司总经理。

2013 年 6 月 7 日，德图公司进行工商登记变更，王君玲成为德图公司法定代表人。

王凤远于 1996 年 7 月在仪表厂工作，从事生产工作 2 个月，后调到办公室，负责采购、劳资，2004 年该厂破产后进入磐然公司。其先从事了几个月的采购工作，于 2005 年 4 月、5 月从事销售工作，负责的销售区域是四川、重庆，2011 年 2 月 12 日，被任命为市场二部经理。

2012 年 5 月 22 日，提出辞职。

2. 磐然公司与德图公司主要经营产品情况

两家公司主要经营产品均为热工仪表检定装置，其包括数字表、扫描开关、恒温槽、检定炉、校验仪、计算机、控制软件、零度恒温器、标准热电偶、标准铂电阻温度计等。温场测试系统通常有数据采集器（数字表）、笔记本计算机、软件、热电偶、热电阻、温度传感器等构成。

（二）一审民事诉讼情况

磐然公司向泰安市中级人民法院提起诉讼称，原磐然公司员工徐向东、王君玲、王凤远共同违反磐然公司有关保守商业秘密的要求，非法披露并允许德图公司使用其掌握的磐然公司的商业秘密，徐向东等的行为属于为自己谋利的不正当竞争行为，严重损害了磐然公司的合法权益，给磐然公司造成了巨大的经济损失，使磐然公司产品销售量显著降低，德图公司自成立以来因侵权发生的销售额达 900 万元，其因侵权所获得的利益数额巨大。请求法院判令德图公司、王君玲、王凤远、徐向东立即停止侵犯磐然公司商业秘密的侵权行为，共同赔偿磐然公司经济损失 100 万元。

1. 磐然公司所主张的商业秘密情况

平顶山市远东计量仪器仪表有限公司等 28 家单位的经营信息，包括公司地址、联系人、电话、手机号码、意向产品及业务人员的记录本所记载的信息。

2. 磐然公司提交证据的主要情况

磐然公司共提交了 6 组证据，其中第 4 组证据是为证明王君玲等侵权的事实，其中包括：

（1）磐然公司提交的王君玲代表德图公司签收的送货单原件，拟证明王君玲至少在 2012 年 12 月 5 日时已与德图公司存在联系。

（2）证人李建证言以及录音资料，拟证明：①德图公司是由王君玲、王凤远和徐向东出资设立，三人是德图公司的隐名股东；②王君玲、王凤远和徐向东曾代表德图公司向其定做产品；③德图公司的销售业绩没有合法来源。

（3）王君玲的年终总结，拟证明德图公司的销售业绩没有合法来源。

磐然公司一审提交的其他证据情况见附件 3。

3. 一审事实认定情况

磐然公司所主张的 28 家客户信息中的以下 5 家构成商业秘密：平顶山远东计量仪器仪表有限公司、东方蓝天钛金科技有限公司、四川航空工业川西机器有限责任公司、无锡华润华晶微电子有限公司、胜利油田孚瑞特石油设备有限责任公司。

德图公司侵权的事实：平顶山远东计量仪器仪表有限公司、东方蓝天钛金科技有限公司、无锡华润华晶微电子有限公司、胜利油田孚瑞特石油设备有限责任公司均是王君玲在磐然公司经办的业务，德图公司与上述公司发生了业务关系。

四川航空工业川西机器有限责任公司是王凤远在磐然公司经办的业务，德图公司与其发生了业务关系。

沧州大图电子机柜制造有限公司（以下简称"大图公司"）原是与仪表厂建立的业务关系，具体联系人是王凤远，仪表厂破产后，王凤远到磐然公司处与其发生业务关系。大图公司经理李建证实：与王凤远关系不错，相互信任。2012 年 12 月 5 日，大图公司为德图公司加工了小冰桶 2 台，大冰桶 3 台，收货人为王君玲。2013 年 1 月 29 日，德图公司与大图公司签订了加工检定炉 20 台，高温炉控制柜、卧式高温炉和退火柜各 1 台的合同。王君玲、王凤远曾向大图公司负责人李建联系定做高温炉、高温控制柜、热电偶检定炉、产品机壳和机柜及冰桶。

基于以上事实，一审法院认为德图公司、王君玲、王凤远侵犯了磐然公司商业秘密，主要理由：

王君玲、王凤远分别自 2005 年和 2004 年在磐然公司从事销售工作，并具体负责与相关客户的业务关系，知悉相关客户的信息，按照公司的管理制度对其掌握的客户信息负有保密义务，在其离开原公司后，德图公司又与其相关客户发生业务关系，从证人李建的证言也证实了王君玲、王凤远以德图公司的名义与其发生业务关系，主观上是明知的，侵犯了磐然公司的商业秘密。

德图公司应当知道王君玲、王凤远在磐然公司的任职情况，又与磐然公司的客户发生业务关系，主观上是明知的，侵犯了磐然公司的商业秘密。

现有证据无法证明徐向东向德图公司披露了磐然公司的商业秘密。

2014 年 6 月 10 日，泰安市中级人民法院作出（2013）泰知初字第 56 号民事判决书，判决王君玲、王凤远及德图公司立即停止侵犯磐然公司商业秘密的侵权行为，王君玲、王凤远及德图公司赔偿磐然公司经济损失 30 万元，驳回磐然公司对徐向东的诉讼请求，驳回磐然公司的其他诉讼请求。

（三）二审民事诉讼情况

磐然公司及王君玲、王凤远、德图公司均不服一审判决，分别向山东省高级人民法院提起上诉。

磐然公司请求法院撤销一审判决，改判支持其原审全部诉讼请求，其主要理由是：

（1）其主张的 28 家客户名单均构成商业秘密；

（2）一审法院认为德图公司未侵害其余 23 家客户名单商业秘密错误，德图公司提供的证据不能证明其与河南心连心化肥有限公司二分公司等 6 家客户是通过公开招标发生的业务，也不能证明成都美利达仪表有限公司等 2 家公司主动联系德图公司，根据德图公司的证据，也能证明其与相关客户发生了业务，一审认定德图公司与 10 家客户未发生业务错误；

（3）一审法院认定徐向东不承担责任错误，徐向东在磐然公司工作期间，负责东北三省市场，并作为磐然公司高级管理人员，有条件接触并获知磐然公司的商业秘密。而且，磐然公司提供的证据证明徐向东是德图公司隐名股东，其向德图公司披露了掌握的磐然公司的商业秘密，侵犯了磐然公司的商业秘密，应当承担侵权责任；

（4）一审判决赔偿数额过低。

德图公司、王君玲、王凤远请求二审法院撤销一审判决，改判驳回磐然公司全部诉讼请求，主要理由是：

（1）涉案28家客户名单信息不构成商业秘密，该28家客户名单没有明确的载体，没有秘密点，没有采取合理保密措施，不符合商业秘密构成要件；

（2）德图公司、王君玲、王凤远未侵犯商业秘密，主要理由：

首先，王君玲、王凤远均于2012年离开磐然公司，而涉案28家客户名单形成于2014年5月，王君玲、王凤远不可能掌握该信息；

其次，王君玲于2013年6月受聘德图公司，王凤远并非德图公司员工，均未向德图公司披露相关信息；

最后，一审法院认定"德图公司应当知道王君玲、王凤远在磐然公司处任职的情况，又与磐然公司的客户发生业务关系，构成明知"，属于认定错误。现没有证据证明德图公司知道磐然公司28家客户名单信息。

二审法院对德图公司提交的以下2份新证据予以确认：

公证书1份，系德图公司对涉案23家客户进行的网络查询记录，用以证明磐然公司主张商业秘密的28家客户中有23家客户信息能通过互联网查询到，不构成商业秘密；

德图公司与安徽瑞鑫自动化仪表有限公司发生交易的合同和发票各1份。

二审法院认定以下17家客户构成商业秘密：

平顶山市远东计量仪器仪表有限公司、东方蓝天钛金科技有限公司、四川航空工业川西机器有限责任公司、无锡华润华晶微电子有限公司、潍坊振兴焦化有限公司、南阳中南金刚石有限公司、胜利油田孚瑞特石油设备有限责任公司、河南心连心化肥有限公司二分公司、成都美利达仪表有限公司、无锡江南计算技术研究所、中国第一重型机械股份公司、深圳市中图仪器科技有限公司、苏州市计量测试研究所、豫西工业集团有限公司郑州计量所、四川泸州川南机械厂、抚顺石油机械有限责任公司、重庆长江电工（集团）有限公司。德图公司与上述17家客户发生业务关系具体时间见下表：

序号	公司名称	交易时间	一审认定情况
1	平顶山市远东计量仪器仪表有限公司	2011. 11. 26	认定
2	东方蓝天钛金科技有限公司	2012. 01. 04	认定
3	四川航空工业川西机器有限责任公司	2012. 09. 20	认定
4	无锡华润华晶微电子有限公司	2012. 10. 16	认定
5	潍坊振兴焦化有限公司	2012. 12. 10	未认定

序号	公司名称	交易时间	一审认定情况
6	南阳中南金刚石有限公司	2013.01.10	未认定
7	胜利油田孚瑞特石油设备有限责任公司	2012.11.09	认定
8	河南心连心化肥有限公司二分公司	2012.07.06	未认定
9	成都美利达仪表有限公司	2012.10.11	未认定
10	无锡江南计算技术研究所	2012.10.18	未认定
11	中国第一重型机械股份公司	2012.04.18	未认定
12	深圳市中图仪器科技有限公司	2013.05.13	未认定
13	苏州市计量测试研究所	2012.04.16	未认定
14	豫西工业集团有限公司郑州计量所	2012.04.21	未认定
15	四川泸州川南机械厂	2012.09	未认定
16	抚顺石油机械有限责任公司	2012.12.20	未认定
17	重庆长江电工（集团）有限公司	2013.08.29	未认定

二审法院认为现有证据不能证明德图公司、王君玲、王凤远、徐向东侵犯了磐然公司的商业秘密，主要理由为：

客户名单如果符合商业秘密的构成要件，从而构成商业秘密，成为公司的专属信息，但是客户名单中的客户并不成为该公司的专属客户，其他公司通过合法渠道获得相关信息而与客户名单中的客户发生交易，并不侵犯该公司的商业秘密。

根据磐然公司提交的现有证据，仅能证明德图公司与其客户发生业务往来，不能证明德图公司该行为具有不正当性，亦不能证明王君玲、王凤远、徐向东与德图公司上述行为有关联关系。具体分析如下：

第一，根据已查明的事实，德图公司与上述 17 家公司发生交易的时间均在王君玲入职德图公司以前，磐然公司现有证据不能证明王君玲受聘于德图公司之前与德图公司存在联系，亦不能证明徐向东、王凤远与德图公司之间存在联系，且无证据证明三人在磐然公司任职时向德图公司非法披露了其掌握的磐然公司的商业信息。也即，德图公司与上述 17 家公司涉案交易事实与徐向东、王君玲、王凤远无关。

第二，李建虽出庭作证其代表的大图公司通过徐向东、王君玲、王凤远与德图公司发生交易，但因徐向东、王君玲、王凤远对电话录音的内容不认可，而李建所在的大图公司与磐然公司存在多年的业务关系，其与磐然公具有利害关系，李建的证言效力较弱，在磐然公司未提供其他相关佐证的情况下，对磐然公司提交的录音证据及李建的证人证言均不予采信。

第三，上述 17 家公司中有 16 家公司的联系方式可以通过互联网查找到，并与公司取得联系。因此，不能得出德图公司与该 17 家公司交易即侵害磐然公司商业秘密的唯一结论。

2014 年 12 月 25 日，山东省高级人民法院作出（2014）鲁民三终字第 235 号民事判决书，撤销泰安市中级人民法院（2013）泰知初字第 56 号民事判决，驳回磐然公司诉讼请求。

（四）再审基本情况

磐然公司不服山东省高级人民法院（2014）鲁民三终字第 235 号民事判决，于 2015 年 1 月 9 日向最高人民法院申请再审，主要理由：

1. 磐然公司提供的证据足以证明王君玲在 2013 年 6 月 3 日形式上受聘于德图公司之前与德图公司确实已存在联系。

（1）磐然公司在一审时提交的王君玲代表德图公司签收的送货单原件。

该送货单原件由大图公司出具。王君玲的签收日期为 2012 年 12 月 5 日，明显早于 2013 年 6 月 3 日王君玲形式上受聘于德图公司的时间；其货物为"小冰桶 2 台、大冰桶 3 台"；定作单位为德图公司；在定作方代表和收货人一栏上均有王君玲的亲笔签名。对此，王君玲在一审时当庭予以认可。

该证据证明，王君玲至少在 2012 年 12 月 5 日已与德图公司存在联系，即德图公司在 2012 年 12 月 10 日至 2013 年 8 月 9 日与潍坊振兴焦化有限公司等 5 家客户发生业务均与王君玲有关。

（2）2013 年 3 月 20 日大图公司给德图公司开具的购货发票存根。

证人李建在庭上作证说，该发票的货款是由王君玲代表德图公司向李建支付的现金。

（3）证人李建一审庭审时的证言（证言具体内容见附件 4），证明：①王君玲和徐向东系夫妻关系；②王君玲最迟在 2012 年 9 月已代表德图公司对外开展销售业务，其中至少 9 家是磐然公司的客户名单和业务信息；③德图公司系王君玲、王凤远和徐向东 3 人共同出资设立的，他们都是德图公司的隐名股东；④徐向东、王君玲和王凤远曾在王君玲 2013 年 6 月 3 日受聘于德图公司之前就代表德图公司向大图公司定制产品；⑤德图公司若靠自身的努力要取得目前的销售业绩需要 5～6 年的时间。

（4）李建与王君玲的通话录音（具体内容见附件 5），证明：①王君玲要求李建隐瞒她与德图公司的关系；②再次证明王君玲他们的德图公司在 2012 年的半年时间就做了 300 多万元业务。

（5）德图公司的大股东曹诗钰系王君玲的外甥女，其母王君宏系王君玲的姐姐。

根据工商登记资料，德图公司成立时的注册资本为 100 万元，其中曹诗钰持股 80 万元，占公司股份 80%。而德图公司于 2011 年 9 月 29 日成立时，曹诗钰年仅 20 岁（出生年月：1990 年 12 月 26 日）。

2. 磐然公司提供的证据足以证明王凤远和徐向东与德图公司的成立以及德图公司开展的业务存在联系。

（1）李建与王凤远的通话录音（具体内容见附件 6）能够证明：①王凤远代表德图公司要求大图公司加工的产品与磐然公司的相同；②李建和王凤远关系非同一般，王凤远有恩于李建，说明李建与王凤远所在的德图公司的关系胜于磐然公司。

（2）李建与徐向东的谈话录音（具体内容见附件 7）能够证明：①德图公司系徐向东、王君玲和王凤远 3 人成立，他（她）们是老板，均持有股份，是隐名股东。而曹诗钰和夏西文是显名股东；②王凤远在德图公司做的市场就是磐然公司的市场。

3. 山东高院以"徐向东、王君玲、王凤远对电话录音的内容不认可及证人李建所在公司与申请人有业务关系"为由，对磐然公司提交的李建的证人证言和录音证据不予采信属适用法律不当。

4. 德图公司自 2011 年 9 月 29 日注册成立到 2012 年 9 月 27 日，在短短的一年时间内就做了几百万元的销售业务，结合本案其他证据，应当认为其客户名单和业务信息来源于磐然公司。

因此，关于德图公司客户名单和业务信息是否具有合法来源的举证责任理应由德图公司等侵权人承担，山东高院将该举证责任分配给磐然公司承担，属于程序不当。

目前，本案处于再审申请阶段。

二、研讨会依据的材料

北京务实知识产权发展中心接受委托后，将委托方的代理人提交的相关材料送交专家阅读，本次研讨会依据的材料包括：

1. 泰安市中级人民法院（2013）泰知初字第 56 号民事判决书；
2. 山东省高级人民法院（2014）鲁民三终字第 235 号民事判决书；
3. 磐然公司一审证据目录；
4. 一审时李建庭审笔录；
5. 李建与王君玲通话录音（文字版）；

6. 李建与王凤远通话录音（文字版）；

7. 李建与徐向东通话录音（文字版）；

8. 磐然公司民事再审申请书。

三、研讨会的主要议题

1. 本案中，在磐然公司已经提供证据证明其主张的客户信息构成商业秘密，王君玲等自然人曾任职于磐然公司、并接触到上述商业秘密，德图公司与上述客户发生了业务关系，王君玲任职于德图公司的情况下，德图公司、王君玲等是否构成侵犯磐然公司商业秘密的举证责任应当如何分配？

2. 二审法院对磐然公司提交的录音证据及李建的证人证言均不予采信是否恰当？

3. 构成商业秘密的"客户名单"与"客户的名单"是什么关系？"公开渠道获得"与"秘密性"两者是否能够同时具备？

4. 德图公司、王君玲等不能提供相反证据证明涉案客户信息的合法来源，在现有证据下能否认定德图公司、王君玲等侵犯了磐然公司的商业秘密？

四、专家意见

与会专家围绕上述问题进行了热烈讨论，充分发表了意见。经过归纳整理，形成以下法律意见：

与会专家一致认为，由于本案一、二审法院均已认定权利人主张的经营信息构成商业秘密，因此，本次研讨会对商业秘密构成问题不作进一步讨论，仅就与侵犯商业秘密行为认定相关的法律问题进行研讨。

（一）本案中，在磐然公司已经提供证据证明其主张的客户信息构成商业秘密，王君玲等自然人曾任职于磐然公司、并接触到上述商业秘密，德图公司与上述客户发生了业务关系，王君玲任职于德图公司的情况下，德图公司、王君玲等是否构成侵犯磐然公司商业秘密的举证责任应当如何分配？

与会专家认为，侵犯商业秘密案件的举证责任分配，应当根据《中华人民共和国民事诉讼法》（以下简称《民事诉讼法》）第 64 条第 1 款"谁主张、谁举证"的一般举证规则，结合《最高人民法院关于审理不正当竞争案件应用法律若干问题的解释》的特别规定，合理地分配。

《最高人民法院关于审理不正当竞争案件应用法律若干问题的解释》第 14 条规定："当事人指称他人侵犯其商业秘密的，应当对其拥有的商业秘密符合法定条件、对方当事人的信息与其商业秘密相同或者实质相同以及对方当事人采取不正当手段的事实负举证责任"，但由于侵犯商业秘密行为本身具有隐蔽性的特点，如果要求主张商业秘密的当事人提供直接证据证明对方当事人实施了侵犯商业秘密的行为非常困难，因此，司法实践中，对"对方当事人采取不正当手段的事实"的证明要求通常采取"接触加实质性相似"原则。

具体而言，在一方当事人已经证明其主张的技术信息或者经营信息构成商业秘密的前提下，如果他能够进一步举证证明对方当事人与其商业秘密存在接触，对方当事人在经营活动中使用了与其商业秘密相同或者实质相同的技术信息或者经营信息，则其关于被控侵权人侵权行为成立的举证责任就已经完成。此时，举证责任将转移至被控侵权人，由被控侵权人举证证明其使用的技术信息或者经营信息具有合法来源，如被控侵权人不能举证证明上述事实，则应认定侵权成立。在涉及客户名单的案件中，根据《最高人民法院关于审理不正当竞争民事案件应用法律若干问题的解释》第 13 条第 2 款规定："客户基于对职工个人的信赖而与职工所在单位进行市场交易，该职工离职后，能够证明客户自愿选择与自己或者其新单位进行市场交易的，应当认定没有采用不正当手段，但职工与原单位另有约定的除外"，如果被控侵权人能够举证证明上述规定中的事实，则侵权行为不成立。

本案中，由于一、二审法院均认定磐然公司主张的客户信息构成商业秘密，因此，磐然公司只要能够举证证明王君玲等与其商业秘密存在接触，王君玲等与德图公司之间存在联系，德图公司使用了上述信息，就完成了其举证责任。此时，举证责任转移至德图公司、王君玲等被控侵权人，由其举证证明德图公司使用的信息具有合法来源，比如通过招标等方式与相关客户发生交易，或者举证证明与德图公司发生业务关系的客户具有《最高人民法院关于审理不正当竞争民事案件应用法律若干问题的解释》第 13 条第 2 款规定的情形，如果德图公司、王君玲等不能举证证明上述事实的存在，应当认定侵权行为成立。

从现有证据情况来看，磐然公司提交的证据能够证明王君玲等人与磐然公司的商业秘密存在接触，德图公司使用了上述信息。至于二审法院强调的德图公司与 17 家公司交易的时间发生在王君玲入职德图公司以前的问题，实际上磐然公司提交的王君玲代表德图公司签收的送货单、大图公司与德图公司签订的产品加工合同、李建与王君玲等人的通话录音及李建的证人证言已经形成了一个完整的证据链，如果李建与王君玲等人的通话录音的取得不存在违反法律规定的情形，录音本身也没有瑕疵，王君玲等又无证据证明其对上述录音及李建证言的异议，上述证据应该能够证明王君玲等将上述商业秘密泄露给德图公司。因此，在这种情况下，磐然公司已经完成了其相应的举证责任。而且就本案而言，目前尚没有证据表明王君玲等对德图公司使用的商业秘密具有合法来源进行有效的举证证明，也没有证据表明本案存在《最高人民法院关于审理不正当竞争民事案件应用法律若干问题的解释》第13条第2款规定的情形，因此，本案应当能够认定商业秘密侵权行为成立。

（二）二审法院对磐然公司提交的录音证据及李建的证人证言均不予采信是否恰当？

与会专家一致认为，视听资料与证人证言是两种不同的证据类型，对其证据能力和证明力的审查判断，分别遵循不同的审查判断标准，不能混为一谈。其中，视听资料是指利用录音、录像等技术手段记录的内容来证明案件真实情况的一种证据，在英美法系国家，视听资料被纳入书证之列，我国《民事诉讼法》鉴于视听资料所具有的特殊性，将其作为一种独立的证据形式，规定于《民事诉讼法》第63条。而证人证言，是指证人就其所感知的情况在民事诉讼过程中向审判人员所作的陈述。视听资料与证人证言之间存在的最大区别在于，视听资料是对事实发生时的一种客观记录，而证人证言是证人对其所见所听的一种陈述，其中包含证人本身的主观认识。

由于视听资料是对事实发生过程的一种客观记录，因此，只有在其取得方式上违法或者本身内容存在疑点的情况下，才会影响其证明力。同时，根据《最高人民法院关于民事诉讼证据的若干规定》（以下简称《证据规定》）第69条，"下列证据不能单独作为认定案件事实的依据：……存在疑点的视听资料"及第70条，"一方当事人提出的下列证据，对方当事人提出异议但没有足以反驳的相反证据的，人民法院应当确认其证明力：……有其他证据佐证并以合法手段取得的、无疑点的视听资料或者与视听资料核对无误的复制件"的规定，对于录音证据这一视听资料的认定，与录音者同案当事人之间是否存在利害关系无关，如果一方当事人仅对视听资料提出异议而没有提供足以反驳的相反证据，其异议本身也不能对视听资料的证明力产生任何影响。

本案中，磐然公司提交的李建与王君玲、王凤远及徐向东的电话和谈话录音，是对上述通话过程及内容的客观记录，应当属于视听资料。因此，二审法院在对磐然公司提交的录音中，仅以"徐向东、王君玲、王凤远对电话录音的内容不认可""李建与磐然公司具有利害关系"为由对磐然公司提交的录音证据不予认可与基本法理相悖，与相关法律规定不符。

在商业秘密案件中，对于证人证言的认定，证人是否与涉案当事人存在利害关系一般仅影响证人证言的证明力，不影响证据能力。同时，根据《证据规定》第69条的规定，"无正当理由未出庭作证的证人证言，不得单独作为认定案件事实的依据"，如果证人证言与其他证据相互佐证形成证据链，其应当作为认定案件事实的依据。具体到商业秘密案件中，由于商业秘密本身具有隐蔽性，通常只有与双方当事人之间存在商业交往的人才有可能知悉案件的相关事实，进而提供证言证明案件的相关事实，也就是说，商业秘密案件中的证人不可避免地会与双方当事人之间存在交易关系等利害关系。但这种利害关系性质上属于事实上的利害关系，而非法律上的利害关系，不宜简单地以证人与当事人有利害关系为由，否定证人证言的证明力。《证据规定》第 77 条关于"证人提供的对与其有亲属或者其他密切关系的当事人有利的证言，其证明力一般小于其他证人证言"的规定，仅对有利害关系的证人证言的证明力进行一定的限制，没有一概不予采信。当证人与当事人具有事实上的利害关系时，证人证言究竟有多大的证明力，还要结合其他证据综合判断。如果证人证言与其他证据相互佐证形成完整的证据链，那么即使证人与涉案当事人之间存在利害关系，其依然可以作为认定案件事实的依据，法院应当予以采信。

本案中，从二审判决书的内容来看，二审法院忽略了李建与王君玲等人的通话录音、王君玲代表德图公司签收的送货单、德图公司与大图公司之间签订的产品加工合同相互佐证所形成的证据链，而仅以李建与磐然公司存在利害关系、证言效力较弱为由，对其证言不予采信是不恰当的。

（三）构成商业秘密的"客户名单"与"客户的名单"是什么关系？"公开渠道获得"与"秘密性"之间能否同时具备？

与会专家一致认为，《中华人民共和国反不正当竞争法》第 10 条规定的商业秘密中并没有直接采用"客户名单"的概念，实践中应当从法律规定的"经营信息"的角度出发来理解"客户名单"这个概念才能够正确把握其含义，而不能仅仅将其作字面理解，将"客户名单"理解为仅指"客户的名单"是错误的。

"客户名单"这一概念是由《最高人民法院关于审理不正当竞争民事案件应用法律若干问题的解释》第 13 条第 1 款规定的。即"商业秘密中的客户名单，一般是指客户的名称、地址、联系方式以及交易的习惯、意向、内容等构成的区别于相关公知信息的特殊客户信息，包括汇集众多客户的客户名册，以及保持长期稳定交易关系的特定客户"，能够作为商业秘密保护的客户名单中除了包括客户的名称、地址、联系方式外，更重要的是，其中包含了客户的交易习惯、特定需求、价格底线等众多更重要的、深度的商业信息，并且这些信息的形成是权利人通过投入大量的人、财、物才能得到的，其区别于可以从公共渠道获得的公司名称、地址、联系方式等信息，能够使权利人保持竞争中的优势。也正是由于作为商业秘密保护的客户名单是不能轻易获得，区别于简单的公司名称、联系方式等信息，在侵犯客户名单的商业秘密案件中，适用"接触加实质相似"原则认定被控侵权人行为的不正当性才符合逻辑。

可以从互联网或者其他公共渠道就能获得的客户名称、地址、联系方式等简单的信息的罗列是不能够构成商业秘密的，如果商业秘密的拥有者所掌握的经营信息最终被证实可以通过公开渠道获得，则其经营信息也就不成为商业秘密。二者只能选其一，不能既构成商业秘密又能够通过公开渠道获得，这种观点是自相矛盾的。

本案中，二审法院认定17家客户信息构成商业秘密，也就是说，这17家客户信息符合上述司法解释中关于客户名单的规定，其中不仅包含了17家公司的名称、地址、联系人等信息，更包含了客户交易习惯、特定需求、价格底线等深度的商业信息，并且这些信息与可以从公共渠道获得的信息存在一定的区别。因此，在已经认定17家客户信息构成商业秘密的前提下，二审法院将"17家公司中有16家公司的联系方式可以通过互联网查找到，并与公司取得联系"作为德图公司、王君玲等侵权行为不成立的理由是不恰当的，也与其已经认定的17家公司信息构成商业秘密事实相矛盾。

此外，与会专家认为，从证据认定的角度来看，二审法院所谓的17家公司中有16家公司的联系方式可以通过互联网查询到，是依据二审期间提交的新证据"涉案23家客户网络查询记录的公证书"，也就是说，这16家公司互联网查询信息形成的最后时间是二审期间，其最初的形成时间是否早于德图公司与上述17家公司的交易时间并不确定。因此，即使17家公司中有16家的联系方式可以从互联网查找到，德图公司可以通过这种方式与上述客户发生交易关系，但由于16家客户联系方式等信息是否形成于交易时间之前无法确定，二审法院得出的上述结论也是缺乏依据的。

（四）德图公司、王君玲等不能提供相反证据证明涉案客户信息的合法来源，在现有证据下能否认定德图公司、王君玲等侵犯了磐然公司的商业秘密？

与会专家认为，一般情况下，在认定侵犯商业秘密行为是否成立的问题上，除了依据能够直接或间接证明案件事实内容的证据外，还需要综合考虑与案件相关的外部情况，比如，案件涉及的业务是否可以在短时间内形成一定的规模，或者说，在正常经营的情况下，纠纷涉及的业务一般需要多长时间才能达到被控侵权人当前规模。这些情况对于认定被控权人是否通过不正当手段获取了权利人商业秘密应当具有一定的佐证作用。

从本案的情况来看，对于德图公司、王君玲等是否构成侵犯商业秘密行为的认定，除了一、二审期间提交的证据外，还应当综合考虑以下几方面因素：第一，王君玲、徐向东、王凤远与德图公司的设立是否有关系，是否存在磐然公司主张的是以亲属名义设立该公司的情况；第二，王君玲在与德图公司签订聘用总经理合同几天后便成为德图公司法定代表人的事实；第三，王君玲自己在磐然公司的年终总结中称客户的培养需要一个长期过程，而德图公司在短时间内即达到目前的销售额是否正常等情形，综合作出判断。如果上述这些情况均存在，再结合磐然公司提交的其他证据，则认定德图公司、王君玲、徐向东、王凤远侵权行为成立是恰当的。

与会专家一致认为，从本案的具体情况来看，一审法院在证据认定、事实查明及法律适用等方面思路比较清晰，也比较符合商业秘密案件的特殊情况；而二审法院在证据认定、事实查明等方面，存在瑕疵，特别是对个别争议焦点的论证逻辑混乱，与已经认定的事实相矛盾，希望最高人民法院在再审中能够予以澄清。

以上意见系基于委托方提供的资料、根据专家学者发言归纳整理作出，仅供参考。

北京务实知识产权发展中心

2015 年 6 月 15 日

附件 13 - 1

山东省泰安市中级人民法院民事判决书（摘录）

（2013）泰知初字第 56 号

原告：泰安磐然测控科技有限公司。住所地××××。

法定代表人：徐军，董事长。

委托代理人：张春英，山东泰润律师事务所律师。

委托代理人：胡燕，泰安磐然测控科技有限公司副经理，住××××。

被告：徐向东，住××××。

委托代理人：孔德刚，山东岳首律师事务所律师。

被告：王君玲，泰安德图自动化仪器有限公司经理，住××××。

委托代理人：王征，山东岳首律师事务所律师。

委托代理人：孔德刚，山东岳首律师事务所律师。

被告：王凤远，住××××。

委托代理人：孔德刚，山东岳首律师事务所律师。

被告：泰安德图自动化仪器有限公司。住所地××××。

法定代表人：王君玲，经理。

委托代理人：王征，山东岳首律师事务所律师。

原告泰安磐然测控科技有限公司（以下简称"泰安磐然公司"）与被告徐向东、王君玲、王凤远、泰安德图自动化仪器有限公司（以下简称"泰安德图公司"）侵犯商业秘密纠纷一案，本院受理后，依法组成合议庭，不公开开庭进行了审理。原告泰安磐然公司的法定代表人徐军及委托代理人胡燕、张春英，被告徐向东的委托代理人孔德刚，被告王君玲及委托代理人孔德刚、王征，被告王凤远及委托代理人孔德刚，被告泰安德图公司的法定代表人王君玲及委托代理人王征到庭参加诉讼。本案现已审理终结。

……

[由于篇幅原因，本文未收录判决证据查明部分，详细内容可根据判决号进行查询]

……

本院认为，本案的争议焦点是：一是原告主张的客户名单是否构成商业秘密；二是被告是否侵犯了原告的商业秘密；三是被告是否应当赔偿原告的经济损失。

关于第一个争议焦点，原告主张的客户名单中的相关信息是否构成商业秘密。根据《中华人民共和国反不正当竞争法》第10条第3款规定，商业秘密是指不为公众所知悉、能为权利人带来经济利益、具有实用性并经权利人采取保密措施的技术信息和经营信息。《最高人民法院关于审理不正当竞争民事案件应用法律若干问题的解释》第13条的规定，商业秘密中客户名单，一般是指客户的名称、地址、联系方式以及交易习惯、意向、内容等构成区别于相关公知信息的特殊客户信息，包括汇集众多客户的客户名册，以及保持长期稳定交易关系的特定客户。本案原告主张的平顶山市远东计量仪器仪表有限公司、胜利油田孚瑞特石油设备有限责任公司的名称、地址、联系人和电话，被告无法证明在公知领域获得该信息。东方蓝天钛金科技有限公司、四川航空工业川西机器有限责任公司、无锡华润华晶微电子有限公司的名称和地址，在公知领域可获得，但联系人、电话无法获得。以上5家客户，在业务发生过程中，原告通过业务人员不间断的跟踪，及时掌握客户的需求信息，并在业务关系形成后，跟进搞好售后服务，建立了客户回访制度，在技术服务部建立客户档案，形成客户名称、地址、联系电话、联系人及所购产品、意向产品等信息，原告为此付出了大量的人力、物力，上述客户已从公知信息获得客户中分离出来，成为原告的特定客户名单。对此客户的详细信息只有销售人员及相关的管理人员有机会接触知悉，因而具有不为公众所知悉的特点，符合商业秘密构成的秘密性特征。原告生产销售的产品，经多年的技术改造和创新及宣传，销往全国各地，具有实用性，给原告带来了直接的经济利益，符合商业秘密价值性的特征。原告的公司管理制度、员工手册中均规定了公司员工在原告处工作期间所形成的产品（软、硬件）、成果、知识产权及商务信息、业务关系等归原告所有，未经原告许可，不得使用、泄露、转让。员工在业余时间不得直接或间接从事与原告相竞争的工作。且在客户名单中，注明了"保密"字样，应认定原告对其客户名单采取了合理的保密措施，因此原告主张的以上5家客户符合法律意义上的商业秘密构成要件，应当受到法律的保护。对于原告主张的其他客户名单，因与本案缺乏关联性，不符合商业秘密的构成要件，本院不予认定。被告主张的平顶山市远东计量仪器仪表有限公司等5家客户名单系从公知领域获得，不符合商业秘密的抗辩理由，本院不予采纳。

关于第二个争议焦点，被告是否侵犯了原告的商业秘密。根据我国《反不正当竞争法》第10条第1款第（3）项、第3款的规定，违反约定或者违反权利人有关保守商业秘密的要求，披露、使用或者允许他人使用其所掌握的商业秘密。第三人明知或者应知前款所列违法行为，获取、使用或者披露他人的商业秘密，视为侵犯商业秘密。本案被告王君玲、王凤远分别自2005年和2004年在原告处从事销售工作，并具体负责与相关客户的业务关系，知悉相关客户的信息，按照公司管理制度对其掌握的客户信息负有保密义务。在其离开原告公司后，被告泰安德图公司又与其相关客户发生业务关系，从证人李建的证言也证实了被告王君玲、王凤远以泰安德图公司的名义与其发生业务关系，应认定被告王君玲、王凤远向泰安德图公司披露了原告的商业秘密，构成对原告商业秘密的侵犯。现有证据无法证明被告徐向东向泰安德图公司披露了原告的商业秘密，原告对被告徐向东的诉讼请求应予以驳回。被告泰安德图公司应当知道被告王君玲、王凤远在原告处的情况，又与原告的客户发生业务关系，主观上是明知的，侵犯了原告的商业秘密。

关于第三个争议焦点，被告是否应当赔偿原告的经济损失。根据《最高人民法院关于审理不正当竞争民事案件应用法律若干问题的解释》第17条第1款、《最高人民法院关于审理专利纠纷案件适用法律问题的若干规定》第20条第1款、第21条、第22条，确定侵犯商业秘密行为的损害赔偿数额，可以根据权利人的请求，按照权利人因被侵权所受到的损失或者侵权人因侵权所获得的利益确定赔偿数额。被侵权人的损失或者侵权人获得利益难以确定，人民法院可以根据专利权的类别、侵权人侵权性质和情节等因素，一般在人民币5000元以上30万元以下确定赔偿数额，最多不得超过人民币50万元。人民法院根据权利人的请求以及具体案情，可以将权利人因调查、制止侵权所支付的合理费用计算在赔偿数额范围内。根据被告泰安德图公司与原告相关客户发生业务的数额，原告产品的正常利润情况，被告侵权性质和情节及原告为制止侵权行为而支出的合理费用等因素，酌定被告王君玲、王凤远、泰安德图公司赔偿原告30万元，原告的其他诉讼请求，本院不再予以支持。被告泰安德图公司向原告提起的反诉，因未在本院指定的期限内预交诉讼费用，本院不予审理。

依照《中华人民共和国反不正当竞争法》第10条第1款第（3）项、第2款、第3款，《最高人民法院关于审理不正当竞争民事案件应用法律若干问题的解释》第 9 条第 1 款、第 10 条、第 11 条、第 13 条第 1 款、第 16 条、第 17 条第 1 款，《最高人民法院关于审理专利纠纷案件适用法律问题的若干规定》第 20 条第 1 款、第 21 条、第 22 条之规定，判决如下：

一、被告王君玲、王凤远及泰安德图自动化仪器有限公司立即停止侵犯原告泰安磐然测控科技有限公司商业秘密的侵权行为；

二、被告王君玲、王凤远及泰安德图自动化仪器有限公司在本判决生效之日起 10 日内赔偿原告泰安磐然测控科技有限公司经济损失 30 万元；

三、驳回原告泰安磐然测控科技有限公司对被告徐向东的诉讼请求；

四、驳回原告泰安磐然测控科技有限公司的其他诉讼请求。

如果未按本判决指定的期间履行给付金钱义务，应当依照《中华人民共和国民事诉讼法》第 253 条之规定，加倍支付延迟履行期间的债务利息。

案件受理费 13800 元，诉讼保全费 5000 元，共计 18800 元，由原告泰安磐然测控科技有限公司负担 6580 元，被告王君玲、王凤远、泰安德图自动化仪器有限公司负担 12220 元。

如不服本判决，可在判决书送达之日起 15 日内，向本院递交上诉状，并按照对方当事人的人数提出副本，上诉于山东省高级人民法院。

审　判　长　徐献武
审　判　员　王　芳
审　判　员　梁丽梅
2014 年 6 月 10 日
书　记　员　柏　萌

山东省高级人民法院民事判决书（摘录）

（2014）鲁民三终字第 235 号

上诉人（原审原告）：泰安磐然测控科技有限公司。住所地××××。

法定代表人：徐军，董事长。

委托代理人：张春英，山东泰润律师事务所律师。

委托代理人：胡燕，住××××，系该公司副经理。

上诉人（原审被告）：泰安德图自动化仪器有限公司。住所地××××。

法定代表人：王君玲，经理。

委托代理人：张建国，山东齐鲁（济宁）律师事务所律师。

委托代理人：张路，山东齐鲁律师事务所律师。

上诉人（原审被告）：王君玲，住××××，系泰安德图自动化仪器有限公司法定代表人。

委托代理人：张建国，山东齐鲁（济宁）律师事务所律师。

委托代理人：张路，山东齐鲁律师事务所律师。

上诉人（原审被告）：王凤远，住××××。

委托代理人：张建国，山东齐鲁（济宁）律师事务所律师。

委托代理人：张路，山东齐鲁律师事务所律师。

被上诉人（原审被告）：徐向东，住××××。

上诉人泰安磐然测控科技有限公司（以下简称"磐然公司"）、泰安德图自动化仪器有限公司（以下简称"德图公司"）、王君玲、王凤远因与被上诉人徐向东侵犯商业秘密纠纷一案，不服山东省泰安市中级人民法院（2013）泰知初字第 56 号民事判决，向本院提起上诉。本院依法组成合议庭，不公开开庭审理了本案。上诉人泰安磐然公司的法定代表人徐军及该公司委托代理人张春英、胡燕，德图公司的法定代表人王君玲及德图公司、王君玲、王凤远共同的委托代理人张建国、张路到庭参加诉讼。被上诉人徐向东经本院合法传唤无正当理由拒不到庭，本案缺席审理，现已审理终结。

......

[由于篇幅原因，本文未收录判决证据查明部分，详细内容可根据判决号进行查询]

......

本院认为，本案当事人争议的焦点问题有3个：一、磐然公司主张的28家客户名单信息是否构成商业秘密；二、德图公司、王君玲、王凤远、徐向东是否侵犯了磐然公司的商业秘密；三、德图公司、王君玲、王凤远、徐向东应如何承担责任。

一、关于磐然公司主张的28家客户名单是否构成商业秘密的问题。

本院认为，根据已查明的事实，除本院查明事实中列表的17家公司，磐然公司主张保护的其余11家公司的客户信息，或形成时间在徐向东等3人离开磐然公司以后，或缺少信息载体来源不明，或公司与德图公司没有业务往来，该11家公司的客户信息与本案缺乏关联关系，故本案无需对该11家客户名单信息是否构成商业秘密进行审查。

关于本院列表的17家公司是否构成商业秘密的问题。根据《中华人民共和国反不正当竞争法》的规定，作为商业秘密受法律保护的客户名单，须是不为公众所知悉、能为权利人带来经济利益、具有实用性并经权利人采取了保密措施的客户名单。本院认为，磐然公司主张保护的该17家公司的客户信息符合商业秘密的法定构成要件，构成商业秘密，具体分析如下：

第一，该17家客户信息具有秘密性。《最高人民法院关于审理不正当竞争民事案件应用法律若干问题的解释》第9条规定：有关信息不为其所属领域的相关人员普遍知悉和容易获得，应当认定为《反不正当竞争法》第10条第3款规定的"不为公众所知悉"。根据该规定，商业秘密的秘密性必须具备"不为其所属领域的相关人员普遍知悉"和"不容易获得"两个要件。本案中，磐然公司主张保护的上述17家客户名单不仅包括联系方式信息，还包括意向产品以及交易合同中的价格等深度信息。虽然德图公司提供的证据能够证明磐然公司主张的客户信息均可在互联网上查询到，但通过公有领域获得的信息与磐然公司的客户名单信息并不相同，且通过公有领域亦无法查询到意向产品、交易内容等深度信息，故该17家客户名单信息符合"不为其所属领域的相关人员普遍知悉"。和"不容易获得"的特征，具有秘密性。

第二，该17家客户信息具有保密性。保密措施是保持、维护商业秘密秘密性的手段。符合《反不正当竞争法》第10条规定的保密措施应当表明权利人保密的主观愿望，并明确作为商业秘密保护信息的范围，使义务人能够知悉权利人的保密愿望及保密客体，并在正常情况下足以防止涉密信息泄露。本案中，磐然公司与王君玲、王凤远、徐向东分别签订了商业秘密保护协议并发放了员工手册，规定公司员工在磐然公司处工作期间所形成的产品（软、硬件）、成果、知识产权及商务信息、业务关系等归磐然公司所有，未经磐然公司许可，不得使用、泄露、转让，以上内容能够体现磐然公司对相关信息采取保密措施的主观意愿，并且能够确定磐然公司作为商业秘密保护的范围，王君玲、王凤远、徐向东能够确认商业秘密保护的客体。磐然公司在王君玲、王凤远、徐向东3人离职时对3人掌握的记载客户信息的笔记本等载体进行交接收回的行为，也表明磐然公司对客户名单信息采取保密措施的意愿和具体措施，故磐然公司的该17家客户名单信息具备商业秘密的保密性。

第三，该17家客户信息具有实用性和价值性。根据《最高人民法院关于审理不正当竞争民事案件应用法律若干问题的解释》第10条的规定，商业秘密的实用性指的是有关信息具有现实的或者潜在的商业价值，能为权利人带来竞争优势。本案中，磐然公司提供的证据证明与特定客户进行了交易，并与相关特定客户保持了较长时间稳定关系，表明其客户名单信息及深度交易信息能够为磐然公司带来潜在竞争优势和交易机会，具有实用性和价值性。

综上，磐然公司该17家客户信息具有秘密性、实用性、价值性，且磐然公司采取了保密措施，符合商业秘密的法定构成要件，构成我国《反不正当竞争法》保护的商业秘密，依法应予保护。

二、关于德图公司、王君玲、王凤远、徐向东是否侵犯了磐然公司的商业秘密的问题。

根据我国《反不正当竞争法》第10条第1款第（3）项、第2款的规定，违反约定或者违反权利人有关保守商业秘密的要求，披露、使用或者允许他人使用其所掌握的商业秘密，第三人明知或者应知前款所列违法行为，获取、使用或者披露他人的商业秘密，均视为侵犯商业秘密。本案中，磐然公司为证明德图公司、王君玲、王凤远、徐向东侵犯其商业秘密，申请原审法院调取了德图公司的缴税记录并申请证人李建出庭作证。本院认为，客户名单如果符合商业秘密的构成要件，从而构成商业秘密，成为公司的专属信息，但是客户名单中的客户并不成为该公司的专属客户，其他公司通过合法渠道获得相关客户名单中的客户发生交易，并不侵犯该公司的商业秘密。根据磐然公司提交的现有证据，仅能证明德图公司与其发生业务往来，不能证明德图公司该行为具有不正当性，德图公司与上述 17 家公司发生交易的时间均在王君玲入职德图公司以前，磐然公司现有证据不能证明王君玲受聘于德图公司之前与德图公司存在联系，亦不能证明徐向东、王凤远与德图公司之间存在联系。具体分析如下：

第一，根据已查明的事实，德图公司与上述 17 家公司发生交易的时间均在王君玲入职德图公司以前，磐然公司现有证据不能证明王君玲受聘于德图公司之前与德图公司存在联系，亦不能证明徐向东、王凤远与德图公司之间存在联系，且无证据证明 3 人在磐然公司任职时向德图公司非法披露了其掌握的磐然公司的商业信息。也即，德图公司与上述 17 家公司涉案交易事实与徐向东、王君玲、王凤远无关。

第二，李建虽出庭作证其代表的沧州大图电子机柜制造有限公司通过徐向东、王君玲、王凤远与德图公司发生交易，但因徐向东、王君玲、王凤远对电话录音的内容不认可，而李建所在的沧州大图电子机柜制造有限公司与磐然公司存在多年的业务关系，其与磐然公司具有利害关系，李建的证言效力较弱，在磐然公司未提供其他相关佐证的情况下，本院对磐然公司提交的录音证据及李建的证人证言均不予采信。

第三，上述 17 家公司中有 16 家公司的联系方式可以通过互联网查找到，并与公司取得联系。因此，不能得出德图公司与该 17 家公司交易即侵害磐然公司商业秘密的唯一结论。

综上，根据磐然公司提交的现有证据，不能证明德图公司系通过徐向东、王君玲、王凤远使用了磐然公司的客户名单经营信息，与涉案 17 家公司发生了交易，德图公司与该 17 家公司进行交易并未侵犯磐然公司的商业秘密。相应的，磐然公司主张徐向东、王君玲、王凤远披露了该公司商业秘密，证据不足，亦不能成立。

三、关于德图公司、王君玲、王凤远、徐向东责任如何承担的问题。

因德图公司、王君玲、王凤远、徐向东未侵犯磐然公司的商业秘密，不应承担侵权责任。

综上，磐然公司的上诉主张缺乏事实与法律依据，其上诉请求不能成立，应予驳回；德图公司、王君玲、王凤远的上诉主张成立，依法应予支持。原审法院认定事实不清，适用法律错误，依法应予纠正。依据《中华人民共和国反不正当竞争法》第 10 条第 1 款第（3）项、第 2 款、第 3 款，《最高人民法院关于审理不正当竞争民事案件应用法律若干问题的解释》第 9 条、第 10 条、第 14 条，《中华人民共和国民事诉讼法》第 170 条第 1 款第（2）项之规定，判决如下：

一、撤销山东省泰安市中级人民法院（2013）泰知初字第 56 号民事判决；

二、驳回上诉人泰安磐然测控科技有限公司的诉讼请求。

一审案件受理费 13800 元，诉讼保全费 5000 元，二审案件受理费 13800 元，共计 32600 元，由上诉人泰安磐然测控科技有限公司承担。

本判决为终审判决。

审　判　长　刘晓梅

审　判　员　丛　卫

代理审判员　张金柱

2014 年 12 月 25 日

书　记　员　于明君

附件 13 – 3

最高人民法院民事裁定书（摘录）

（2015）民申字第 550 号

再审申请人（一审原告、二审上诉人）：泰安磐然测控科技有限公司。住所地××××。

法定代表人：徐军，该公司董事长。

委托代理人：张春英，山东泰润律师事务所律师。

委托代理人：朱妙春，上海朱妙春律师事务所律师。

被申请人（一审被告、二审上诉人）：泰安德图自动化仪器有限公司。住所地××××。

法定代表人：王君玲，该公司经理。

委托代理人：王征，山东岳首律师事务所律师。

被申请人（一审被告、二审上诉人）：王君玲，系泰安德图自动化仪器有限公司法定代表人，住××××。

委托代理人：张新，山东天稳律师事务所律师。

被申请人（一审被告、二审上诉人）：王凤远，住××××。

被申请人（一审被告、二审上诉人）：徐向东，住××××。

再审申请人泰安磐然测控科技有限公司（以下简称"磐然公司"）因与被申请人泰安德图自动化仪器有限公司（以下简称"德图公司"）、王君玲、王凤远、徐向东侵犯商业秘密纠纷一案，不服山东省高级人民法院（2014）鲁民三终字第 235 号民事判决，向本院申请再审。本院依法组成合议庭对本案进行了审查，现已审查终结。

……

[由于篇幅原因，本文未收录判决证据查明部分，详细内容可根据判决号进行查询]

……

本院认为，二审判决存在下列问题：（一）没有查清涉案商业秘密的内容，如深度意向产品、价格信息等。（二）认定事实自相矛盾。一方面认定磐然公司主张保护的17家客户名单包括联系方式信息和意向产品以及交易合同中的价格等深度信息构成商业秘密，另一方面又认定17家公司中有16家公司的联系方式可以过互联网查找到，不能得出德图公司与该17家公司交易即侵害磐然公司商业秘密的结论。而且，德图公司于2014年10月17日通过互联网能够查询到23家客户信息情况，也无法证明2012年被诉侵权行为发生时上述信息同样可以查询到。（三）二审法院以李建等人是利害关系人为由不采纳其证人证言以及录音证据明显不当。一是因为在商业秘密案件中发生过业务往来的人最了解情况，最有可能成为利害关系人；二是新的民事诉讼法司法解释对录音证据是否采纳的标准采取利益平衡的原则，如《最高人民法院关于适用〈中华人民共和国民事诉讼法〉的解释》第106条规定："对以严重侵害他人合法权益、违反法律禁止性规定或者严重违背公序良俗的方法形成或者获取的证据，不得作为认定案件事实的根据。"本案明显不属于上述情形。（四）磐然公司于2006年3月1日在管理制度中规定：公司员工从离开公司之日起3年内定为保密期，离职员工在保密期内不得直接或间接从事与本公司相竞争的工作。保密期内，公司向离职员工发放一定数额的保密费。2011年3月和2012年，磐然公司的员工手册中涉及商业秘密保护与竞业禁止管理相关制度规定了相同的内容，即解除合同保密费的发放按每年500元至2000元不等，员工每月发放的工资总额中根据工资数额的不同包含不同的保密费。王君玲等3人离开磐然公司到德图公司后直接或间接从事与磐然公司相竞争的工作，而且没有超过3年，明显违反了上述规定。二审判决对此未予审查认定，明显不当。（五）二审法院认为，根据磐然公司提交的现有证据，仅能证明德图公司与其客户发生业务往来，不能证明德图公司该行为具有不正当性，亦不能证明王君玲、王凤远、徐向东与德图公司上述行为有关联关系。根据商业秘密侵权判定原则即"接触＋相似或实质性相似－合法来源"，合法来源抗辩的举证责任在被诉侵权人，而不在权利人，二审法院上述认定明显不当。

综上，磐然公司的再审申请符合《中华人民共和国民事诉讼法》第200条第（2）项、第（6）项规定的情形。依照《中华人民共和国民事诉讼法》第204条、第206条之规定，裁定如下：

一、指令山东省高级人民法院再审本案；

二、再审期间，中止原判决的执行。

审 判 长 周 翔

审 判 员 秦元明

代理审判员 李 蝶

2015 年 12 月 23 日

书 记 员 王 晨